荆楚文庫

〔正统〕嘉魚县志

〔明〕莫震 修 〔明〕孫允恭 纂

〔康熙〕嘉魚縣志

〔清〕李元震 纂修

〔同治〕嘉魚縣志

〔清〕鍾傳益 修 〔清〕俞焜 纂

荆楚文庫編纂出版委員會
武漢大學出版社

荊楚文庫

〔正統〕嘉魚縣志
ZHENGTONG JIAYU XIANZHI
〔康熙〕嘉魚縣志
KANGXI JIAYU XIANZHI
〔同治〕嘉魚縣志
TONGZHI JIAYU XIANZHI

圖書在版編目(CIP)數據

〔正統〕嘉魚縣志/〔明〕莫震修;〔明〕孫允恭纂.
〔康熙〕嘉魚縣志/〔清〕李元震纂修.
〔同治〕嘉魚縣志/〔清〕鍾傳益修;〔清〕俞焜纂.
—武漢:武漢大學出版社,2024.4
ISBN 978-7-307-24040-7
Ⅰ.①正… ②康… ③同…
Ⅱ.①莫… ②李… ③鍾… ④孫… ⑤俞…
Ⅲ.嘉魚縣—地方志—明清代
Ⅳ.K296.34
中國國家版本館 CIP 數據核字(2023)第 229305 號

責任編輯:朱凌雲
整體設計:范漢成 曾顯惠 思 蒙
責任校對:汪欣怡
出版發行:武漢大學出版社(中國・武漢)
地址:武昌珞珈山
電話:(027)87215822 郵政編碼:430072
録排:武漢恒清圖文菲林輸出工作室
印刷:湖北新華印務有限公司
開本:787mm×1092mm 1/16
印張:30.25 插頁:6
版次:2024 年 4 月第 1 版 2024 年 4 月第 1 次印刷
定價:120.00 元

ISBN 978-7-307-24040-7
9 787307 240407 >

出版説明

湖北乃九省通衢，北學南學交會融通之地，文明昌盛，歷代文獻豐厚。守望傳統，編纂荆楚文獻，湖北淵源有自。清同治年間設立官書局，以整理鄉邦文獻爲旨趣。光緒年間張之洞督鄂後，以崇文書局推進典籍集成，湖北鄉賢身體力行之，編纂《湖北文徵》，集元明清三代湖北先哲遺作，收兩千七百餘作者文八千餘篇，洋洋六百萬言。盧氏兄弟輯録湖北先賢之作而成《湖北先正遺書》。至當代，武漢多所大學、圖書館在鄉邦典籍整理方面亦多所用力。爲傳承和弘揚優秀傳統文化，湖北省委、省政府決定編纂大型歷史文獻叢書《荆楚文庫》。

《荆楚文庫》以『搶救、保護、整理、出版』湖北文獻爲宗旨，分三編集藏。

甲、文獻編。收録歷代鄂籍人士著述，長期寓居湖北人士著述，省外人士探究湖北著述。包括傳世文獻、出土文獻和民間文獻。

乙、方志編。收録歷代省志、府縣志等。

丙、研究編。收録今人研究評述荆楚人物、史地、風物的學術著作和工具書及圖册。

文獻編、方志編録籍以一九四九年爲下限。

研究編簡體横排，文獻編繁體横排，方志編影印或點校出版。

《荆楚文庫》編纂出版委員會

二〇一五年十一月

總目録

〔正統〕嘉魚縣志……一
〔康熙〕嘉魚縣志……五七
〔同治〕嘉魚縣志……九一

荊楚文庫

〔正統〕嘉魚縣志

〔明〕莫震 修
〔明〕孫允恭 纂

《荆楚文庫·方志編》編纂組

組　長：劉偉成　陽海清（執行）

副組長：劉傑民（執行）　王　濤　謝春枝　郝　敏　嚴繼東　范志毅（執行）

參編人員（以姓氏筆畫爲序）：

王　濤　李云超　宋澤宇　范志毅　郝　敏　柳　巍　馬盛南　陳建勛

夏漢群　梅　琳　陽海清　彭余焕　彭筱瀓　楊　萍　楊愛華　雷　静

劉水清　劉偉成　劉傑民　謝春枝　戴　波　嚴繼東

編　審：周　榮

顧　問：沈乃文　李國慶　吴　格

前言

《〔正統〕嘉魚縣志》三卷，明莫震修，明孫允恭纂，明正統十四年（一四四九）刻本。

莫震，字廷威，明江蘇吴江人，正統四年（一四三九）進士，六年（一四四一）任嘉魚縣令，景泰二年（一四五一）遷福建延平同知。孫允恭，安徽滁州人，儒學教諭。

嘉魚沿革，始於西晉，太康元年（二八〇）析沙羡縣置沙陽縣。梁升爲沙州。隋廢，入蒲圻，改置鯰瀆鎮。南唐改鎮爲場，後升爲縣。保大十一年（九五三），以水多魚，又有魚嶽山，取詩『南有嘉魚』之義，將其命名爲嘉魚。宋屬鄂州。元屬武昌路。明、清屬武昌府。

邑志源流，據莫震序，『洪武、永樂中，嘗奉文修纂，意當時迫於期限之嚴，未免遺逸』。至正統元年（一四三六），由教諭劉池蘊訂校、教諭李朝宗捐資成志。莫震到任後，觀舊志有未詳未備者，遂搜訪故實，參照舊志重加補訂，於正統十四年成書付梓。

志分上、中、下三卷，卷上含建置沿革、分野、風俗、形勢、山川、坊鄉、户口、土産、貢賦、水利、儲積、職役、公署，卷中含學校、科貢、壇場、鋪舍、津渡、橋梁、寺觀、祠廟、古跡，卷下含宦蹟、人物、雜志、詩文，凡二十六目，每目前有小序以引其端。正文前有序、目録、輿圖。每卷卷端鐫：『進士湖廣武昌府嘉魚縣知縣姑蘇莫震重修湖廣武昌府嘉魚縣儒學教諭滁州孫允恭校正』。其内容在舊志基礎之上正訛補缺，如增加『水利』『儲積』二目，補『職役』『公署』所略者，『科貢』所載人物著其出仕之由，『宦蹟』則録已成之蹟。『户口』『貢賦』所載起自洪武，止於正統。而『科貢』『宦蹟』『人物』等則上溯至宋朝。『詩文』佔據全書約一半篇幅，備收『古今名公巨卿與四方文士詩文足爲是邑之黼黻者』。

是志每目及部分内容前以魚尾作標記，十分具有特色。

據《中國地方志聯合目録》，是志有正統十四年刻本，藏於國家圖書館，另有抄本，藏於湖北、上海。本

次據國圖藏刻本影印。該刻本存在部分字跡不清現象。（彭筱溦）

目録

序……七
目録……一〇
輿圖……一一
卷上
建置沿革……一五
分野……一五
風俗……一五
形勢……一五
山川……一六
坊郷……一八
户口……一九
土産……二〇
貢賦……二一
水利……二三
儲積……二三
職役……二四
公署……二五
卷中
學校……二六
科貢……二六
壇場……二八
鋪舍……二八
津渡……二八
橋梁……二九
寺觀……二九
祠廟……二九
古跡……三〇
卷下
宦蹟……三一
人物……三二
雜志……三四
詩文……三五

嘉魚縣誌序

嘉魚誌者誌嘉魚一邑所有之事也事者何山川之所產風俗之所宜縣治疆域沿革之由人才仕宦出處之跡與夫學宮廨舍亭堂陂池古今詩文記詠皆誌此書蓋是邑之事雖附見於郡乘其間多畧而未詳簡而未備已往者或遺方來者或缺士論惜之正統辛酉吳江莫震威氏以名進士出宰是邑數年之間政通人和廢興舉學文廟神祠罔不脩葺又於公務之暇閱舊誌之未詳未備者重為訂而補之命為小序以引其端其事核其詞雅吁宰邑若震威者良可謂知所務矣竊嘉魚當荊楚大江之濱川廣要衝之所前之官是邑者於簿書期會送迎酬應且不暇尚何望其有心於文墨之事哉誌成鋟梓以壽其傳復請予文以弁諸首觀其所脩之誌纂者詳焉而不浮缺者補焉而不濫忠孝節義登科入貢之類靡不具載人物以之而盛詩文以之而富較諸舊誌變不侔焉誠可傳信將來以爲南嘉千百年悠久之計其有關於政教不少觀是誌者寧不思遷感今日脩訂

之功歟是爲序

正統十四年歲次己巳秋八月甲子奉政大夫湖廣等處提刑按察司僉事奉勅提督學校前監察御史紹興韓陽書

嘉魚縣志序

粵考成周之制職方氏旣掌天下之圖而邦國四方之志則小史外史實領之是郡邑之有圖志其來尚矣蓋志之所見王道存焉一代政教於是可考不徒取以爲虛文也嘉魚圖志我朝洪武永樂中嘗奉文脩纂意當時迫於期限之嚴未免遺逸識者病之正統丙辰教諭廬陵劉池蘊旣嘗訂校江西金谿教諭李滄朝宗稍貫鋟梓可謂備矣然其敘事旣不能無詳畧之殊紀載亦不能無遺漏之失覽者豈有所

實自正統辛酉春
令来知縣事到今凡八年矣耳
之所聞目之所見足跡之所
踐履者亦頗知其一二於是
不揣愚陋暇日因搜訪故實
參以舊志重加補訂較其訛
駁芟其蕪若水利儲積之
闕則補之職役公署之畧則
詳之科貢而著其出仕之由
名宦而録其已成之蹟乃若
古今名公巨卿與四方文士
詩文足爲是邑之黼黻者備
收録之自建置沿革以訖于
雜志詩文凡二十六提要區
別成類各以小序弁諸首分
爲三卷雖文不逮于事事不
周于時則凡一邑古今事跡
視諸前志似覺少備其於稽
閲之資庶或有助於萬一於
戲管窺蠡測不量甚矣掛一
漏萬之失尚有望於博識洽
聞大君子云時
正統十四年己巳五月望日
賜進士文林郎湖廣武昌府嘉
魚縣知縣姑蘇莫震序

嘉魚縣志目録

卷上　一九

建置沿革　分野疆域里至附
風俗　形勢
山川　坊鄉
戶口　土產
貢賦田糧課程歲進歲造　水利
儲積　職役
公署

卷中　六三

學校　科貢
壇場　鋪舍
津渡　橋梁
寺觀　祠廟
古跡

卷下　八五

宦蹟　人物
雜志　詩文

邑厲壇
牛頭山
橫山
石頭山

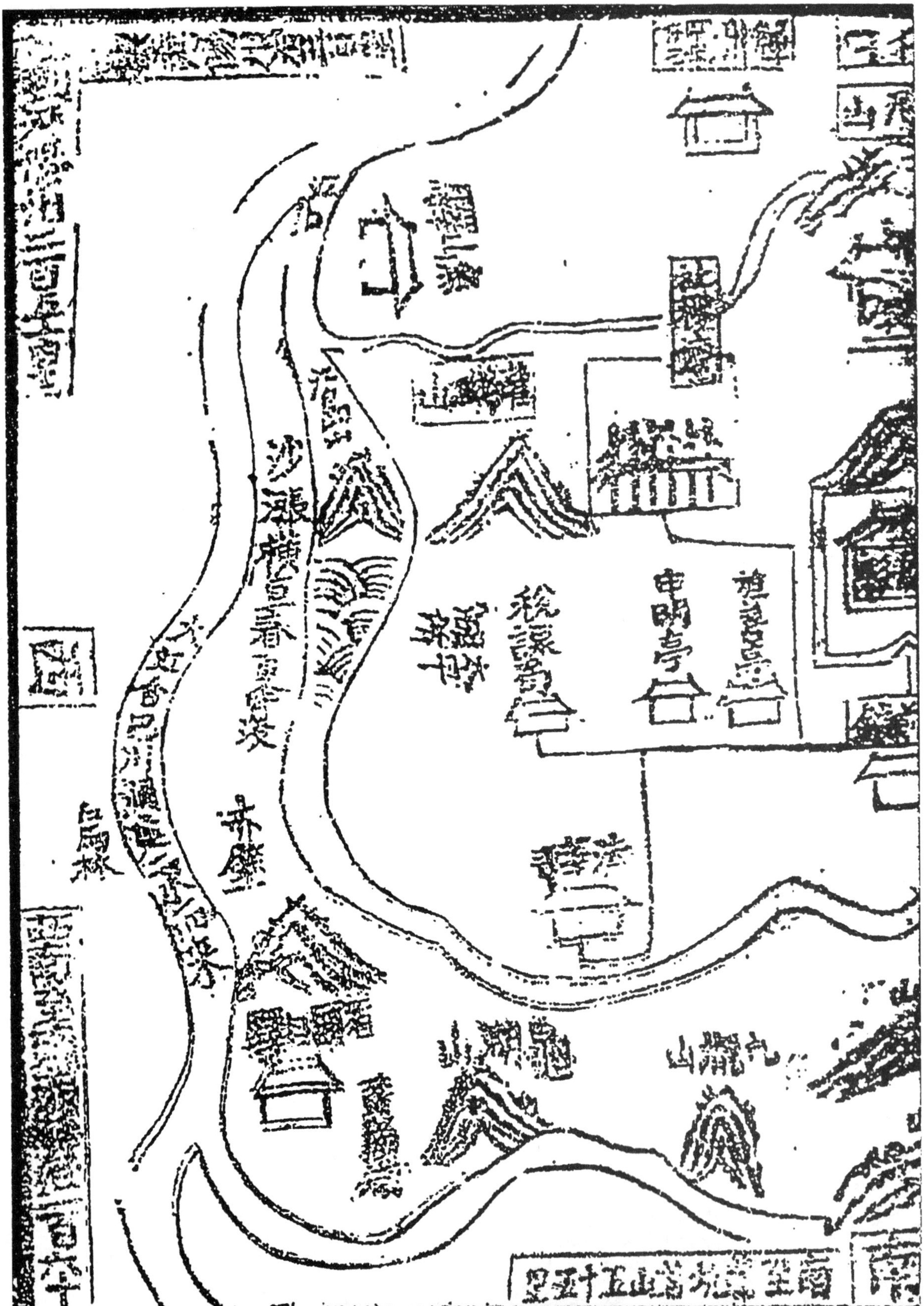
申明亭
赤壁

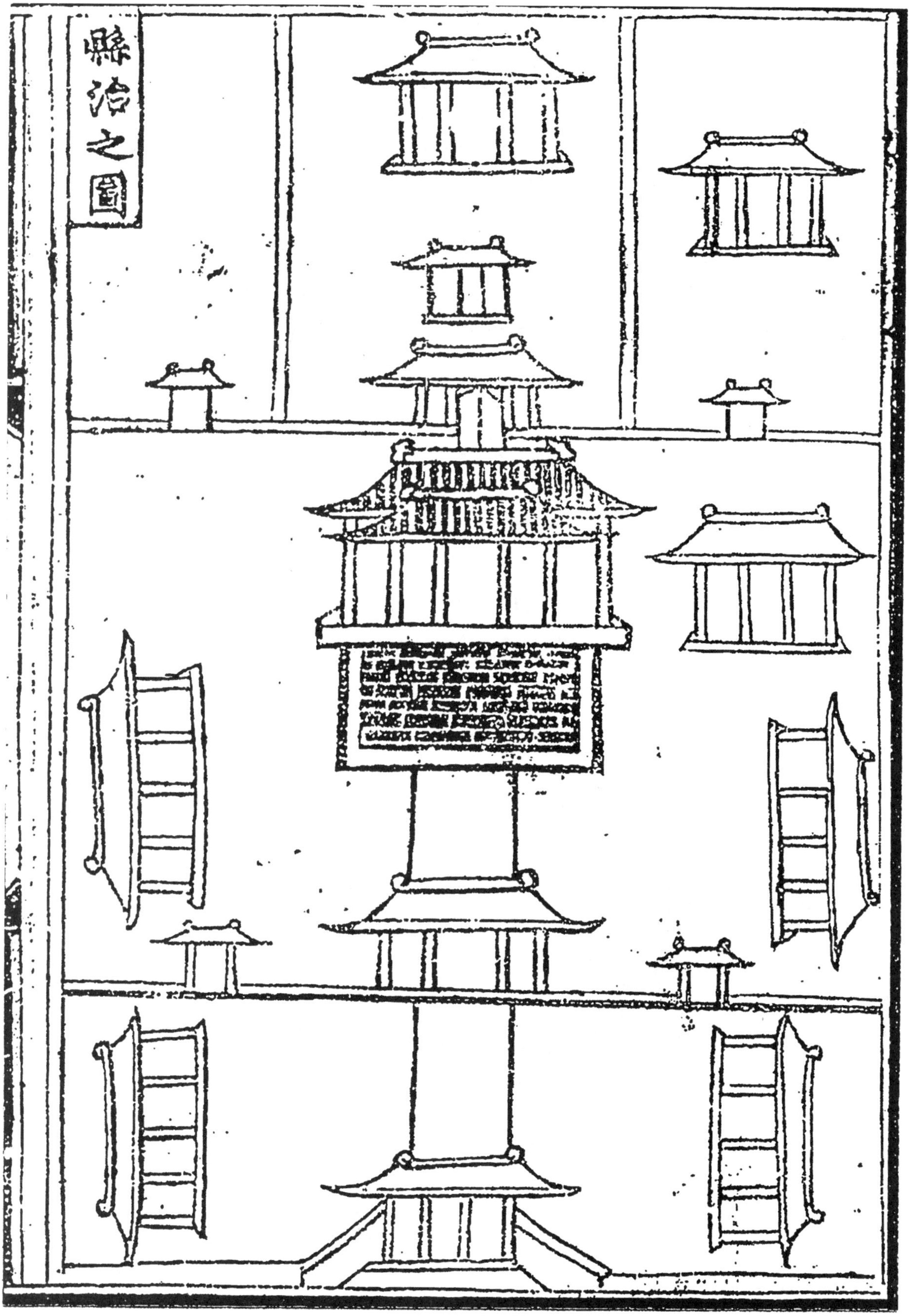
縣治之圖

文廟之圖

嘉魚縣志卷上

進士湖廣武昌府嘉魚縣知縣姑蘇莫震重修

湖廣武昌府嘉魚縣儒學教諭滁州孫允恭校正

建置沿革

嘉魚縣禹貢隸荆州屬漢之沙羨晉太康元年改爲沙陽縣梁升爲沙州隋廢入蒲圻改置鮎漬鎮而即沙羨爲鄂州五季南唐改鎮爲場昇元六年升場爲縣保大十一年以水多魚又有魚嶽山取詩南有嘉魚之義因名嘉魚在今魚嶽山東緣罹兵患徙居白面山前宋平江南百姓按堵復還舊治元大德五年改鄂州爲武昌路後爲陳友諒所據甲辰年歸附

國朝改路爲府縣仍舊焉

分野

分野古人所重江漢之南皆荆楚分野湖廣荆楚之域縣居湖廣上游當天文翼軫之次鶉尾之度也

疆域

東西廣二百一十五里　南北袤七十里

里至

南京水路一千九百七十里

陸路一千九百五十五里

北京水路四千八百三十里

陸路四千三百一十九里

四至

東至咸寧縣界八十里

南至蒲圻縣界茗山五十五里

西至臨湘縣界新店一百三十五里

北至漢陽縣界滌水甲一百里

八到

東到咸寧縣治一百四十里

南到蒲圻縣治七十五里

西到沔陽州治二百五十里

北到漢陽縣治二百四十里

東南到咸寧縣治一百四十里

東北到江夏縣治二百五十五里

西南到臨湘縣治一百六十里

西北到沔陽州治三百里

風俗

風俗淳漓係乎教化有不可以執一論嘉魚爲武昌劇邑古稱勁悍决烈遠

聖朝涵濡德化變而爲温柔朴實火耕水耨以務農力本爲業不逐末商有茶魚之利爲士者皆知讀書好禮以仕進爲貴楚詞九歌小序云其俗信鬼而好祀疾病罕迎醫藥喪祭全用浮屠云

形勢

縣治東南多湖西控大江北枕龍潭山據其岡脊形若長蛇赴水水源西南北三面皆通舟楫惟東則蜿蜒而爲驛路焉邑人李璣有云白面前迎似書卓龍潭後擁如蛇脊西北青螺魚嶽山西南翠屺龜湖石春夏巴湖

萬派來石山盡是龜蛇跡惟東陸路到尋川正櫂
明時無絡繹

山川

震青見御史王懋德題嘉魚縣詩云地舊稱蒲圻邑江山
如畫圖又云儀寺臨清瀨人家住翠微則知嘉魚山水
之勝未獲身即其地正統六年授知斯邑每脩祀事登
龍潭山極目之頃則江山宛如圖畫王公之言信足徵矣
因取其山水之顯著者詳錄于後至如岩洞泉池之有
足稱者亦間附焉庶觀者有可考云

○山

龍潭山在縣治北山足有潭淵深不竭世傳有龍潛焉
故名宋淳熙戊申知縣姜雍建文廟於山陽之麓而

山之名始顯自縣門行二里餘至文廟坊喬松夾道
道左有泮池沿池而行至靈星門內門百步許登戟
門門[illegible]之內歷級而上即大成殿殿左右有碑亭由
殿而後高丈餘登加封碑亭亭東西有落星亭者二
亭由此陟山腰入逶迤徑徑之上壘石為山山之前
分二徑抵山巔入仰高亭四望豁然萬景呈露俯視
龍潭瑩然澄徹可鑒毛髮亭之內有詩文刻于石並見文類
魚嶽山在縣西不二里水經云在大江中楊子洲南今
距江三里許蓋水勢決彼填此而然也山皆石獨西
一面峭壁高聳崖洞奇險以其臨江又名江島山
灌磯山在縣西北半里許上有五嶽廟今廢而為社稷
壇舊臨江因水衝激磯石故名灌磯山

青山在龍潭山東北二里
百足山在縣北五里環拱東北最為深秀形似馬鞍
又名馬鞍山
白面山在縣南十里山皆白石世傳人禱於山生三子
皆白面死而為神曰一郎二郎三郎今人祀之見祠
澤大降則必有雲氣豫發山巔
穿石山在縣西南十里
唇帽山在縣西南三十里樹木蓊鬱遠近望之儼如唇帽故名
望夫山在縣東三十里石有足跡詳見古跡
牛頭山在縣東南七里勢回向縣若牛之昂頭故名
梅山距縣南五十里山多梅樹故名下有洞
龜湖山在縣西南四十里

九龍山在龜湖之東九巃回合故名其石岩高大又名大岩山
石頭山在縣南八十里隋志云蒲圻有石頭山即此
赤壁山在縣西南八十里大江之濱西界烏林沔陽州
漢建安十三年周瑜敗曹操于此上有赤壁二字并
名人賦詩刻石見存
蒲圻山按方輿勝覽云在嘉魚境即此
陰山在縣東南其上產茶
橫山在縣南十里有若書案人多異之
蜀山在縣東北三十里先主與孫吳會征曹操駐驛于此故名
西保山在縣東北二十里西湖之上宋季李氏保障鄉閭於此
連洲山在縣東二十三里其脉與苗湖諸峰相連勢若伏龍
又起水漲則四圍皆水水落則孤峙如卓筆故名連洲

○川

大江合邑蜀洞庭二水而下左經烏林右從石頭口赤壁山過六口八十里抵沙歷灌磯山楊家洲入江夏界近世沙漲故灌磯去江僅七里

石頭口在縣西南八十里自臨湘之東蒲圻之地發源經尊湖三十里入于江

嘉魚口在縣西北五里自太平湖河泊所所隸諸湖之水由其口而入于江

六溪口在縣西南赤壁之地三國時吳以此為控扼按吳志魯肅自江陵下屯六口肅卒呂蒙代之後呂岱又領潘璋士卒屯于此按水經註陸水經呂蒙城西又經蒲磯山北入大江謂之刀環口又謂之蒲磯口

太平湖按方輿勝覽云在嘉魚南三十里須歲中涸夜有光怪誌其處而掘之得古銅鐘秦少游為吊鑄鐘文即此今灌磯山前有太平湖河泊所

揚汊湖一水中分為汊上有楊樹而名也

李陵湖夫亡而婦守其業故名

梅海湖其地寬如海梅氏之業故名

東陂閘港二水東南而來有若閘也

石山烏土湖土色黑在石山上游也

大小涸湖適大王湖而納諸水

小龜湖其形小於龜湖也　江池湖在江邑山而近江

馬鞍山夾兩山而夾一水　紅䃜港因有赤土而名

長港自所至江口五里　龜湖中有石如龜也

湯家寨湯氏世業也　楊家洲楊氏之業也

石頭潭因有石而名　後湖在官塞之後

烏龜草蕩小蘆湖　舒濟港寬而可濟

譚家塘譚氏之業　客泉湖水甘故也

東港在所之東

已上各湖在縣西南遠東北近俱隸太平湖河泊所

大藕湖竹閘以大竹彭方絕流而漁也

張家蕩張氏之業也　蔡家湖蔡氏之業

高公港高氏世業　新堤下潭

沙池蚌蛤其地沙居土蚌蛤交其上

西保湖在縣東北西保里合蒲圻江夏咸寧之民皆有漁業產菱芡歲數人採以為食居民李氏結屋其上

名人題詠見詩類

長炭荻港今名頭陀港　陶陵湖其上大阜陶氏居多

已上九湖在縣東北俱隸頭陀港河泊所

大小庄湖　滕婆楊湖　白石長河　韓家坑

金雞坑　孟家灘　銅盆坑　沙池湖

李陵湖　源潭湖　炭窑灘　鉄炉口

鯉魚湖　清江寨　滄湖

已上十五湖在縣西南俱隸黃岡湖河泊所

犁圓曲直二段　長堤直坎

蘆洲湖　齊泥港　破鼓湖　蚌角湖

方家湖　鯉魚汊　烏龜潭　陽港湖

鴈湖　宋家湖　柘㭴港　李家湖

梅李湖
已上一十五湖在縣北先隸五重湖河泊所後奉例
歸併致思湖
大明湖　赤城湖　岳公湖　六灌口　古城湖
已上五湖并五重湖俱隸致思湖河泊所

○泉

温泉在縣西南石頭口上港中其水温
蜜泉在縣南蜜泉湖中其水甘

○洞

楊槳洞在縣南楊槳山下洞深不可測水源混混而注于田首田而入于澗世傳有師姑呂氏者性智慧因歲旱誓衆入澗驚龍符雨且曰水湧出時若等鳴鑼

鼓以助之時違其言遂没惟双鞋流出今歲旱必入取水而致禱焉
梅山洞在縣南梅山之下洞寬四尺許裏之深廣不可測中有泉一日於辰午申三次湧出歲旱請水致禱
石泉洞在縣西南唐帽山下闢一室許深半里餘泉水源源不竭幽暗莫辯欲入必以火燭之
清水堂在縣南大岩山足歲旱疾疫禱之有應
大岩洞在大岩山下

○池

上放生池在縣治東
下放生池在上放生池之右舊志云積水防虞畜魚不取故名

○石

星石在文廟大成殿後偃然僵臥若衆之形先由山巔而隕于此後以為墻基蒙蔽荊棘中者有年矣正統丁卯震重脩殿廡闢展宮墻而此石始顯因書落星二字勒于上復構亭于其側扁曰落星亭云

○坊鄉

聯門闢道貨賄所以置坊市頒田里伍編氓所以立鄉都但時異世遷代有因革不能無損益今攟其邦域所區廄圖所隸者備著于後

○坊市街附

承流坊在縣門東　宣化坊在縣門西
文廟坊在靈星門外　育賢坊在儒學門前
崇儒坊在上放生池東　里仁坊在縣治東

豐樂坊在縣西倉巷口　迎恩坊在大路口
晝錦坊在下放生池東　年為叅議陳宜立
解元坊在崇儒坊北宣德四年為解元李滄立
折桂坊在崇儒坊東宣德十年為舉人古信立
青雲坊在解元坊南正統九年為舉人徐來聰立
雲梯坊在折桂坊東正統九年為舉人童以明立
繼芳坊在按察分司前正統十二年為舉人程逕立

○街

南街在縣治西南

○鄉都保鎮附

舊有三鄉廣賢鄉管都之二四　豐義鄉管都之一三五七八九懷壬鄉管都之六之十一

□□□□□□□分都管里者凡七十一里凡二十有二後漸
損之至□□年攢造黄冊仍其舊里損其十今撤述
之叛有□所考焉

一都安化里　永豐里永樂十年歸併
二都廣□里　寧保□□
三都居仁里　歎湖里永樂十年歸併
四都□□四□　德潤里□□十年歸併
五都西保里正統七年歸併　愛濟里
六都豐義里　太平里正統七年歸併
七都節孝里　□仁里□統七年歸併
八都□□里　欽敬里永樂元年歸併
九都石塘里　崇義里永樂十年歸併
十都懷玉里　界石里永樂元年歸併
十一都左湖里　瑞江里宣德七年歸併

○保

何家保在縣北　陳家保在縣北
安樂保在縣西南　淨保在縣東

○鎮

石頭□鎮在縣西南八十里　韓洲鎮在縣北八十里

○户口

周官司寇獻民數于王王拜受之登于天府其重如此
□□更歷户口之登耗莫考□前矣
聖朝混一海宇安養生息户口歲增無以加矣

洪武二十四年
戶二千六百一十八戶
口二萬二百九十六口
男子一萬二百四十四口
婦女一萬五十二口

永樂十年
戶二千四百一十三戶
口一萬五千五百一十四口
男子七千五百五十五口
婦女七千九百五十九口

永樂二十年
戶二千四百二十四戶
口一萬四千六百七十六口
男子六千九百二十七口
婦女七千七百四十九口

宣德七年
戶二千二百二十五戶
口一萬四千六百八十三口
男子六千九百七十二口
婦女七千七百一十一口

正統七年
戶二千二十二戶
口一萬三千九百五十二口
男子六千七百九十一口
婦女七千一百六十一口

土產

嘉魚在湖廣上游介乎江夏蒲圻之間枕江負山土產之物所宜蠶績稻桑之殖羽革魚材之利貢賦之外資給頭簿彙次如左

〇穀

秫 稉 蔴 麥 豆
蕎 粟

〇帛

花絹 素絹 苧布 綿布

〇貨

絲 木綿 茶 紙 油

〇花

牡丹 芍藥 水仙 蜀葵 郁李
茶蘼 山茶 薔薇 八仙 雞冠
長春 紫荊 幽蘭 金蓮 鳳仙
木槿 黃菊 海棠 鹿葱 金棣棠

〇藥

半夏 菖蒲 茱萸 山薑 百合
牽牛 木通 蒼耳 芡實 紫蘇
薄荷 山梔子 車前子 香附子

〇果

梅 桃 李 栗 棗
柿 梨 橙 蓮 藕
芡 枇杷 櫻桃 銀杏 木瓜
菱 石榴

〇木

桑 柘 松 栢 桐
楮 樟 梓 楓 柳
椿 榆 檀 梧 槐
桼 冬青

〇竹

貓頭 筀 苦 筋 斑
紫 白 黃 水 實

〇畜

牛 馬 驢 豬 羊
鵝 鴨 雞 犬 貓

〇禽

鵠 鳩 鴿 烏 鶻
雉 鷹 鷂 鸛 雀
鶉 鷴 鵪 鷗 鳩
燕 鴝鵒 布谷 竹雞 杜鵑
練鵲 黃鸝 野鴨 山鷓 鷺鷥
紅鶴 翠鳥

〇獸

虎 麞 麂 野豬 狸
獺 狐 獾猪

〇魚

鯉 鯽 鰕 鰱 鱅

鯇　鮎　鯮　鱔　鯿
魴　鯖　鮐　鯽　鰻

〇貢賦

税畝賦其所利物權貢其所宜自古所重然時有更易不能無損益往無所考今據其公籍著額者備録于後

〇田粮

洪武二十四年
官民田地塘一千六百四十六頃四十三畝一分
田九百五十八頃七十五畝五分
地六百一十八頃五十畝
塘三十九頃一十七畝六分
夏税
大麥正耗二十七石二斗八升五合三勺
小麥正耗三百八十八石三斗一升七勺
絲五百三十六斤一十兩七分
秋粮米正耗六千六十六石七斗二勺
農桑絲一百三十二斤五兩八錢

永樂十年
官民田地塘一千六百五十八頃七十八畝二分
田九百六十四頃一十三畝
地六百五十四頃一十五畝五分
塘三十九頃四十九畝七分
夏税
大麥正耗二十七石二斗八升五合三勺
小麥正耗三百九十八石三斗三升一合六勺
絲五百四十斤七錢
秋粮米正耗六千一百四十石七斗六升六合三勺
農桑絲一百三十六斤七兩八錢八分

宣德七年
官民田地塘一千六百五十九頃二畝二分
田九百六十四頃三十三畝
地六百五十五頃一十九畝五分
塘三十九頃四十九畝七分
夏税
大麥正耗二十七石二斗八升五合三勺
小麥正耗三百九十八石三斗六升六勺
絲五百四十斤五兩六錢三分
秋粮米正耗六千四十石一升六合九勺
農桑絲一百三十六斤七兩三錢二分

正統七年
官民田地塘一千六百六十四頃八十六畝五分
田九百六十九頃九十畝三分
地七百五十八頃四十六畝五分
塘三十九頃四十九畝七分
夏税
大麥正耗二十七石二斗八升五合三勺
小麥正耗四百二十二石四斗四升六合三勺
絲五百七十五斤二兩九錢四分

秋粮米正耗六千二百六十石六斗一升九合三勺
農桑絲一百三十六斤七兩三錢二分

○課程

洪武二十四年
本縣帶辦各色課錢鈔三千二百八十八貫八伯二十七文
稅課局正辦商稅課鈔一千八百一十七貫四伯文
河泊所正辦
魚課鈔三萬九百七十九貫一伯二十文
魚油一萬八千一百三十三斤
魚鰾三百八十一斤

二十五

永樂十年
本縣帶辦各色課錢鈔二千五百二十四貫八伯五十四文
稅課局正辦商稅課鈔一千八百八十四貫九伯一十文
河泊所正辦
魚課鈔三萬九百七十九貫一伯二十文
鈔三萬二百七十九貫一伯二十文
乾魚三千五百斤折鈔七百貫
魚油一萬九千五百九十斤五兩九錢二分
本色油一萬六千二百九十斤五兩九錢二分
桐油三千三百斤
魚鰾三百八十斤
翎毛一十四萬一千七百六十根
鵝翎四萬九千四百四十一根
鴨翎九萬二千三百一十九根

宣德七年
本縣帶辦各色課錢鈔二千五百二十四貫八伯五十四文
稅課局正辦商稅課鈔一千八百八十四貫九伯一十文
河泊所正辦
魚課鈔三萬九百七十九貫一伯二十文
鈔三萬二百七十九貫一伯二十文
乾魚三千五百斤折鈔七百貫
魚油一萬八千一百三十三斤
本色油一萬四千八百三十三斤
桐油三千三百斤
翎毛一十二萬三千四百三十五根
鵝翎四萬五千九百四十一根

二十六

鴨翎七萬七千四百九十四根

正統七年
本縣帶辦各色課錢鈔二千五百二十四貫八伯五十四文
歸併稅課局正辦商稅課鈔一千八百八十四貫九伯一十文
河泊所正辦
魚課鈔三萬九百七十九貫一伯二十文
鈔三萬二百七十九貫一伯二十文
乾魚三千五百斤折鈔七百貫
魚油一萬八千一百三十三斤
本色油一萬四千八百三十三斤
桐油三千三百斤
翎毛一十二萬三千四百三十五根

鵝翎四萬五千九百四十一根
鴨翎七萬七千四百九十四根

○歲進

活鴈二十七隻　活鴈三隻
翠皮一百六十五張　翅皮一十六張
狐狸皮二十七張　水獺皮一十七張
鵝翎三千五百根　鴨翎五千根

○歲造

紵絲二十六疋　閏月添造五疋不作額
深青十疋　黑綠八疋　丹礬紅八疋
弓一十二張　絃六十條　箭四千二十五枝

嘉魚枕江負山田疇皆仰給於塘陂堤堰每歲有司以時督工浚理完固民以為賴今據額書之以備稽考

塘

一都宣化里塘七口　二都淨保里塘五口
三都蒼安里塘五口　四都清洪里塘二十二口
五都兜瀞里塘二十三口　六都畫義里塘二十八口
七都邵陵里塘七十二口　八都西安里塘三十二口
九都石磐里塘三十一口　十都懷安里塘一十一口
十一部江湖里塘八口

堤

[illegible]一座

新堤在縣北五里宋政和間縣令唐均調蒲圻咸寧江夏洎本縣之民將築先是春水泛漲則四邑低窪之田與江流相接悉于水患既築民受其惠粵自靖康兵興垂四十年莫有繼其功者至乾道初陳公景夔撫縣事復相地量度去舊堤三百餘步因兩山距楊家潭上橫亘為堤凡集夫七百三旬而成故曰新堤

成公堤在一二都界前元皇慶元年縣尹成宣修築自馬鞍山拗下至三角鋪捍本縣洎蒲咸江夏四邑低窪之田民實賴之有碑文見文類

儲積

縣有儲積所以利民急而贍公養也嘉魚邑臨大江其官兵之需水旱之備有不可不預備者故備錄之

盈豐廒在縣治西歲收無定額惟會計量給而已官吏俸祿行徒既禀並出於此

預備倉四處即古之常平倉也洪武年間官價平糴歲歉則出以濟民成熟抵還每倉設老人大戶以主守之官為出提調焉

東倉在二都淨保里
歲收米穀九百四十九石二斗九升

南倉在八部西安里
歲收稻穀六百六十二石七斗六升

西倉在十都懷安里
歲收稻穀三百八十五石五斗六升

北倉在一部宣化里

歲收稻穀一千八石一斗七升

預備倉一處在縣治東正統五年新設

歲收麥穀一千二百六十九石五斗五升

職役

郡邑之建設官雖有繁簡之殊無非分理庶務而撫縣人民也嘉魚爲制於前代莫可考迨入

聖朝洪武中官吏皆全設永樂四年始革佐貳官并典

至如巡司驛所之設陰陽醫學之建凡厥職役並宜收録焉

嘉魚縣

正官

知縣一員正七品月支俸米七石五斗

首領官

典史一員未入流月支俸米三石

吏

吏戶禮三房司吏一名　典吏三名

兵刑工三房司吏一名　典吏三名

鋪長一名　承發典吏一名

架閣庫典吏一名

祗候等役

祗候五名　禁子七名

弓兵三十名　庫子三名

門子一名

屬官

儒學師生

教諭一員月支米三石

訓導二員每員月支米三石

廩膳生員二十名每名月支膳米一石

增廣生員二十名　司吏一名

醫學官訓科一員無俸

陰陽學官訓術一員無俸

僧會司官僧會一員僧任無俸　吏掌書一名僧充

石頭口巡檢司

官巡檢一員從九品月支俸米一石二斗

吏一名　弓兵一百名

簰洲鎮巡檢司

官吏弓兵與石頭口同

石頭口水驛

官驛丞一員月支米一石二斗

吏一名　水夫一百名

魚山水驛

簰洲水驛

官吏水夫與石頭口同

太平小白龜湖河泊所

官一員月支米一石二斗

攢典一名

頭陀港河泊所

嘉魚致思湖河泊所

黃岡湖河泊所

官攢與太平湖河泊所同

公署

縣治自宋至正甲辰知縣李夔建正廳儀門縣門

典史廳并六房

國朝洪武初知縣姚以德建後堂各官住宅吏舍皆因時

脩葺年久傾圮正廳後堂傾廢正統六年震依式重建今以縣

治公廨與布按分司并合屬諸衙門建置之由詳著于後云

縣治在龍潭山前

正廳三間　後堂三間　穿堂一間

儀門三間　縣門一座　典史廳三間

六房東西各五間　架閣庫三間

知縣宅在後堂北　典史宅在後堂東北

吏舍在儀門外東西榜廊後

囹圄在西三房後　申明旌善二亭在縣門西

按察分司在縣治北洪武元年知縣姚以德建正廳穿

堂後堂儀門外門庖湢具備

布政分司在按察分司之左正統四年知縣黄開建正

廳後堂儀門庖湢具備

公館在縣東偏更鼓樓內正統七年八月創建正廳後

堂庖湢具備

合屬衙門

儒學在縣北龍潭山左詳見學校類

醫學在

陰陽學在

[illegible]洪武十五年僧會宗禪建

道會司無

稅課局在縣西正統二年裁革

潭洲鎮巡檢司在縣北七十里洪武元年巡檢李顏建

石頭口巡檢司在縣西八十里洪武元年巡檢謝希顏建

潭洲水驛在縣北八十里洪武元年驛丞翟福受建

魚山水驛在縣北五里洪武元年驛丞鄧宗文建

石頭口水驛在縣西八十里洪武元年驛丞鄧思賢建

太平小白鯉湖河泊所在縣西一里甲辰年所官湯莊建

黄岡湖河泊所在縣西南八十里甲辰年所官鄧敬無建

頭陀港河泊所在縣東三十里甲辰年所官羅學賢建

嘉魚致思湖河泊所在縣東北六十里甲辰年所官

完者帖木兒建

惠民藥局在縣治前洪武七年訓科董祥建

養濟院在縣東一里洪武八年知縣吳啓文建

嘉魚縣志卷上終

嘉魚縣志卷中

進士湖廣武昌府嘉魚縣知縣姑蘇萬霖纂脩

湖廣武昌府嘉魚縣儒學教諭滁陽孫兆祥校正

學校

學校之建所以明教化育賢才而致治本古今所重也惟嘉魚有學舊在縣南宋淳熙戊申知縣盧震以其地狹隘始建文廟于龍潭山陽學更于縣治東繼遂為兩處至元甲申主簿欽忠延祐甲寅知縣成文燁嘗為脩理元統甲戌縣尹蘇野泉重脩提舉眉山王宜振為之記刻石尚存

聖朝洪武壬子孔昭王尹文講堂于大成殿後洪武乙卯啓文吳尹以廟學隔越非宜乃即廟左山麓為學更歷歲久摧壞益甚正統丁卯震為修理麁備詳見湖廣等處提刑按察司僉事韓陽所撰重脩廟學記

大成殿一座　東西兩廡各五間

大成門一座三間　靈星門三座

神廚三間　神庫三間

宰牲房三間

明倫堂五間　東西兩齋各五間

大門一座三間　會饌堂三間

學倉六間

科貢

邑自前代設科取士登名賢書者泯而無聞今幸可考者在宋四五人耳洪惟

聖朝崇儒重道興學育材士由科目而入仕者彬彬然後先相望故特書之以俟續於無窮云

○科第

宋

李日就登嘉熙戊戌中太學上舍

魯登龍寶祐乙卯中太學上舍

程一飛寶祐癸丑四舉登第

李大同咸淳戊辰魁南省官至國錄檢閱

李大原咸淳戊辰會試中太學上舍

聖朝

李璣字伯瑢治易洪武庚午湖廣鄉貢進士授天長縣學教諭歷四川成都府學并泗州宿州皆有成績永樂甲辰以疾終于官

陳宜字仲義治易洪武己卯鄉貢進士任廣西桂林府中衛經歷陞工部員外郎授

勅封其父同官母舉贈宜人陞廣西參議終于官

殷宏字必大治易洪武己卯鄉貢進士任河南遂平縣尹

永興文字應興治易登永樂甲申曾棨榜進士任山西太平縣知縣

李真字志仁治易永樂乙酉鄉貢進士

國寧字尚賓治書永樂乙酉鄉貢進士任四川灌縣知縣歷[illegible]新興二縣卒于官

胡文昌字貫道治詩永樂辛卯鄉貢進士任直隸[illegible]縣學訓導卒于官

周恕字文禮治詩永樂辛卯鄉貢進士任四川岳池縣
知縣卒于官
史讓字允恭治書永樂辛卯鄉貢進士任江西德興縣
學訓導致仕
黄思信字彥誠治易永樂辛卯鄉貢進士
程鑑字叔明治書登永樂乙未陳循榜進士任工部主事授
勅封其父同官妻安人繼陞本部郎中
賜誥封其父同官妻宜人宣德癸丑卒于官
李彝字仕傑治詩登永樂戊戌李騏榜進士任直隸晉
州判官秩滿祭祖卒于家
岑必通字穎達治書永樂甲午鄉貢進士任調四川雲
陽縣學教諭卒于官

十三

程存誠字尚實治書永樂甲午鄉貢進士任江西湖口縣學教諭
張本字達道治書永樂丁酉鄉貢進士
程鵬字萬里治書永樂丁酉鄉貢進士任廣西河池縣知縣
張友文字輔仁治書永樂丁酉鄉貢進士任調廣西廣州府通判
李華治詩永樂丁酉鄉貢進士任廣東南山守禦千戶所吏目
曾豫字仲容治書永樂庚子鄉貢進士任浙江富陽縣東
梓鎮巡檢終于官
李善字慶夫治書永樂庚子鄉貢進士任四川珙縣學
教諭卒于官
薛思政字持己治詩永樂庚子鄉貢進士任廣東陽春
縣知縣卒于官
李諗字朝宗治易郎李瑛之子宣德[illegible]湖廣鄉試第一癸丑

宣宗皇帝賜綵幣給俸入太學讀書命翰林院侍加考較
正統丙辰任江西金谿縣學教諭
岑玟字廷器治春秋宣德壬子鄉貢進士
黄信字彥昌治詩宣德乙卯鄉貢進士
徐永聰治春秋正統甲子鄉貢進士任四川合州儒學訓導
黄承明治詩正統甲子鄉貢進士
程與治書[illegible]訓導

十四

○歲貢
李文昺治易洪武十七年歲貢任右軍都督府斷事
王志治易洪武十八年歲貢任如臯縣典史
劉景文治易洪武三十一年歲貢授刑部主事
游良能治易洪武[illegible]年歲貢任四川射洪縣學教諭
李文顯治易永樂元年歲貢任河南脩武縣學教諭
[illegible]璞治易永樂三年歲貢任廣東[illegible]遂縣典史
徐方貢治易永樂四年歲貢任四川嘉定州判官
李暹治易永樂五年歲貢任福建蒲城縣主簿致仕
舒文英治易永樂六年歲貢任廣西慶遠府照磨
李忠治易永樂十二年歲貢任廣西[illegible]縣縣丞
來如賓治書永樂十三年歲貢任廣東[illegible]千戶所吏目

程萬治書永樂十四年歲貢仕鴻臚寺序班
王愿誠治易永樂十五年歲貢任廣東廣[illegible]
李紹原治書宣德二年歲貢任浙江海寧衛知事
龍必昇治書宣德五年歲貢任陝西渭南縣丞
李瑒治易宣德八年歲貢任浙江江山縣知縣
李鼎治易宣德九年歲貢任直隸懷寧縣主簿
劉紳治詩宣德十年歲貢任貴州布政司都事
張以善治書正統三年歲貢
蔡登治春秋正統五年歲貢
黃雄治詩正統七年歲貢
李顯治春秋正統九年歲貢任直隸海州學訓導
周溥治書正統十一年歲貢
李震治書正統十三年歲貢

壇壝

聖朝崇重祀典頒降儀式凡郡邑社稷山川設壇陳爲祈秋報歲有常典敢備錄之庶牧民守土者有覽焉

社稷壇在縣西蘿磯山頂壇制東西二丈五尺南北二丈五寸高三尺四出陛各三級壇下前九尺五寸東西南各五丈周繚以墻四門紅油由北門入壇上石主一長二尺五寸方一尺埋於壇南正中去壇二尺五寸止露圓尖餘埋土中神牌二以木爲之朱紅青字高二尺五寸書縣社之神縣稷之神臨祭設于壇上盛以矮卓俱北向祭畢藏之神廚三間宰牲房三間神庫三間祭器祝帛之制詳見洪武禮制

風雲雷雨山川壇在縣東南城隍廟前共一壇牌位凡三一曰風雲雷雨之神一曰嘉魚縣境内山川之神一曰嘉魚縣城隍之神俱南向由南門入不用石主其餘壇制及厨庫祭器與社稷同詳見洪武禮制

邑厲壇在縣東北張巡廟前周繚以墻一門而入壇之制與社稷同臨祭時設本縣城隍神位于壇上歲以清明上元節孟冬一日致祭祭儀詳見洪武禮制

鄉厲壇在各鄉凡十又二所

鋪舍

置郵傳命所以示速也嘉魚路當衝要額設急遞鋪五每鋪有正屋三間東西屋各三間郵亭居中正門一座鋪司一名鋪兵四名鋪長一名專一提督縣則委官時加點視此其大凡也

縣前鋪　石井鋪　禄嶺鋪　舒橋鋪　洪水鋪

津渡

舟楫之利所以濟其不通邑之有渡夏盈冬涸故渡者有名而無常備姑志其額庶可考焉

大橋渡在縣東南二十五里　頭陀港渡在縣東四十里
三港口渡在縣東南　上夾口渡在縣北九十里
六溪口渡在縣西南六十里　石頭口渡在縣西南八十里

駕部口在縣東北按水經宋景帝迎文帝於江陵文帝至龍躍負帝舟左右失色帝謂長史王曇首曰乃夏禹所以受天命也我何德以堪之故有龍穴舟之稱

○橋梁

橋梁之建所以濟涉也孟子曰徒杠輿梁是矣嘉魚之
境多山橋梁亦不多建始志舊名于後

靜嶺橋在靜條寺前元僧紹忠建

熱湖橋在熱湖寺東元時鄉人李添申建今廢

官橋在縣南三十里甲辰年知縣李燮建

舒橋在縣南四十五里甲辰年知縣李燮建

大橋在縣東南二十五里今廢

○寺觀亭園附

梵刹琳宮頗饒有之嘉魚為邑不多崇建況更歷世故
存者無幾姑志其額以備考焉

○寺

法華寺在縣西南一里許宋建隆二年創立至正壬辰
遭兵燹洪武元年僧法壽重建十五年設為僧會司
二十三年灾二十七年僧法慧復立亦不過草創而
已正統九年僧會志新始建佛殿規制稍備

靜寶寺在縣東北六十里元時創立
國朝正統三年僧德輝建佛殿中有石塔云為僧紹忠俗姓
張本土人出家於本寺能守戒行修持數年不食烟
火嘗乘白馬無轡有一黑犬常隨出入犬引馬行僧
坐犬卧無束無拘丙戌年入塔端坐而卒號懶獨祖
師至今肉形尚存

熱湖寺在縣東宋開寶年間創立
國朝洪武元年僧宗曉建後僧法慧住持洪武二十四年
歸併法華寺址存

沙陽寺在縣東北一里許宋時立今為張巡廟

石瀆寺在縣西南宋時立後廢址存

觀音寺在縣南宋時立後廢址存

○觀

大岩觀在縣西南四十里九壠山傍元時立壬辰年毀于兵
國朝洪武元年道士劉彰重立今廢址存

會真觀在縣東南一里許宋咸淳戊辰立壬辰毀于兵
今為城隍廟

清洪觀在縣西久廢址存

○亭

晚泊亭在魚山驛邊為迎送之所宋淳熙十三年晁令立
嘉泰四年縣令柴景望重脩後因江岸傾頹縣令朱洁
遷立取杜少陵喧呼鬧使星之句更名聞星亭久廢

觀德亭在射圃內洪武間知縣吳啓文立

御高亭在大成殿後龍潭山頂正統十二年冬十二月
建詳見碑記

落星亭在大成殿東山墮一石於此故名正統十三年
八月建

采芳亭在落星亭西正統十四年五月建內有
湖廣按察司僉事紹興韓陽所撰湖廣山川人物賦

○園

丁家園在縣西南士人丁氏花園遺址見存

○祠廟

捷禘有孚祈報有時禮也祀典之載城隍一廟而已乃
若忠臣烈女顯彰功化以福斯民為俗之所崇信者亦
類書之庶見有其誠則有其神也

○廟

城隍廟舊在縣西燬于兵革
國朝洪武三年知縣王孔昭遷于今所即會真觀舊址中
為正廟東西兩廊為左右司前有儀門外門後有過
亭寢廟春秋合祭于風雲雷雨之壇秩與具在正統
九年重脩
張王廟在縣東北一里許即沙陽鎮址洪武十二年知
縣吳哲文建歲久傾廢正統十三年重脩詳見教諭
李滄所撰碑記
關王廟舊在縣東北基址隘永樂三年知縣胡通遷置
東嶺之上歲時伏臘邑民祀之
吳王廟在縣西南九十里石頭口赤壁山石三國時孫權征此
民懷其德立廟以祀之洪武十六年知縣劉秉政重脩
五通廟在縣東東嶺上創始無考遺址見存
梅山龍王廟在楊樂洞口創始不可考歲旱入洞禱祈
雨有應歲久傾廢正統十四年八月重建
龍王廟在縣南六溪口元時建洪武十六年民人吳繼祖重脩
許旌陽廟在大岩山頂創始無考每歲孟春本邑并蒲
圻崇陽之民皆來祈禱

○祠

文昌祠在文廟大成門東

吳王行祠在縣西南八十里地名[illegible]石洪武八年民人徐福建
東嶽行祠在縣東三十里宋舊址元建而復廢洪武二
十二年民人陶得成重建

○古跡

興廢理之常也苟無傳志所載則其名迹遂泯寧不為
之感慨與是訪諸聞見采而錄之以示其傳焉
孫權台在魚嶽山東南唐保大十一年因避兵患徙居邑
山前[illegible]仍還舊縣即今治也西山基址見存
沙陽城在縣東北一里許城傾迹在
吳家城在縣西八十里孫權征長沙時城此跡存
黃蓋城在縣東北四十里岳飛困楊么城此故名
赤壁在縣西南八十里與烏林相對即周瑜敗曹操之所
削壁面西上有赤壁二大字見存
祭風臺與赤壁相近山頂有臺世傳諸葛武侯於此祭風
三閭大夫祠址在縣北半里許
義學書院在縣東北三十里西保湖西慶曆間邑士李
宗儀宗儒建今子孫尚存學則廢矣
柱杖孔在縣東陰山之頂世傳葛仙翁嘗立其頂石有柱
杖孔水清不溢善眼者取水搽之即愈後男女混淆水遂絕
山有一石其上有足跡深五六分長五寸餘有五趾并後
足跟儼如女人右足世傳有夫役於外不返其婦登此
望焉故留其跡今名其山為望夫山
宋滄陽郭君墓在縣北龍潭山之原有掘其壙記云君
諱一新字德彰舊諱[illegible]州三沙縣滄浪鄉清化

里人其先家自興國□□□□□□□姚薛氏祖考勉
祖妣蔡氏考□□□□□氏□□□寅二月十九日生
□□□□清野南徙鄂之嘉魚明年八月二十四日
卒十一月初四日辛酉旅殯縣治北龍濠山之原娶
同邑趙氏諱媛夫魏王位什王宫親宅保平軍院河
州位宗女父承信郎彥邠母張氏淳熙丁未十月十
二日生寶慶乙酉出適淳祐癸卯七月初二日終甲
辰九月初八日丙午祔一男逕一女適寓邑李伯龍君
家世聞于時義恤聞于鄉州縣賦政於民多所委任
沔陽僑治條畫裨贊力尤多守臣將議奏補辭焉
弗能強此寓居也卜遷荷塘之上西大江以西志鄉
關之在自也嗚呼天限南北不獲還先人之墓此宥
遺憾異時苟遂前志不可無歲月姑刻石内諸壙正
統十三年八月仍為其壓于塚畔

嘉魚縣志卷中 終

嘉魚縣志卷下

進士湖廣武昌府嘉魚縣知縣姑蘇莫震重脩
湖廣武昌府嘉魚縣儒學教諭滁陽孫紀恭校正

○宦蹟

嘉魚為邑自三國以來歷千百年間官於斯者豈無賢者其人但舊志無考遂致湮沒僅得宋元二三其人迨入
聖朝令丞簿史有非一人其政績未能詳考併志其名于後以俟知者

宋

○縣令

孫傑 □□□□□□ 廟於龍潭山陽

元

成文炳 延祐間在任政務崇飾學校

蘇靖 元統間在任有政聲脩學碑文見存

成宣 皇慶間在任築堤護田碑文見存

聖朝

姚以德 洪武戊申間在任政教公勤

王□ [illegible]

吳啓文 洪武乙卯間任德清山川等壇

邊璽 洪武□□□□任鉅鹿人□□□之

鄭通 四川爲縣人進士在任政平訟理脩學校恤民懷其惠

陳伯達

李紳

王李 直隸望江縣人

曹禎 直隸□□汝陽縣人

武韜

董珪 直隸元成縣人監生

黃開 浙江建德縣人監生

○縣丞

李巖　　張子毅

藺成河南舞陽縣人李康　　樂直

高玄　　李有亨

湯仲濟　　郭儀

晉龍河南商水縣人監生　　李文興四川縣人監生

元

○主簿

伏忠至正間在任皇甫數應柏松史道

皇朝

吳興　　關仕中

崔守誠山東武城縣人　　李咸

周恒　　鍾慶雲

王清

○典史

王繼祖　　吳詁

陳景輝　　尤恭

江熙　　侯觀

陳以常　　薛玉

盧受　　馬建

張榮　　錢彖浙江鄞縣人

朱克讓四川廣安州人　　陳玉江西新淦縣人

○教諭

蕭仕衍湖廣耒陽縣人　　莫□河南□□縣人　　楊曜宗福建人陞鄭府長史

熊禎江西南康縣人　　古鑑四川雅州人陞長府伴讀　　陳昇福建

劉池蘊江西吉水縣人　　孫允恭直隸滁州人

○訓導

王藻河南人　　張堅直隸當塗縣人　　郭繼河南人

袁璿江西豐城縣人　　宋晟廣東肇慶府人　　劉濟江西湖口縣人

范誠江西豐城縣人　　李瑀四川巴州人　　黃真江西南城縣人

楊輝江西新喻縣人

人物

人物之生關乎氣運已往之人物歷宋以前無所於考宋元之際僅得一二人焉洪惟

皇朝禮羅天下野無遺賢學校科貢之外明經被薦者有焉人才屑衆者有焉以至孝行節義顯聞者有焉詳著于後尚俟續於無窮云

宋

李義山字伯高世居皇城後徙於嘉魚以西保總角讀書一過能解大義逮師事晦菴南軒二先生嘉定十三年賜進士第其初授衢州司戶端平元年知贛縣改授臨川後知吉州饒州能輕其賦歛諭安邑撥峻拔深池摧折豪猾淳祐元年除樞密院編脩除太府寺

[illegible]頓首言爲善不可謂難心去惡不可有悔心又言陛下有好善之心而無遷善之勇有惡惡之名而無去惡之實數奏詳明主嘉首肯而平章師相魏國公請予觀得其行甚於瑜節介如石可謂知公者後以明堂恩賜爵中大夫直秘閣累職縣開國男食邑三百戶所爲文有應事詩藁八卷續藁九卷與善堂課錄思過錄後林遺藁各若干卷劉公序其詩藁曰世緣深者天機淺理體正者古風格語精者理弱辭繁者味短它人所作皆然惟後林詩如三春花并紅紅白白不以剪綵刻楮爲奇蓋過江後一大家數也男瀛通直郎孫男景符以遵澤補官右擣見寶謨閣待制雷宜中狀錄版見存孫英同知岳州府事當時宋儒大夫題跋詩文見其

元

李蒙號茂林即後林之孫承冠餘自立成保其先業至辰兵變武昌失守所在相聚爲盜能保障鄉閭家室幸安無鋒鏑殍亡之患癸巳冬元參政阿魯輝領兵克復武昌召募忠勇即倡率義兵出應擒獲首惡數十人誅之餘悉開諭以大義置左右爲爪牙士獻俘省堂以功授敦武校尉給以百戶銀符賞白銀四錠甲午夏藩省命出帑藏散給義兵造戰艦進取漢沔多有請公力言城池殘破之餘帑財耗散爲臣民者當出貲以裨國用柰何虧損官帑耶材木可取於山力役可用於民遂晨夜并力爲之艦成湖水泛溢冠乘勢力戰官軍失利艦爲寇所掠是年秋斬黃祝冠以舟師潮武昌而上莫之敢禦蒲圻咸寧嘉魚殺掠殆盡冠由嘉魚新渡挽舟出大江英發兵尾其後夜設伏當場伺半渡擊之強弓勁弩俱發衆亂赴水死者相枕籍獲冠艦十餘艘俘數百人鎧仗輜重悉獲皆以勞之餘獻于官藩省深加獎賚錄功付憲司核勘忠臣熊英仗義有謀畧破冠以寡勝衆聞于朝授以奉議大夫同知岳州府事後以疾卒于家英平日與人交未嘗出惡聲友愛同氣治家有禮法教諸子勤學必處合乎時中子得庸占籍蒲圻官至國子助教孫璣天長教諭瑁江山知縣璿九江府學訓導曾孫瑜金谿教諭新可見其遺德云

聖朝

蔡克明洪武元年以明經舉任蒲圻縣丞卒于官

孫煜洪武六年以明經舉任本縣學訓導

雷從膺洪武十五年以明經保任本縣學訓導

萬欽洪武十五年以明經保任

靖江王府紀善

李明得洪武十五年以明經保任黃岡縣學教諭

孫與傑洪武中以人材保侯河南新安縣主簿

童祥洪武十七年以明醫保任醫學訓科

欽給符命云奉

天承運

皇帝制曰醫所以治病肇自神農嘗求水陸之産則草木之

類聚以金石入以飛走試性之剛柔配以君臣世用
良能回生於將亡之際起死於瞑目之時昔人善是
懷仁以濟人今人善斯惟貪是務君或不足剛配剛
而柔偶柔傷命須臾或及歲月愚民罔知咸曰病篤
遂然而逝豈知醫之庸後者即其險醫又不知好惡
之道必然者也今朕設醫官命所在有司精選來聞
以憑擢用爾今有司以良能奏特授爾以職給爾以
符俾統諸市村之雜術之士懷仁體聖人壽是方來期
考績朕將合焉爾其慎哉

李安洪武十八年以明術保任陰陽學訓術

欽給符命云奉

天承運

皇帝制曰陰陽之道命始軒轅知能大撓六甲成旨王符
昭著國之稽疑民之避凶以風后力牧曆數之精術
觀之妙欽若昊天授以民時列聖相繼陰陽是務今
天下所在有司設選擇陰陽之職統諸市村行術
者教以精通勿使凶與吉止有妨民之息作朕命有
司精選來聞以憑擢用爾今有司奏術數精通特授
爾以職給爾以符爾其教誨境內卜筮者務專吉民
來朝考績朕將合焉汝往欽哉

程正洪武十九年保任河南濟源縣丞

李奐洪武二十四年由人材保任福建龍溪縣與菓寨巡檢

雷厰彰洪武二十五年由人材保任直隸績溪縣稅課局大使

陳繼榮永樂三年由人材保任[illegible]縣丞冨寨巡檢

李琦永樂　年由明術保任本縣陰陽學訓術

董儁宣德元年由醫生保任本縣醫學訓科

古文正統十年由陰陽生保任本縣陰陽學訓術

○隱逸

李德良西保人生而穎悟長而容貌端莊讀經史多深思至於忘寢食兄弟自為師友講解性理課子孫暇又帝倦當時有司以禮為羅屢薦之皆不赴惟入山林潛心苦學其曾祖義山由進士官至豐城縣開國男父英以保障鄉閭仗義剿賊官至奉議大夫岳州府同知曾孫勝繼父祖之業及弟庸男璣俱任儒官則以年高耕耀自號西湖霽隱兩大夫宗儒多有詩文其卷見存

○孝子

楊秀嘉平人楊壺之子也性至孝洪武甲子秀年方十三隨有虎在麻井鋪路中已噬萬雲甫一疵者隣人見弟往救之至彼其兄方衛首嗟認後為虎躍林而出噬之其弟即以斧斫其首復以鋤擊其腰始脫既而扶兄歸次日暮虎至秀家後柴門其母出收衣又為虎所噬秀不量其力不能支猛惡之獸知有親而不知有身即奮呼以斧斫之虎遂奔走死母以得全聞者咸以稱子能致命護親勇力過人有可嘉者

○節婦

徐氏係本縣民李仲富妻其年二十歲喪夫止生一子守節至老洪武十八年旌表門閭

雜志

怪誕之事固聖人所不道然誠有所感事有先兆以至妄誕欺世之術亦宜書之以示勸戒惜乎[illegible]訪未周姑記所聞以備觀覽

○神功指葬

[illegible]李巡官遊成都丁父憂回以未得葬地朝夕憂之[illegible]禱告于里中華公祠從夜夢神指地於通洲山次日踐其地求兆原[illegible]豫求[illegible]閉忽見一老翁指曰爾欲求觀葬地正當[illegible]樹下復不見後卜塋果得墳地[illegible]語人以為葬親實神功云

○花木先兆

宣德戊申庠生龍驤從教諭陳昇赴武昌來故郡守黃[illegible]夜臥于齋忽雨作共坐酣聽惟驤起坐見一人戴破襆帽衣花青衣行于庠自言家住嘉魚居壬里即庠生本致之兄隨父宦遊[illegible]能[illegible]卜令離家日久鄉里多不相識煩先附口信再過一月當回遂與論命甚悉且言其科名無分其於下年准中忽不見及驤回特經其家爾詢其人並無知者惟於路傍見一舊桂上懸一破襆帽蓋此木當路隅行者懸之而者至次年其本救從學後學正昔縣甫[illegible]與鬼避人冠破襆帽衣青花衣呼市人燃香燭迎靜凡是職庠生李滄果中第一此覓花木之先兆乎人有如此矣

○邪術誑覾

邑有朱其姓亭其名者專能降神妄言禍福俗稱為師人凡疾病商賈爭訟失物人必[illegible]之人樂從而[illegible]官雖有禁[illegible]莫能[illegible]一日本家失去母猪一口其[illegible]拈香禱祝請其子所神凡三日而神不降第三日忽厲聲呼其婦立於庭下而責之曰汝為婦人不能主管家事雖猪口亦不收拾使猪為黃斑咬去卻來惱瀆神明言訖而退家皆以為虎食無疑[illegible]矣越三日其猪忽自從林中生雛八口引之而還聞者大[illegible]呼使其猪不返竟為其所欺矣為政者當禁絕之毋為其欺矣否愚可也

○詩文

詩文之作雖以吟咏性情記載事實其有關於政教風俗也不淺嘉魚為湖廣名邑當前代詩文寥[illegible]無聞今幸而可見者惟元提舉王宜振廟學記[illegible]曾挺成公碑文而已[illegible]一草更光岳氣全縉紳大夫[illegible]仕[illegible]為[illegible]之絲繳者炳炳焕焕矣[illegible]先[illegible]視音加多[illegible]盛哉謹備錄[illegible]以侯[illegible]

[illegible]記

[illegible]三代以來命司徒[illegible]學校庠序之異[illegible]辟雍泮宮之[illegible]其為教則一也詩人頌頖水之能修歌菁莪之樂育其以是夫皇元新美人文崇儒重道開設學校作養人才申嚴憲臺勉勵宣明有司主領敦勸之命[illegible]誦詩[illegible]武昌[illegible]嘉魚其[illegible]也[illegible]人物鍾[illegible]

逢之士游於聖人之門訓迪有師肄習有業庖廩有繼教養並行倫厚俗美廟學舊在城南基趾湫隘湻熙戊申縣尹姜偃遷於龍山之上宮墻數仞巍然靈光士民欽仰越月更代風雨震凌前至元甲申主簿狄忠重脩殿廡植松夾道遭變尚存延祐甲寅縣尹齊河成文備既而增其舊制充拓規模重建大成之殿已皆加意厥後皆因陋就簡以廢歲月未有能殫智畢力以之遠計者元統甲戌冬臨清蘇公野泉先生來尹茲邑下車之初首謁先聖廟見而惻然屬以邑事倥偬未暇議越明年政通人和百廢具興廼造學宮指諸生語及興創眾皆忻從會村委匠究心而理之工費浩繁學廩不給首割俸餘以爲之倡學掾文圭亦捐己俸以相斯役籍儒義助多寡有差是歲學租之所入悉以充費又於砌基薄內詰出係官粮租之隱於民者複入于學亦以助其所給修崇禮殿兩廡先聖容儀裝飾嚴雅賢哲從祀繪塑一新牌位於是乎雕鏤龕幃於從而有列然至用漆彰施以法靈星門外結石爲道工博儀備並手偕作公治政之暇日必一至其所程其勤以厲其怠經之營之完矣美矣舉目環視煥然不同驚喜而嘆曰邑庠之廢弛久矣豈意眼前復見此突兀耶且夫邑宰之官本以理民爲務食祿而不急其事斯亦甚矣而公能脩頹宮崇尚教術則其志之高才之優爲何如此而不書曷以勸方來於是學之士子相與求文以勒之石予遂爲之說曰大哉夫子之道乎肖形穹壤間靈而爲人秀而爲士推而爲政以脩齊治平用之立教以後人倫美風化造次顛沛孰能外乎斯道人之所以報本反始者固不可以捍災禦患勤事定國載在祀典者例視之也廟學之建國家所以崇奉生民以來未有盛焉豈可聽其毀圮草生堂廡鴉噪而置之不問耶今賢大夫主而力成之撤去昔陋復還舊觀搜按遺隱復歸侵疆士子有游歌之樂民絕侵欺之弊其爲風化豈曰小補之哉公名靖字仲卿詩書之家克世其祿故其爲政知所本云徽章郎湖廣等處儒學副提舉眉山王宜振記

合成公提碑

水之爲民害多矣昔之爲政者謹防水庸之禮而嚴曲防之戒若河也則東徐有黃樓之賦而澶淵奏功感宣防瓠子之歌若江也則渚宮有息壤之塞堤堰增利而湯懷襄昏墊之勢然長民者興利除害務在得人所謂不偏愛人急親賢也余以皇慶癸丑領武昌郡事郡城當江漢之上而江邑惟嘉魚濱大江楊家洲障之馬鞍山渚洪溢其害及於蒲咸江夏率爲沮洳邑令成侯宜以蔴能闡而治聲爲最乃能灼見其源築堤自馬鞍山延袤數十里而擇士之賢得人焉曰李孝成家世儒而通敏於事躬任是役民驩趨之期以旬日不愆于素遂使茲水東行由金口入湖堤成而水患息不惟此土得以耕桑而向之鄰邑皆受其惠邑人思樹碑以紀其功而請於余余聞而喜曰興利除民害果得其人成

侯可謂能矣俾展驥而宅三千里則東都有坐嘯之美
而使民思金社示不忘也或曰杭有蘇公提南嘉之人
將名之成公提舉延祐改元歲甲寅十月嘉議大夫武
昌路總管曹珏記

重修武昌府嘉魚縣廟學記

皇明崇重儒道其於學校之政視古加修而益隆盛
所以八十年來海內人才彬彬濟濟後先相望誠非前
代所能及焉南嘉武昌上游之邑乃湖湘要衝之區
而川廣殷內之路官其邑者於往來應酬之不暇尚何
有心於學校之事哉以故學宮恒廢而失治學政每缺
而不修也稽諸縣誌今學自宋淳熙間知縣黃僊始遷
于龍潭山之陽禮殿居中兩廡翼其二門碑亭各中其
矩至元甲申主簿狄忠重修殿廡植松夾道延祐甲寅
縣尹成文燁又新其舊元統丙戌野泉蘇公來尹茲邑
論教者為修治特提舉學事眉山王先生宜振為之記
刻石尚存入我
聖朝學政維新洪武乙卯知縣吳啓文以廟學偪越非
宜乃即廟左山麓建明倫堂復為正心明義二齋而文
廟則未之修迨今餘七十稔殿宇傾頹門廡頓覆未有
能振其廢者正統元祀
皇上慎擇守令惠綏黎元其於學校之政尤為急務歲
在庚申以進士吳江莫震來知縣事視篆之初拜謁廟
學顧瞻殿廡頹廢排徊太息遂言曰學宮之廢興長
民之責也震敢不以為己任耶於是鉤考誌書諮詢
衆議經營圖畫徵材之崇何頻年旱澇相承公務
填委心雖惓惓未克遂也正統丁卯乃悉心以圖修舉
之事邑之好義者咸樂相焉於是鳩匠據材擇日充
事朝夕親臨學官率其勞役而課其章程慮其經
構高其堂基禮殿兩廡咸撤而新之兩封若聳碑有
亭瞻祀之後又有所靈星戟門內外輝映黝堊彩彤
丹碧稱其度始事於丁卯三月畢工於戊辰四月爰神
有位配侑從列而他所宜有者罔不具完於佩荼條絃
誦相聞人皆嘖嘖稱羨以誌其成庠之司訓黃真備
述其事請記於予竊以湖湘郡學府州之外縣庠凡
一百有奇予皆歷焉其間縣宰能體
朝廷崇儒重道之心為心者未能多見間有見之者
未嘗不喜談樂道而與其善焉今觀南嘉縣宰莫
震氏以撮爾要衝之邑乃能惓惓以脩治學官為念
而文廟為之一新不惟見其能尊崇斯道抑亦可見無負
聖天子擇任之責也宰名震字霆威登正統己未名進士云
正統戊辰夏四月奉議大夫湖廣等處提刑按察司僉事奉
勑提督學校前監察御史會稽韓陽撰

嘉魚縣重修東平王張忠臣祠記

唐真源令勑河南節度副使宋加封東平王南陽張忠
臣之祠舊址在嘉魚縣沙陽城本為表忠而立邑民歲
時伏臘必有祭水旱疾疫必有禱咸有荅焉者正統五年冬
聖天子慎選邑令以任人民社稷之責
詔吏部謂得人唯進士宜簡其尤者往涖之於是吳門莫

侯震字霆威者擢知斯邑歆神惠下除穢草邪同視斯祠歲久傾頹乃言曰王之德足以化吾民在禮以死勤事者則祀之况其死節而祀禮自上出乎睢陽有祠而斯邑立行祠者以冲之靈澤普徧所以從民欲而立也侯惜已繹壁像儀之謹翱者莫理唯恪侯去狹隘恢闊于其舊址命匠撤舊覆新光楹棟門軒黝堊丹丁卯十二月並法墻飾以粉道砌以石碑覆以亭經始於正[illegible]侯之夏迄三月祠宇維新儀容端嚴其所以奮百世祀而化斯民者亘矣哉竊惟捐軀徇國此臣子職分之當為崇尚忠良乃賢侯風化之善政遠稽唐至德元載值祿山之亂王時為真源令始選精兵千人西至雍丘討破賊將令狐潮李懷仙等四萬餘衆及復

圍國命阻絕乃設天子畫像斬欲降賊之六將士心益勸使郎將雷萬春與賊語面中六矢而不動未幾出戰擒賊將十四人斬首百餘級賊夜遁後移軍東守寧陵以待賊將李庭堅等始與睢陽太守高陽許公遠相見是日賊將楊朝宗帥馬步二萬襲寧陵亦至晝夜數十合大破之斬首百餘級勅為河南節度副使其屢破賊如此二載春正月賊將尹子奇以兵十三萬寇睢陽遠告急乃自寧陵引兵三千與遠兵合僅六千八百擒賊將六十餘殺士卒二萬餘衆氣自倍子奇復寇因賊解甲休息與南霽雲等十餘將斬賊將五十餘殺士卒五千餘射殺子奇左目幾獲之子奇乃走及子奇復寇城中食盡士卒耗病諸侯不救乃脩守具絕雲梯與

餉草焚木鹽及徑道以應機立濟其憂却賊如此冬十月祿障江淮堅守待救食盡紙盡遂食馬馬盡羅雀掘鼠既盡殺愛妾以食士至是僅餘四百人終無叛者賊登城士卒飢病而無能戰乃西向再拜曰臣力竭矣生既以報陛下死當為厲鬼以殺賊城遂陷罵賊已從容就戮身寧讓顏洪以飢疲之寡敵強虜之衆卒以唐室以致中興當時追贈官定元勲刻絕信之形于凌烟國麗德之狀於陵墻立廟宋州齊許遠之位續官其子合勾踐之心令嘉魚賢侯重新祠宇式是形容與慕姑蘇倪公彬懼事迹以湮頹斲堅石假辭紀美惟王智以神其機勇以揚其氣忠以摧其鋒烈以死其事殘乎身者成乎仁見於行者貫於

義完節付由天大功信於交此賢侯所以明教固當碑紀而俾千祀之遠為臣死忠為子死孝如文天祥所云者則廟記之作豈徒然哉若登祠者不此之思不此效法惟歆褚弊以求福豈徒神明之不答抑亦非賢侯之本意

正統戊辰秋九月江西撫州府金谿縣儒學教諭邑之李滄撰

武昌府嘉魚縣儒學進士題名碑記

國朝環稀蕪舉禮部請立石題名導定制也郡縣多題于壁久而泰有不洪者嘉魚舊貼瀆鎮南唐升為縣廟學縣南宋淳熙戊申徙廟龍山學縣譙東偏洪武乙卯徙至今學進士題名碑缺典洪武年間題名壁者泯然無存况前此者乎正統戊午予忝學諭即謀諸知縣黃開得石于里士李拳書上提調學校胡

廣僉事劉公虬請記舟艤有曰本學碑記何必他求撰
池蘊文為之可也已而已未進士莫公震來知縣事書
請而復命如其言予惟碑所以刻其姓名而進士由學
問所至學問猶水木水有源其流日遠木有本其枝歲
長嘉魚多士昔之登名進士榜者已用於時其居近侍
居清要者有焉居方伯居風憲者有焉各效其
職竭其忠藎
皇猷箋鏞治道何莫而非資於學問之懿乎學問所以
立其本事功所以達其用水木之有本源枝流也學問
之益老成事功之益顯融爵位由之而陞遷名聲由之
而久存水之流日遠木之枝歲長也此所以題其名于
石蓋以昭示方來者焉水木世未有一之不生長學校
世未有一之不育俊秀良家俊秀子弟皆就此育則
人才代出世見其登名進士無愧前脩勒名于石亦如
今日矣柳學校有舉人焉有貢士焉其出身雖與進士
異其學問其顯融則有與進士同者其名亦所當紀今
畫石四節首篆額次書記序進士之名于記之次列
貢舉之名于進士之次事從省也是為記時
正統六年辛酉[illegible]月湖廣武昌府嘉魚縣儒學教諭劉池蘊譔

[illegible]湖廣山川人物賦

夫賦者敷布其義而宣揚其事也固愧闇寡務識
陋辭荒學疎短荊湖為南土鉅藩山川遐曠人物
衆多欲以區區寡陋荒疎之才而揚之未免挂
一漏萬適足貽多聞之譏取廣見之議也茲乃指
而錄之以附稿末兼示遊與門人之在楚者暇日
觀之庶於荊湖山川之際人物之略亦粗知其一
二爾識淺聞大君子見之幸勿誚焉其辭曰
海內名藩江南列府按禹貢以為荊書春秋而曰楚疆
亘百粵之區界接三吾之土拱
帝所以通貢獻之衢控黔蜀而居要衝之所編氓之戶口
衆多商旅之舟車旁午人人稱盛於哉
觀物豐饒於前古賦始陳其一二曾不揣乎愚魯冗言矣
州郡之名稱兮長沙間于衡岳興國隸於武昌蘄黃永
漢沔之水德安往隨郢之方澧州舊屬夫常德均州今
轄乎襄陽荊南通辰沅之域寶慶接道永之疆桂陽隣
乎郴壤靖州抵於武岡歸州處夷陵之上荊門依南郡
之傍沿革不一建置靡常遺基故跡未暇悉詳以言夫
山之衆也望兮則前嵩後岫之無窮數兮則疊嶂層巒
之無盡八面兮崔嵬五嶺兮高峻雲山名山兮千尋風門
嶺兮萬仞三十六峒兮幽且深七十二峯兮遶而衡嶽
太和皆七十二峯故云余獨尊乎南嶽之衡山兮乃一方秀氣之鍾名
邀祭式以齊封兮拉會稽而為鎮以言夫山之所產
之所產也穀兮則有稻粱秔秫之粢黍稷粟麻之味麥
有蕎稌小大之殊豆有黃紅綠黑之異公倉頓之而充
民食資之以備蔬兮則有瓜茄葱韭蒜薤芥薑菘甜蘆
菔兮宜食菠薐萵苣兮可嘗又且絲綿之帛苧葛之布
可以用於暑炎可以禦夫寒冱木兮則有楠樟槐柳松
栢椿桐桑榆梓漆楮柘檀[illegible]楸杉檜楝櫧[illegible]楓冬青

白楊用各不同可以制器可以爲宫竹兮則有貓筆慈苦之名青白紫斑之色笛箭求新用皆有益果兮則有棃栗棗柿李杏桃櫻葡萄兮秋熟蘆橘兮冬開芡菱蓮藕兮湖池可時石榴橙橘兮花圃宜栽可以薦於郊廟可以侑夫樽罍藥兮則有前胡桔梗柴胡香薷烏藥山豆黄芩地榆細辛枳殼葶藶茱萸雲母之石僊靈之皮亦有黄栢金櫻紫蘇蒼耳桑白芫花麻黄枸杞木賊牽牛荊芥白芷厚朴菖蒲門冬附子瓜蔞茵陳貝母薏苡野葛之根山梔之子及有豨薟芍藥半夏南星糖毬白芨薯蕷黄精五加通草百合茯苓楮槐之實金銀之藤夏艾之葉秋菊之英可以衛生而濟世可以益壽而延齡花兮則有牡丹芍藥薝蔔薔薇鹿葱罌粟瑞香蜀葵海棠石竹山茶木犀水仙月桂迎春酴醾金燈[illegible]紫荊有枝鳳僊呈瑞玉簪獻奇春蘭馥馥[illegible]冠與芙蓉而共景菊花與木樨以同時以言其禽之類兮則有鷹鸇鳩鴿山鵲竹雞鶬鶉鴿鴝鵒子規黄頭秀眼白頰畫眉山雞夜呼野雉朝飛白鷴草宿紅鶴樹棲鶬鶊百舌逢春則嚶嚶桑扈布穀其鳴夏時鴟鴞伯勞人皆惡之以言其獸之類兮則有牛羊犬豕馬鹿騾驢獐麂猴兎虎豹熊羆猿豺獾獺野豨狐狸或祭其肉或貢其皮以言夫水之多兮江湖河港溪澤潭塘初爲脉脉已而湯湯三湘來洞庭之右七澤出漢沔之陽衆溪分九江之派諸汊逶三灘之穿或石多而爲瀨或湍急以爲瀧小河支港數不可量發之源兮則滔滔汩汩瀰

之廣兮則浩浩茫茫[illegible]江之萬里兮何源遠而流長同大河以爲瀆兮會淮濟而朝于東海之洋以言夫水之所生財之所殖也其草類兮則有蘋蘩荇藻蒹蓼菰蒲[illegible]盈洲滿湖其羽族兮則有天鵝野鸛鸂鶒[illegible]鸕鷀鶺鴒鴻鴈鳧鶩宿食飛鳴[illegible]鷗鷺往來不驚更有家鳧家鴈沿池逶迤其鱗族兮則有鯿鯽鰣鱒鰷鱠鰱鯉鮰鰓鱓鰌鮎鰷鰋鯮黄顙鯖鱧其味均美可薦王公可羞祀禮江豚河豚不足言已其介族兮則有黿鼉鱉蚌蝦蟹靈龜龜焉爲重卜筮所宜抑有蛟龍潛躍兮變化不時雖居鱗族兮人罕見之旱祈晴禱兮雲從雨隨客有哂予而言曰前此數者第不過山川風景之形土地生物之詣請以人才宦蹟爲言庶乎文獻得有所證嘻子之言是也余嘗聞是方人才之大畧矣居官者著事君報國之誠爲士者修愛親敬長之行屈靈均之忠憤兮形於騷辭黄文強之孝道兮出乎天性囊螢夜讀兮武子之章泣笋冬生兮恭武之孟至于名宦兮若山甫有樊國之封蕭何有酇侯之命又若仲謀之將佐多才孟德之奸雄莫競故魯肅蔵伏港之兵而周瑜司赤壁之柄羊鉅平墮淚之碑尚存杜鎮南沉潭之石堪徵陶荊州運甓之勞庾開府登樓之興往事紛紜萃爾難磬姑以近代而言唐宋諸賢尤勝其道學兮則有程朱紹周子之淵源其文章兮則有李杜偕韓公之題咏岳麓書北海之名松滋記南軒之姓宋郊聞蟻度之徵馮京著

馬濼之應迨我
皇朝益隆愈盛兮少保忠誠之封允宜劉翰林文學之
法允稱德行政事兮湘陰之夏公忠靖文章功業兮
江音之楊公文定餘則仕臺閣兮有拾遺補袞之才
藩臬兮有致
澤民之政或由經術而登科或以德才而膺聘達亡常
人前輝後映御惟吾
之憂勤兮賞罰一出于正尚慮是方所任之非才兮清
博詢而廣聽其命官也於藩憲兮則舉夫康公厚重之
臣僚於郡縣兮則擇夫愷悌循良之守令仁恩洽乎人
心兮禮樂陶乎民性是故溪徑帖帖以諭誠峒獠蹄蹄而
致敬山林之鳥獸無驚江漢之風濤以靜家家全事育
之懽兗兗樂昇平之慶伊欲究其所由寔有賴夫廟堂
柱石諸賢以佐吾
天子之神聖
正統十四年歲次己巳春三月既望
奉議大夫湖廣等處提刑按察司僉事李
勑提督學校前監察御史紹興韓陽譔

御高亭記

亭在龍潭山頂去縣北二里許地最高山之下有潭環
遶其右淵深莫測世傳有龍潛焉故曰龍潭山峙其上
故又曰龍潭山山陽之麓平坦廣闊樹木陰翳
大成至聖文宣王之廟在焉正統丁卯實重建大成殿乎
兩廡之舊基闢櫺星門以達大成殿凡三級每高丈許
殿之後又一級建御製碑亭于上一級階墻于山腰被
然[illegible]蹁以陟其巔時[illegible][illegible]河[illegible]障[illegible]寄咫尺不辨乃
登命斧斤芟而伐之則[illegible][illegible][illegible][illegible]一肆瞻之間東則重
岡複嶺起伏繚繞西則長江襟帶浩無際涯自南亭頭
諸山拱[illegible][illegible]馬鞍諸山[illegible][illegible][illegible][illegible][illegible][illegible][illegible][illegible]之三譔
因建小亭于其中與大成殿[illegible][illegible][illegible]相向扁之曰御高制
[illegible]間樸高廣方正無華[illegible][illegible][illegible]旁[illegible][illegible][illegible]亭[illegible][illegible]豐石[illegible]山
植以松檜蔚然可觀經始於丁卯之十二月二十又二
日閱兩月而落成焉夫亭以御高名者易言也凡物之
高者或可御聖人之道猶天然[illegible]而求之無窮無盡豈
易言哉今斯亭之建非為快登臨資游覽而作蓋欲觀
瞻名爲者知聖道之高不可幾及當知從事於傳文約
禮之誨而致其功焉致其功而盡心盡力不少休廢則
顏子所謂卓立之地其殆庶幾乎有志於道者覩此豈
無小補哉故爲之記而道愚作亭命扁之意後之覽者
其毋以爲無益而作也與吏嘉定倪彬請以是刻諸石
故從而書之特邑之屬官鄉之仕宦皆載姓氏于碑陰
正統戊辰夏五月
賜進士文林郎湖廣武昌府嘉魚縣知縣吳江莫震譔

贈程郎中序

或謂六卿位望尊隆之屬者欲行志於其間恒不易也
噫是豈至論哉大臣爲德爲民吐哺握髮以來天下之
善猶恐不至況在其屬乎古之君子志於世用者將不
遠千里造公卿之門以求進一言庶幾吾道之行也況

朝夕與之從事乎意者才識雖其人勤敏趨事者或於
是非可否無所裨益乎篤於自守者或困於簿書期會
而緩急無所取乎君然則在我者不足以取信於人何
怪其志之不行乎所貴乎君子者才足以適用而學足
以明理固無往而不可也況人情不相得不可一朝居
為屬而不見信焉則不安於位如志之不行何嘉魚程
琳明主事營繕九年以考滿當遷秩尚書惜其去而舉
留之陞授虞衡郎中豈非素所見信者乎予聞琳明由
進士起家克慎操履有能聲見信如此宜有以行其志
也同官方庭玉率鄉友請予文贈之余亦湖湘人也得
聞琳明賢足為鄉邦之榮又喜琳明得行其志必有利
澤乎斯人者於是乎書

少保禮部尚書兼
武英殿大學士南郡楊溥序

○送李教諭之任序

今之論治者謂郡得賢守縣得賢令則政善民安民安
則治功成矣此固然也而予則以郡縣教官尤得有學
行者以教其人俾之習詩書循禮義脩身勵行則其才
有成公卿大夫皆由是出其功豈下於守令哉而近時
之人多不知重此惟欲居高位有聲勢雖守令亦以為
次其視教官秩卑不足為也有為之者又往往易其職問學
不講行誼不修規矩不爾士無所取法其才何由而成哉
聖天子嗣登大寶簡任賢能以圖至治而尤重於學校之
官擇貢士優於文行者以分教天下郡縣學武昌李滄

朝宗以湖廣鄉試第一人績學乎胄監久矣今　年試南
宮中右榜授金谿縣儒學教諭朝宗端謹有學行名望
夙著為教官實屈其才然亦
上所選擇而任之者也朝宗其何愧乎予金谿人也叨祿
于朝凡三十餘年衰老無分寸之能以效報猶惟重念
教官為學者之師非郡縣庶官可比年來擢畢此者外
貌甚備而內行不藏者蓋有其人此何足以為師範宜
乎士之少成也今得朝宗焉予為之喜士亦豈不樂而
相從以敦乎行誼講乎詩書循乎禮義哉予知邑之士
其才有成出而為用以昭其聲光者復自朝宗而振之
矣予之嗣子祐備員訓導學識未充惟朝宗與之琢磨
他日得者居學官為鄉孝親敬兄持身力本之道尚
朝夕訓之掌教百里凡有不率者當責勵之惟朝宗信
能任此故於其行書之以為贈且致予之私云

嘉議大夫行在禮部左侍郎[illegible]
翰林院侍講學士王英時彥序

○送嘉魚尹莫君序

今之縣令古子男也男列五爵之一令受百里之寄古今所重也
朝廷每慎其選非其人以厲民也
詔五品以上官各舉所知以任之尤懼舉之弗覈其實也又
詔吏部謂得人惟選士宜選進士從流之由是吏部選正
統　四年進士十七人以應選而吳江莫君寔威則知
湖廣之嘉魚焉夫
聖天子深居九重而下視萬民何嘗暫舍之間然顧之以

親民者惟令爾令得其人則民獲其所匪其人民惟受
其殃故欲常選得人也士流雜進趾居其任者有焉欲
薦舉得人也包苴請託謝恩私門者亦有焉欲求士流
之不雜私請之不行者其惟吾同年今日之選乎亦可
謂重矣霆威其行哉自進士至政府未嘗拜利害為趨
舍者范希文也論為政須是有綱紀文章謹孝審量讀
法平價皆不可缺者程明道也霆威其行哉當思慕希
文而政則務遵明道
朝廷自御侍臺諫以至大方岳甄别條令不足以陟之郭
霆威材全而德鉅持心清而御物簡以是而受知于時
也必速矣予忝同年故以贈
正統六年龍集辛酉春正月
賜進士出身翰林檢討雲間錢溥序

贈南嘉太尹莫侯謁考序

天下郡邑攸設所以親民也一郡所領幾邑分建疆域
但壤地相接為鄰封邑各置令丞簿史以釐庶政彼此
不相侵混各任其責而均承于郡然凡有所徵求期會
給調餽餉刑罰獄訟之類事或干於關白必求安妥期
無愆謬以稱上意亦豈無所相咨相議以共成治道者
哉則雖鄰封亦有同寅之義一旦脫有遠行寧無所動
於中者乎嘉魚之於蒲圻相距兩舍許鄰封之最密者
也大尹莫侯世家姑蘇由進士擢知縣事下車伊始首
加詢訪深得民隱平其政令明其刑罰開布其恩信化
導以仁義凡所設施必斟酌允當揆量輕重而後舉而
措之所以事多端正民皆服從僚屬者盡趨赴之公貧者
無侵逼之患不朞月間邑稱大治侯之善於為政也如
此且邊江次路通津要使舟官艦之往來貢賦財物之
擬施丁夫差遣動以百十計編隸之民不踰千五百戶
一時糾集亦惟其難侯則驗力揆次班直以給役遇有
起集一無脫漏上下皆稱其能侯之使民也義事上也
敬又如此接境之民或有爭競訴于兩邑承撥當會問
侯則直之以公而無彼此好惡之偏以是人皆稱其廉
明無不信慕之者吾蒲二令蔣侯曾同公謁知侯為最
深恒與大尹胡侯相語稱道未嘗不加嘆賞今聞侯滿
一考行將奏績于
朝吾有日咸謂不可無言以道揚厥美爰以屬予予雖未
及造見於侯以瞻風度然亦嘗聞侯之仁於民善於政
表於時視古循良固不多讓是亦令之賢令矣茲因述
其所已能之稹槩以為臨別贈乃若是行上最
天庭論陞優等而膺不次之擢者殆亦可量也當致賀於他日時
正統乙丑秋八月教諭致仕毓川黃縉書

湖雲隱記

太學生嘉魚王意請曰同邑有隱君子曰李德良氏家
恬居東梧桐山之陽西湖之上故顏其游息之所曰西
湖雲隱因以自號其子璣介志以求記且言其家世業
儒有貲頗而食邑江右之豐城者焉厥後徙之漢沔居
嘉魚者凡七葉頻薦發科甲有其人至德良則耕讀而
湖之壖自食其力篤於行誼尚朴素而賤浮靡課子讀

鄉閭間所多卿之人有逸於禮從恣於義者從而規之使
敦六行而謹四維蓋一鄉之善士也居間則携童負杖
登山臨水俯仰自娛弦松風而鏡蘿月盟鷗鷺而侶魚
鰕其於世利澹如也賓至則放舟中流匏樽相屬丙穴
之魚洛社之毛足充籩豆抵掌酣歌意愜心會不知樂
之所自致以是名顏先生其扁靳焉余重先生之端謹
其樸辨謹遂爲之言曰天下之言西湖者非一皆名
湖也莫不有賢大夫士願留而遊賞焉若求叔之於潁
川子瞻之於惠州西湖之美往往因人以名至今稱之
弗泯然非隱也惟錢塘之西湖則有和靖隱於梅焉今
嘉魚之西湖則有德良隱於雲焉所隱雖異而所以隱
殆無異也蓋亦希賢者矣抑余聞古之人隱居以求其
志非逃名以自潔也違俗以自高也使得達其道則
足以淑夫人而善夫俗矣吾聞德良之隱居尚能薰陶
一鄉俾底于善其或見用則有裨世道必矣爾德良之
子五人皆其俊邁者也過庭之訓造就者衆將見騰譽
以從龍作雨以澤物者絡繹以起不當潤夫千里焉耳
若然則聲實既溢覩名亦著雖欲隱乎雲而雲豈能以
終隱也夫德良名公弼璣其次子也庚午鄉貢進士泗
州天長之文學掾洪武癸酉中秋後五日
翰林學士奉議大夫長沙劉三吾記

故宋中大夫直秘閣李公後林行狀

余嘗讀宋史考其世運之盛衰與夷夏之消長而三百餘
年疆宇幅員之廣雖不及漢唐而禮樂刑政歸然有三
代之遺風而賢哲之輩出民物之殷富則非漢唐所可
比也自東盛時輔相侍從三館之臣與夫方伯牧守庶
位有司之章奏書疏載諸史冊者往往多正大忠厚之
言不獨可行於一時而皆足以垂法於後逮乎南渡之
播遷艱之餘而志士仁人奮其材猷竭其忠憤危言讜
論極陳時弊而無所顧忌者多諸國之良劑惜乎聽者
不能從說而不能改於是乎遂就衰削而淪胥以亡使
言之者躊定詭朧以流涕於當時而後之覽者亦將
太息而不能自已不亦悲夫竊嘗慨歎於是而未有以
余之言者及觀直秘閣嘉魚李公行狀公由進士第兩
領郡符三持使節當淳祐間轉對一疏首言爲善不可
有疑心去惡不可有悔心當今之政進善未能無疑去
三去惡未能不悔者三穆陵是其言首肯再四而名聞
賢大夫翕然趨之誠所謂活國之良劑而卒不能用公
雖位不稱其學而熊聲駿望忠言嘉謨所以光前耀後
者固足以不待而表見於時矣其曾孫庸乃能實紀
斯文於二百年之後益求宗儒聞士論著而顯揚之雖
公之德學流光而後人之襲訓濟美亦可見矣庸字必
庸敏篤厚慎飭其家學有譽于時方以誦古訓爲職也
日淺躋膺貢盍有待云洪武壬戌春正月奉議大夫
翰林學士宋訥書

[illegible]詩

王[illegible]　御史

題嘉魚縣

堤繞嘉魚邑江山如畫圖俗淳民訟簡地僻使星疏
僧寺臨清瀨人家住翠微市橋通遠浦時見一帆歸

張商英

過嘉魚口

晚泊嘉魚口移舟近縣郭黃蘆連上岳毛竹入新吳
漲水迷群嶼壞村應百需稿山飛利柄萬旅逆川塗

程雪樓

黃茅為屋荻為籬水滿新堤水四圍路入嘉魚腸已
斷更堪山鳥勸人歸

楊溥　少保禮部尚書

題墨竹寄教諭李滄

卷蕭湘暮雨露深此君別後每關心何當養就凌雲
節製作簫韶協鳳音

危素

題李後林遺狀

鉅宋名臣李義山當時聲譽振朝班功勳茂著咸淳
際辨論聰明實術聞名筆文成傳久遠曾孫瑜護歷
艱關今朝細讀流芳譜也贊微辭可汗顏

黎讓

讜言直諫論當時極諫那知宋祚移翰墨已歸雷侍
制廟堂終識鄭清之百年忠艷人猶羨一代文章能

獨推回首獨從無限悵為君惆悵一題詩

李宗哲

瞻彼後林維翰是則君子亦其其德○瞻彼後
林維桐與茂學之君子邦國啓龜○國步孔艱危言
謁謁孫謀褒頑彰善癉惡○鯨鯢在渚鵰梟在桑人
之云亡邦國殄瘁亦云○山河遐而宋立祀矣君子之澤
旌于孫子○子孫繩繩○爾祖克紹前修受天之祜

右後林先生讚四句

宋璿

歷仕三朝讜論多可憐無計正偏頗嵩之奪擬居台
鼎似道方潛竊太阿天步艱難從付托人情取舍竟
如何百年事業傳孫子獨許丹心耿不磨

錢習禮　禮部左侍郎兼翰林學士

題逸士李德良西湖雲隱詩

微波浩平湖浮雲翳修渚鳧鷖相翱翔漁歌起前澈
中有隱者廬芳葬龍蘭杜茅簷盡氤氳依微見疎樹
高卧北窗涼斜陽冬夏照暑撫琴欲遠尋逶迤疑不知處

蕭時中　翰林修撰

見說幽居不在山樓遲偏愛水雲間柴門有逕人稀
到世事無心身自閒夜靜窗明漁火集晚來簾濕雨
龍還何時得過湖南路飛佩飛君一叩關

周文襃　東嘉人布政

西湖、畔卜幽居湖上閑雲自在飛微影到窗秋淡
淡晴光落戶晝霏霏來從賢佐為霖雨且伴漁翁坐

釣磯料得前人昔嘗泊此身誰道承恩肥

張敏

清[illegible]西湖[illegible]世無心任卷舒[illegible]滴真珠延客
頭綵繖辟王謝兒書朱篇擢雨收歸鶴畫舫迎風罷
釣魚[illegible]上過無臣移棹問興居

[illegible]

[illegible]湖光天影共滄浪高峰南北雲變
[illegible]東西一泛[illegible]石龍彈鳴鳳[illegible]林閑和飯
[illegible]即此幽情[illegible]何
[illegible]如海屋如船[illegible]人許謫仙長嘯吸乾杯底
月短[illegible]元[illegible]香霧陰中過
暮年多少舍生望 蕭雨謝安不起只徒然

龍符濟

題西湖詩

曾合杭州飲酒徒嘉魚誰信有西湖水光雲影相涵
處何必人間看畫圖

鄭瑎

題西湖[illegible]館居

[illegible]鄉廠俯興趣長八窗晨氣爽一榻午風涼
澤以居蓬島全疑泛野航因思林處士梅隱在錢塘

韓陽 字伯暘紹興山陰人由監察御史陞僉湖廣按察司事

贈莫允升[illegible]識

杏園前進士芹泮舊英賢家住吳江上官居楚水邊
絃歌聞百里政教洽三年績考銓曹後

恩承
丕陛前

夜行至簰洲感興

年去年來不少侍又從金口到簰洲明塘東上圍、
夕火文西行敢、秋楚澤茫洋驚歲月稽山遼遠憶
松楸平生跋涉成何事覥德
君恩愧未訓

泊魚山驛

夜到魚山驛維舟柳樹邊浪平風葥息雲散月輪圓
舉網人猶唱懷鄉客未眠忘飡并廢寢何日是歸年

次日至分司喜晴

恩節駐南嘉天晴景物華喬松擎翠蓋老桂吐黃花
田父添忻喜途人少嘆嗟公庭民訟簡無恐溶無涯

嘉魚分司即景偶就

官舟到岸日將中卻喜無雲又止風兩岸遠山凝凍
雪半江流水浸晴空二株仙種臺前桂幾樹虬枝屋
後松更有學宮忻不遠書聲只在院墻東

初度日於分司懷親有感

父母劬勞此日生幾多艱苦得兒成半生未盡追親
禮百歲難忘反哺情楚水悠悠淹宦轍稽山杳杳隔
先塋嘉魚公館人稀到蔬飯聊修展孝誠

夜至石頭口

逆流秉月夜行船分付舟夫着力牽漠漠平沙連近岸
茫茫遠水接長天平生身為風霜老百歲心存鐵石堅

明主恩深無以報敢同元亮賦歸田

南岸夜發

昨朝含□陽邏今泊魚山驛呼過兩岸圍沙堆積
野平江濶大渠清波泛闊舸帆風聲少又見船頭月
色多浮安蠻催人易老丈夫事業嘆蹉跎

賦仰高亭

發源既喻勇榮同篤盛亭下瞰大江水瀰漫復洄縈
東來徒近翠諸峰獻遠青
宣聖道高妙何有聲與形洋洋滿天地萬古恆不停賢聖
重懷仰磐石鐫詩銘載希顏氏子克己淡無營會於
既塵鞅一舉凌高冥

李滄 本邑乙酉科湖廣解元任江西金谿教諭

下三十一

謁張巡廟 四首

何處同尋景祐祠沙陽城樹棟梁姿誰憐皆下幽魂
草空負救聞巧轉雕羅雀食人無帥援忠心義氣有
天知欲吞逆賊身先死恒得英雄兩淚垂
古堞蕭蕭野寺空戎衣朝宇永無窮英靈有雨公四
蒲霜日令人禮意崇朝謁冠衣令至春秋俱祀走
村翁南嘉歲歲家家雞豚百里咸歌樂歲豐
死節芳名重宇宙坐前智勇孰能儔數千義士方雲
合十萬羯胡盡血流諸葛惟思復漢祚子房還為報
韓仇龍飛五校高雲漢獨有江淮保聖憂
俠劍持危姓字昭睢陽百戰敗天驕微軀至不容胡
虜厲鬼終當答聖朝救援反求回紇馬昇平誰補侍

中貂姦邪寵貴多降賊豈憶孤忠屬下僚

題西保郊居

卜居湖曲淨無塵信是桃源有隱淪採藥雲山迎國
老傳觴茅屋遇賢人滿田香稻添新水繞徑喬松間
古檜莫道林泉俱逸士名人世出拱
楓宸

遊法華寺 二首

鷲嶺齊高寶殿平法華仙梵曉聞聲鶴巢雲外松偏
老龍蟄池中水至清聽法鳥王陳果品聞經鹿女踏
花英還思當日天龍落縱有丹青畫不成
白面山迎濃水縈仙宮碧瓦映朱甍香隨宿霧長空
散鐘下林霄曉夢驚竹徑苔深無過客禪房花暖有

下三十二

啼鶯閑遊又與伊蒲饌旅飯蔬盤玉筍羹

題岳公城 二首

雲護儲胥對畫屏鄂王曾向此中停若非大將迎神
算安得揚么破洞庭諸葛有才扶後主子胥無故事
玄冥于今舊壘雖千古赫赫精忠震怒霆
壘繞徵起復兵權誓取山河異萬全南渡君臣皆雪
耻中原父老總堪憐王敦不得污溫嶠伯嚭何顏見
五員移孝為忠功第一佳兒何必顯蒼天

題任節婦 四首

閨裏抱孤兒夜深寒窗冰霜至白首鐵石同丹心紫泥
旌節婦為繼栢舟吟詠花一夕辭慈烏啼北村母子
無親者何異獸與禽我歌發潛德庶以為俗箴

結髮盟百年齊眉兩寒暑如何雙飛鴛鴦翻作分飛羽
折志不二天清名揚千古堪嘆英雄夫凜凜氣如虎大
義一時斷甘心悉降虜不若娟娟嬌天書光逢尸
風俗日以衰朝寡暮謀姻何如李氏婦不愧泉下人紅
顏守空帷白髮良艱辛奈遭親戚薄假此婷婆貧只
烈愈光耀完玉同其貞頻將和血淚風裏洒輕塵
碧梧有孤鳳哀鳴引其雛豈不同鳳完託身奉老姑
口訓燈下書手辟閨中纑自持風霜苦何負黃泉夫白璧
誠如月團團一輪孤百年明旌後長為照嘉魚

題望夫山 二首

湖西山頂鵑啼血丙子聲哀恨生別足履石頭有晶蹤
好似孤鴻踏泥雪身何從露垂珠淚花愁容此去武
昌化為石望夫千載臨蒼空漢庭命將征戎狄卿卿掛
弓身未釋青春玉質恒離愁不似峴岩遺故跡
步履雲根上碧峯望夫歸處思千重趾跟石上已留
蹤心體久間何所從春鳥啼烟添永恨林花淬露想
愁容兮今素節關風化踏足端宜繼故蹤

閱星亭 二首

南嘉賢令搆江亭幾度迎
恩閱使星身惹
天香飄柳樹人瞻露冕渡沙汀陽春布德何能報漢水朝
宗不暫停寄語同門迎送士早攄忠赤答
堯廷
閱星亭子枕長流百世令人仰勝遊春日荃調垂柳
徑漁家笛響白鷗洲錦鋪魚嶽山花媚綠幕龍潭水
氣浮對景可怜臺榭廢經營須是待賢侯

仰高亭

龍潭山水世莫睹皓月長江幾吞吐一朝[illegible]搆高
亭振揚文教追東魯
大成殿宇隱山[illegible]門廡重輝光章甫升堂由廡陛州郡
信莫窺宮牆[illegible]盡無方體教有博文有約禮高妙
倏然見蓋親寧知盡力皆由己賢能叢出維綱常殷[illegible]
國祚並無疆登亭細讀
賢侯記治世雄文滋味長
倪謙 錢塘人翰林編修

送大尹莫霆赴任嘉魚

紫泥
明詔煥
綸音榮宰名區[illegible]南國衣冠[illegible]江山水入清
吟飛鳧遠度至喬爲行李惟懸子賤琴到治春光應
尚待蒲庭紅雨春花潔
錢溥 松江人[illegible]
舊星
天朝虎榜[illegible]江濱居民傍水魚為業佳信來
京[illegible]宣白晝公庭花柳照青春[illegible]
有待[illegible]飛向
紫宸
[illegible]惠 [illegible]人

聖皇擇令寵安民金榜人行龍澤新阜茂治聲誰得似賈
侯才調獨無論征車擁雪都城曉歸騎看花故里春
想到嘉魚多暇日好音無惜寄來頻

王恩 台州人主事

拜
命之花縣鳴珂出
鳳城亂山春雪齊千里暮雲平官序憐潘岳才名羨賈
生驪駒歌未已欲別重含情

祝顥 蘇州人給事中

除書曉拜出
朝端不負春風榜上看周室登庸崇進士漢廷出宰用郎官誰云
盛世卑賢俊自是長才可治安萬里功名方展志壯

懷莫歎棘栖鸞

林聰 福州人給事中

觀光同賞曲江春出宰先承
雨露新百里生民煩子惠
允重
明主倚臣鄰長才共擬從茲展壯志誰云尚未伸
聯代公卿多守令重期鳴珮待
楓宸

張澍 崑山人主事

迢迢滅南路蕭蕭征馬嘶冠蓋集如雲送子出
京城子音對
文獻從來擬鄒魯弦歌一堂百里才賢貴軒冕令茲宰名邑

無乃非所宜碎猶持千將而以劃伏雌青陽布微和
春風含清暉萬物欣向榮為政須及時別離難更留
頭言我所期居官以俟命撫枕毋自嗟遠翮終拂雲
行當奮高飛

謝拱辰 嚴州人御史

曾共登科被
寵榮又同領邑出
都城
聖朝每重親民選令尹偏多戀
主情暫向嘉魚敷澤去早看驄馬踏春行相期努力持清節莫負
黃金榜上名

成始終 無錫人御史

題名金榜昔同予領邑惟君志已舒千里到官新布
澤四民樂業總安居鄉書遠寄衡陽雁土味欣嘗丙
穴魚料得政成多暇日春城花滿駕安車

魚山驛

江上東風吹白烟江花江草淨娟娟魚山驛下龍潭
上春雨漚波曉放船

遊御高亭

文廟巍巍鎮古立御高亭上共清遊山連荊楚乾坤
迥水接沅湘日夜流白鶴喉風江月曉蒼龍行雨石
潭秋落星嚴畔眷重劉擬折梅花當酒籌

丁佩 [illegible]

送莫令考績復任

考績出
都城雙鳧導去程風高鵬翮健沙軟馬蹄輕客路初
分別官居久候迎還期稱嘉政卓魯共齊名
胡申 永新人前縣尹
嘉魚縣竹軒為黃天尹賦
公庭種竹似貧家不許人稱縣令衙為愛年年冰雪
裏數竿長伴紫薇花
昔泊黃陵古廟西詩成月兩節間題今年擬向林邊
過人道曾同乘鳳樓
方庭玉 巴陵人浙江右布政
遊仰高亭
龍潭山上亭新構此日登臨興浩然發酋輕鷗閑似

七十八

我一江流水碧於天高堅道體思先聖博約工夫慕
昔賢老我退休心尚切詩成還向石碑鐫
劉滄蘊 吉水人本學教諭
謁文廟 二首
地勢盤廻卧玉龍大成殿宇辛山中松栽前徑通烏
府山僻東嵎起泮宮秋夏水光三面白春冬道里四
方通南嘉百里稱名邑今古魚山秀氣鍾
鑾山旗澗地猶平發字臨涯構大成三面水光秋月
白兩行松樹夏風清雲程功業多前進燈火絃歌有
後生吾道本由斯道盛奎星分影兆文明
謁張巡廟
淮泉睢陽死不移忠封靈祐世推宜援兵留衛孤臣

死奸盜登城壯士饑白骨首立紅日照丹心報
國老天知我來典教南嘉學識面行祠愧獨遲
贈僧會志新 二首
僧印琴堂數十春天官選士出楓宸淡烟疎雨沙門
舊明月清風慧德新朔望衣冠來邑令雲霄扶錫降
金人法華絶艶乾坤秀水洒楊枝世有神
法華千載地鐘靈僧會司新廢復興魚嶽談經龍聽
法鳳陽來往馬馱經恩甦凋瘵楊枝水聲警昏迷塔
上鈴最喜門前嘉景象水縈羅帶嶺舒屏
莫震 蘇州人本縣知縣
謁東平王張巡廟 二首
嘉魚郭外古城邊廟貌堂堂尚儼然芳草映堦春自

下三十九

老喬松擎蓋鶴空還當年盡節忠魂杳歷代褒封祀
禮虔回首幾多降賊者可曾移步到祠前
徃事悠悠去不還古祠深掩綠蘿關忠魂已赴艱危
際生氣恒充宇宙間倉卒盡懲狂虜逼昇平曾棖絳
旗閑援兵未至城先陷千古令人淚泗潸
正統十年朝
覲欽賜勅書
錦勅榮頒下九重拜觀
天語意從容憂勤不異唐虞德告戒應同造化功仁愛
人當實踐廉勤立政貴常充 勅諭內云惟廉勤乃能立政惟仁恕乃能愛人 微臣此日承
休命奉膺心胸與世窮
詠解居竹 胃

半林蒼玉絶塵埃常記當年手自栽勁節不為霜雪
改虛心應待鳳凰來輕風滿座清聲度皓月當窗翠
影開莫羡渭川千畝好一竿纔有便幽哉
挺、新稍間舊叢影摇蒼翠淡無濃籜龍化去雲連
海彩鳳飛來月滿空勁直不殊君子節清虛無忝古
人風七賢林下成陳迹獨倚闌干想舊踪
翠拖晴囱絶點塵公餘相對獨相親娟、秀色看無
厭濯、丰姿畫不真春色娟時偏冷淡霜威嚴處越
精神却憐輕薄閑桃李強倚風前也效顰
種得琅玕傍小軒春來生意浩無邊迸泥頭角爭高
下拂漢兒孫列後先嘯咏只容表粲入栽培獨許子
猷憐莫言相對空相愛要學冰霜晚節堅

正統戊辰二月一日春丁縣庭齋宿　二首

空齋獨坐夜闌時一點精誠默自持庭砌雪深燈影
淡麗譙風細漏聲遲寢衣謹服衾推却書幌高垂帳
不施款挽暫時應待旦靈臺直欲淨無私
爐烟消盡夜窗空滴、簷聲雪暗融齋戒預期三日
內塵埃先滌寸心中百王道統斯文重萬代綱常祀
典崇嗟我匪才叨對越聽殘更鼓愈沖、

九日登仰高亭

名山踰龍潭亞立高崔嵬中有仰高亭文光燭上台
公餘試登覧佳興真悠哉況值重陽節滿徑黃花開
仰觀天漢外山色青螺堆俯臨百丈潭水光澄綠苔
泮庠諸典教雄辯相追陪偃息坐亭下清風颯然來
掇採黃菊英滿酌鸚鵡盃酒酣發長嘯浩氣充九垓
遠樹日將夕飛鳥投林回此樂復何有賦就慚非才

縣前湖

嘉魚縣前湖水平湖邊蘆葦曲青、居民曠絶人踪
少時聽棹歌三兩聲

歸途偶成

野燒青、挾路斜隔林烟火有人家數聲啼鳥午風
靜開遍滿山桃李花

登馬鞍山

名山登覽勢凌空石逕盤、翠幾重極浦漁舟歸落
照深林樵斧響東風蒼茫城郭登臨外遠近人家指
顧中對景未窮吟覽興捫蘿直上最高峰

商輅

送教諭孫允恭赴任嘉魚

孫君自是青雲器發策決科當盛年斯道由來資俊傑英
才此去賴陶甄滁陽路接衡湘近音問時將簡牘傳
聖代儒官多顯擢　徵書指日下
天邉

孫允恭　滁州人本學教諭

謁張王廟

憶昔當年戰上功睢陽保障古今同生前倡力興唐
室死後旌誠斬狄戎凜、孤忠全大節巍、英氣貫
長虹委身報國垂青史千載令人仰慕中

題仰高亭

南有嘉魚山山頂創華亭茂林幽鳥樂芳草逐風榮
登臨四顧中水色連天青景仰素王德難爲言語形
吾道一以貫古今無或停仰觀梁上扁俯讀碑中銘
乃知賢令尹不日樂經營美哉具輪奐文光燭青冥

管廷枝 蘇江人楚府紀善

黌宮背崇山、擲構危亭行、重躋攀石徑何廻縈
憑高四顧中環拱群峰青俯思宣聖道渾然妄有形
仰之愈高遠運化無息停泮庠成厥功勒石今有銘
銘亭垂不朽賢令寔是營文光與斯亭氣勢凌紫冥

陳逵 蘇州人憲司照磨

高山仰景止飛搆聳亭、清淑萃元氣川阜廻且縈
巋然泮林表廻入層雲青歎茲道高妙恍惚難爲形
傳文與約禮聖門驂御停放之六合彌斂之方寸銘
所宜在卓爾努力務經營庶從異端說何爲歸窈冥

羅如墉 廬陵人行人

緣源度柳徑尋幽入松扃再拜
大成殿徐、讀碑銘卻步龍潭山遂登仰高亭中有令
尹碑八面開窗櫺前有百尺臺花木多芳馨舉頭望
四遠流水環林坰宛如蓬萊島絕俗通仙靈是時日
向暮山雲陰滿庭清風颯然至松聲自泠泠主人甚
愛客留坐談六經博約達
聖道坦途非杳冥清興殊未已倒以雙玉瓶夜深氣
肅、秉燭光熒、宴罷出江上碧空爛明星別後屢
回首惟見山青青

胡渠 蕪湖人江夏訓導

峻美山之巔構此翼、亭峯巒拱環抱江流長帶縈
翼然恍難階尚聳雲霄青仰惟
聖人道上與天相形往繼與來續運化那能停惟彼
子淵賢此心恒刻銘克盡仰鑽功不爲利欲營所以
亘千古巍然無窈冥

倪彬 嘉定人本縣典史

新構幽亭氣聳蔥永光山色古今同仰惟
聖道無窮盡欲造原從博約功

楊曄 江西新淦人本學訓導

仰高亭上翠嵐浮亭外長江日夜流絛蓀龍潭
山月曉窗深鳥歆石盤秋光陰有限逢人老道體
無爲貴自脩吟遍夕陽天欲晚白鷗飛傍釣魚
舟

黃真 南城人本學訓導

龍潭之山高崔嵬山巔剪伐無蒿萊危亭結構何雄
哉煌、華扁當亭開仰觀聖道克充擴斂之方寸歸
靈臺博文約禮功須傾人欲盡去天理回登亭觀扁
毋自棄勉旃直欲成真才少壯虛度良可哀

韓昌 山陰人

聖朝重文教賢令爲新亭佳山立而拱遠水流而縈蒼苑
湊晴碧黛色凝曉青高登縱吾目恣此身與形矯首
懷孔顏統緒寧有停嗟、小子輩自警當勤銘道德
益加勉富貴非所營學成會有日奮身附鵬溟

童以明 本縣人舉人

危亭下鎮控陽關幾度登臨逸興長屹、窮碑宜愚遠煌、華扁墨痕香道同天運非吾窮[illegible]形浩嗟我蹟觀難造就倚闌無語仰林光

胡季舟 會稽人常德府學教授

贈莫大尹

樊君曾別十年餘邇後相聞領薦書黃榜共誇登甲第吾儕今見莫民居[illegible]忘承宣美羨餘昨日武昌城下過郎官猶羨[illegible]魚

題嘉魚八景

李環 本邑人湖廣庚午鄉貢進士

赤壁古祠

當年鏖戰決輸贏信是英雄蓋世成天下三分歸鼎業靈祠千載肅儀刑鳥栖楊柳移遺跡赤壁江濤夜鬬兵却憶周郎能輔翼細摩塵蘚看丹青

清江釣艇

清江迢、釣船孤旋理絲綸未得鱸閑聽鴈聲歸綠浦靜觀秋色染黃蘆烟波身世心無累楊柳人家酒可沽安分養生閑度日毋勞使者問潛夫

江島春風

江島高、漢水東青陽應候布春風吹噓萬卉連天碧披拂千花映日紅陰壑暖容回造化寒崖和氣轉冲融信知鼓動群生物無計能酬長養功

龍潭秋月

蟄起漫、水一渦涼生玉兔湧金波驪珠光發星辰動寶鏡明生歲月多水漾素綃籠桂殿山圖琴幕護江流何當載酒留歡賞吟得新詩滿大舸

西保湖光

十里湖光潑眼明漁舟來往鏡中行輕風半捲桃花浪微雨初收柳葉青浴日淡濃圍翡翠凝霞瀲灩醉鵁鶄吾家結屋經年久欲攬餘輝入戶庭

新堤保障

江湖水長勢相通耕稼徒勞黍稌空邑令昔勤防禦政農夫今樂保全功浪珠跳岸晴飛霰霞彩穿林晚掛虹却憶蘇公堤上路感懷吟眺思無窮

梅山種樹

誰栽千樹綠羅浮看到兒孫盡白頭雪壓清癯森玉骨月移蹤影散林丘霸橋載酒曾相憶東閣題詩恨未遊最是南枝生意早莫將羌笛倚高樓

透脫輕舫

脫身人去水東流千載中河一葉舟撐感露蒿撐紅落蓼花秋征人去遠程途計過客應無寔夜留勿謂妙難重載幾番風雨濟人愁

劉泌蘊 吉水人本學教諭

赤壁古祠

江心破敵十萬衛山脊崇祠著武功爆荻飛烟豪氣口陽春布德保江東三分疆宇當時事一代英雄萬古風廟食嘉魚靈不昧至今赤壁有遺

清江釣艇

清江萬頃匯嚴灘一葉孤舟幾釣竿蓬戶半開金氣
入蘭橈不動鏡光寒柳陰晚泊風濤靜楓渚朝歌宇
宙寬水落鱖肥秋釀熟眼前骨肉話團欒

江島春風

形勢崎嶇海島回江心千里藹春風谷中催鳥歌還
舞葉底吹花綠間紅衣面歲　穀練松林聲入奏
絲綢望中猶重田横義五百遺蹤碧蘚封

龍潭秋月

靈物蜿蜒靜夜吟水輪皎潔碧潭深祥光浮水驪珠
吐圓影生波玉鏡沉歲吸江湖蘇夏旱時爲宇宙散
秋陰古今神秀鍾文廟多士才華等桂林

西保湖光

水光萬頃浸銀河兩岸人稀柳樹多玄夜春秋月玉
鏡漁舟今古釣金波玻璃色燦晴空瑩穀練紋拋晚
吹和里士常鍾西保秀
天朝幾度擢高科

新堤禦漲

吏民躬率事江鄉築土成堤禦渺茫井里遂令人還
川山陵無復水懷襄當時力去蛇龍澤百世功爲[illegible]
穡場惟我成侯民父母事功勒石永流芳

梅山霽景

天收霧靄放晴曦暖入梅山物象奇玉出新莊迎[illegible]
出一時佳瑞兆三時花飛白玉瑤瓊[illegible]

[illegible]蓉先冠歸後彥誠猶暖氣到南枝

[illegible]陵異跡

奸雄深計務逃生隧道通江一夕成小捍艤身宵遁
去天星猶躡曉飛行南湖劉寇除心腹
[illegible]能臣著姓名千載嘉魚留異跡我來一見感中情

李滄本邑人金谿教諭

赤壁古祠

赤壁空遺萬古名當時龍戰血盈、智謀魏帝樓船
盡輔翼吳王鼎足成老樹猶存藤蔓滿斷碑尚有字蘚
痕生忠魂何在孫曹暗空把秋漿奠一觴

清江釣艇

積練澄心一釣舟黑甌春懶鷹窗秋青蘿帶内煙蓬
小碧玉竿梢綠線蒲蓑竹末繫[illegible]柳岸江魚光[illegible]
蘆洲短簑衣底初醒後款乃聲聞古渡頭

江島春風

孤島江心秀氣蘸春風昨夜扇微和暗添鏡裏螺青
碧輕姿笋繭鵝綠波石髮晴梳清霞散松琴時奏音
普過尋芳壺見靈鼇首紅紫依然淑氣多

龍潭秋月

匊躍深淵暫卧潛蜎蜒娛[illegible]興無厭水雲變化樓飛
壁立守明輝鏡奩曾捲清波濡寶穡閑澄碧水浴
銀蟾温泉龍暖非無意只恐瓊樓冷氣添

西保湖光

西湖激灩水光浮靜蘸晴空碧色流對語海童天上

坐遠心漁父鏡中遊船逐銀濤歎歌聲身立冰壺與
趣幽自是吾廬鍾此秀兒孫相繼步瀛洲

新堤保障

名共東坡姓字垂築堤防溢遠蟠螭害除磽确千畝
霑利澤耕桑萬井熙終古有功思善政于今無計報
仁慈當時直筆曹公在幾度摩看有道碑

櫶山種樹

絳英霜萼兩般樣誰向櫶山續後栽紅發一枝朱點
額白舒千樹玉為腮甘酸金彈調羹味圓脆黃肥尖
渴來昨悟寒花似桃李不知蕪蘼獨爭魁

透脫輕舫

鄂王追盜至頭陀盜擊江堤遺風過已珍曹咸祁御
跡還平楊太洞庭波練拋金又魚翻水蟹老明珠露
綴荷幾度移舟觀勝景俱懷忠孝不成歌

嘉魚縣志卷終

荊楚文庫

〔康熙〕嘉魚縣志

〔清〕李元震 纂修

《荆楚文庫·方志編》編纂組

組　　長：劉偉成　陽海清（執行）

副 組 長：劉傑民（執行）　王　濤　謝春枝　范志毅（執行）

參編人員（以姓氏筆畫爲序）：

王　濤　李云超　宋澤宇　范志毅　柳　巍　馬盛南　陳建勛

梅　琳　張文静　張雅俐　陽海清　彭余焕　彭筱溦　賀定安

楊　萍　雷　静　劉水清　劉傑民　謝春枝

編　　審：周　榮

顧　　問：沈乃文　李國慶　吴　格

前言

《〔康熙〕嘉魚縣志》三卷，清李元震纂修，清康熙十年（一六七一）刻本。

李元震，清浙江嚴州人，進士，康熙十年官嘉魚知縣。

邑志始修於明洪武、續修於永樂年間和正統元年（一四三六）。正統十四年（一四四九），知縣莫震參照舊志重修縣志，其後二百餘年未有再修。據《〔乾隆〕嘉魚縣志》所載李元震撰《序》，他到任後，恐志事日久廢弛，且所存舊志僅餘一册，有爲蠹魚侵蝕之憂。爲使一邑大典不致淹没，遂以莫志爲藍本，採於斷碣殘碑之上或先民耆彦之中，增前志所未備，訂前志所未確，既不『專見執己』，亦不『因訛傳謬』，於到任三月時成書付梓。

是志現今僅存中册，該册卷端題『嘉魚縣誌卷中 文林郎知嘉魚縣事嚴江李元震重修 嘉魚儒學署教諭事沔陽劉士臣 麻城郭更名校正』。内容含『學校』『科第』『宦蹟』等。對比莫志，可認爲其體例有沿襲莫志之處，而調整了綱目順序，並在綱下增添了子目目録。如『宦蹟』『人物』二綱本在莫志卷下册，是志移入卷中册，而不含莫志卷中册原有除『學校』『科貢』外的其他數綱，較之莫志更爲合理。

内容上，『學校』增添正統後相關事跡。『科第』續入正統十二年（一四四七）後名單，舊志所缺者，是志一律按例補之，有爲官者，其官職以小字列於名下。『宦蹟』所增者除典册記載之外，僅入登題名、祝生祠、鐫石碣及傳口碑者，部分人名下列有小傳。『人物』所載自宋朝始，登科第者依世次爲序，其他各目依類録入，以彰其美。

據《中國地方志聯合目録》，是志有清康熙十年刻本之殘本，存於國家圖書館。本次據此影印。（彭筱溦）

目録

卷中

學校……六五
科第……六六
武科……七〇
貤封……七〇
選廕……七一
雜例……七一
宦蹟……七一
教諭……七五
訓導……七六
縣丞……七七
主簿……七七
典史……七七
巡檢……七八
河泊……七八
賢達……七八
逸彦……八四
孝子……八六
列女……八七
僊釋……八九

嘉魚縣誌 二

嘉魚縣誌卷中

文林郎知嘉魚縣事嚴江李元震重修
嘉魚儒學署教諭事沔陽劉士臣　麻城郭更名校正

學校

聖廟學宮爲人文根本之地風化伊始之區也各郡縣皆前廟後學嘉邑獨分兩址亦各擅形勢之勝前代無考宋淳熙戊申縣尹姜偃以學在縣南其地湫隘始遷文廟於龍潭山之陽學更於縣治之東迨元歷百年主簿狄忠縣尹成文焴蘊請僅後先修理未有遷改至明洪武巳卯縣尹吳啓文以廟學隔越非宜乃即廟左山麓爲學正統縣尹莫震復爲修理嘉靖戊子學遷於北門之內己亥復遷於三忠祠之基仍分兩址即今處也萬曆丙戌縣尹蔣時馨加意修飾萬曆甲寅建新學於縣治西掖通學不可究難改遷新學遂廢崇禎癸酉甲戌間縣尹程可登邑紳熊開元拓闢舊址詳確位次殿廡戟門名宦鄉賢暨明倫堂兩齋改剏重新規制稍備今四十年所尚存舊觀其秉心淵塞可見矣惟櫺星門外東西禮門義路二坊廢矣

聖朝振興之日首重文學前令及司鐸諸公漸次補修不一元震來任甫數月每朔望登謁見前後左右當修葺處甚繁元震亦何敢辭其甍茨丹雘之責哉用捐俸爲諸紳衿倡宋元明各重修碑文詳見文類

啓聖公祠一座　大門一座
大成殿一座　戟門一座　櫺星門一座
明倫堂五間　名宦祠（在戟門東）　鄉賢祠（在戟門西）
仰高亭一座（在大成殿後）　東西兩廡各五間
神廚神庫宰牲房（各三間今廢）　東西兩齋二重（各三間）
學前石牌坊一座（明崇禎壬午年造）　饌堂學倉今廢
斯文在茲坊一座（元震倡建）　宮墻一座（題宮墻萬仞元震倡築）
東偏仰聖門一座（元震倡增）　雲路橋（元震倡造）

科貢

武科　貤封　選廕　襍例俱附

多士應昌期之會朝廷懸爵命之招將以掄才致治也嘉邑人文久爲海內推許按舊志科貢在宋十人明自正統丁卯後無一紀載殊失文獻足徵

之意今悉爲續入且文經武緯薦揚所以式黃甲名及親貤封所以示孝他如人材保選於格外胄子拜恩於世及三途並擢一命足榮是皆倣古舉選法上可抒一得以佐皇猷下可効寸長以宣主德者也舊志俱不及誠爲缺典故各以其例補之

科第

宋

李伯殊 嘉熙戊戌中太學上舍

李伯嘉 解元錢塘縣尹

魯登龍 寶祐乙卯中太學上舍

李桂 進士由貢

程一飛 寶祐癸丑四舉登第

李格 治周禮解元

李大同 咸淳戊辰會試中太學上舍

李大源 進士

李大圭 玉沙縣尹

李義山

明

李璣 字伯瑢治易洪武庚午鄉薦授天長縣學教諭歷四川成都府學并泗州宿州皆有成績

陳宜 字仲義治易洪武己卯鄉薦任廣西貴林中衛經歷陞工部員外郎授敕封其父同官母妻宜人陞廣西泰議

殷宏 字必大治易洪武己卯鄉薦任河南遂平縣尹

宋興文 字應魁治易登永樂甲申曾棨榜進士任山西太興縣知縣

李真 字志堅治易永樂乙酉鄉薦

雷晏 字尚賓治書永樂乙酉鄉薦任四川灌縣知縣歷南城新興二縣

胡文昺 字貫道治詩永樂辛卯鄉薦任直隸祁門縣學訓導

周恕 字文禮治詩永樂辛卯鄉薦任四川岳池縣知縣

史讓 字名恭治書永樂辛卯鄉薦任江西德興縣訓導致仕

黃思信 字彥誠治易永樂辛卯鄉薦

程鑑 字叔明治書登永樂乙未陳循榜進士任工部主事授敕封其父同官母妻安人繼陞本部郎中賜誥封其父同官母妻宜人

李英 字仕傑治詩登永樂戊戌李騏榜進士任直隸州判官

岑必通 字穎達治書永樂甲午鄉薦任調四川雲陽縣學教諭

程存誠 字尚賓治書永樂甲午鄉薦任江西湖口縣學教諭

張本 字達道治書永樂丁酉鄉薦

程鵬 字萬里治書永樂丁酉鄉薦任廣西河池縣知縣

張友文 字輔仁治書永樂丁酉鄉薦任調廣西廣州府通判

李華 治詩永樂丁酉鄉薦任廣東西山守禦千戶所吏目

雷豫 字仲容治書永樂庚子鄉薦任浙江富陽縣東梓鎮巡檢

李善 字慶夫治書永樂庚子鄉薦任四川珙縣學教諭

薛思敬 字持已永樂庚子鄉薦任廣東陽春縣知縣

李滄 宣德己酉鄉薦第一

岑玟 字廷器宣德壬子鄉薦

古信 字彥昌宣德乙卯鄉薦

徐永聰 正統甲子鄉薦

程涵 正統丁卯鄉薦任河南汝陽縣學訓導

童以明 正統甲子鄉薦

孔儒 景泰庚午鄉薦天順丁丑欽賜進士

雷九成 景泰庚午鄉薦初任訓導

李田 景泰庚午鄉薦登甲戌孫賢榜進士

龍淵 景泰癸酉鄉薦任涪州知州

李為臣 成化戊子鄉薦

杜福 成化戊子鄉薦

李承恩 成化庚子鄉薦登成化甲辰李旻榜進士

吳廷舉 成化庚子廣西鄉薦登成化丁未費宏榜進士

李承箕 成化丙午鄉薦

李為義 成化丙午鄉薦

童珪 成化丙午鄉薦

陸賢 成化丙午鄉薦

李承芳 成化丙午鄉薦登弘治庚戌錢福榜進士

徐玹 弘治己酉鄉薦

魯儒 弘治己酉鄉薦授順慶同知

李承勛 弘治壬子鄉薦登癸丑毛澄榜進士

杜循序 弘治壬子鄉薦

任岳 弘治乙卯鄉薦

李承顏 弘治乙卯鄉薦

李整 正德庚午鄉薦

呂端 正德庚午鄉薦

周夔 正德癸酉鄉薦辛巳登楊維總榜進士任四川昌順縣知縣

呂調羹 嘉靖乙酉鄉薦己丑登羅洪先榜進士

尹相 嘉靖戊子鄉薦壬辰登林大欽榜進士

李寶聯 嘉靖戊子鄉薦

李喬齡 嘉靖庚子鄉薦

方逢時 嘉靖庚子鄉薦辛丑登沈坤榜進士

李冬 由鄉試選貢授青州訓導嘉靖庚子中四川

雷上儒 嘉靖己酉鄉薦癸丑登陳謹榜進士

程一夔 嘉靖壬子鄉薦
李寶蒙 嘉靖壬子鄉薦
李寶約 嘉靖戊午鄉薦
任邦實 嘉靖辛酉鄉薦
周廷韶 嘉靖甲子鄉薦
李沂 萬曆癸酉鄉薦丙戌登唐文獻榜進士官至吏科給事中後贈光祿寺少卿廕一子
李憸 萬曆戊子鄉薦己丑登焦竑榜進士
鄧揚楚 由選貢入順天監中萬曆丁酉順天鄉試
游士任 萬曆丙午鄉薦庚戌登韓敬榜進士令長興縣授山東監軍御史

熊開元 萬曆戊午鄉薦天啓乙丑登余煌榜進士由崇明尹官至正治上卿有奏疏
金聲 由選貢入順天監天啓甲子順天中式崇禎戊辰登　榜進士
尹民興 天啓甲子鄉薦崇禎戊辰登　榜進士官至太僕寺著有菴園諸文集
任弘震 仝子喬年中崇禎庚午鄉試庚辰登魏藻德榜進士其行畧見賢達類
尹奇逢 崇禎庚午鄉薦聯捷辛未進士初授德化尹累官至山東兵備道歷著政声
方貞通 崇禎庚午鄉薦係少保金湖公從孫年十二即補博士後通內典遂以禪隱
任喬年 仝父弘震中崇禎庚午鄉試庚辰欽賜進士時稱前有看山後有嘉魚公典父也
雷士順 崇禎丙子經魁四名早孤奉母至孝性穎異為文自出機軸有雷任合刻行世
李占解 崇禎壬午經魁三名性好學博洽經史課二子俱餼于庠

高自遠 崇禎壬午鄉薦由父貢士其升嚴課讀登第為名孝廉三十年就選見令建平

聖朝

劉均運 康熙己酉鄉薦
周志德 康熙己酉鄉薦

貢監 恩選俱附

明

徐興權 桃源知縣
王志 如皋典史
宋文顯 修武教諭
徐興道
游良能 射洪教諭
夏珪
朱文昺 都督府所事
劉景文 刑部主事
徐方貢 嘉定州判

李暹 蒲城主簿
来如賓 廣東千户所吏目
危安
李紹原 海寧知縣
李昺 懷寧主簿
蔡澄 高宛知縣
李顯
石玉成
李仁源
舒文煥 慶遠照磨
崔嵩 鴻臚寺序班
王禮
龍必昇 渭南縣丞
劉紳 貴州布政知事
黃淮 縣丞
周溥 處州經歷
周忻
孔選
李忠 臨桂縣丞
王思誠 廣寧屯經歷
姚思俊
李瑁 江山知縣
張以善 縣丞
鄧廷爵 滄州知州
李震 安福丞轉督經
杜禎 雲南檢校
江源 通判

游廷昌營山知縣 張澄江油知縣 李淮主簿
李源銅梁知縣 李謨 王琨
孫璣 李黃 鄧禄山西交城縣丞
徐諒雲南教授歷陞奉政大夫 朱俊茂州訓導 張淳太和縣丞
孫明訓導 許諒 江灝經歷
周文廣東知事 羅錦 丁貴騰冲衛經歷
徐珪 舒聰新繁訓導 程正臨潁訓導
李熙 徐瑋雲南知事 任升
李承亨儀真司訓 蔡琛 王邦

程賢蒲江知縣 周賓灌縣訓導 李春滄溪教諭
來綬永寧教諭 雷華湖州訓導 程賢
李鶴齡慶元訓導 任萬全真定訓導 雷震春汝寧訓導
徐墉 李整 呂端
徐綬褒府教授 杜璘 李璐沛縣訓導
李珩 蔡涖政 蔡涖文
周如孟 李堯民 徐堂高郵訓導
雷孟春句容訓導 李嵩齡萬縣訓導 蔡涖嶽
杜循古 李九齡 李冬青神訓導

工彥卿 蕭璽嘉興訓導 萬新巢縣訓導
李榮代州訓導 游繼恩 李承清
古述 李承問舒城訓導 孔述白水教諭
鄭褱 李似吏目 任民恩
李森天長知縣 李暾教諭 李褒主簿
蔡偲衡府教授 古宗儒淄陽訓導 杜廷元寧國訓導
魯孟詹 雷玳宜黃教諭 蕭輔堯襄城教諭
蔡佃潼川訓導 劉光國曹州同知 尹梅長沙訓導
游斛嘉湘潭訓導 程坪建陽教諭 古栢宜陽訓導

杜廷升 陳時叙 雷敏中儀真縣丞
程鵬搏臨城知縣 黃袍 古梗處州教授
李賓會上高教諭 李慄饒州教授 尹汝揚通道教諭
李作揖東安教授 鄧揚楚 尹以談枝江教諭
尹以謁荊州訓導 湯訓宜都訓導 李快常州府教授
黃文炳通山縣教諭 徐繼治孝感訓導 古學禮叙昌教諭
李宙憲衡陽訓導 李宙奕黃州府教授 駉昭文
尹以論監 任完璧 方逢運沔陽訓導
方接 毛序 徐自新黃安訓導

陳嘉謀　游士逵 潛山訓導　尹以學 慈利訓導
游士俠 府學部門知縣　蕭顒吉 福州通判　金聲
雷驤　方日隆 司訓　李宙遜 麻城繁昌補
尹奇逢　李占與 沔陽司訓　李宙裘
呂纘明　雷驥　游時昂
趙應康　黄應祥　胡希亮
涂顯元 監　金簡 監　尹天知 監
李宙奮 崇陽縣學　湯有光　鄧人龍

聖朝

李宙皐 初任平江縣學陞江南上海主簿復陞縣丞　李開唐 沔陽州學正
游明羽 府庠　尹奇養　古完珍
余芳　熊合元 大冶教　鄧徹星 景陵教
方弘喁 初授長沙府訓陞漢陽縣學教諭　方弘勛
趙希仲 初任福建泉州府經歷陞河南考城縣知縣　金敦溥 穀城訓陞江華縣諭
高其昇　蔡用予　杜麟昌
尹民昭　謝廷聘　周于岸
来諭國　李占星　方弘祖
任昌應　童心開　龍文喁

趙鳳池　李宙奇 給諫李沂子廷試候選

武科

明

方日中 武探花　方壯猷 丙子科　王德勳 壬午科

聖朝

劉鎮定 辛卯科　毛楚翰 庚子科　楊象德 巳酉科

貤封

宋

李希説 義山之祖贈朝請大夫黄氏封宜人　李修 巳 義山父封金紫光祿大夫雲氏永寧郡夫人蔣氏安康郡夫人

明

程自新 封工部郎中李氏封宜人　雷本聰 震父贈都督府經歷蕭氏安人
孔仲宣 贈浙江道御史張氏封孺人　李善 田之父贈都史氏令人
吴源富 廷舉祖贈通議大夫都御史魯氏封叔人　吴貴榮 廷舉父贈都御史陳氏贈封人
李皐 贈大理評事鄒氏封孺人　李奐 贈兵部尚書
李[redacted] 勳之祖贈兵部尚書 氏夫人　李田 贈兵部尚書 氏封夫人
尹德彰 相之父封南京刑科給事中孔氏太孺人　方孟錠 贈兵部尚書李氏太夫人
方寵 贈兵部尚書 氏太夫人　方亨 贈兵部尚書孔氏太夫人
雷敎 儒之父户部郎中游氏安人　李寶蒙 贈光祿寺丞 氏安人　游讓 贈廣西道御史明氏封宜人

熊偰贈文林郎　尹以晉贈文林郎　金文耀封山東道御史吳氏封孺人

選廕

宋

李瀛吉州通判　李慄譯史　李英奉議大夫

明

程道弘舉薦綦江訓導　李德庸選舉國子助教　蔡克明舉任蒲圻縣丞

程恒舉本縣訓　李愷敎諭　魯樺鳳翔敎授

雷士英本縣訓導　萬欽靖江王府紀善　李明德黃岡敎諭

孫與傑新安主簿　童祥訓科　崔壬訓術

程正濟源縣丞　余彬開緬典史　方謨汝寧倉大使

李與巡檢　雷獻章清溪稅稞大使　雷伯璣

程立中縣丞　陳繼榮冒寨巡檢　李琦訓術

童倫訓術　周庶紀善　李顯海州司訓

古文訓術　童仲訓科　李承階鴻臚寺序班

古晃訓術　李為仁廩例儒官　童以顯訓科

吳廷諤梧州千戶　吳藩吉安州判　李枚長史加四品服

方宸義官贈府檢校　李坤黔義官　李乾黔訓科

尹汝學鴻臚寺序班　方日中中武探花官錦衣衛

方日明督府都事通判　方日興通判　方日接監胄

方弘謨鴻臚署丞　方弘瑞襲錦千戶　方弘瓚承兄襲

雜例

明

程公溥主簿　杜清睢寧典史　雷本聰休寧主簿

魯勝宗巡檢　許子文武城典史　李玉如林典史

熊以恭樂安縣丞　王仲文吉水縣丞　羅瑢經歷

宋桂袁州經歷　吳鵬縣丞　鄧翥縣丞

胡守由宜春典史　劉國文吏目　鄭朝暘縣丞

方養才主簿　涂守賴典史　皮一麟經歷

王思尭典史　雷大作巡檢　呂廣榮經歷

鄒望楚經歷　謝士醇鹽大使　李方品遊擊

涂可教經歷

聖朝

雷開禧[illegible]鞏昌照磨　周永禎現任連城縣北團寨巡檢司巡檢

宦蹟

嘉邑自漢來歷千百年所宦斯土者豈盡無卓犖其人按舊志俱無考宋元僅五人明自正統止今稍傳采宋元共得十四人明自正統丁卯後悉為

續入但其政績無從詳核除
聖朝煌煌典冊外惟入名宦登題名祝生祠鐫石碣
傳口碑者一一羅輙瑕瑜互収以見斯民直道三
代如昨尚其鑒諸

宋

施　群　得鑄鐘

唐　鈞　政和間始築新堤以禦水患

陳景福　乾道間修堤有功

姜　脈　淳熙戊申遷文廟於龍潭山陽

晁[illegible]　名抉淳熙任建晚泊亭於魚山驛

柴景望　嘉泰四年重修晚泊亭

朱　鏜　改晚泊亭為閱星亭

蕭　洞　蘄喻人由秘書省校書郎來任

元

達魯花赤尹

成文煒　延祐間在任政務農桑重修學校

蘇　靖　元統間在任有政声修學碑文現存

雲　槃　集之弟

成　宣　皇慶間令嘉魚築堤有功祀名宦

李　夔　至正甲辰開設縣治修建橋梁

明

姚以德　洪武戊申自建平丞擢為尹元之末造嘉魚當敵衝民不勝苦流亡幾尽公開草萊課耕穡數年之間人煙物盛陞濱州知州民思之為謠曰南有嘉魚樂賢之匯姚侯莅止以扶以勵昔也干戈今也禱禳蔚蔚桑麻雨露所需樹德方滋徵車在途未懷志思沒世弗渝祀名宦

王孔昭　洪武庚戌任有治声

吳啓文　洪武乙卯任遷建山川等壇

劉秉政　洪武十六年建吳王廟於赤壁山

邊　整　洪武庚午任秋滿去人多懷之

湯　濟　崇安人甲戌任由明經舉山東訓導陞任

冉　通　萬縣人由進士來任政平訟理民有遺思

陳伯達　辛卯任

李　紳　丙申任

王　本　直隸望江縣人辛丑任修象

曹　順　直隸南皮縣人元年乙巳任

武　韶　宣德四年己酉任

董珪　直隸元城縣人監生壬子任

黄開　浙江建德人監生己卯任

莫震　字運威吳江人由進士正統辛酉任為人修絜春秋嚴于祀事牲帛醴齊皆戒于三日前重修邑志廟學以風教賑濟為務每秋冬親行郊野相土宜修陂池與民興利疆埸整飭封域肅然有古循吏風迁福建延平同知祀名宦

劉循　監生江西南城人景泰壬申任

羅純　舉人四川榮昌人天順辛巳任建博約亭悃愊無華喜怒不形十有二年名完自絜以蒲去

高舉　監生鳳陽人成化辛卯任

孫倫　字維序四川瀘州人天順壬午鄉舉戊戌未任公內外一誠以禮自嚴修學宮條冠婚喪祭之礼去浮屠老子舍毀其像人皆尊其教親藩旗尉恃勢強取居人木公使人諭之不聽乃羨刑遣之王大怒以欺侮奏衆為之危倫曰事苟公平雖死何悔法司勘以非罪狀聞朝廷詔釋之公精勤吏事圖為久遠常以縣當水陸之衝差役益繁欲移隣封之半以增里疏未及上以迎上官溺江卒邑人哭失声祀名宦

馬炳然　字思進成都內江人由成化辛丑進士未任民有為人作狀牒者召其人訊之對曰窮無以養寫一狀可給數人公自責曰不富烏能敎享其資使力本自是公門遊食者悉遁去公為政明察而不煩苛暇則巡行村落貧富多寡程力賦

事胥徒不能為姦乃新治事之堂扁曰庚高教退居之堂曰絜矩諭年徵拜監察御史累遷至湖廣都憲道遇賊劫之不從遂殺之後謡發懸祀名宦

姜溥　字希廣直隸廣德人由進士弘治己酉任才高器邁爬剔蠹弊條為規畫巨細畢舉又以邑治瀕江水數為患乃自百疋山修長堤至三角舖二百餘里以捍漲溢地方賴之又修學券士文教聿興民歌其德祀名宦

張輪　監生泗州人弘治甲寅任

吳琛　舉人永豐人弘治壬戌任

陳治定　舉人蒼梧人弘治己酉任陞汀州府判

朱振　監生直隸人正德己巳任

折衝　監生陝西神木人正德辛未任

陸槐　正德甲戌任宣城人舉人考滿陞太僕寺寺丞築城捕盜民甚賴之

陳文儁　正德庚辰任潯州人監生

虞守愚　字惟明浙江義烏人由進士嘉靖三年任時邑數澇民飢公下車加意拊循專務安息先時嘉魚糧少差繁每擬隣邑之糧以為朋公請于當道移差以就糧民受其惠暇則引諸生講論多所啓發未幾以優調民為立去思碑以志之

陳一言　嘉靖乙酉任馬平人舉人

吳鯤　嘉靖壬辰任宣城人舉人

石淵之　字本深浙江上虞人由舉人嘉靖十五年任為人敦厚醇謹不事表暴政尚平

恕以年邁哀函請致著有省耕勸農詩

李璣衡　嘉靖己亥任舉人

姚梧　慈谿人由進士嘉靖壬寅任陞南京工部主事為政有紀吏民畏服

井文瀚

黄茂

陶民悅　己酉任桂林人舉人

章桂　庚戌任貴池人貢士

吳瀚　嘉靖癸丑塞通江橋引紅硃港至黄家嘴入大港建龍津橋

符大賓　丁巳任合浦人貢士

張符　庚申任涪州人貢士

越民樂　壬戌任貴州人舉人政有綱紀民受惠愛

熊尹臣　乙丑任辛昌人舉人

王天仕　隆慶戊辰任安福人舉人文學優才未幾罷去

劉元相

陽光宇　萬曆癸酉任臨桂人舉人

吳騤　丙子任宜興舉人邑自前代皆累土為城公請于上悉易以陶石規制有法閎闊不擾祀名宦

經仁謙　辛巳任全州人舉人外樸內明以不長應對去

黄孟經　甲申任龍州人貢士

蔣時馨　字蘭居漳平人由進士萬曆丙戌任端肅廉平所立法率著為令而興學校培風俗尤為知務以內陞去民為立石以志去思并立二賢祠同大崖先生並祀之

蔣守浩　字涵冲己丑任全州人舉人明敏見稱以不阿上調去任潼州知州

郭維翰　壬辰任丹徒人貢士

龐一德　字與慶南海人萬曆乙未任學優德重獎掖士子多所成就刻題名碑壬寅四月送部改用後續祀二賢祠改為三賢祠云

文邦儒　字為之壬寅任舉人續修城建排柵甲辰年改調

蔡用吉

王堯臣　金壇人

甯中選　字澹淵河西人由舉人萬曆庚戌[illegible]長堤腰堤尾堤抱龍堤黄[illegible]湖口復岳公樓修鉄橋亭并風臺大理評事立生祠祀名宦

唐國士　字玉屏南直上海人由舉人萬曆丙辰任忠孚存心文章餙治專以至誠動物不斌斌示能不赫赫沽譽加復築長堤有功建古治如舊辛酉陞福州府通判

張銘

王来儀　字仲威號幻住昆明人由舉人天啓乙丑任才資明敏尤以書法擅長

陳定　崇禎庚午任卒于官舉人

梁弘建 崇禎辛未任舉人

程可登 字愰岸廣東高明人由舉人崇禎甲戌任政靜學優嫺於禮節修文廟學宮建孺髙亭文昌書院日親督率凡所營立堅緻有法尤加意城垣譙門明末兵寇搶攘居民藉以戒守始知公慮事之遠

王良鑑 字藻懸由貢士崇禎己卯任癸未六月獻賊入楚閉城堅守城陷為賊所執詈賊尋死之

聖朝

劉士焜 字石渠常州府人由貢士耒任當明季時闖寇猖獗郡屬多鎮兵邑未苦寇先苦兵公多方調護材市賴以保全尋闖寇入境城陷未知所終

陳一道 字之安江夏人由丙子舉人順治乙酉任後登順治丁亥進士

王應釭 字仲升山東人由舉人順治丁亥任清操雅抱多儒者風

鄧林尹 字虞山政尚和平庚寅任未発以丁憂去補任白水縣尹陞永州知州今任岳州府同知

李焯然 字鍾山山西翼城人丙戌進士辛卯任端肅清正三年里村鄉落並無一胥之擾士民懷之立有去思碑見存城東門左

郭植 字華林耶鄲人順治甲午任政治明敏攸築長堤捐資修大成殿戟門學宮凡在任十有二年至康熙乙巳以丁憂去補雲南廣通尹行取今任行人司行人

來鑑 字宜公三原人丁未由南雍府經歷任平尊德學雅好文學建關帝廟于比

李世錫 字霞裳山東膠州人由順治辛丑進士戊申任辛亥以丁憂去建威鳳亭于灌磯山之上

教諭

蕭仕衡　萬鏞　陽曜宗

熊禎　古鑑　陳昇

劉池蘊 江西吉水人正統間教諭善於訓誨每說書論文有未達其意者多方引喻必通曉而後已幼稚者指陳口授亹亹不倦性忠孚人忤之無怨意

孫允恭 直隸滁州人明正統間校正邑志

歐陽憲　朱珙　張經

李大韶　朱加爵　林琚

李士文 字在中福建連江人由舉人嘉靖五年任教諭刻勵清苦勤于教誨諸生無不懾服後登嘉靖己丑進士官至浙江按察使

覃煦

鄔憲 字克章浙江餘姚人戊戌以歲貢任教諭資性威重動遵礼法博通五經立會日講一經諸生各執經而聽二年人人各有所得

何鍾秀　蕭珏　張欽之

何愈　戚寵　孫日培

何王道　魏　廉　馬載道

梅　文　楊文會　滕養志

朱賢光　張二和　楊希賢

龍奮淵　李大晋光山人選貢　袁允元南昌人舉人

周希孔湘潭人歲貢　楊長春安陸人舉人　張維新舉人陸縣

朱永思山東人　王命宣　張國宗金鉛李人

楊士超湖口人

聖朝

吳　琮字璘季陞河間府縣尹

張效嫈字叔向甲子舉人陞四川塩亭縣尹

李熙明字元緯郴州人已卯舉人復移落星于落星池之舊址

馮　琮字應黃蘄州人長厚真誠課士多方陞九溪教授有愚堂詩集

劉士臣字帝陛沔陽人順治甲午舉人丁未來署學事壬子春丁艱去

郭更名字際五別號楓崗治春秋順治甲午領鄉薦康熙壬子來署學事

明

訓導

王　藻　張　堅　郭　維

袁　海　朱　良　劉　濟

范　謨　李　珪　黃　真

楊　輝字鴻漸浙江仁和人由舉人成化乙酉任性恬退於世無所嗜好諸生貧乏者多賙給之邑人李田任浙江叅政時公將之京師資以官舟不受其故人為卿相每名相見竟不詣其耿介有如此祀名宦

石　磐

温　端　郭孔恕　陳謙山

曹　綸　陳[redacted]　盧廷栢

陳　雄　[redacted]嘉謨　劉　德

尹如俸　顧　傾　戴　瑤

関　管　高　遷　劉　朝

劉廷瑋　檀　璋　周有恒

梁尚義　宋聚星　杜　容

李正棠　蔣永泰　蔡　震

郭宗義　伍　瑜　璩　鎬

楊文炳　陸　學　蔣　材

盛[redacted]　黃宗轍　聶　宛

夏　誥　王　松　李堯勛

李繼東　晏承恩　楊希賢

楊　熙　艾叔久沅州人歲貢　唐之賓桃源人歲貢

鄭應夔 常德人歲貢　李三畏 臨漳人恩貢　朱紱 澧州人歲貢
宋元時 丹稜人歲貢　謝廷瑚 巴州籍休寧人歲貢　王元敬
袁程度　鄒孟儒　楊宗孟 遠安人陞東安縣

聖朝

韓冉琦 江陵人陞廣東合浦縣尹
田之王
羅似錦
李嘉彥 字江梅安陸人捐俸修學前甬道

縣丞

明

李成　張子敬　蘭成
樂直　高鉉　李才亨
湯仲濟　郭儀　胥範
李文興 永樂年後裁

主簿

元

狄忠 至正間重修[illegible]廡植松夾道 永樂年後裁

明

梁興　關仕中　崔守敬
李威　周恒　鍾慶雲
于清

典史

明

王繼祖　吳祐　陳景輝
乜恭　王熙　侯觀
陳以常　薛玗　盧受
馬進　張榮　錢象

朱元讓　陳玉　倪彬 建[illegible]約守能詩
王貸　張瑀　董武昌
劉銓　吳善　畢鑑
李脩　王埴　劉經
劉廷用　牛賢　葉天祿
王思貴　楊琴　黃明高
郭正朝　黃光儒　鄺斌
李朝暘　姚用夫　鄧子庇
黃文明　夏寶　瞿義安

林稟秀　張朝胄　朱琮
祝克仁　曹章　張大經
劉穆　周振　翁才
陳可德　羅坤　李自遠
江正濂　喻士登　龔左泰
聖朝陳文奎　李傳芬　趙邦祥
池芳　字桂宇陝西西安府邠州人
巡檢　驛丞奉裁
馬應星　字龍如盛京通州人

白琳　字良璧陝西西安府富平人
河泊
明
老大順　字碧山遼東金州衛河山島人
聖朝
管之騏　字翊聖浙江紹興府蕭山縣人

人物　賢達　逸彥　孝子　列女　僊釋

川嶽氣凝賢哲挺生性學自是同源事功各有寄托大都忠孝節義文章出處其大綱領奥里中賢達其足風教天下載光俎豆者郡廟有鴻猷名山有藏業人不一致僅盡瑰琦且多祖孫父子奇奇相繼猗歟盛矣惜舊志畧而不傳秪以保任人材數輩標人物之槩殊失義例今自宋始詳為采摭曾科第者以世次為序而逸彥高風不遺編緝他如錫類洗腆蘋蘩貞烈録砥頹風追沆瀣導引雨花卓錫亦附於末以彰彝倫焉

賢達

宋

李義山字伯高世居豐城後徙嘉魚西堡總角讀書一過能解大義逮師晦菴南軒兩先生嘉定十三年賜進士第初歷知吉饒等州能諭安竪攘摧折豪猾淳祐除樞密院編修又除知大宗正丞兼金部郎官入對首言爲善不可有疑心去惡不可有悔心又言陛下有好善之心而無遷善之勇有疾惡之名而無去惡之實數奏詳明上褒首肯平章師相魏國公稱其行義於瑜節介於石後賜爵中大夫直秘閣豐城縣開國男食邑三百户所著

文有製美堂謾録思過録後林遺稿若干卷

李八同富於學問能文章為人瀟洒畧無凝滯咸熙戊辰以周禮中第一授國子監學録後歸隱不仕聘之作詩以辭畧云曾上蓬萊第一宮夕陽晋住且從容又牡丹詩云花嘀鹿去埋閒山四首沉香一夢間以此觀之豈非遯遻豁如自愛其身者哉

元

李英字茂林即後林之孫未冠能自成立保其先

業壬辰兵變武昌失守所在相聚為盜英能保障鄉閭癸巳元經政阿魯輝領兵克復武昌召募忠勇英卽偕率義兵出應以功授敦武校尉是年秋蘄黄𢘄寇以舟師溯武昌而上莫之敢禦蒲圻咸寧嘉魚殺掠殆盡寇由縣新堤挽舟出大江英率兵尾其後設伏擊之寇死者相枕藉獲寇艦鎧仗輜重甚多獻俘於官授以奉議大夫同知岳州府事子孫俱以貴顯斯可見其遺德矣

明

程立中居仁里人也明初時家貧力學不棄前賤常役官府後期為尹所辱立中立於庭下朗吟一詩以寄諷意尹謝曰子才士也急釋之延之座相與語益知其所蓄既以詩薦之朝拜縣丞又以催科後期下刑獄一夕呈詩百首以進朝廷悦其忠愛復官九載致仕

李璣字伯玉性至孝居喪不入寢為親求塋地夜夢神人指示次日登山遇一老翁云有地在鵲巢樹下忽不見孝所感如此

周恕豐義人以鄉舉任岳池縣尹舊尹以遲緩廢事係獄恕至清其弊端如櫛髮熏鮮累年逋賦悉完訟獄皆平舊尹得釋且復官恕即還朝致其事而退

李瑠西堡人以貢入太學選任江山知縣居官務矜恤視民如子時閩浙海醜為患瑠奉檄征勦有功撫臣請優擢懇辭遂告歸

李滄字朝宗端謹雅飭學立行修以鄉試第一明年中會試乙榜一名賜進士冠帶給俸入翰林院

讀書應制獻詩輙蒙恩賚由金谿係寧西籍博士
正統典廣西試事景泰典雲貴等處試事凡三典
文衡云
童以明字用昭克篤親愛事叔如嚴父弱冠領鄉
薦為廣西遷江令興學勵俗設婚姻禮遠至洞猺
莫不服從在任六年卒行橐蕭然
程鵬字萬里以鄉薦為廣西河池令地近異俗風
尚獷戾以戰爭為事鵬推誠訓導民為丕變陞滄
州同知清操益著

李田字舜耕以進士初任户部山東司主事監臨
青粮兵民清肅後以平寇功擢廣東參議累官至
順天等處巡撫政存大體貴威歛衽既而致仕不
允以子承勛貴加贈兵部尚書祀鄉賢
孔儒字宗學淨保人景泰庚午鄉薦丁丑會春闈
災闈中各大小官司悉逃火奪路無門公升墻端
引手拯出者無數事聞上索墻端舉子姓字衆以
公名報隨名入俞勞有差不俟終闈即賜進士第
隨授巡城監察御史拜命數上疏動關大計嘗以

星變條呈災異指斥無所忌諱清軍兩浙益極屢
節後除慶遠府知府致仕
李為臣字用忠自幼有大志超邁不凡歲戊午領
鄉薦五上春官皆乙第當道奇之甲辰試畢選府
同知不拜誓不小就歸與昆弟習古文詞積學種
德自適終不以五斗就也
吳廷舉字獻臣清洪里人洪武中祖戍梧州遂隸
戎籍以進士初授廣東順德知縣潔己守民事抗
權璫御史汪公惡公專忤上官以他事搆之公四

賑楷手詣訟所大夫士庶群注聽公無私狀御史
大懾釋公為令旋遷成都同知貴州參議超陞公兵
備討平之時逆璫專權公屢訐其私遂璫矯旨罷
公歸戍鴈門是年璫誅起雲南兵備副使陞江
西右參政討姚源賊多逢盤錯公竭智勇悉得蕩
平他如撫綏表揭獞之亂疏六事以修寢寮之變
屢著大功累官至工部尚書即贈公告歸居臨
無郭外之田卒之日身無以為斂家口盡不給隆
慶元年奉錄賜塋祭加太子少保謚清惠祀名宦

今自湖廣至廣西官道引松夾路是其手植也
李為義字用勇以鄉薦為彭澤令清廉撫字屢宦豈有道不為勢屈一統志文行篤獨優公云
李承芳字茂卿號東嶠幼穎異生七月以灰畫也作土地二字年十四伯父田為中丞指鄉里富貴者示之曰兒志及此乎對曰富貴不淫貧賤樂兒之志也弘治以進士授大理評事性不喜羈束居官無鮮衣良馬清儉而苦嘗謂人曰予得俸錢三十緡可津而南矣及陛寺副遂謝病歸隱黃公山與弟大崖以講學為樂有勸之仕者辭以素無作官才非敢自薄也所著有東嶠集

李承箕字世卿號大崖幼有大志不喜舉子業好古文辭非禮不言動人奉為道學先生者成化與兄承芳同登賢書每上公車定以元旦不忍以令節違親己酉除夕兄弟侍親榻至中夜母嘆曰今夕有二子在明夕當何如先生聞之即泣下不忍去勸兄就駕己以奉親為安隨棄科名自是不復言仕進讀書大崖之峰因號大崖博綜墳典倡明理學徒步入東粤訪白沙先生者三不事生産家徒壁立家人告不足適兄對坐二人相視曰吾道非耶後遂以理學名天下配享濂溪從祀鄉賢里人復建二賢祠以祀之二賢先生與明尹蔣公時馨也後縣尹龎公一德邑人思之續祀龎公改為三賢祠云
李承勋字立卿生資英敏器度弘遠週歲試以諸物公獨睥睨一劍知當貴顯弘治壬子以儒士舉於鄉癸丑成進士除太湖令俗尚獷猂公至精勤

吏事悉變淳良徵南刑主事旋陞户部郎中出守南昌時宸濠陰蓄異志百計嘗之不墮其術會諸寇紛起丁大王等陷瑞州公誓死力勦五寨悉平又姚源寇王浩八叛公即出奇計擒之中間宸濠撓誣百端而治行終為第一及累遷巡撫遼東一切戰守芻粮之費皆出積羨事聞特進一級随以父劳軍旅乞休暫准旋起南刑部侍郎晋尚書疏論弭災異濬河道諸事上悉行之召為吏部尚書辭以不堪乃加太子少保又刘陳政務上益嘉納

陞兵部尚書加太子太保掌管院事提督團營贈少保謚康惠今祀鄉賢

李整字端夔別號石室大崖先生第三子也正德丙午領鄉薦再下第遂不復就歸養田園世味澹如也雖少讀書枏案隆暑手不釋卷作古文詩歌咸有矩矱成一家言性孝友疾篤之日請諸弟曰善事父毋無墮家聲正襟危坐而卒

尹相字商衡號介石公生而穎秀長而方嚴學憲許公宗魯深奇之曰尹子文如行雲流水遠到器

也嘉靖七年領鄉薦十二年登進士初授行人即振風采陞南京刑科給事中凡所建白皆朝廷大政生民休戚十五年太廟災應詔陳六事深切時弊十六年雷火災又陳五事尤為愷切至于糾武定侯配享論霍尚書倫更忤世勳犯權寵尤人所難旋以丁憂起補禮給事左遷晋吏科都給事中時輔臣嚴嵩父子擅權亂政百僚依阿公獨正色會御史何維柏疏論嵩嵩疑公指授使人說公無發邸報公拒之遂奏公黨維柏世宗怒逮何與公皆下獄廷杖公夏惧不形時楊繼盛周怡同在獄嘆曰蒙難正志尹子其庶幾乎再閱月始釋歸公旣家居角巾野服優游田里聞蔣道林講學桃源扁舟往從之台省屢薦不起穆宗即位追錄言官進公中議大夫太常寺少卿又八年乃卒祀鄉賢

方逵時字行之號金湖以弱冠舉進士筮仕之初三為令尹民甚思之歷陞廣東按察司兵備惠州會山賊花腰蜂等逆酸湧天殺掠二十餘年白骨塡山海公蒞地即以平賊為任遂移檄示花賊花賊

得檄大喜即取徐姓者殺之以報明年秋花賊又令人潛約葉賊入寇其黨千餘公率兵盡討平之東人德焉會公有量移之報調山西兵備宣府赤城士民遮留哭聲震天請公書生年月日留衣履以永去思於通衢建生祠以祀尋陞都察院巡撫遼東甫十日大同警報即復命公巡撫大同公至威制德服斟酌戰守方畧屢建奇功特賜公蟒玉劍履重書尋專理兵部團營加太子太保兵部尚書又敘功加少保廕子世襲贈封四世一品祀鄉賢

李沂字景魯號太清母夢虬飛中庭光芒射地覺而生公公幼敏邁七歲能詩萬曆十四年成進士選翰林院庶吉士上命同諸詞臣修大明會典成賜宴禮部上祀南郊幸辟雍公皆侍從有詩紀事上試以王壺氷賦嘉納之晋吏科給事中時東廠太監張鯨擅權侮法擧朝憚之公入垣旬日即憤疏其罪上大怒下鎮撫司復廷杖鯨囑杖者斃之公呼太祖高皇帝者三颶風大作杳冥晝晦旋上感悟乃釋之削籍歸里明年上思公言逮戍鯨江南

復公冠帶光宗登極特贈光祿寺少卿祀鄉賢

李憭字景穎號幼泉以進士初授衢州司理清操如雪執憲如山尋陞南銓部主選政未幾丁内艱食蔬廬墓孺慕依依服闋補禮部主客奉命冊封蜀王王所餽遺一無所受尋改光祿寺丞晋本寺少卿復晋太僕少卿三疏乞休不報家居四載讀書大崖山中日與烟雲泉石為伍尚自吟曰已知物外堪遺此惜何人間更乞憐殆有終焉之意部檄屢速力疾赴京晋光祿寺卿甫五月卒于官公

平性孝友與人誠摯邑中利害力請興革如長堤如湖稞等邑族咸賴之萬曆間天子遣僮官致祭焉

鄧揚楚由選貢入順天監萬曆丁酉中順天鄉試若志潛心力宗先輩故其為文匪章句帖括遠邁時流與各都邑名士讀書相師友為京楚名社之望

游士任字肩生少有大志縣尹龐公雅重之命讀書於法華古剎每歲給衣廩文具併代贍其家資

日課月程篤如父兄師友公益攻苦刻勵隨領鄉薦成進士初授浙江長興尹授勅補廣西御史復拜登萊軍務惜其軍功未一奏朝議多阻不克遂其志也邑人咸謂尹之知人造士如此公之不負所知如此復於從信録讀其首叅三妖疏猶見正氣凜凜

金聲字正希號赤壁以進士初授翰林院庶吉士上封事數千言執政以詞臣不當言兵欲出之外上特嘉其骨鯁擢山東道御史公磊落不阿居臺

省數年每與王政忤例轉山東僉事葉鱸思切乞
三請得允歸田有燕詒閣尚志堂歸金合稿諸文
集行世

尹民興字宣子號洞庭慷慨有大志天啟甲子舉
鄉薦崇禎戊辰成進士兩試闈墨天下傳誦初授
寧國縣令調繁涇縣絜已愛民懲奸剔弊神明之
頌口碑至今欽取考選丁艱未任服闋赴都上十
四事疏上嘉納之擢兵部職方司主事召對平臺
面陳兵務轉員外晉郎中巡視九門異時職方廣

行賄賂公盡屏包匭清望凜然召對文華殿上召
公前賜茶賜羨奏叅楚撫宋一鶴宣督姜乕緒上
皆罷之召對中左門奏叅保督范志完中協巡撫
潘永圖上亦罷之鎮臣劉超叛公陳方略卒擒超
晉太僕寺少卿疏三十餘上皆邊情兵機每奏上
輙稱善有重務則問輔臣職方云何都城戒嚴上
命輔臣周延儒督師勅公察劾鎮撫功罪西鎮王
定踰期不發公縛定將斬之延儒扭勸乃止懷宗
殉國赧宗南立輔臣馬士英大司馬阮大鋮交薦

公起用阮大鋮魏璫逆黨也公耻與同列草疏力
叅請賜罷斥結庵深隱公至性孝友熱心遇人自
通籍以來遇邑疾苦不憚誦言有菴園集行世

任弘震字澹公號雪柯早聰慧四歲善屬對八歲
咏梅見志遂有殘雪休競艷看君和愕時之句邑
尹龐公曾試以文曰是兒瞬息千里隨肆力為制
舉義兼治古文辭及聲歌詩賦之學十六補博士
弟子員屹聽菁先生視楚學即首拔鰲于庠賛賞
不置後屢困於場屋直至崇禎庚午始與長子同

列賢書又三上公車庚辰成進士授戶部主事政
府卓然有聲然後之重公者卒以學蓋其為學碎
盡時谿直窺古人堂奧當日文風士習賴公振起
一新金序亦少徵其槩矣且公勤於績學而又嚴
於課子故趨庭多雋長君喬年弱冠成名非其家
學淵源之一證歟南嘉名族推李為最而其世序
之發皇又公寔廓之青鳳軒集公手筆也

逸彥

方宸字侍臣左湖人也少倜儻不羈多膂力精武

藝學孤横絜雅自矜許嘗輸粟賑飢以例授冠帶人感其義正德己巳歲飢流民嘯聚為盜劉賊賀璋廖琪等尤為兇黠聚黨數百人横行江湖殺掠焚劫官兵莫敢攖其鋒追捕數年不克大為民害撫臺疏聞榜募能擒者優加官賞宸即出應領衆大破之旋餘黨復亂宸力追鬪遇賊伏林莽暗刺墜馬而死弟案救兄殺賊無數亦鬪死賊亦敗潰江野遂寧撫臺上其事追勞有差贈府檢校

李宗儀字慶曆間人也字子文從弟宗儒字子通四世同居相友愛好學篤行築書院建祠以祀先聖舉私田餼來學者如工部侍郎李祁都水使者陳求道皆以得升其門塾為榮及求道為隨襄鄧郢四州鎮撫一路屬官皆萃于家而問政焉未幾汴都失守賓客悉散吏部陳千秋勤王儀之子彥章捐廪資給千秋喜欲官之不受亦可見其世德矣

任忠豐義里人以公事役京師舟過采石猛風忽見前舟婦人失足墜水忠以鉄戟挽衣而上得不

死前舟人來之知也暨晚泊岸隣船有悲苦聲忠詢之謂曰吾已救之矣其夫謝以金帛忠不受亦不問其姓字

程堯臣弟舜臣兄弟見絕流而漁者謂其弟曰一船魚半船無其滛惡如此臣杓名成為鄉人誣奏徵入京師事得白欽改成為臣賜第一區

方孟錠字世用號柘山左湖里人為人正直慷慨輕財喜施取與一物不苟凡鄉黨中是非曲直必義裁之無徇比意宗黨推服縣令馬公廉吏也召為者碩政事疑者與決之時有江夏巨室其被盜誣太守王公檄公往公將至其門伏其邏卒隻騎造室若借炊者坐其堂上伺其動靜渾無盜狀公已疑其誣乃出郡檄示之其人哀訴公曰第往見郡守為汝白至郡取因質之果誣也後數月其人攜四百金以謝公公卻之曰使我貪財捕汝時何不取固卻之父子感泣而去又岳郡有二盜負劫貨于公鄉公知其為盜止與易者盜舍之歸船即置酒延公欲誘殺之公毅然往公力諭之反為所

化迹顉首謝公悉白其實萬曆六年以曾孫庭時
貴贈少保兵部尚書
程從龍字登雲蜀山人少嗜學長敦敏寒暑朝夕
手不釋卷元運之末人勸取科名不懌樓遲鄉里
教授後學多所成就軒前獨種梅不植花卉人稱
曰梅軒先生其孫鑑為名進士官郎中
李德良西保人穎悟勤學至忘寢食不得其意不
止兄弟自相師友有司以禮為羅棄不顧惟命弟
德庸出應薦歷官國子監助教其子璣璿俱經魁

孫滄解元額其楣曰父子兄弟魁解云
方寵字晋臣博士員也公始以毛詩稱督學先生
行縣詢諸生所習經書闕春秋隨嘆曰可使春秋
曠典哉選諸生異等若若干人治春秋公時為首
出凡五試有司弗第論者謂不在其身在其子孫
嫡孫逢時果貴顯贈公太保兵部尚書
方享字嘉會號橥山少保金湖公父也天姿警敏
痛父早世克勵繼承奉毋二十餘年堂室完整二
女弟貧嫁悉順所欲訓諸子極嚴且已有大志魯

與長子金湖公同入秋闈揭曉時子中式己下第
遂憤然不懌棄其子怒而歸斯可見其志矣
孝子
揚秀太平里人性至孝年方十二虎在石井舖縱
食人畜一日暮虎至秀家後門毋出收衣為虎所
瓜秀奮臂持斧斫中虎腦毋遂得全知有親不知
有身聞者嘉之
李阜受澥里人幼時能求父書于死生顛沛散亡
之際及長喜讀鑑性等書一意清隱二子東喬大

崖俱以科第理學名海内
李九齡受澥里人年十三侍父為義任彭澤尹父
有疾日夜延醫不効遍禱梁公清節諸祠悉無應
九齡憂懼泣曰吾嘗見輟耕録有割腹刲心以愈
親疾者吾當效之其毋在傍奪其及九齡潛入僻
室割臂肉煎湯以進父得愈
王純市人也父名萬仁奉毋至孝毋病劇萬仁割
股調藥以進毋遂愈後毋死廬墓三年及純奉毋
克篤父志毋病諸藥不効純亦刲左股煎湯以療

其母父母死合葬廬墓三年縣尹舊公中選聞其事訪其兩世皆孝一日五鼓徒步命一役前引至墓所純果寢苫塊內尹嘉慰之申聞于上每歲給絹米有差額其堂曰兩世濟美後此凡尹茲土者皆給聯額以優卹云

任弘善名進士弘震之弟割股醫親縣尹舊中選贈扁額云孝篤刲肱邑人贈扁贈聯若甚多性至孝且課子俱有成生員山年石年皆其子也

列女

任氏本縣民李仲富之妻年二十生一子而仲富卒守節終身洪武二十八年旌表其閭邑人李滄有詩頌之見藝文志

羅氏廣貿人避賊蘆葦中賊執之女罵不絕口賊支解之而去

楊氏崔琰妻十八喪夫撫一子舉世奇貧者無與比冰霜自矢竟以壽考終古人云餓死事小失節事大楊氏有焉

方氏方孟鏌之長女也自幼許配未適而夫死誓不更許人父母不能奪其志潔清自守依母兄結績自贍壽至六十一而終內外無間焉

周氏李為邦妻也隨夫侍翁任保寧教授舟覆夫死周氏遂投水覓夫骸人爭救起姑龍氏百計勸慰乃守節撫二子一補於庠一舉明經

杜氏方守妻也夫病劇割股以救果愈及後夫歿撫孤勵行老而不渝

孔氏邑廩員方亨妻少保逢時之母名御史儒之女孫也自幼閑女範有丈夫志節亨志舉子業家

貧無餘貲孔氏任薪水職炊爨用孝養孀姑李氏三十年中歲亨歿訓長子登進士服官一事不合禮法者母必笞之孀居三十年俱隨子在任吏治賢聲母力居多

石氏任子李實嗣妻少保康惠公冢孫婦年二十七而寡撫兩月幼孤冰霜獨屢壽七十七而終當時承大官之後家道殷盛族里耽耽母治內捍外保一綫於有成力辭有司旌表伊孫李宙復著有節孝録行世

程氏孔王鑾妻程進士鑑孫女鑾十六歲早逝遺子連塘程氏撫育婚配娶媳蔡氏連塘至十六歲亦早折遺子紹芳甫四月程氏與媳相依撫孫紹芳至十五入學遇雪凍餒飡鋤薪得金數兩始度荒歉聞者謂天相苦節也壽至八十而終邑令詳請上臺旌表且爲製節婦傳傳有册葉歷任邑侯皆有題贈多羨其節壽至縣令王幼仕聞其賢索册葉於伊孫庠生孔象易謂壽節不足以盡之顏以喬齡勁節云

饒氏庠生李占煒妻光禄幼泉冢孫婦比部郎饒公完白女也饒氏初從阿翁比部公令清河正值神廟盛時走江淮數千里過都歷市所見聞兒女子疇非香澤滑奕士生其間且不免閨閣足云乎及饒適李未一朞歲羈萬里或謂其不堪必相從地下矣饒顧趙氏一塊肉在不忍夫若數也則晝哭夜需不忍棄去卒哭之最盡碎諸奩具取大布帊蒙頭下至襪履無一綫襍纂者躬幹田牛執旁苦若宴人子且惟孤燈寒砧毋夜機子方讀嗚呼大儒精義禪觀死心寧有加於此乎

郭氏尹公洞庭繼室也公避兵洞至閩公以節鉞指宣州遇亂間士郭獨晉石窟中不出已而求之獲所佩金剛經宛然委蛻上乃知其義得全而歸不欲青賊乃爲更芳也

徐氏熊公魚山次室也避亂至粵册次程鄉縣嵩口徐知不免謂公曰當使公見妾死必不死背後乔公懷次晨賊數千擁至夾岸而陳徐攜急出艙先赴水援以篙櫓竟不受而沉翌日得其屍下游

視衣履疊疊縫無少罅其父以從容爲慷慨者

章氏童貢士心開妻也世居白湖癸未獻賊入邑章隨夫抱子先登舟不可隨陟險入白雲山石洞雲山盡負郭地也冒賊鋒獨苦無一寸壤不搜掠殆盡多被害章夫心開素以文行著於鄉邑天理謂然從萬死中脫出章被執罵不絕口蹈白及如歸豈非錚錚玉碎哉

余氏界石李庠生之馨妻也遇獻賊亦以罵賊死故熊公魚山於李節婦傳內述右四烈云

余氏少保金湖公之繼室公歷任至加宮保余獨敏慧性成能贊勷大業難爲彈述至莊皇后聞其賢召余進内殿親賜採桑衣一襲金剪桑筐以親蚕繅余拜命益恭因謂公曰公力竭矣王上眷遇無以加矣嘗聞古大臣知止足而戒盈滿公盍乘時自引去保有完名乎公改容謝遂上疏乞骸骨歸

童女童洞儒之長女未適流寇陷城其女同兄庠生伯隆避湖中兄慫謂妹曰止因汝累女曰如有事必不累兄後兵踪至其女知不免爲持所携針線竹筐佯對兵擲曰此中有寶汝可取之隨跳水而死兵果取筐其兄乃得脱

彭氏黄若水之妻夫婦俱被兵擄其婦對兵云若要阿去放夫回乃可兵乃釋夫彭望夫行遠度勢不及追乃高聲望夫曰汝放心去吾死不從此賊賊怒隨亂刃支解之

僊釋

覺来先生先生早歲習舉子業補邑諸生博綜内

典隨感悟棄功名結草廬外負米自炊不受人間一縷粒秉巢高彝佁之節入象王獅子之宫習止觀修淨土放生戒殺持咒禮經久之心體洞然了無罣礙坐脱之日感應殊異邑縉紳先生如正希魚山如洞庭伯仲甯公文子皆其門下士也今所建塔表在白湖淨土菴之前

無相僧師名如堂號無相南陽人也始師有歐馱之疾往岳陽深山中持蓮華經二十年夜夢金臂人飲以玉露疾遂瘳掛錫出泥菴三年忽一日語人曰本以十月行因修城甚長留一月旦日酉時予逝矣及旦禮十方佛入龕趺坐久之奮聲呼曰去衆請曰師何去曰竟往佛國至則失光鏘鏘化作金蓮花而上所謂無往而不自由者歟

荆楚文库

〔同治〕嘉魚縣志

〔清〕鍾傳益 修
〔清〕俞焜 纂

《荆楚文庫·方志編》編纂組

組　　長：賀定安　陽海清（執行）

副組長：劉傑民（執行）　王　濤　謝春枝　范志毅（執行）

參編人員（以姓氏筆畫爲序）：

王　濤　李云超　宋澤宇　范志毅　柳　巍　馬盛南　陳建勛

梅　琳　張文静　張雅俐　陽海清　彭余焕　彭筱濛　賀定安

楊　萍　雷　静　劉傑民　謝春枝

編　　審：周　榮

顧　　問：沈乃文　李國慶　吴　格

前言

《〔同治〕嘉魚縣志》十二卷，清鍾傳益修，俞焜纂。同治五年（一八六五）刻本。鍾傳益，福建武平人，道光舉人，時官嘉魚縣令，後任當陽知縣，另撰有《〔光緒〕武平縣志》。俞焜，順天（今北京）人，舉人。

嘉魚志明清傳承有序，明洪武、永樂曾修纂，正統元年劉池藴又校訂。後正統十四年（一四四九）莫震、弘治十七年（一五〇四）李承箕、隆慶四年（一五七〇）方逢時皆有修纂。入清後，康熙十年（一六七一）李元震，乾隆二年（一七三七）張其維、李懋泗，乾隆五十五年（一七九〇）汪雲銘、方承保、張宗軾皆有修纂。嘉慶十年（一八〇五）有修無存。同治四年鍾傳益就任嘉魚，適逢傳檄重修縣志，乃爰集廣文，並委紳士採輯，修志總的原則因多於創：『序次排纂自建置以至雜志，體例一仍前編之舊』，數月而書成。

卷首載多篇原序、原跋及乾隆兩次修志的姓名。正文内容包括封域志（星野、形勢、疆界、都里、山川、古蹟、沿革）、營建志（城池、廨署、廟祠、壇壝、津梁、坊表、闗市、亭榭）、賦役志（户口、貢賦、積儲）、學校志（廟祀、禮樂、學規、學田、生徒、載籍、書院、賓興、鄉飲酒）、風土志（風俗、土産）、秩官志（知縣、宦蹟等）、選舉志（科第、貢監、誥勅、襲蔭、辟舉、雜例等）、人物志（賢達、逸士、孝義、列女）、藝文志（疏、記、書、序、賦、雜體、詩）、外志（寺觀、釋老）。内容較前志更爲完備，『若秩官、選舉、人物幾經搜羅，各以類從，以視前志則增十之四五；藝文一門，所增録者疏記類多，詩賦類少，不求文字之工，但重敘事之實』（見《中國地方志總目提要》）。学校所關採鄰邑通行及新頒者以補。

是志有同治五年刻本，國家圖書館、上海圖書館、天津圖書館、南京圖書館、湖南圖書館等多地皆有收藏。成文出版社《中國方志叢書》、江蘇古籍出版社《中國地方志集成》皆曾影印出版。湖北省圖書館藏有三部刻本，兹選用其品相較好者付印，偶有描補、塗抹缺葉等情況，以同版其他藏本替换。（宋澤宇）

目録

卷首

序……一〇一
修志姓名……一一一
目次……一一五
凡例……一一七
圖……一一九

卷之一　封域志第一

星野……一二三
形勢……一二三
疆界……一二三
都里……一二四
山川……一二五
古蹟……一三二
沿革……一三三

卷之一　營建志第二

城池……一三四
解署……一三四
廟祠……一三六
壇壝……一三八
津梁……一三九
坊表……一四〇
闤市……一四二
亭榭……一四二

卷之二　賦役志第三

户口……一四三
貢賦……一四三
積儲……一四八

卷之二　學校志第四

廟祀……一五〇
禮樂……一六一
學規……一七七
學田……一七八

生徒……一七八
載籍……一七九
書院……一七九
賓興……一八〇
鄉飲酒……一八一

卷之三　風土志第五

風俗……一八二
土産……一八二

卷之三　秩官志第六

知縣……一八四
教諭……一八九
訓導……一九一
縣丞……一九二
主簿……一九二
典史……一九三
巡檢司……一九四
營汛……一九五
宦蹟……一九六
儒學……二〇一

卷之四　選舉志第七

科第……二〇三
文科……二〇三
武科……二〇八
貢監……二一〇
誥勅……二一八
襲廕……二三〇
辟舉……二三一
雜例……二三三
武職……二三四

卷之五　人物志第八

賢達……二三四
逸士……二五六

卷之六　人物志第八
孝義……二五九
列女……二七六
卷之六　人物志第八
列女……二九〇
卷之七　人物志第八
列女……二九九
卷之八　藝文志第九
疏……三三五
記……三五八
卷之九　藝文志第九
記……三六三
卷之十　藝文志第九
書……三九五
序……四〇四
賦……四一六
卷之十一　藝文志第九
雜體……四二〇
卷之十二　藝文志第九
五言古詩……四四三
七言古詩……四四五
五言律詩……四四七
七言律詩……四五〇
五七言排律……四六三
五言絶句……四六四
七言絶句……四六五
五言古詩……四六八
七言古詩……四七〇
五言律詩……四七一
七言律詩……四七一
七言絶句……四七三
五言律詩補編……四七五

卷之十二　外志第十

寺觀……四七五
釋老……四七六

同治丙寅鐫

嘉魚縣志

原敘

明姑蘇莫震譔

粵攷成周之制職方氏既掌天下之圖而邦國四方之志則小史外史實領之是郡邑之有圖志其來尚矣蓋志之所見王道存焉一代政教於是可攷不徒取以爲虛文也嘉魚圖志洪武永樂中嘗奉文修纂

意當時迫於期限之嚴未免遺逸識者病之正統丙辰教諭廬陵劉澠藴嘗爲訂校江西金谿教諭李滄朝宗捐貲鋟梓可謂備矣然其敘事既不能無詳略之殊紀載亦不能無遺漏之失覽者重有慨焉震自正統辛酉奉命來知縣事到今凡八年矣

耳之所聞目之所見足跡之所踐履者亦頗知其一二於是不揣愚陋暇日因搜訪故事參以舊志重加補訂較其訛駁芟其繁蕪若水利儲積之闕則補之職役公署之略則詳之科貢而著其出仕之由名宦而錄其已成之蹟廼若古今名公巨卿四

方文士詩人足爲是邑之黼黻者備收錄之自建置沿革以訖於雜志詩文凡二十六提要區別成類各以小序弁諸首分爲三卷雖文不逮於事事不周於時然凡一邑古今事跡視諸前志似覺少備其於檢閱之資庶或有助於萬一於戲管窺蠡測

不亶甚矣掛一漏萬之失尚有望於博識
洽聞大君子

原序　　嚴江李元震譔

邑之有志所以記山川之靈秀風俗之貞
淫人物之端艮文章之好尚沿革興廢忠
義節孝之典俱於是悉載也予承
簡命秉篆甫嘉夙夜兢兢勤政求賢採風問俗
庶務必親百度漸舉緣值奇荒履畝躬省
極之窮山僻壤得諸目擊固知嘉魚艮稱
醕邑山川都麗風俗渾樸人物文章夙秉
先型彬彬乎咸有士君子之行焉而沿革
興廢忠義節孝之事自古迄今未易殫舉
但按邑之志書自正統己巳歲爲前宰莫
霆威先生所手識此後幾三百年修葺之

壁寂然無聞且今止餘繕寫一册予深恐日久廢弛茲册或又爲蠹魚侵蝕無徵不信將何考訂噫近代以來豈盡乏人何無懷根本之慮而聽一邑大典竟湮沒不傳遂使記載者無從紀勝陳詩者尚有遺議嘉亦文獻名區重梓之役烏容已也雖然

蒐囊太濫則考核難精推略益遠則瑕瑜失實予實不敏予何以膺茲重寄惟是夙典是程新型是問而增所未備訂所未確是刻也或得諸題名捫字於斷碣殘碑之上或選諸著述採傳於先民耆彥之中既不敢專見執己恐有師心妄作之譏尤不敢

瞻顧徇人恐有築室道旁之議既不敢因訛傳謬恐有魯魚亥豕之疵尤不敢泛攬博收恐有汗牛充棟之累毋綺毋遺適於至當力圖告竣以繫茲一邑之鉅綱云爾然予於是重有念矣予蒞任三月以來人情習尚地方艮楛洞諸心胸但見簰洲鎭

之郵亭衡德有事勤劬六溪口之羽雁酸辛徐圖生聚宣化一十二里之水旱頻仍饑饉洊至籌時者催科何術撫字維艱盱衡補救慘澹經營然則當今之時較昔之志時代未遠韻蹟猶存頓覺有勞逸盈虛豐歉之異予何以使勞者還逸虛者還盈

歟者還豐使吾民熙熙皞皞共遊於太和
宇宙間是予之願也夫是予之責也夫

重修嘉魚縣志序

自古循良之吏不以催科爲能而以風教爲先一方之風教載在志書者類無不深切而著明也由一邑推之一郡由一郡推之九州以至溥海內外隸版章服政教同倫同軌無不可作一邑觀是一邑者天下之積也則一邑之志顧不重哉無如前人守缺遺文多在散失之餘後來積薪當事不無表章之責此邑志一書一修再修之不容已也嘉魚夙稱望邑余自承乏兹土覽其山川按其人物見夫故家遺俗之流傳名賢鉅公之偉績煜煜爛爛照耀寰區

稽之舊志多有未備且自康熙十年而底
自此以後六十餘載深沐
聖朝之德化涵濡薰陶其間端人正士節義流
芳諒自不乏若不早爲采輯久將湮沒無
聞良可慨也第鹿鹿俗吏日事簿書未敢
親操鉛槧致嘆遺珠邑人李子魯齋余乙

酉同年士其同學王生雲音亦庠中耆
也乃折柬招致之委以纂輯凡分卷者
提綱者十其條析而以類從者視舊志
十之六書成授之梓仍以蕪辭弁之蓋
古者太史陳詩市納賈以觀民之好惡
倣其意而彙之於志則民俗之淳漓吏

之得失通邑之廢興利害悉於是乎稽故
考封域而知設險之重觀營建而思經始
之難足國足民賦役之科條宜慎也上庠
下庠學校之培養宜先也順風土所以植
民生謹秩官所以司民命選舉昌風雲之
路廣矣人物盛川嶽之氣靈矣藝文富金

石之音播矣至於釋老者流亦附見以備
觀覽雖僅殫九紀載之編而採風問俗者
或資之則今日之志庶可待作者於無窮
也是爲序

皇清乾隆二年丁巳歲仲夏月上浣之吉
勅封文林郎知嘉魚事加一級紀錄一次河東張其維原序

原跋

史有三長志亦宜然非戔戔小才所得濫竽於其間也嘉邑有志不知始自何代今所見者冢大崖先生原本事文簡古典而未核方少保金湖公踵之諸體悉備質有其文盡美矣而位置稍未安最後則前令

李公甚堂刊本實監兩賢而爲之者宜其斟酌盡善而闕漏反甚於前蓋操觚若此其難也今茂宰張侯視事之五年冬庶務聿修百廢具舉慨然念前志之弗完欲捐貲重鋟之纂修則委諸紳士與素有志於此者時歲已將闌各辭不赴惟泗與王生士璈齒近邁而學殖最荒固以辭邑侯固以命不獲已乃共取三志而參攷之說有異同事多訛戾句櫛字梳條分縷析閱旬餘僅得其要領雪屋風燈吮毫呵凍指幾突焉逮歲暮攜歸泗仍手披牘記不少輟大約以綱領事以目從綱紛糾者務歸於

畫一舛錯者必求其貫通可信不敢不存可疑不敢不慎凡三易稾前數條始得就緒是歲春偕王生復至旅邸取所輯詩文次第排纂告成事焉王生蹙然語泗曰是役誠勞然重任也操短綆以汲深淵不羸其缾者幾希且夫言之不文行之不遠將

重爲後人觀笑可若何泗謂不知而作罪我固宜顧此書非作以前志爲之藍本也數十年之後有博雅才傑者出焉復以此書爲藍本則功罪相半也矧向者以固陋辭辭而不獲罪亦逭矣其又奚恧焉王生輾然笑曰果若是子誠樂爲子分謗豈特步後塵耶謹持謝邑侯并以塞邦人士之責因識數語於卷尾

時

乾隆丁巳歲清和月穀旦

邑後學李懋泗原跋

嘉邑之有志也纂修凡數閱矣其間山川名物風化土宜仕宦政行之燦陳學術詞章之丕著以及孝義節烈隱逸之搜羅彬彬乎質有其文焉今際我

國家德教覃敷久道化成之時余恭膺

簡命試用楚省己酉秋篆隸茲土奉　檄修輯邑乘竊舊志鐫自乾隆二年版牘寖蝕而且人才間出事蹟紛呈允宜綴以近編於是會同兩學謀及紳士得邑人原任贛州府方伯亭先生孝廉張柳溪爰具束致之荷以纂輯胥欣然樂就以成余之志赴局治事閱月脱稿攜以復余余丞務之暇悉

心裁閲其於失次者序之遺載者補之疑似者闕之繁冗者删之稟付雖襄原本一皆務簡潔而崇體要黜浮華而重實行書成授之剞劂固以見汝陽爲徵文考獻之地更藉此有美必彰有善必錄者而益底於士習端方民風醇固以仰副

皇上同軌同文之盛是則予倡率之責也夫

乾隆五十五年庚戌歲孟夏月

文林郎署嘉魚縣事試用知縣仁和汪

雲銘原序

己酉秋邑侯汪公以重輯邑乘事遣使召予予惟邑乘史法也後人之模範寓於斯自問才識學數無所得且屢沐

皇恩由貢士出宰陝西知玉環事守贛郡護道篆蒙

旨允歸里十八年魚魚鹿鹿蓋薄植而老風塵

久矣今邑侯爲浙名下士學師吾楚文宗邑之紳士椽筆如林豈敢率爾操觚於是詣公庭以實款敬辭邑侯曰此事謹奉

上諭恭逢我

皇上八旬萬壽臨御五十餘年海宇乂寧文教光昌亙古未有之會遵

憲檄會兩學師諭諸邑紳士而屬於先生
先生文章報
國之時也邑乘中自宦書舊蹟外其政事學
文忠孝節烈逸行隱德堪光史冊者甚夥
舊簡蠹蝕續編刻不可緩而嘉邑之修誌
也先爲曾膏李先生又先爲李公大崖又
先爲介祖金湖公皆曠代名宿成式可考
至剞劂鉛槧則有司事者存夫文章紀述
類皆出於時與事之不可已非詩文售世
博傳頌云爾也先生勉之毋忘先達毋忘
乃祖之志予肅領斯義雖故固陋安敢固
辭乃取舊本及諸公所搜輯者讀之日夕

不輟因與贊勷厥事閱月而成請釐正於
邑侯焉竊承先啟後夫何敢言後之賢達
有志纂輯采故實以史筆成大文垂於不
朽俾立身者得所適從焉是所望也夫
乾隆五十五年庚戌孟夏月之吉
南嘉後學方承保原跋

嘉邑故文獻名區也山川之發鬱風俗之純駁人才盛衰之故古今沿革之由及道里井疆文章政事前志固班班可考焉顧版牘歲久漫漶而藏書之家又多毀於兵未免殘缺甚虞續編鐫自乾隆庚戌迄今又閱數十餘年矣其間賢哲代生人文蔚

起自必後先輝映足增一邑之光至於烈士偉人嫠婦貞女或全大義或完大節窮鄉僻壤之間更不知凡幾不爲之搜羅而表章之使湮没於不聞是則有司之咎也

今

皇上御極之四年東南底定武功告成余適承乏茲土奉檄重修爰集廣文並謀紳士委以採輯不數月而書成余取而閲之凡序次排纂自建置以至於雜志一仍前編之舊若秩官選舉人物之各以類從者則增十之四五幾經搜羅雖有湮没不聞者蓋亦寡矣夫一行必取所以示教也一善必

錄所以用勸也褒忠節以扶世道崇孝義以勵人心則又維持於不敝者也官斯土者踵相接修徵文考獻後之於今亦猶今之於昔將見風會蒸蒸日上名區之稱永垂不朽是邑之厚幸也是余之厚望也剞劂既成因序其由於簡端

同治五年歲次丙寅中秋

敕授文林郎署嘉魚縣事當陽縣知縣閻汀鍾

傳薀撰

乾隆二年

修志姓名

敕封文林郎知嘉魚縣事加一級紀錄一次河東張其維

校閱

江西泰和縣知縣改署嘉魚縣儒學教諭加一級郭　林

嘉魚縣儒學訓導袁若安

纂修

舉人　李懋洄

生員　王士瑍

參訂

進士　程　珏

採輯

舉人　周　琢

廩生　李正常

生員　甘　球

汪懋灝

龍士鼎

監修

生　員　喻一梅
李廷璠
龍弘瀚
周　琳

乾隆五十五年

修志姓名

文林郎署嘉魚縣事試用知縣汪雲銘
嘉魚縣教諭　蔣方營
嘉魚縣訓導　李澤張

纂修

原任江西贛州府知府方承保
揀選知縣癸卯科舉人張宗軾

參訂

歲　貢　李明行
歲　貢　魏華東

採輯

歲　貢　鄭世濂
[illegible]貢　龍海躍

廩　貢　杜國懋
生　員　尹志鳴

監修

國　學　方增圻
國　學　金攀孝
庠　生　黃綏安

修志姓名

總修

署嘉魚縣事當陽縣知縣　鍾傅益

校閲

嘉魚縣教諭　徐步周

嘉魚縣訓導　曾邦俊

纂修

順天舉人　俞焜

協修

舉人即選教諭　王鼎元

增生　周文涵

拔貢現署均州學正　周宗瀛

廩生候選府經縣丞　鄭明循

舉人　尹顯京

參閲

湖南職監　劉汝銓

廩生　涂文昭

附貢試用教諭　何棠清

制科孝廉方正即選知縣　徐兆霖

參訂

歲貢現署松滋教諭　孫嘉民

歲貢候選訓導　熊湘品

優增貢生　李棠

生員　李士堅

孝廉方正優廩生　楊高梓

增生　李林芳

優廩生　陳佑恩

廩貢生候選教諭　熊觀國

原校

優廩生　熊叶占

增生　蔡方震

生員　李毓榮

附貢　方坤

廩生　葉逢春

廩生　方全惪

附貢　李席珍
廪生　黄玉振
續校
生員　李士培
廪生　涂明謙
生員　何方騊
監修
生員　高際盛
監生　張嗣臯

採訪
生員　黄德清
候選巡檢　周登士
世襲雲騎尉候補守備　房萬桂
生員　黄際盛
生員　何方驥
生員　熊贊臣
附生國子監典簿銜　何文穎
監提舉銜　田嘉穀

江蘇候補通判　陳啟鍾
廪貢即選訓導　張協美
附生候選州吏目　孔國玉
生員　王芸馥
監生　汪艮弼
生員　吳文珍
生員　吳鼎甲
優廪生　王羽儀
附貢　李逢元

生員　雷汝霖
舉人　周文達
貢生　周作豐
生員　鄧景常
生員　孫昌宏
監生　王苣寶
監生　杜運昌
生員　孫[illegible]
生員　李邦棟

武生 方斗魁
監生 郭炳臣
從九 余宣
生員 劉用賓
生員 張正心
生員 劉達源
附生候選主簿 周華廷

重修嘉魚縣志目次

卷之一
封域志第一
全圖 星野 形勢 疆界 都里 山川
古蹟 沿革
營建志第二
城池 廨署 廟祠 壇壝 津梁 坊表
街市 亭榭
卷之二
賦役志第三
戶口 貢賦 積儲
學校志第四
廟祀 禮樂 學規 賓興 鄉飲 書院
載籍 學田 生徒
卷之三
風土志第五
風俗 土産
秩官志第六

官師　宦蹟
卷之四
選舉志第七
科第　貢監　誥勅　襲廕　辟舉　雜例
卷之五
人物志第八
賢達　逸士
卷之六
孝義　列女

卷之七
列女
卷之八
藝文志第九
疏　記
卷之九
記
卷之十
書　序　賦
卷之十一
雜體
卷之十二
詩
外志第十
寺觀　釋老

凡例

一志書與諸書異必鑒古乃可知今惟博通始能彙總嘉魚志有五一止於前明宏治一止於嘉靖一止於

本朝康熙辛亥一止於乾隆丁巳厥後止於乾隆庚戌纂修前志幾詳然字句間有違礙特加刊正自庚戌以後事實搜採詳慎分註補遺續編提綱仍舊分卷則增

一志書彙載廢興雖陳蹟久湮者必錄一以著創

始之勞一以寓興復之望如營建一條自前明迄今已數百餘年宏加時間有興廢見聞尚可徵後此反有莫得而稽者士生於斯數典忘祖亦一憾也故凡有考者或存或廢原委必載學校所關甚大前志闕略尤多今採鄰邑通行及新頒定者輯為一編稍覺完備蓋同文之治始於學官不得謂之勦襲也

一封域形勢古今沿革紀載悉詳及本地輿志以繪全圖披閱瞭如指掌土宜土會一切有利國計民生者無不具載可合風土類參考

一賦役原以足國法度因時制宜利上利下斯為兩全疇昔則例繁多泥古不免戾今且非盡一成式故不載所遵行而登志者均以新例為準

一秩官選舉二條名字官爵舊志闕疑者頗多其選舉間有不應登者因前人已編一仍其舊後來二條內新增之人遭兵燹失案無考亦自未敢臆斷非略也至所增貢監專錄　恩拔歲優迄廩增附加捐保舉各項如俊秀加捐保舉文

武官階須有分發飭知方錄入志僅虛銜者概不錄

一善行必錄所以示勸前殉難紳民入祠者已詳有案照案略加點綴編入不得背案鋪張現在孝義貞節均繫城鄉紳耆結報公舉經　縣閱批入志詳略寬嚴悉採輿論並非徒執已見妄行去取

一各傳出自舊志秉筆原非一人稱名稱公體製參差有所受之不可易也舊志於

本朝諡後編二字以别之今新增小傳均屬已故先
達現存者不與匪徒以蓋棺論定亦倣史例生
不立傳之意云爾

一歴任縣尹有最可紀者摭事直書舊志所謂蔣
綵保障各視其才惟澤及當時聲施後世者爲
足述耳公道在人不以私徇

一藝文所志先達疏記書序雜體悉關桑梓利害
建置源流郎長篇短咏亦因一邑山川名勝而
傳至於吟風弄月摘豔薰香等作概不敢登

一志與史異綱目略同綱有總論目亦如之悉本
前志未敢别立門類作聰明以亂舊章也

一事有傳訛如秦鐘寺本名尋鐘寺取詩聞鐘尋
古寺之義魚嶽山本名魚躍山取山形如魚之
躍且山嶽二字不應重疊叉頭陀港一名透脱
港楊葉洞一名楊藥洞淨保寺一名靜寶寺此
類極多其確有考證俱已改定無稽者姑仍其
舊

嘉魚縣圖

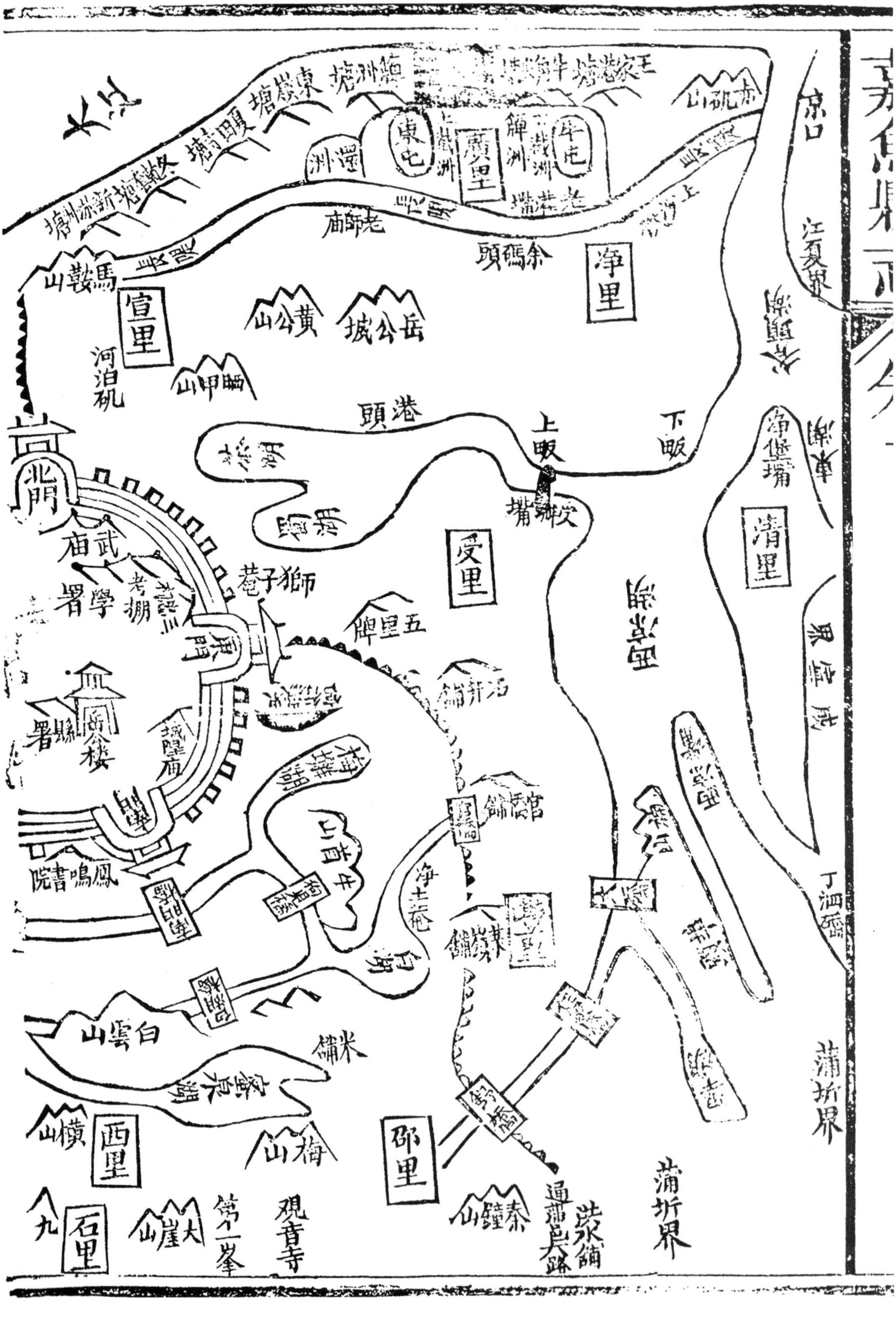
京口
江夏界
赤磯山
牛屯
東屯
廣里
馬鞍山
黃公山
岳公城
宣里
淨里
余碼頭
老郎廟
巷頭
上畈
下畈
北門
武廟
學署
考棚
獅子巷
受里
五里牌
東門
縣署
鳳鳴書院
南門
牛首山
淨土庵
官橋舖
清里
西梁湖
東湖
白雲山
米舖
橫山
西里
梅山
邵里
泰鐘山
九
石里
大崖山
第一峯
觀音寺
通蒲邑大路
蒲圻界

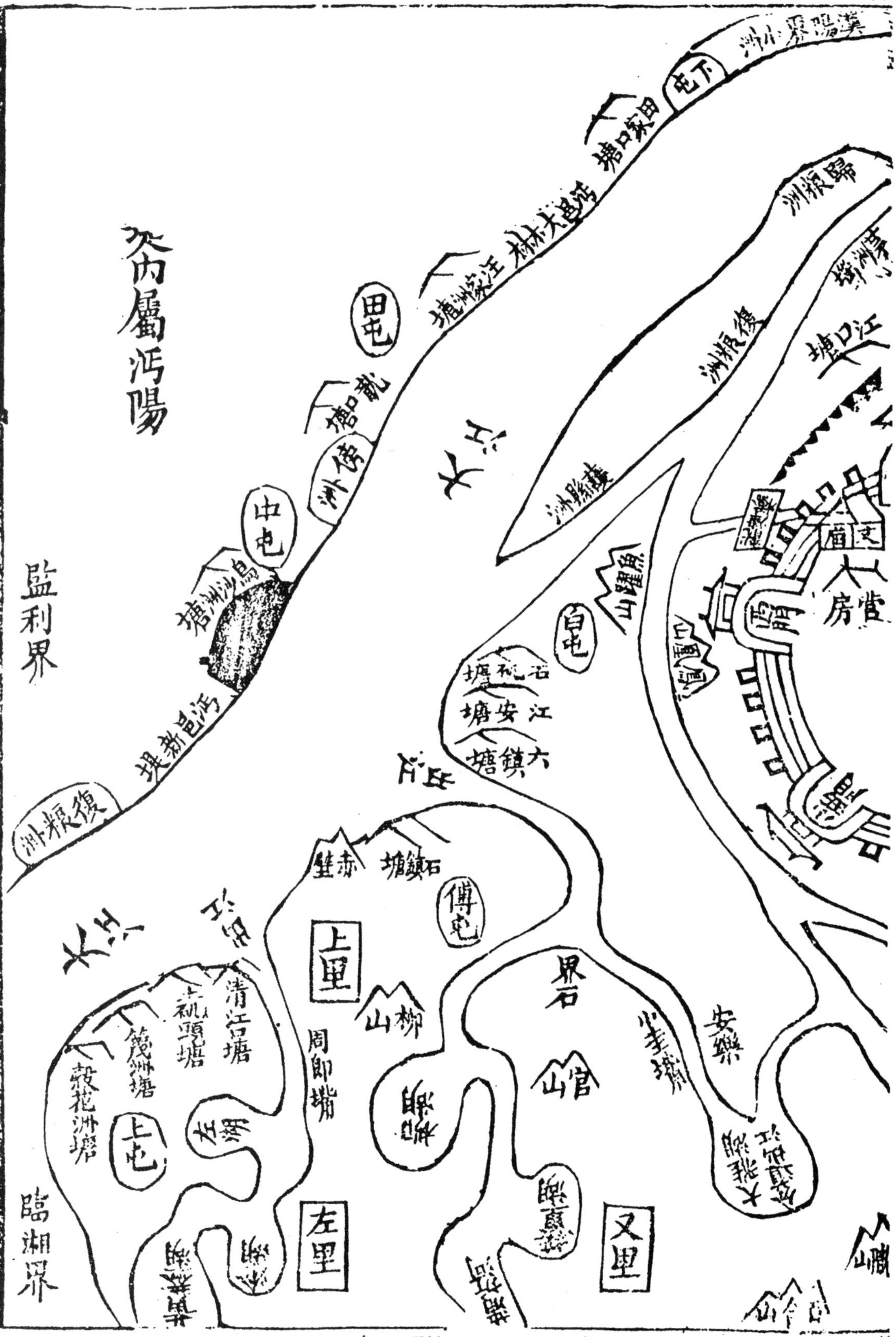
漢陽界小洲
下屯
田家口塘
大邑河
林木
汪家洲塘
毛田
乾口塘
傍洲
中屯
鳥沙洲塘
沔邑新堤
復粮洲
大江
歸粮洲
復粮洲
江口塘
監利界
白屯
石礼塘
江安塘
六鎮塘
赤壁
石鎮塘
傅屯
上里
清江塘
周郎嘴
柳山
石界
官山
安樂
左湖
上屯
左里
又里
西門
營房
臨湘界

重修嘉魚縣志卷之一

封域志第一

書曰申畫郊圻周禮地官云制其地域而溝封之蓋自九州奠壤九野分形前王乃量地以制邑度地以居民雖順其自然固勢當區別也嘉魚西北濱江山澤各居其半高深隱現互相縈帶阡陌綉錯於其間即非饒區沃野考其建置因革邦則舊矣守土者因其勢而撫馭之亦美錦易製也故以封域志居先

星野

九州封域各有分星以觀妖祥職在保章然則設救政訪敘事風雨之所會陰陽之所和不可不察也志星野　舊志

禹貢荊州之域當天文軫翼之度鶉尾之次也今湖廣所隸府屬惟襄陽在荊豫之間而施州衛居荊梁之界餘悉爲荊楚地分之分次其占候應與府同

西漢志翼軫楚之分野今之南郡江夏桂陽零陵及漢中汝南皆楚分

晉書翼軫楚荊州南陽入翼六度南郡入翼十度江夏入翼十二度零陵入軫十一度桂楊入軫十二度武陵入軫十度長沙入軫十六度

按翼軫皆臨楚分度不同占但星野之相鄰即天光之其曜故涉楚境者備錄之不必爲一邑也

形勢

嘉魚形勢以蒲圻章冠山爲遠脈本邑梅山爲近脈由此至秦鐘山越舒橋萊嶺棗園高家山直趨石井鋪五里牌蜿蟺而來遂泝江流迴旋蟠鬱東南則牛

首白雲環相拱衛馬鞍峙其北魚嶽浮其西龍潭山爲後障隆隆隱隱縣治適處其中得五星之正位三楚屬邑之勝斯邑亦其選矣此外山川各異另有紀載故不泛及

疆界

言封域則疆界可知矣然封域内錯所統者全疆界外拒所守者約王者有分土無分民晝疆而理亦以便民也志疆界

東西袤二百一十五里、南北廣七十里、

至　京師水路四千八百三十里陸路二千八百二
十里
至本省水路二百四十里陸路一百八十里
四至
東至咸甯縣界八十里
南至蒲圻縣著山五十五里
西至臨湘縣界新店一百三十五里
北至漢陽縣界潦水夾一百里
八到

東到咸甯縣治一百四十里
南到蒲圻縣治七十五里
西到沔陽州治二百五十里
北到漢陽縣治二百四十里
東南到咸甯縣治二百四十里
東北到江夏縣治二百四十里
西南到臨湘縣治一百六十里
西北到沔陽州治三百里
塘房

穀花洲塘十里至簑洲塘十五里至清江口塘十五里至土磯頭塘十五里至石頭口塘十五里至陸溪口塘十五里至江安塘十五里至石磯頭塘十五里至江口塘十五里至新淤洲塘十五里至冬乾滍塘十五里至夏田寺塘十五里至東嶺塘十五里至下韓洲塘十五里至黑坡塘十五里至牛角尖塘十五里至王家港塘沔界十五里至以上一十七塘在江南岸
烏沙洲塘十五里至龍口塘十五里至汪家洲塘十五里至田家口塘漢陽界十五里至以上四塘在江北岸

鋪遞
縣前鋪十里至石井鋪十里至蒸嶺鋪二十里至舒橋鋪十里至洪水鋪十五里至蒲圻界
都里
周禮令六鄉之民各為比閭族黨使之相保相受相賙相救後世散而為都析而為里皆其遺意也因其意而變通之厚民生而成民俗悉覩諸此矣志都里
舊有三鄉廣賢鄉管都之二四豐義鄉管都之一二三

五七八九懷仁鄉管都之六之十六後罷鄉置都分
都管里都凡十有一里凡二十有二正統七年都仍
其舊里并爲十二一都曰宣化曰永豐二都曰廣賢
曰淨保三都曰居仁曰熟湖四都曰清洪曰德潤五
都曰受澥曰西保六都曰豐義曰太平七都曰邵陵
曰親仁八都曰西安曰欽敎九都曰石塘曰崇義十
都曰懷仁曰介石十一都曰左湖曰清江以永豐歸
宣化熟湖歸居仁德潤歸清洪西保歸受澥太平歸
豐義親仁歸邵陵欽敎歸西安崇義歸石塘介石歸

懷仁清江歸左湖至
國朝康熙四年分圖均米合居淨兩里爲一分懷仁一
里爲二仍十二里云載後

宣化里　廣賢里　淨居里　清洪里　受澥里
豐義里　邵陵里　西安里　石塘里　上懷仁里
又懷仁里　左湖里

九洲

上洲　中洲　上截　下截　小洲　付助洲
傍還洲　還餘洲　護歸洲

九屯

上屯　中屯　傳屯　田屯　東屯　牛屯　小屯
白屯　大屯

保

何家保在縣北　陳家保在縣北　安樂保在縣西南
淨保在縣東一

鎮

石頭鎮在縣西南六十里　六溪鎮在縣西南四十五里
簰洲鎮在縣北一百里

山川

宇宙肇判九土攸分高山大川以峙以流而邱
陵墳衍原隰之名物所以辨區寓阜民人而利
財用也志山川舊志

北境之山曰龍潭山在縣治後相傳有龍潛焉故名
白芷山又名馬鞍山勢蜿蜒如飛練泝江而西故名
河泊磯危石聳立甚奇
黄公山邑人李承箕築室其上諭德王鏊有記
大小蜀山先主與吳會拒曹操駐蹕於此故名

浮石山

東境之山曰牛頭山　石壁山　戴家山　陸家山

陰山　仙師山

仙跡山山頂石上有足跡甚巨相傳葛仙翁飛昇處

望夫山在縣東境山頂一石上有婦人足跡世傳其夫役於外婦登此望焉故名

西保山羣峯羅列西湖之上不可以一峯名故總稱西保山

青林山山勢聯絡若青林

連洲山其山與前湖諸峯相連故名

南境之山曰白面山奇峯卓立勢如展旗按宋史韓世忠傳招撫劉忠叛有衆數萬據白面山營柵相望世忠伏精兵大破之斬忠湖南遂平即此山也山石多白前志乃云世傳有人禱於此山生三子皆白面死而爲神誤矣

白雲山在白面山之西相連有石洞可容數十人上有白雲菴舊志謂之穿石山即此山也

梅山山多梅下有洞名楊梨洞一名楊葉洞

大牛山　石官山　九隴山　横山　臨江山

秦鐘山本名尋鐘又訛陳鐘　東海山

唐帽山樹木葱蔚望之如唐帽故名

石泉山　石崙山　霞山

楊家山在霞山北山勢相連

百合山在大崖山東北

鵓鴿山在梅山北一名皮閣山

西梅山在梅山西北

大石屋山其中空洞可容百人

大崖山有南嘉第一峯五字在山之陰名人題咏甚多

蒲圻山按蒲圻志有蒲圻山近西良湖此未詳

西境之山曰灌磯山一名鳳凰山上有五嶽觀

魚嶽山水經注云在大江中楊子洲南一名江島山江流淤嘴洲已不存今山去江一里許　唐公山

月山形如半月有三山拱其前如心字水繞前後四時不涸　官山古名大觀山在陳家畈　黃榜山

桐山　引馬山　左經山　上觀山俗名石山在馬家舖

界石山有石如龜在河中逆流而上
柳山　雨壇山在赤壁之東南
石頭山方輿勝覽云在嘉魚隋志云蒲圻有石頭山蓋隋并嘉魚入蒲圻故云山在蒲圻
赤壁山即周瑜破曹操處　南屏山
團山在郭公湖北岸　鐵山俱近赤壁
大名山　𣏌山　金獅山　城豪山俱近黃蓋湖
禹貢岷山導江過九江今之洞庭至于東陵今之巴陵東迤北會爲匯今之彭蠡

嘉魚口即魚山驛江口也其一大港水自大崖山西南來過霞山范家橋至鶺鴒山梅山洞諸水自東南注之匯於蜜泉自馬徑至橫山又東北至白雲山西南爲三汊潭過大通橋經魚嶽山之足紅砯港之水自東匯之東北至魚山驛入於江其一陸水至界石東北分流由螺螄港至石屋山又東北分流至唐帽山龜湖諸水自南注之爲楊家逕白小港經石磯頭之東南自櫟木橋入於大港其一自官橋西流至牛頭山北會白湖梅澥之水爲魯港至三汊潭入於大港

六溪口在縣西南即古陸口三國時吳以此爲控地按舊志魯肅自江陵下屯六口肅卒呂蒙代之後呂岱又領潘璋士卒屯於此按水經註陸水經呂蒙城西又經蒲磯山北入大江謂之刀環口又謂之蒲磯口即此口也此水自界石下灣環數里遶陸鎮文昌街出江咸豐四年賊聚此決斷傳洲尾而水歧出矣

石頭口在赤壁山下水有二其一自新店來爲白石長河會清江黃蓋滄湖諸水遶鐵山至麻壕其一自蒲圻小梅山歷朗橋蕁湖匯柳山湖諸水遶鐵山之東南至麻壕之櫟木逕今石頭口已淤塞均由烏口

入江

清江口土名灌口前江水春漲則灌入黃蓋湖至石頭口入江今清江口已淤蘆洲其水由烏口出四時不斷

夾口在縣北篺洲盛夏則通舟楫秋冬則涸土人有上下夾之稱一名潦水夾

駕部口在縣東北

三港口在縣東

六灌口在縣東北

湖

太平湖在縣東十里相傳水涸時夜有光怪土人識
而掘之得鐘鐘款秦少游有弔鑄鐘文見藝文志
梅瀨湖　楊泗湖　李嬰湖　烏土湖　涸湖
龜湖　小龜湖　江池湖　大瀨湖即雅湖大小蘆湖
後湖　蜜泉湖　湯家寨　以上諸湖在縣南
大鬱湖　蔡家湖　蚌蛤湖　致思湖　蘆洲湖
西保湖邑人李德夏隱居處　破鼓湖　方家湖
楊林湖　雁湖　柘株湖　李成湖　楪李湖

大名湖　赤城湖　陶陵湖　以上諸湖在縣東北
黃岡湖客鼇滄湖　大小左湖　滕毋梅湖
沙漣湖　源潭湖　韓家坑湖　鯉魚湖
金瀨湖　李嬰湖　蘆城湖　白石長湖
清江寨　郭公湖　以上諸湖在縣西南

港

南圻涇港　東陵廟港俱在縣南
紅磔港在縣北舊有橋名通江一名宣化嘉靖間知
縣吳瀚填塞橋口引紅磔之水西流入江則通龍津
橋云
大港在縣西大通橋跨其上
白小港在石磯頭之南　魯港在梅瀨湖　長港
舒濟港　東港俱在縣南
李洙港在縣西南　大青泥港在縣西北
車濟港　鴿子港　頭陀港一名透脫港即今頭陀
湖　西港在蘆荻畈西故名宋家港　高家港　青泥港俱
在縣東北

瀨

金雞瀨　孟家瀨　炭窰瀨　鐵爐瀨俱在縣西南
郭家瀨　陰山瀨俱在縣東
白楊瀨　陳油瀨俱在縣北

潭

三汊潭在白雲山下　龍潭在縣治北
浮石潭在縣東　楊家潭在新堤
胭脂潭有二一在縣東北一在縣西滄湖之濱
石頭潭在縣南　烏龜潭在縣東北

泉

蜜泉即八眼泉水甘泉在湖中
石泉在石泉山之下
溫泉一名楊坑在石頭口之東南
牛眼泉　洗耳泉俱在大崖山

池

落星池在
大成殿前詳見亭榭
上放生池　下放生池俱在縣治東久廢
丁家池在縣治西今廢

陂

上陂　下陂俱在受瀨里　舒橋陂　柏葉陂俱在
西安里

塘

東籬塘在縣治前　石塘在石塘里　龍塘在受瀨
里　鵞塘觀塘俱在淨保里淸淨二里公業　胭脂塘在邵陵里
譚家塘在縣西
續志云正統間一十二里計塘二百四十五歲久
湮塞不一故不具載今稍存一二以備考焉

嶺

大琛嶺　韓婁嶺　菜嶺俱在縣東
洪山嶺　古豪嶺俱在縣南

洞

梅山洞在梅山　白雲洞在白雲山　石室洞在大
山　觀瀾洞在魚嶽山之背　石泉洞在唐歸山下

畈

平市畈　安樂畈　木梨畈俱在縣西南　舒橋畈
在縣南　滕埜畈　龍塘畈　古城畈　南宵畈俱

在縣東北　三九畈　黃港畈俱在縣東

洲

白面洲在縣南白面山下
楊子洲在魚躍山外金梁洲舊志載水經註江經魚
嶽山下得金梁洲今崩塌已盡意護縣等洲即其地
也
遠洲在西保湖中
馬洲在縣東南
龍穴洲在縣東北按水經宋景帝迎文帝於江陵有

龍躍負文帝舟左右失色帝謂長史王曇首曰此夏禹所以受天命也我何德以堪之哉一名駕部口

雙洲在縣東

堤

通江堤在縣東北有橋名宣化又名通江嘉靖十九年知縣李璣衡更築龍津堤以便行旅久而橋圮二十四年知縣吳瀚塞通江橋更移橋於龍潭之西名曰龍津橋邑人方逢時有記

長堤宋皇慶元年知縣成宣築上自馬鞍山下至石

家墩抵蒲堤界計修三千一百四十三丈一尺以障下六里之田廬歷元明迄今無改雍正五年春夏水漲堤盡沖塌　督憲傅捐米一千石給堤內居民是年十月奉

旨給帑銀三千一百七十一兩六錢委員監發堤民修築堤旁植柳雍正十二年江岸崩塌堤近大江知縣張其維改築月堤一道長八百丈並將全堤加高五尺寬五尺堅厚結實遂得穩固乾隆年間屢潰屢修均係照米派費原無大工是以均未詳載至嘉慶二十

一年堤潰挽築王家月堤亦係派費及道光十一年堤潰更甚歲最荒歉民苦無力十二年知縣文藝詳請給帑銀一萬二千五百兩興修是年又潰十三年文又請帑銀三千五百兩復修至夏又大潰十四年知縣梁紹芝照米派費若干係一時權宜修而復潰當事不敢請帑不能派費緣是罷修者數載十九年冬紳士孔起恭王鼎元王潤王正心同咸紳陳椿蒲紳覃周道江紳程對廷周桂林等上控懇請一律加修　督部堂周籌款十餘萬兩將四邑堤壓加

高培厚二十一年又潰適崇邑不靖鄰皆惶恐因以未修而堤又幾乎廢矣二十七年經紳士孔起恭王鼎元熊宏章李之慶李士銓劉鳳喈等商同公舉生員李　某北上京控蒙　批仰湖北巡撫委員勘明籌款修築二十八年春撫部院唐奏

旨籌給帑銀五萬九千兩委武同知勞督修嘉堤較舊堤愈爲高厚奈江水異常又皆沖潰二十九年知縣劉棨復請帑銀五萬八千兩是年水勢更大歲荒民饑乃卽以工代賑堤修而荒亦救法良意美洵善政也

嗣後雖水患洊至不無殘缺賴有歲修銀兩每年修補是以不至大壞

長堤向來徵收堤費每張券票取錢十六文經紳士王正必王芸馥周兆蓮等禀請前任立案嗣後徵收堤費只在漕糧券內加堤費收訖戳記今雖復用券票仍不許索取分文

長堤歲修舊例每石米派定正銀三錢五分每兩正銀折錢一千文咸豐七年月堤潰適值兵燹未修官

紳同商權於每兩額徵一千文外加增二百文幫修月堤後不援以為例同治四年經紳士王鼎元孔國玉王羽儀李登甲劉鳳喈徐兆春林含潤周兆蓮徐朝陽林有聲孔步瀛任光斗劉作章等禀案於向所議增內每兩減錢一百文前任王准給示諭嗣後完納堤費務各遵照減定章程每銀一兩折錢一千一百文不許外索分毫並無券錢永為成例給有定規十條開列於後

一堤費每兩正銀折徵十足制錢一千一百文遇豐不加遇歉不減

一堤費遵照舊章隨漕征收另封存總櫃書一人手歲修開工日堤首當官具領櫃書給錢

一每届堤費除歲修外存錢一百串以作防護之資如無防護存歸下届

一堤費每届每兩正銀以一串文歸堤餘一百文內除錢八十文以敷櫃書薪水券票之資

一堤費每届於所餘一百文內又除錢二十文以敷工書紙筆之資外於歲修臨堤每日給工食錢一

百六十文

一堤役二名在堤巡看宜加勤謹每年共給工食錢八串文倘藉公詐索公呈究革

一督修堤首每届二名每日各給薪水錢二百四十文然堤首必須六里公舉若遇興修大工之年六里仍須各舉二人董理不准閑冗侵蝕

一每年歲修以冬月初一日開工凡工書堤役務於先十月內將八字號方土估定逐段釘牌張掛估單

一歲修開工日不准在堤腳五丈禁土內取土遇無水之年即在該堤險要處堆砌石塊

一堤費征收後櫃總務於六里各請一人算明所征多寡不可朦混侵蝕

小新堤在縣東五里宋政和間知縣唐鈞築以捍江水靖康兵興堤圮乾道知縣陳景福改舊堤三百步因兩山相距楊家潭上橫亙爲堤江湖不逼水患始息

附錄

石磬　白鷺磬俱在縣東

鄭家磬　頭古石俱在縣南

山陂畈在馬戳山下　官壋在縣東北

麻壕　邱公灣　北壟　馬牙壋俱在縣西南

王世名溝在石磯頭之西　獅子山在縣西南

張家蕩　犂轅段　長堤坎　鯉魚泅俱在縣東

古蹟

一周鼓秦碑在當時亦耳目前物俯仰之間皆爲陳迹後之視今猶視昔安知不代積而成古耶考古實以証今也志古蹟

縣治在魚嶽山東南唐保大十三年因羅兵亂遂徙治白面山下宋平江南復還舊治今廢

沙陽城在縣東北一里許今無考

呂蒙城在縣西六十里石頭口孫權征長沙時築今無考

岳公城在縣東北大蜀山岳飛征楊么城此今呼爲軍寨

赤壁在縣西南六十里與烏林相對即周瑜破曹操處巉石峭立上有赤壁二字乃周瑜所題名人詩詠

甚多見藝文志

祭風臺與赤壁山相連山頂有臺相傳諸葛亮祭風於此

三皇廟在縣北半里許今無考

拄杖孔在縣東陰山之頂世傳葛仙翁常陟其巔杖立石間即成石竅水清不溢居民爭取以療疾男女混雜水遂絕

宋汾泉海字陽郭君墓在龍潭山之原正統十三年八月有掘其墓者得墓誌一通仍爲瘞於塚畔誌云

君諱一新字德彰舊諱彌遠復州玉沙縣滄浪鄉清化里人其先來自興國曾祖考琦曾祖妣聶氏祖考勉祖妣蔡氏考知常妣王氏淳熙壬寅二月十九日生嘉熙己亥清野南徙鄂之嘉魚明年八月二十四日卒十一月初四日辛酉旅櫬縣治北龍潭山之原娶同邑趙氏諱媛夫魏王位什王宮親宅保平軍院珂州宗位女父承信郎彥滌母張氏淳熙丁未十月十二日生慶歷乙酉出適淳祐癸卯七月初二日終甲辰九月初八日丙午祔一男溼一女適寓邑李伯龍君家世聞於時義恤聞於鄉州縣賦政於民多所委任沔陽僑治條書稗贊力尤多守臣將擬補奏辭以疾弗能强其寓居也卜建荷塘之上面大江以西志鄉關之在目也嗚呼天限南北不獲還先人之隴有此遺憾缺文不可無歲月缺文右內諸缺文

詳此君人品非碌碌者應在寓賢之列但壙記多缺誤又不載作誌姓名初擬刪去今依舊誌存之

古壇在魚躍之背邑人李承芳有記載藝文志

文廟古松元主簿狄忠手植明初尚百餘株歷爲風雨摧

折僅存三十餘株崇正間熊公開元復植數十本今存者僅三株

城隍廟古柏一株不知植自何代大約十餘圍明季枝葉盡凋歲餘復生青葱如故咸豐乙卯年燬於兵

沿革

嘉魚古荆州屬地至漢入沙羨俱未晰其名至晉太康元年始名爲沙陽縣梁升爲沙州隋廢入蒲圻爲鮎瀆鎮並沙羨爲鄂州五季南唐改鎮爲場昇元元年陞場爲縣保大十一年始改嘉魚縣以其地有魚嶽山取南有嘉魚之義也元大德五年改鄂州爲武昌路明復改路爲府嘉魚爲府屬邑至

聖朝廓清海宇江漢綏甯而武昌府屬悉仍舊焉

營建志第二

司空列職於冬官所以掌邦土居四民也雖宗廟廄庫居室先後攸分然邑有大興作皆以爲民民或未之知焉既用其財復用其力於是大事未舉怨讟旋生古者因事立法與民宜之古營室以審天時正方位以合地理節勞逸以順人心急所當務固有紛更不待邑中之黔執扑以挾而奔捐輿規模具矣後之君子覽建置之由其可忘節愼之義乎

城池

重關百二表裏金湯言地利者靡不資之矧方城漢水楚稱重鎮邑雖小亦有實墉實壑之制觀掌固所司知設備不可不豫也志城池

舊志云嘉魚縣治東南阻山西北距江居民鮮少舊無城池前明正統時僅土垣木柵正德間羣盜大起知縣陸槐因故址拓築女牆上覆以瓦周圍二百雉厚六尺高倍之四門曰東望曰南薰曰西成曰北鑰歲久傾圮萬歷戊寅知縣吳駿聞之兩院守巡巡撫都御史陳公瑞疏請改築易以磚石周圍四里東西廣里餘南北袤二里城高一丈九尺厚一丈三尺上設女牆門建一樓曰寅賜曰迎薰曰迎江曰定奎又爲一小門西偏曰水西門西北有便糧門今閉提學副使張邦奇邑人方逢時俱有碑記以後修築未詳雍正十年大雨傾毀三百丈知縣張其維捐俸修葺堅完居民永賴卽今二百餘載漸就傾圮池以水爲險縣城南距湖西北距江亦若漢水以爲池也惟東爲驛路車馬往來之區盡負郭居民場圃村落耳

廨署

官署非蘧廬比也所以謹內外肅觀瞻崇卑大小其制各殊皆有堂廉之義焉可僅視爲傳舍歟志廨署

縣治在龍潭山前元至正甲辰知縣李夔建大堂儀門縣門六房及典史衙舍明洪武初知縣姚以德建後堂正統六年知縣莫震重修成化中知縣馬炳然續修外設鼓樓三間則知縣姜溥所建也以後修建

無考至康熙乙亥大堂全傾前令李棠鼎修乾隆元年張其維依式修葺并添設捲蓬及牌坊皆煥觀焉

舊制縣門一座　儀門三間　大堂三間

穿堂三間額曰見心　後堂三間額曰主敬　架閣三間

東西司房各五間　住宅在主敬堂之後

花廳一所額曰大甯堂乾隆癸卯縣令嚴廷爍建至咸豐癸丑年均燬於兵

申明旌善二亭在縣門西今廢

試院在儒學之東頭門一儀門一東西考棚各一起

鳳堂一座左右房各二間道光甲申年知縣邵勸首先倡捐并勸諭闔邑捐貲鼎建道光丁未年東邊考棚因大風傾圮起鳳堂柱被蟻侵蝕知縣劉爵重修并換石柱至咸豐九年知縣武鎮西捐貲添修後堂一重

按察分司在縣治北知縣姚以德建今廢

布政分司在按察分司之右知縣黃開建今廢

寅賓館在縣門內東偏正統七年建今廢

土地祠頭門內東偏

監倉在東三房後

典史廳在縣治東偏咸豐癸丑年燬於兵

佐理廳三間宅在後康熙丁酉年典史戴士鵬重修乾隆四十四年典史朱源重修今俱廢

簰洲巡檢司署在縣北七十里洪武元年巡檢李顏建

石頭口巡檢司署在縣西六十里洪武元年巡檢謝希顏建今俱遭兵燹

魚山水驛署在縣北五里洪武元年驛丞鄧宗文建

今裁

石頭口水驛署在縣北六十里洪武元年驛丞鄧思賢建今裁

簰洲水驛署在縣北八十里洪武元年驛承瞿福受建今裁

太平湖河泊所署在縣西一里所官湯旺建今裁

黃蓋湖河泊所署在縣西南八十里所官鄭　建今裁

頭陀港河泊所署在縣東北三十里所官羅學賢建

今裁

致思湖河泊所署在縣東北六十里所官完者帖木兒建今裁

惠民局在縣治前洪武七年訓科童祥建今廢

養濟院在縣東一里洪武八年知縣吳啟文建今廢

廟祠

妥神有廟祈報有時禮也祀典所載皆有功德於人忠臣烈士出其靈爽福佑斯民所謂暗理王綱者各以類書之志廟祠 舊志

城隍廟舊在縣西燬於兵洪武三年知縣王孔昭遷於縣東南奮真觀之基天順三年知縣劉循修宏治間知縣馬炳然重建中為正廟東西兩廊為左右司前有拜廳儀門後有過亭寢廟正統九年重修至

國朝廟圮順治八年鼎修雍正元年知縣湯星南捐貲買廟後基地建立後殿又買廟左餘地丈餘契存監修人甘健也龍揮千熊世理收執乾隆二十三年知縣黃逌理重修咸豐甲寅年正殿兩廊并殿前古柏一株俱被兵燬至九年知縣武鎮西捐貲重建

忠義節烈祠在城隍廟西偏咸豐戊午年知縣錢炳熙建公署西正街徐姓鋪屋一間以每年租金數春秋祭費

張王廟在縣東北一里許洪武十五年知縣吳啟文始建以祀張睢陽也宏治間知縣姜溥改建並祀關壯繆岳武穆故稱三忠正統十三年重修嘉靖己亥以廟基為儒學而移其祠於東山之麓仍稱

三忠祠乾隆三十六年知縣冉世珍重修

劉猛將軍廟在關帝廟之東咸豐丁巳年知縣武鎮西籌款改建

金熊祠道光丁亥年知縣邵勳於舊書院東偏捐貲創建以邑紳尹侃配享道光乙酉年又以知縣邵勳邑增貢生徐世俊配享

二賢祠在儒學儀門內東偏內祀教諭鄭公家鏊李公道平

吳王廟在縣西南石頭口赤壁山右三國時孫權保

此民懷其惠立廟祀之洪武十六年知縣劉秉政
重修
梅山龍王廟在楊藥洞口創始無考歲旱入洞取水
祈雨有應歲久圮廢正統十四年重建
龍王廟在縣南六溪口元時建洪武十六年里民吳
繼祖重修
許眞君廟在大崖山創始無考今橫山有眞君山其
廟亦祀眞君相傳有仙跡舊志不載
靖江王廟有五一在六溪口廟在江干威靈赫濯能

分風上下官商往來必親禱致祭無揚帆竟過者
創建自唐詳見藝文志碑文雍正九年十年督憲
邁前後捐金四百兩暨官民資助廟宇鼎新知縣
張其維復修前殿及廟門又甃石以固江岸乾隆
十五年於廟之左建大士閣乾隆三十五年復修
砌岸僧會司續碑募化一在縣西城外江口咸豐壬子俱
燬於兵今江口廟移建西嶽祠右一在灌磯山之麓丁家浀之上道
光己酉年大水傾圮一在縣城水西門內邑人歲
時奉祀有禱必應一在小龜璫靖江王有廟自此

始今廟祀徧四境惟此俗稱祖廟云
文昌祠有三一在
文廟大成門之東一在儒學儀門外之東明知縣程可登
建左有作人塾祠額爲文昌書院一在法華寺山
門之西爲文昌會館今俱廢咸豐庚申年知縣武
鎭西因東城後街 舊 鳳鳴書院爲文昌宮春秋
致祭
吳王行祠在縣西南地名界石明洪武八年里民徐
福建

東嶽行祠在縣東西堡宋時舊址元建而復廢洪武
二十一年里民陶得成重建明季邑人遷於縣治
東郊外里許西堡舊址改爲陶家廟
西嶽行祠明時在西郊長堤之外今遷於龍津橋內
龍潭山之麓廟基空地係方 鐸置捐
關聖廟舊在縣東地址湫隘永樂三年縣令冉逼遷置
東嶺之上康熙丁未歲縣令來鑑遷建分司舊址
在縣治北雍正乙巳年奉
旨追封三代公爵

晉祖光昭公
祖裕昌公
攷成忠公雍正癸丑知縣張其維捐貲重修
葛公中選生祠在河泊磯山頂今廢

壇壝

天施地生其益無方興出雲氣行風雨者咸秩諸祀典理陰舍陽禮莫大焉厲雖非正祀聖人所以澤無告有其舉之莫敢廢也志壇壝

風雲雷雨山川壇舊在城隍廟前其二壇牌位凡三

一曰風雲雷雨之神一曰嘉魚境內山川之神一曰嘉魚縣城隍之神俱南向今三壇移祀於城東棗林磷如社稷壇之制

東壇祝文

惟神贊襄天澤福佑蒼黎佐靈化以流形生成永賴乘氣機而鼓盪溫肅攸宜磅礴高深長保安貞之吉憑依鞏固實資捍禦之功幸民俗之殷盈仰
神明之庇護恭逢歲祀正值良辰敬潔豆籩祗承
牲幣

社稷壇在縣西讙磯山頂壇制東西二丈五尺南北二丈五尺四出陛各三尺壇下前九尺五寸東西南各五丈繚以牆垣四門紅油由北門入壇上石主一丈二尺五寸方一尺埋於壇南正中去壇一尺五寸止露圓尖餘埋土中神牌二以木爲之朱地青字高二尺五寸書縣社之神縣稷之神臨祭設於壇上祭畢藏之神廚宰牲房神庫各三間俱廢雍正壬子前令王邦彝依舊址重建園以磚牆壇高三尺上立石碑爲神座今廢

西壇祝文

惟神奠安九土粒食萬邦分五色以表封圻育三農而蕃稼穡恭承守土肅展明禋時屆仲秋敬修祀典庶九九松柏鞏磐石於無疆翼翼黍苗佐神倉於不匱

先農壇雍正丁未年知縣王邦彝奉
旨建在縣東門外官道旁殿三間中立牌位圍牆一座壇在殿前其縱橫高下尺寸悉遵　部式
耤田四畝九分在壇前賣契存庫殿俱傾圮耤田尚存

津梁

廣谷大川凡行旅之經過其地者非舟梁莫濟兇邑當水次利涉爲先興者宜修廢者亦不容泯存其名以勸好義者志津梁

大橋渡在縣東南二十五里　岑家渡在縣東三里

丁家渡在縣東三十五里　頭陀港渡在縣東十四里

三港渡在縣東六里　上夾口渡在縣北九十里

小洲渡在縣北十五里　夏田寺渡在縣北北五里

田家口渡在縣北三里　汪家洲渡在縣北十五里

荳腐口渡在縣北四十里首士孔文衡潘識顏劉衍若王文淵劉其玉陳定榮王是爲孔公作募置古城畈田貳石九斗陸升湖地貳石貳斗伍升荳腐口墩基壹型港水捌尺柴場壹段各項出息作渡子工食及造舟油整之資往來行客不另取錢

三叉潭渡在縣北十三里首士劉衍若魯玉燦李梓王孔天衢沈孟吉王是爲募置楊家嘴山場園林基址三之二赤城湖田貳石伍斗赤城湖山地拾壹坭各項出息支銷同前

龍口渡在縣西北三十里生員鄒國正募設有節婦鄧阿甘施田三石課八錢作渡子工食名曰義渡事載碑記

淨里六鑵渡在縣東北四十里同治三年經嘉咸紳士鄭明循孔國玉朱淩瀛雷雲稟請　臬憲唐示定章程立有碑石

陸溪口渡在縣西南四十五里

石頭口渡在縣西南六十里

縠花洲渡在縣西南百二十里爲崇陽通城巴陵臨湘諸縣往來新堤要路

龍津橋在大西門外明縣尹吳翰黃孟經重修邑人王少湖捐貲佐理

國朝邑民甘伯棠李玉子熊聖楚募化重修乾隆三十六年闔邑士民重修

大通橋在小西門外嘉靖初知縣李璣衡始爲木橋

以石爲墩而施巨板於其上順治初典史陳文奎重修康熙庚子市人周儒宗捐貲鳩衆再修

宣化橋在縣東北紅硃港宏治庚戌知縣姜溥建

梅澥橋在縣南門外順治初闔邑士民重修

董公橋在縣城東七里邑人李珩重建

硃砂橋在縣東二十里邑人李滋建一名東橋陳白沙詩誰知萬里東橋月夢破羅浮亦有詩蓋謂此

荻港橋在蘇埜畈西咸豐初闔境士民重修

淨保橋在淨保寺前元統間僧紹忠建

蜀湖橋在蜀湖寺東邑人李天申建

官橋在縣東十五里知縣李夔建

清溪橋在縣東二十里宏治庚戌邑人周賓建

大橋在縣東南二十五里

舒橋在縣南四十里知縣李夔建

大渡橋在縣東南二十里

楊林橋在縣北四十里楊林湖內石人門首庠士石均顯重修

新設浮橋在縣西城外魚躍山前乾隆四十六年士民程桂標李學點張士超修

永濟橋在簰鎮汊夾街口眞武觀僧人福元募建今闔鎮重修

黄坪橋在縣西五十里

大橋在官山

新橋在縣東南二十五里雍正五年邑紳李孝哉捐貲建一名李家橋

蔡家橋在縣東三十里邑紳蔡紹成捐貲建

程家橋在縣東二十五里

羅家橋在縣東二十里

周家橋在縣東二十里周宗洛倡建

任家橋在縣東二十里

白湖橋在縣南門外七里眾姓捐貲以石爲墩施巨板其上爲崇蒲數縣通衢

南門橋在縣南門外半里許

白面橋在縣南十五里白面山下孫姓捐貲建砌石爲墩施板其上因舟行多阻易橋爲渡石墩尚存

上板橋縣北二十里岳公城下向版爲之後易以石

在西港水繫王中山劉梧岡等業下有荻港橋傾圮復修

坊表

聯門闕宣教化表賢達所以置坊昔之坊多矣今無一存者即廢址亦不可考然藉以表章先迹興起後來是亦存名之故也志坊表續志

承流坊在縣門東　宣化坊在縣門西

興賢坊在學宮左　成賢坊在學宮右

育賢坊　崇賢坊俱在學宮前

太平坊在左湖街　迎恩坊在東嶺上

魁士坊有七在儒學門南者爲程鑑立在學宮左者

爲宋興文立在豐義街者爲李英立在廣賢街者
爲李田立在通江闗者爲李承恩立繼承恩者爲
李承芳立在官巷者爲李承勛立
經魁坊爲李璣立
晝錦坊在豐義街爲參議陳宜立
解元坊在分司左爲李滄立
科第坊在岳公樓爲舉人李田立
折桂坊在晝錦坊東爲舉人古信立
攀桂坊在居仁巷爲舉人孔儒立

青雲坊在廣賢街爲舉人徐承聰立
繼芳坊爲舉人程滔立
世科坊爲舉人李爲臣立
登科坊爲舉人李承恩立
騰蛟坊爲舉人魯儒立
起鳳坊爲舉人徐玹立　以上五坊俱在廣賢街
雲梯坊爲舉人童以明立
雲程接武坊爲以明之子珪立　二坊在豐義街
淩雲坊在豐樂巷爲舉人龍淵立

青雲得路坊爲舉人杜福立
三桂坊爲舉人李承顏立
文奎坊爲舉人任岳立
鵬程萬里坊爲舉人杜循序立
步武聯芳坊爲舉人李爲義立
大司空坊爲尚書吳廷舉立
青宮太保坊爲尚書李承勛立
司馬亞卿坊節制三邊坊大柱國坊四世恩光坊俱
爲尚書方逢時立

父子進士坊在承流芳右爲李承勛立
都憲坊在官巷爲都御史李田立
繡衣坊在廣賢街爲御史孔儒立
後賢師儉坊爲知縣劉士觀立

關市

東關曰東嶽西關曰務門南關曰左湖北關曰通江
西北曰豐盈邑舊無城故有關及城設而關廢矣

豐義街在縣右

懷仁街在縣左

岳公樓在縣中央爲四街通衢咸豐乙卯被粵匪燒
燬同治甲子年知縣王錫榮捐貲重修

廣賢街自岳公樓至龍潭山南

左湖街在懷仁街南通僧會司

古柱巷在豐義街南通山川壇

居仁巷自岳公樓西北至琴東書院

官巷在縣治西南通都憲坊

豐樂巷在豐樂坊通社稷壇

此成化前志所載以後俱不著名今存之

亭榭

邑有亭榭以資遊觀是稱別構雖時有興廢然
前人選勝而成佳麗後人觸景而增嘯歌所以
感懷其致一也志亭榭

遠觀亭在龍潭山頂宋嘉泰間知縣柴景望建今廢

節交亭亦在龍潭山頂今廢

後樂亭在平易堂後知縣馬炳然建

仰高亭在龍潭山頂正統己卯知縣莫震建

博約亭在仰高亭後典史倪彬建

觀德亭在射圃知縣吳啟文建

閱武亭在灌磯山知縣馬炳然建

摘星亭在
大成殿東傍有墮石名落星知縣馬炳然易今名

按摘星亭在殿東落星池在櫺星門前相距頗遠續志云正統間知縣莫震建落星亭後尹程可登昇石置博約亭址將建升星亭以覆之未果而池塞順治十六年知縣郭楨復開落星池移石舊所豈摘星亭即落星亭馬尹特易其名耶王學博劉士臣作落星辨且改落星爲樂心尤爲迂謬可笑即升星摘星亦紛紜多事矣又按摘星亭載宏治時志不可曉

采蘭亭在摘星亭之右典史倪彬建

竹軒在縣廳之西知縣莫震建

晚泊亭在魚山驛宋淳熙三年晁令建嘉泰四年知
縣柴景望重修江岸傾圮後令朱鎧遷立取詩誼
呼閬佼星之句易名閬星亭

葛仙亭在仙蹟山

紫微亭在大隱樓前

鐵橋亭在大崖山下有洗耳泉

威鳳亭在灌磯山明季演武舊址康熙己酉知縣李世錫建

望雲亭在縣署後山頂康熙戊辰知縣龐穎建後改名清音非是前任知縣張其維重加修葺仍改望雲亭後知縣薛元統又加修葺改名仰溯亭　以上諸亭今盡廢

寶花臺在縣東受澥里

躋春臺在縣治之北隅知縣李元震建

西湖雲隱在西保湖邑人李德艮讀書處

石室　眞靜所在大崖山俱邑人李承箕讀書處

大隱樓在縣治北

竹西書屋俱邑人方逢時建

翔鳳樓在灌磯山嘉靖間建今俱廢

重修嘉魚縣志卷之二

賦役志第二

九貢九式財賦所自出粟米悉取其田間損上則用細瘠下則民困國家酌中正之經而令甲懸之有司守成法而已嘉邑濱江帶湖地近沮洳田多甌脫屢苦於潦戶不踰二萬丁然而惟正之供輸將恐後者經制定而賦斂平涵濡德澤者深也

戶口

大司徒掌人民之數以稽夫家以頒職事保息

安養之政所以行也志戶口　舊志

戶二千七百六十九戶

口一萬七千零九十七口

周官司寇獻民數於王王拜受之登於天府其重如此世經更易戶口之盈耗莫考

聖朝混一區宇休養生息生齒日益繁盛

戶官軍民匠雜役等五萬一千三百九十五戶

口男婦大小共三十五萬零五百六十一丁口

貢賦

任土作貢則壤成賦經國裕民王政之大者布
縷粟米力役之征後世之法也志貢賦舊志

正雜餉實征數

原額田地山塘堰共四千二百六十三頃三十九畝
九分九釐一毫
額科秋糧米六千二百九十六石零九升三合四勺
又雍正七年并十二年新增開墾田地四頃六十八
畝一分二釐一毫四絲九微四塵六渺
新增秋糧米三石六斗五升六合九抄七圭五粒七
粟
額徵條邊優免銀九千零一十四兩八錢七分八釐
原額人丁四千三百二十五丁除免運夫故丁七十
八丁外實在人丁四千二百四十七丁
一康熙十一年審增人丁一十丁
一康熙四十五年審增人丁二丁
一康熙五十年審增人丁一丁
額徵丁糧一千一百八十三兩七錢五分九釐
實徵丁銀一千一百六十二兩四錢一分又有雍
正七年奉
文隨糧派加增丁銀八十三兩五錢七分二釐續經
欽奉
上諭豁免訖
帶徵均攤坍場班匠銀一百兩零九分五釐
應隨丁銀一十二兩九錢七分七釐
以上一十二里實徵地丁正銀一萬零二百九十
兩三錢六分
一原額更名成熟地七百六十八頃七十四畝一分
一釐
康熙四十年續墾更名地一頃三十一畝八分四釐
二共更名成熟地七百七十頃五畝九分五釐
額徵租餉銀一千二百零四兩五錢一分四釐
班匠一十七名匠價銀一十兩二錢
以上更名租餉并班役匠價共銀一千二百一十
四兩七錢一分四釐於雍正七年奉　文丁隨糧
派該隨丁銀一百七十一兩五錢一分四釐總共
一千三百八十六兩二錢二分八釐

高埂屯坍塌更名地六十五頃八十七畝二分九釐
九毫
坍塌租餉銀一百二十五兩二錢四分五釐
班役匠銀一十兩二錢又除
本糧應隨丁銀二十四兩四錢五分零四毫三共除
銀一百五十九兩八錢九分九釐均攤入里屯茶
菓蘆課麻鐵府鈔各項帶徵實在額徵更名正銀
一千二百二十六兩三錢二分九釐
一各湖課

兩京乾魚府鈔正損銀一百一十四兩六錢七分七
釐
本府魚課鈔銀九十二兩一錢八分八釐二項帶派
均攤銀一十二兩一錢六分二釐
三共實徵銀二百一十九兩零二分七釐遇閏加
增銀七兩二錢二分七釐
學田租穀折價充餉銀一十兩
麻鐵銀四百四十六兩一錢八分七釐
帶派均攤銀二十五兩八錢九分五釐

二共實徵銀四百八十二兩零八分二釐遇閏加
增銀三十三兩五錢六分三釐
額徵蘆課銀二千二百一十兩一錢五分一釐
咸豐九年增銀三兩六錢八分三釐九毫六絲九
微二塵五渺
新增蘆課實徵銀二千二百一十三兩七錢六分九
釐三毫九絲六忽九微二塵五渺
內稀蘆地三百四十三頃三十五畝四分一釐一毫
一絲三忽五微五塵該銀七百五十五兩三錢七

分九釐四絲四忽九微八塵一纖
菌荻地一百九十二頃一十四畝七分八釐七毫一
絲六忽六微該銀三百四十五兩八錢六分六釐
一毫六絲八忽九微八塵八纖
中則地二百八十頃二十三畝三分三釐一毫五絲
八忽三微該銀三百七十四兩八錢一分九釐九
毫六絲八忽四微九塵四纖
下則地二百三十四頃五十九畝二分七釐五毫一
絲七忽一微一塵該銀三百零四兩九錢七分零

五毫七絲七忽二微二塵四纖二渺
草場地四百二十七頃三十畝零三分五釐七毫七
絲八忽八微九塵該銀二百五十六兩三錢八分
二釐一毫四絲六忽七微三塵三纖四渺
草塲地五百八十七頃八十三畝八分三釐一絲六
忽六微六塵該銀一百七十六兩三錢五分一釐
四毫九絲四微九塵九纖八渺
茶課銀七十五兩五錢三分二釐
以上合縣額徵正項共銀一萬四千五百零七兩

一錢六分四釐遇閏加增正銀四十兩零七錢九
分

雜款徵解

一額徵茶稅銀二十兩
一牙稅銀咸豐七年奉　部頒新章隨時給帖完納
原無定額
一額徵徐州衛津貼銀九十一兩四錢零八釐
一額徵田房税銀三兩一錢二分盈餘儘征儘解
一解　布政司項下

戶禮工三部并光祿寺地丁餉銀班匠優免新墾淤
丁灘洲茶菓及撥歸均祭餘剩隨漕重丁充餉共
正銀九千二百八十七兩五錢三分五釐遇閏加
增銀四十兩七錢九分內除豁免運夫丁銀一十
四兩一錢九分六釐又崩卸更名無征銀一百兩
零九錢二分又減穰課無征銀二十兩零六錢七
分六釐外該正銀九千一百五十一兩七錢四分
內除敬獻芻蕘等事案內奉
部行令撥歸存留補給縣學膳夫故丁銀四分八釐

實征地丁銀九千一百五十一兩六錢九分二釐
又嘉慶年間鄧陞遠案內陞科銀四兩一錢零六
釐實征銀九千一百五十五兩七錢九分八釐遇
閏加增銀四十兩七錢九分
一隨漕項下
原數隨漕淺船并新增陞科銀五百七十四兩五錢
六分九釐內除豁免運夫丁銀一錢一分三釐該
征銀五百七十四兩四錢五分六釐內除雍正七
年陞墾隨漕抵算漢陽等縣重丁銀二錢二分赴

道庫領回湊入起運項下充餉銀五百七十四兩二
錢三分六釐又嘉慶年間鄧陞遠案內陞科銀五
錢四分六釐實征銀五百七十四兩七錢八分二
釐
撥存驛站銀六百七十二兩八錢內除豁免運夫丁
銀二兩六錢二分五釐實征銀六百七十兩一錢
七分五釐
兵部江濟水夫銀五百八十四兩九錢零一釐
二共銀一千二百五十五兩零七分六釐又嘉慶

年間鄧陞遠案內陞科銀七錢一分二釐實征銀
一千二百五十五兩七錢八分八釐
一撥運科舉牛復銀七兩七錢三分五釐七毫三忽
九塵八渺八漠九茫
一存留又給項下
存留俸工祭祀雜支並撥運解費等款內除均祭餘
剩銀三兩五錢九分撥歸起運充餉外共銀一千
二百二十七兩零六分七釐內除豁免運夫丁銀
四兩四錢一分二釐實征銀一千二百二十二兩
六錢五分五釐又加起運撥給廩糧銀四十八兩
又起運撥歸三祭
關帝征銀三十五兩七錢四分六釐又動支起運撥給
縣學膳夫故丁銀四分八釐實征銀一千三百零
六兩四錢四分九釐又嘉慶年間鄧陞遠案內陞
科銀七錢三分三釐實征銀一千三百零七兩一
錢八分二釐

漕糧實征數

兌軍正漕米一千六百一十七石二斗

四耗米六百四十六石八斗八升
二耗米三百二十三石四斗四升
雍正七年新增正耗漕米一石零八升七合二勺三
抄三撮一圭五粒六粟
雍正十二年新增正耗漕米四斗一升五合三勺一
抄八撮八圭七粒八粟
以上正耗米共二千五百八十九石零二升二合
五勺五抄二撮三粒四粟又嘉慶年間鄧陞遠案
內陞科米一石四斗八升三合一勺總共米二千

五百九十石零五斗零五合六勺五抄二撮三絲四粟

同治元年　藩憲　府憲批飭官紳議定徵收章程

詳載岳公樓碑

長江漁課

咸豐七年奉撥江夏漁課歸嘉魚征解銀三十九兩七錢九分又同治三年撥歸征解銀一百五十七兩四錢零二釐共銀一百九十七兩一錢九分二釐內自蒲邑神山以下諸湖外至大江上自穀笩洲下至上沙秋計三百里許每年冬季於各網船

業戶按課完納征科之法隨時變更應從新例

明司馬邑人方逢時論曰下之供上謂之貢上之取下謂之賦貢無定時而賦有常則古之道也嘉魚邑小民貧貢賦之則在昔莫考國朝洪武而後二百餘年中間更制易度不知凡幾是以近時之征派與舊志所載迴不相侔文案毀壞無可考證隨事任意取辦目前無復恆度小民俯首輸納不知其由茲查總會文册所載秋糧夏稅里甲均徭驛傳公費有十年一審編者有五年一審編者有一年一審編者名色多端條貫靡一有司若於稽查小民因於追呼而墨吏得以夤緣朘削於其間萬曆十年言者始議為條編之法削去煩瑣之名通為均平之則亦云善矣誠使會計不爽於原額徵科無溢於額外比較有期由納有籍轉輸無扣減之私支給革挪移之弊上不違於公程下不妨於農時而民焉有不樂從者乎今閭閻之下訛訛紛紛言不便者非不便於法也而行法者不施便於民也語曰有治人無治法此之謂矣

積儲

積粟以備賑貸轉漕以裕軍國二者皆急務也慎乃蓋藏謹其出入擇善地而置之則外府亦如內府矣志積儲

漕糧倉在城西北便糧門內正廳一頭門一班房一東西兩廊皆一十二里糧倉各屋房六間後為兵燹漕糧皆儲儀門外西偏糧房共六間今廢

積穀倉一名預備倉在儀門內之西今廢

糶糴廠在縣治西今廢

預備倉有四今廢

東倉在淨保里

南倉在西安里

西倉在懷仁里

北倉在宣化里俱廢

常平倉一十八間在縣署頭門內西偏

社倉在各里者一十二在城市者三隨便儲穀雍正十二三年士民共捐穀九百五十石

守憲朱濬捐穀一十石

府憲後陞湖南驛鹽道馬靈阿捐穀一百石

知縣張其維捐穀二百石

以上官民共捐穀一千二百六十石今皆無存

新額

常平倉正額穀二萬九千石

附額穀二百九十一石二斗六升四合

常平倉廒間數

計十五座共三十八間咸豐乙卯年皆燬於兵

明司馬邑人方逢時論曰便民倉卽古常平之遺法也嘉邑五倉正統間各有儲穀多者千石少者四百餘昔之人所以厚下而慮遠者何如也當時議者或以為不便噫非倉之不便抑亦行之者之過與夫苟非其人則不便於民者豈特一倉而已今盈豐預備皆併入便民而四鄉者則傾廢無餘天災流行民將奚賴惜哉

學校志第四

古者鄉三物之教由庠序而行考其興廢稽其盛衰作人之化可知矣聖人澤垂萬世宜享其報故牆數仞階九尺俎豆兩楹致肅而展虔遍於宇內一邑豈有加焉惟茲典禮舊章諸生所講習於其閒者一有弗飭均非所以光文治興教化雖欲譽髦斯士不可得也故學校之制宜詳

廟祀

一學以宜聖教廟以妥聖靈一事而兩舉其究不

外也人爲而生敬則化民成俗之原在是矣志

文廟祀

按各屬

文廟皆前廟後學嘉魚獨分兩處亦各據形勢之勝舊志學在縣南大成殿在縣北宋淳熙戊申知縣姜偃以學地湫隘始遷廟於龍潭山之陽遷學於縣治之東迨元知縣成文煒蘇靖王簿狄忠先後修理未有改遷至明洪武己卯知縣吳啟文以廟學隔越非宜乃即廟左山麓爲學正統間知縣莫震復爲修理嘉靖戊子學遷於北門之內己亥復遷於三忠祠之基仍分兩址即今處也萬歷丙戌知縣蔣時馨加修殿宇至崇禎癸酉甲戌間知縣程可登邑紳熊開元拓闢舊址確詳位次殿廡戟門名宦鄉賢暨明倫堂兩齋改造重新規模稱備惟櫺星門外東西義路禮門二坊廢矣

國朝以來代有修葺迨道光戊戌年知縣毛鵠順捐金三百重修未竣戊申己酉間知縣劉棨又倡捐百金邑人士亦醵金一萬有奇更爲改作越兩年始告成

焉

明倫堂在儀門之左建有二賢祠內祀教諭鄭家孝李道平

大成殿祀位圖

至聖先師孔子

復聖顏子　述聖子思子

宗聖曾子　亞聖孟子

先賢閔子　先賢冉子　先賢端木子　先賢仲子　先賢卜子　先賢有子

先賢冉子　先賢宰子　先賢冉子　先賢言子　先賢顓孫子　先賢朱子

兩廡先賢祀位圖

東廡四十位

先賢公孫僑　先賢林放　先賢原憲　先賢南宮适　先賢商瞿　先賢漆雕開　先賢司馬耕　先賢梁鱣　先賢冉孺　先賢伯虔　先賢冉季　先賢漆雕徒父　先賢漆雕哆　先賢公西赤　先賢任不齊　先賢公良孺　先賢公肩定　先賢鄡單　先賢罕父黑　先賢榮旂　先賢左人郢　先賢鄭國　先賢原亢　先賢廉潔　先賢叔仲會　先賢公西輿如　先賢邽巽　先賢陳亢　先賢琴張　先賢步叔乘　先賢秦非　先賢顏噲　先賢顏何　先賢縣亶　先賢牧皮　先賢樂正克　先賢萬章　先賢周敦頤　先賢程顥　先賢邵雍

西廡三十九位

先賢蘧瑗　先賢澹臺滅明　先賢宓不齊　先賢公冶長　先賢公晳哀　先賢高柴　先賢樊須　先賢商澤　先賢巫馬施　先賢顏辛　先賢曹卹　先賢公孫龍　先賢秦商　先賢顏高　先賢壤駟赤　先賢石作蜀　先賢公夏首　先賢后處　先賢奚容蒧　先賢顏祖　先賢句井疆　先賢秦祖　先賢縣成　先賢公祖句茲　先賢燕伋　先賢樂欬　先賢狄黑　先賢孔忠　先賢公西蒧　先賢顏之僕　先賢施之常　先賢申棖　先賢左丘明　先賢秦冉　先賢公明儀　先賢公都子　先賢公孫丑　先賢張載　先賢程頤

兩廡先儒祀位圖

東廡三十一位

先儒公羊高　先儒伏勝　先儒毛亨　先儒孔安國　先儒后蒼　先儒鄭康成　先儒范甯　先儒陸贄　先儒范仲淹　先儒歐陽修　先儒司馬光　先儒謝良佐　先儒羅從彥　先儒李綱　先儒張栻　先儒陸九淵　先儒陳淳　先儒真德秀　先儒何基　先儒文天祥　先儒趙復　先儒金履祥　先儒陳澔　先儒方孝孺　先儒薛瑄　先儒胡居仁　先儒羅欽順　先儒呂柟　先儒劉宗周　先儒孫奇逢　先儒陸隴其

西廡三十位

先儒穀梁赤　先儒高堂生　先儒董仲舒　先儒毛萇　先儒杜子春　先儒諸葛亮　先儒王通　先儒韓愈　先儒胡瑗　先儒韓琦　先儒楊時　先儒尹焞　先儒胡安國　先儒李侗　先儒呂祖謙　先儒黃榦　先儒蔡沈　先儒魏了翁　先儒王柏　先儒陸秀夫　先儒許衡　先儒吳澄　先儒許謙　先儒曹端　先儒陳獻章　先儒蔡清　先儒王守仁　先儒呂坤　先儒黃道周　先儒湯斌

崇聖祠祀位圖

昌聖王伯夏公　裕聖王祈父公　肇聖王木金父公　詒聖王防叔公　啟聖王叔梁公

先賢顏氏　先賢孔氏

先賢曾氏　先賢孟孫氏

先儒周氏　先儒程氏　先儒蔡氏

先儒張氏　先儒朱氏

大成殿一座在崇聖祠前

至聖先師歷代異稱漢平帝時稱宣尼公和帝封褒尊侯北魏孝文帝稱文聖宣父後周宣帝封鄒國公隋文帝稱先師尼父唐高宗贈太師武后封道隆公元宗謚文宣王宋眞宗謚元聖元武宗號大成至聖文宣王明嘉靖九年禮部議曰人以聖人爲至聖以孔子爲宗宋眞宗稱孔子爲至聖其義已備今宜去王號并大成文宣之稱易像爲主居中東西則四配十哲以次上下列焉

大成殿正位

至聖先師孔子

東配

復聖顏子　名回字子淵魯人漢永平十五年祀七十二弟子顏子位第一魏晉祀孔子均以顏子配唐貞觀二年以孔子爲先聖顏子配饗

述聖子思子　名伋鯉之子宋大觀二年從祀端平三年升列哲位咸淳三年配饗

西配

宗聖曾子　名參字子輿魯人唐開元八年從祀宋咸淳三年配饗

亞聖孟子　名軻字子車或曰字子輿鄒人宋元豐七年配饗

以上配位宋以前皆稱封爵元至順元年贈顏子兗國復聖公曾子郕國宗聖公子思子沂國述聖公孟子鄒國亞聖公明嘉靖九年改稱復聖顏子宗聖曾子述聖子思子亞聖孟子

國朝因之

東哲

先賢閔子　名損字子騫魯人唐開元八年從祀

先賢冉子　名雍字仲弓魯人唐開元八年從祀

先賢端木子　名賜字子貢衛人唐開元八年從祀

先賢仲子　名由字子路卞人唐開元八年從祀

先賢卜子　名商字子夏衛人唐貞觀二十一年以經師從祀開元八年以十哲從祀

先賢有子　名若字子有魯人唐開元八年從祀國朝乾隆三年升列哲位

西哲

先賢冉子　名耕字伯牛魯人唐開元八年從祀

先賢宰子　名予字子我魯人唐開元八年從祀

先賢冉子　名求字子有魯人唐開元八年從祀

先賢言子　名偃字子游吳人唐開元八年從祀

先賢顓孫子　名師字子張陽城人唐開元八年從祀宋咸淳三年升列哲位

先賢朱子名熹字元晦婺源人宋建炎四年生慶元六年卒年七十一淳祐元年從祀　國朝康熙五十一年升列哲位

以上哲位宋以前皆稱封爵明嘉靖九年改稱先賢某子

國朝因之有子朱子升列哲位從一例

東廡先賢

先賢公孫僑字子産鄭人左傳魯襄公八年始見昭公八年卒　國朝咸豐七年從祀原西廡提移東廡

先賢林放魯人唐開元二十七年從祀明嘉靖九年改祀於鄉　國朝雍正二年復祀原西廡提移東廡

先賢原憲字子思唐開元二十七年從祀

先賢南宮适字子容魯人唐開元二十七年從祀

先賢商瞿唐開元二十七年從祀

先賢漆雕開字子若蔡人唐開元二十七年從祀

先賢司馬耕字伯牛宋人唐開元二十七年從祀

先賢梁鱣字叔魚魯人唐開元二十七年從祀

先賢冉孺字子魚魯人唐開元二十七年從祀

先賢伯虔字子楷魯人唐開元二十七年從祀

先賢冉季字子產魯人唐開元二十七年從祀

先賢漆雕徒父字子文魯人唐開元二十七年從祀

先賢漆雕哆字子斂魯人唐開元二十七年從祀

先賢公西赤字子華魯人唐開元二十七年從祀

先賢任不齊字子選魯人唐開元二十七年從祀

先賢公良孺字子正魯人唐開元二十七年從祀

先賢公肩定字子仲魯人唐開元二十七年從祀

先賢鄡單家語作縣亶字子象唐開元二十七年從祀

先賢罕父黑家語作宰父黑字子索亦字子黑唐開元二十七年從祀

先賢榮旂字子旂魯人唐開元二十七年從祀

先賢左人郢字子行魯人唐開元二十七年從祀

先賢鄭國家語作薛邦字子徒魯人唐開元二十七年從祀

先賢原亢字子抗魯人唐開元二十七年從祀

先賢廉潔字子庸魯人唐開元二十七年從祀

先賢叔仲會字子期晉人唐開元二十七年從祀

先賢公西輿如字子上魯人唐開元二十七年從祀

先賢邽巽字子斂家語作邦選唐開元二十七年從祀

先賢陳亢字子禽魯人唐開元二十七年從祀

先賢琴張一作牢字子張魯人唐開元二十七年從祀

先賢步叔乘字子車齊人唐開元二十七年從祀

先賢秦非字子之魯人唐開元二十七年從祀

先賢顏噲字子聲魯人唐開元二十七年從祀

先賢顏何唐開元二十七年從祀明嘉靖九年罷、國朝雍正二年復祀

先賢縣亶一云鄡單國朝雍正二年從祀

先賢牧皮國朝雍正二年從祀原西廡擬移東廡

先賢樂正克國朝雍正二年從祀

先賢萬章國朝雍正二年從祀

先賢周敦頤字茂叔營道人宋天禧元年生熙甯六年卒年五十七淳祐元年從祀

先賢程顥字伯淳洛陽人宋明道元年生元豐八年卒年五十四淳祐元年從祀

先賢邵雍字堯夫范陽人宋大中祥符四年生熙甯十年卒年六十七咸淳三年從祀

西廡先賢

先賢蘧瑗字伯玉衛人左傳魯襄公十四年始見卒年無考史記定公十四年孔子猶主蘧伯玉家其卒後於公孫僑蓋三十餘年唐開元二十七年從祀明嘉靖九年改祀於鄉國朝雍正二年復祀原東廡擬移西廡

先賢澹臺滅明字子羽武城人唐開元二十七年從祀原東廡擬移西廡

先賢宓不齊字子賤魯人唐開元二十七年從祀

先賢公冶長字子長魯人唐開元二十七年從祀

先賢公晳哀字季沉齊人唐開元二十七年從祀

先賢高柴字子羔衛人唐開元二十七年從祀

先賢樊須字子遲魯人唐開元二十七年從祀

先賢商澤字子秀魯人唐開元二十七年從祀

先賢巫馬施字巫馬期陳人唐開元二十七年從祀

先賢顏辛字子柳魯人唐開元二十七年從祀

先賢曹卹字子循蔡人唐開元二十七年從祀

先賢公孫龍家語作寵蔡人唐開元二十七年從祀

先賢秦商字丕茲魯人唐開元二十七年從祀

先賢顏高字子驕魯人唐開元二十七年從祀

先賢壤駟赤字子從秦人唐開元二十七年從祀

先賢石作蜀字子蜀秦人唐開元二十七年從祀

先賢公夏首字子乘魯人唐開元二十七年從祀

先賢后處字里之齊人唐開元二十七年從祀

先賢奚容蒧字子楷魯人唐開元二十七年從祀

先賢顏祖字子襄魯人唐開元二十七年從祀

先賢句井疆一作非疆衛人唐開元二十七年從祀

先賢秦祖 字子南魯人唐開元二十七年從祀

先賢縣成 字子期魯人唐開元二十七年從祀

先賢公祖句兹 唐開元二十七年從祀

先賢燕伋 字子思秦人唐開元二十七年從祀

先賢樂欬 家語作欣魯人唐開元二十七年從祀

先賢狄黑 一作墨字晳之衛人唐開元二十七年從祀

先賢孔忠 字子蔑史記作孔子兄孟皮之子唐開元二十七年從祀

先賢公西蒧 字子尚魯人唐開元二十七年從祀

先賢顏之僕 字子叔魯人唐開元二十七年從祀

先賢施之常 字子常魯人唐開元二十七年從祀

先賢申棖 字子周唐開元二十七年從祀

先賢左邱明 魯人唐貞觀二十一年以經師從祀

先賢秦冉 唐開元二十七年從祀明嘉靖九年罷國朝雍正二年復祀

先賢公明儀 國朝咸豐三年從祀原東廡擬移西廡

先賢公都子 國朝雍正二年從祀

先賢公孫丑 國朝雍正二年從祀

先賢張載 字子厚郿人宋天禧四年生熙甯十年卒年五十八淳祐元年從祀

先賢程頤 字正叔洛陽人宋明道二年生大觀元年卒年七十五淳祐元年從祀

以上先賢位宋以前從祀者皆稱封爵明嘉靖九年改稱先賢某子周張程邵五子嘉靖時稱先儒崇禎十五年改稱先賢位在七十子之下漢唐諸儒之上

國朝俱稱先賢不稱子

東廡先儒

先儒公羊高 齊人子夏弟子唐貞觀二十一年從祀

先儒伏勝 字子賤鄒平人唐貞觀二十一年從祀

先儒毛亨 趙人年無考受詩於荀卿以授毛萇按史記楚考烈王二十五年荀卿廢居蘭陵距漢興三十二年太平御覽引毛詩正義云荀卿授漢人魯國毛亨則是秦漢間人

國朝同治二年從祀

先儒孔安國 字子國孔子十一世孫漢武帝時爲博士侍中唐貞觀二十一年從祀原西廡

擬移東廡

先儒后蒼 字近君東海郯人漢宣帝時爲博士明嘉靖九年從祀

先儒鄭康成 名元高密人漢永建二年生建安五年卒年七十四唐貞觀二十一年從祀明嘉靖九年改祀於鄉國朝雍正二年復祀原西廡擬移東廡

先儒范甯 字武子順陽人晉咸康五年生隆安五年卒年六十三唐貞觀二十一年從祀明嘉靖九年改祀於鄉國朝雍正二年復祀原西廡擬移東廡

先儒陸贄 字敬輿嘉興人唐天寶十三年生永貞元年卒年五十二國朝道光六年從祀

先儒范仲淹字希文吳縣人宋端拱二年生皇祐四年卒年六十四國朝康熙五十四年從祀

先儒歐陽修字永叔廬陵人宋景德四年生熙甯五年卒年六十六明嘉靖九年從祀

先儒司馬光字君實夏縣人宋天禧三年生元祐元年卒年六十八咸淳三年從祀原西廡擬移東廡

先儒謝良佐字顯道上蔡人宋元豐八年進士生卒年無考與楊時同稱程門四先生國朝道光二十九年從祀

先儒羅從彥字仲素延平人宋熙甯五年生紹興五年卒年六十四明萬歷四十二年從祀

先儒李綱字伯紀邵武人宋元豐六年生紹興十年卒年五十八國朝咸豐元年從祀原西廡擬移東廡

先儒張栻字敬夫綿竹人宋紹興三年生淳熙七年卒年四十八景定二年從祀原西廡擬移東廡

先儒陸九淵字子靜金谿人宋紹興九年生紹熙三年卒年五十四明嘉靖九年從祀原西廡擬移東廡

先儒陳淳字安卿龍谿人宋紹興二十三年生嘉定十年卒年六十五國朝雍正二年從祀

先儒真德秀字景元浦城人宋淳熙五年生端平二年卒年五十八明正統二年從祀原西廡擬移東廡

先儒何基字北山宋淳熙十五年生咸淳四年卒年八十一國朝雍正二年從祀原西廡擬移東廡

先儒文天祥字宋瑞號文山廬陵人宋端平三年五月二日生元至元十九年卒年四十七國朝道光二十三年從祀原西廡擬移東廡

先儒趙復字仁甫德安人生卒年無考以宋端平二年至北庭當元儒之首國朝雍正二年從祀

先儒金履祥字吉父蘭谿人宋紹定五年生元大德七年卒年七十二國朝雍正二年從祀原西廡擬移東廡

先儒陳澔字可大都昌人宋景定二年生元至正元年卒年八十一國朝雍正二年從祀原西廡擬移東廡

先儒方孝孺字希直天台人元至正十七年生明建文四年卒年四十六國朝同治二年從祀

先儒薛瑄字德溫河津人明洪武二十三年生天順八年卒年七十六隆慶五年從祀原西廡擬移東廡

先儒胡居仁字叔心餘干人明宣德九年生成化二十年卒年五十一萬歷十二年從祀

先儒羅欽順字允升泰和人明成化元年生嘉靖二十六年卒年八十三國朝雍正二年從祀

先儒呂柟字仲木高陵人明成化十五年生嘉靖二十一年卒年六十四國朝同治二年從祀原西廡擬移東廡

先儒劉宗周　字啟東，山陰人。明萬歷六年生，國朝順治二年卒，年六十八。道光二年從祀。原西廡，擬移東廡。

先儒孫奇逢　字啟泰，容城人。明萬歷十二年生，國朝康熙十四年卒，年九十二。道光八年從祀。原西廡，擬移東廡。

先儒陸隴其　字稼書，平湖人。明崇禎三年生，國朝康熙三十一年卒，年六十三。雍正二年從祀。原西廡，擬移東廡。

西廡先儒

先儒穀梁赤　字元始，魯人，子夏弟子。唐貞觀二十一年從祀。

先儒高堂生　字伯，魯人，秦末漢初人。唐貞觀二十一年從祀。

先儒董仲舒　廣川人。漢武帝初年對策，爲江都相。元至順元年從祀。原東廡，擬移西廡。

先儒毛萇　大毛公亨之子，趙人。漢河間獻王博士，當武帝時。唐貞觀二十一年從祀。

先儒杜子春　河間人。漢永平初年，年九十。唐貞觀二十一年從祀。原東廡，擬移西廡。

先儒諸葛亮　字孔明。漢光和四年生，建興十二年卒，年五十四。國朝雍正二年從祀。原東廡，擬移西廡。

先儒王通　字仲淹，龍門人。陳至德二年生，隋義寧二年卒，年三十五。一作開皇二年生，年三十七。明嘉靖九年從祀。原東廡，擬移西廡。

先儒韓愈　字退之，修武人。唐大歷三年生，長慶三年卒，年五十七。宋元豐七年從祀。

先儒胡瑗　字翼之，泰州人。宋淳化四年生，嘉祐四年卒，年六十七。明嘉靖九年從祀。

先儒韓琦　字稚圭，安陽人。宋大中祥符元年生，熙甯八年卒，年六十八。國朝咸豐二年從祀。原東廡，擬移西廡。

先儒楊時　字中立，將樂人。宋皇祐五年生，紹興五年卒，年八十三。明宏治八年從祀。原東廡，擬移西廡。

先儒尹焞　字彥明，洛陽人。宋熙甯四年生，紹興十二年卒，年七十二。國朝雍正二年從祀。

先儒胡安國　字康侯，崇安人。宋熙甯七年生，紹興八年卒，年六十五。明正統二年從祀。

先儒李侗　字愿中，劍浦人。宋元祐八年生，隆興元年卒，年七十一。明萬歷四十二年從祀。原東廡，擬移西廡。

先儒呂祖謙　字伯恭，婺州人。宋紹興七年生，淳熙八年卒，年四十五。景定二年從祀。原東廡，擬移西廡。

先儒黃榦　字直卿。宋紹興二十二年生，嘉定十四年卒，年七十。國朝雍正二年從祀。

先儒蔡沈　字仲默，建陽人。宋乾道三年生，紹定三年卒，年六十四。明正統二年從祀。原東廡，擬移西廡。

先儒魏了翁　字鶴山。宋淳熙五年生，嘉熙元年卒，年六十。國朝雍正二年從祀。原東廡，擬移西廡。

先儒王柏　字魯齋。宋慶元三年生，咸淳十年卒，年七十八。國朝雍正二年從祀。原東廡，擬移西廡。

先儒陸秀夫　字君實，鹽城人。宋端平三年十月八日生，祥興二年卽元至元十六年卒，年四

十四　國朝咸豐九年從祀

先儒許衡字仲平河內人宋嘉定二年生元至元十八年卒年七十三皇慶二年從祀

先儒吳澄字幼清崇仁人宋淳祐九年生元元統元年卒年八十五明正統八年從祀嘉靖九年罷　國朝乾隆二年復祀原東廡撥移西廡

先儒許謙字白雲金華人元至元七年生後至元三年卒年六十八　國朝雍正二年從祀原東廡撥移西廡

先儒曹端字正夫河南人明洪武九年生宣德九年卒年五十九　國朝咸豐十年從祀原東廡撥移西廡

先儒陳獻章字公輔新會人明宣德三年生宏治十三年卒年七十三萬歷十二年從祀

先儒蔡清字介夫福建人明景泰四年生正德三年卒年五十六　國朝雍正二年從祀

先儒王守仁字伯安餘姚人明成化八年生嘉靖七年卒年五十七萬歷十二年從祀原東廡撥移西廡

先儒呂坤字叔簡甯陵人明嘉靖十五年生萬歷四十六年卒年八十三　國朝道光六年從祀

先儒黃道周字幼平漳浦人明萬歷十三年生國朝順治三年卒年六十二道光五年從祀原東廡撥移西廡

先儒湯斌字孔伯睢州人明天啟七年生　國朝康熙二十六年卒年六十一道光三年從祀原東廡撥移西廡

以上先儒位明嘉靖以前從祀者皆稱封爵嘉靖九年改稱先儒某子

國朝稱先儒不稱子

崇聖祠在仰高亭之下

崇聖祠正位

肇聖王木金父公

裕聖王祈父公

詒聖王防叔公

昌聖王伯夏公

啟聖王叔梁公

以上正位明嘉靖九年於

大成殿後立啟聖祠祀叔梁公

國朝雍正元年

詔封孔子先世王爵合祀五代更名啟聖祠爲

崇聖祠

東配

先賢孔氏孟皮國朝咸豐七年配饗

先賢顏氏名無繇字季路淵之父唐開元二十七年從祀嘉靖九年配饗

先賢孔氏 名鯉字伯魚子思之父宋咸淳三年從祀明嘉靖九年配饗

西配

先賢曾氏 名皙字點參之父唐開元二十七年從祀明嘉靖九年配饗

先賢孟孫氏 名激或曰字公宜軻之父明嘉靖九年配饗

東廡先儒

先儒周氏 名輔成敦頤之父年無考明萬歷二十三年從祀

先儒程氏 名珦顥頤之父宋景德三年生元祐五年卒年八十五明嘉靖九年從祀

先儒蔡氏 名元定沈之父宋紹興五年生慶元四年卒年六十四明嘉靖九年從祀

西廡先儒

先儒張氏 名廸載之父年無考 國朝雍正二年從祀

先儒朱氏 名松熹之父宋紹聖四年生紹興十三年卒年四十七明嘉靖九年從祀

以上先賢先儒位明嘉靖時稱先賢某氏先儒某氏

國朝因之謹按同治二年

欽定從祀位次先賢中增祀公孫僑公明儀二人公孫僑年先於蘧瑗應在蘧瑗之上擬以公孫僑移於東廡第一位蘧瑗移於西廡第一位林放既與蘧瑗並稱擬移於東廡第二位而移澹臺滅明於西廡第二位牧皮爲孔子弟子公明儀爲曾子弟子擬移牧皮於東廡第三十五位移公明儀於西廡第三十五位其餘先賢之位悉仍其舊以省東西移易先儒增祀者凡十五人其位次隨時擬定限於東西多寡之數於時代不無參差今合原定從祀與續經增祀之儒各就時代按其生年一東一西以次排列庶無淩躐之弊

名宦祠在大成門之東

元

縣尹成公宜

明

縣尹馬公炳然

縣尹莫公震

縣尹吳公啟文

縣尹孫公倫

縣尹姚公以德

縣尹吳公駿

縣尹姜公溥

縣尹蔣公時馨

縣尹龐公一德
儒學訓導石公磐
國朝
縣尹龐公穎
縣尹靳公樹喬
太子少傅湖廣總督贈少保謚清端楊公宗仁
署理西安將軍前任湖廣總督額公特倫
湖北巡撫陳公詵
鄉賢祠在大成門之西

明
巡撫順天右副都御史李公田
大理寺評事李公承芳
鄉進士崇祀理學李公承箕
太子太保三部尚書贈少保謚康惠李公承勛
太理寺少卿尹公相
南京工部尚書謚清惠吳公廷舉
少保兵部尚書方公逢時
吏科給事中李公沂

光禄寺卿李公僚
皇清賜謚忠節明巡撫徽甯池太等處兵部侍郎右僉都
御史金公聲
隨征東閣大學士熊公開元
大成門一座
櫺星門一座
神廚神庫宰牲房各三間
敬一亭在廟後明尹陸槐建今廢
文昌祠今移在東城内義學之前

忠孝節義祠各二間在廟左右雍正元年奉
旨新建
泮池在櫺星門之內久廢乾隆丁巳知縣張其維捐
貲因舊址開鑿砌以麄石堅緻完好有碑記
柏二株在大成門外古松數十株在山之上下
儒學在山之左宏治乙卯知縣吳啟文遷
明倫堂五間成化庚子知縣孫倫建
東西二齋儀門正門各三間堂之北爲饌堂齋之西
爲號房俱知縣馬炳然建其餘爲兩齋住宅射圃在

學之右圃中有覲德亭學前有牌坊一座今俱廢

東齋在北門內試院之右卽三忠祠舊址也儀門正門各一重明倫堂一重堂西住宅兩重各三間

西齋在南門內東籠塘之東係乾隆年間訓導黃義超捐貲置買民房改造正門一重輔會堂一重堂左右住宅各二間道光辛卯大水傾圮其地基後抵山腳前抵塘坑橫寬四丈直長壹十二丈

禮樂

禮樂與天地爲昭經緯萬端宰制人事斯須所不去也先王以吉禮事鬼神廟中尤爲至重幸際

文教誕敷典禮詳備

欽定文廟樂譜煌煌乎韶部九成薄海內外同節同和

猗歟盛矣志禮樂

凡祭前一日執事者設香案於牲房外獻官常服詣省牲所省牲宰牲盛血毛少許於盤是日觀樂習儀齋宿及期質明鼓三嚴通贊唱樂舞生就位執事者

各司其事次唱陪祭官就位分獻官獻官以次就位贊引引獻官至拜位通贊唱瘞毛血執事者以毛血瘞於坎通贊唱迎神舞生執羽籥麾生舉麾擊柷樂奏昭平之曲奏畢獻官陪祭官全四拜訖樂盡麾生偃麾櫟敔樂止通贊唱奠帛行初獻禮捧帛者各捧帛執爵者各執虛爵贊引至獻官前唱詣盥洗所盥畢詣酒尊所司尊酌酒執事者各以次執虛爵受酒同捧帛者各以次在獻官前分兩行由中門入序於神案之側朝上立贊引導獻官由左門入詣

至聖前麾生舉麾擊柷樂奏宣平之曲跪奠帛獻爵俯伏興平身詣讀祝位（位設於殿中香案之前）麾生偃麾樂暫止衆官跪讀祝文讀畢俯伏興平身讀祝者仍將祝文跪置於香案上麾生舉麾舞生按舞仍奏先未終之樂詣顔子前跪奠帛獻爵獻畢俯伏興平身詣曾子子思孟子前俱如前儀獻畢行分獻禮各獻官詣盥洗所盥畢詣酒樽所酌酒詣東西哲東西廡神位前俱跪奠帛獻爵獻畢俱俯伏興平身復位樂盡麾生偃麾櫟敔樂止行亞獻禮如初獻禮但亞獻奏秩平三

獻奏敘平（無迎神以下諸事故禮止三獻）樂止跪飲福受胙畢俯伏興平身復位鞠躬拜凡二興各官拜訖（通贊唱）徹饌麾生舉麾擊柷樂奏懿平之曲執事者稍動籩豆司節引舞生序立樂盡麾生偃麾櫟敔樂止（通贊唱）送神麾生舉麾擊柷樂奏德平之曲鞠躬拜凡四興平身各官拜訖樂盡麾生偃麾櫟敔樂止讀祝者捧祝進帛者捧帛各詣瘞所望瘞麾生舉麾擊柷樂奏德平之曲捧祝帛者詣望瘞位獻官分獻官陪祭官至瘞所祝一帛從一段數至九段焚訖

衆官三揖樂盡麾生偃麾樂止禮畢

先師祝文 一 維年月日某官敢昭告於

至聖先師孔子曰維

先師德隆千聖道冠百王揭日月以常行自生民所未有

屬

文教昌明之會正禮和樂節之時辟雍鐘鼓咸恪薦於馨香泮水膠庠益致嚴於籩豆茲當秋仲祗率彝章肅展微忱聿將祀典以

復聖顔子

宗聖曾子

述聖子思子

亞聖孟子配

宗聖祠祝文

維

王奕葉鍾祥光開聖瑞盛德之後積久彌昌凡聲教所覃敷率循源而溯本宜肅明禋之典用申守土之忱茲居仲秋聿脩祀事以

先賢孔氏孟皮

先賢顔氏

先賢曾氏

先賢孔氏

先賢孟孫氏配

樂章

大哉孔子聖道尊崇維持王化斯民是宗典祀有常

精純并降神其來格於昭聖容迎神

自生民來誰底其盛維師神明度越前聖粢帛具陳

禮容斯稱黍稷非馨惟神之聽奠帛初獻

大哉先師實天生德作樂以崇崇一作時祀無斁清酤

惟馨嘉牲孔碩薦羞神明庶幾昭格亞獻

百王宗師生民物軌瞻之洋洋神其寧止酌彼金罍

維清且旨登獻惟三於嘻成禮終獻

犧牲在前籩豆在列以享以獻既芬既潔禮成樂備

人和神悅祭則受福率遵無越徹饌

有嚴學宮四方來宗恪恭祀事威儀雝雝歆茲惟馨

神馭還復明禋斯畢咸膺百福送神瘞

御製補笙詩樂譜

正月太簇商立宮　倍無射變主調

笙引

笙譜合字調

變宮六　羽凡　變宮六　變徵尺　角上　商乙

變宮六　羽凡　變宮六　變宮六

羽凡　變宮六　商乙　變宮六　羽凡徵　變徵尺

羽凡　變宮六　羽凡　變徵尺　變徵尺

羽凡　變宮六　羽凡　變徵尺　角上　商乙　變宮合

變宮合　商乙　商乙　變宮合　商乙

商乙　角上　變徵尺　羽凡　變徵尺　角上　變徵尺

羽凡　變宮六　羽凡　變宮六　商乙　商乙

變宮六　羽凡　變宮六　變宮六

工歌南陔三章二章章六句一章八句

簫譜尺字調

我　變宮尺逝　商凡南　角合陔　變徵四言　變宮尺陟　角合其　商凡岵　變徵四

昔　羽上我　變徵四行　變徵四役　羽上瞻　變徵四望　變宮尺有　變徵四父　羽上

欲　羽上養　變宮尺無　變徵四由　變徵四風　變宮尺木　羽上何　變徵四補　角合

我變 尺宮逝變 尺宮南變 四徵陔變 尺宮言變 四徵陟變 尺宮其 合角岵 凡商
今 凡商我變 尺宮行變 四徵役 合角瞻 上羽望變 尺宮有變 四徵母 合角
母變 尺宮也 上羽倚變 尺宮廬變 四徵歸變 尺宮則 上羽甯變 五徵止 六角
南變 四徵陔 上羽有 凡商筍變 尺宮韡變 四徵實 上羽勹 合角之 凡商
孱變 尺宮孱變 尺宮孩變 四徵提變 四徵孰變 四徵噢變 尺宮咻 上羽之 上羽
愼變 尺宮爾變 四徵溫 上羽清變 尺宮潔 上羽爾變 四徵旨變 尺宮肴 凡商
今變 尺宮爾變 四徵不 上羽養變 尺宮日變 四徵月 合角其 凡商慆變 尺宮

笙歌

笙譜

我變 合宮逝 乙商南 上角陔變 尺徵言變 尺徵陟 凡羽其變 尺徵岵變 六宮
昔變 尺徵我 上角變 尺徵行 凡羽役 凡羽瞻 凡羽望變 六宮有變 尺徵父 凡羽
欲 凡羽養變 六宮無變 尺徵由變 尺徵風變 六宮木 凡羽變 六宮何 乙商補 乙商
我變 六宮逝變 六宮南變 尺徵陔 凡羽言 凡羽陟變 六宮其變 尺徵屺 上角
今 乙商我變 合宮行變 尺徵役 凡羽瞻 凡羽望變 合宮有 上角母 乙商
母變 尺徵也 乙商變 尺徵倚 凡羽廬 凡羽歸變 合宮則 凡羽變 六宮甯 乙商止 乙商
南變 尺徵陔 凡商有變 尺徵筍變 合宮韡變 尺徵實 凡商勹變 尺徵之 上角
孱變 合宮孱變 合宮孩變 尺徵提變 尺徵孰變 尺徵噢變 合宮咻 凡羽之 凡羽
愼變 合宮爾變 尺徵溫 凡羽清變 合宮潔 上角爾 乙商旨變 尺徵肴 上角

今 乙商爾變 六宮不 凡羽養變 六宮日變 尺徵月 乙商 上角其 乙商慆變 合宮

工歌白華四章章六句

簫譜

有變 尺宮白 凡商者 合角華變 四徵不變 四徵汙變 尺宮纖變 四徵塵 合角
咨 上羽爾變 四徵士變 尺宮兮 上羽宜變 四徵修變 尺宮其 上羽身變 四徵
不變 尺宮修 上羽其變 四徵身 上羽
乃 凡商貽變 尺宮羞變 合角于 凡商二變 尺宮人 上羽
有 凡商白變 尺宮者 凡商華 合角婉 凡商茲變 尺宮靜變 尺宮好 上羽
咨 凡商爾變 尺宮女 上羽兮 凡商宜變 五徵修變 五徵婦變 尺宮道變 尺宮

不 上羽修變 五徵婦變 尺宮道變 尺宮
乃 凡商貽變 五徵羞 凡商于變 尺宮二變 尺宮老 上羽
白變 四徵華變 四徵匪 上羽玉變 尺宮涅變 尺宮而變 尺宮不變 尺宮緇 上羽
白變 四徵華變 四徵匪 凡商蘭變 尺宮芬變 尺宮乃 上羽勝變 尺宮之 上羽
我變 尺宮擷 凡商白變 四徵華 上羽載變 尺宮咏變 五徵載變 尺宮思 上羽
白 凡商華 六角匪變 四徵玉 合角質 上羽玉變 四徵之 上羽令變 尺宮
白 凡商華 合角匪變 四徵蘭 合角臭變 尺宮蘭變 五徵之 上羽澤變 尺宮
我變 尺宮擷 合角白 凡商華 合角載變 四徵思 合角韡 凡商咏變 尺宮

笙歌

笙譜

有變 合宮 白 乙商 者 上角 華變 尺徵 不 凡羽 污變 合宮 纖變 尺徵 塵 上角
咨 凡羽 爾變 尺徵 士變 合宮 兮 乙商 宜變 尺徵 修 凡羽 其變 尺徵 身 凡羽
不變 合宮 修 凡羽 其變 尺徵 身 上角
乃 乙商 貽 上角 羞 凡羽 于變 尺徵 二變 合宮 人 凡羽
有變 尺徵 白 凡羽 者 乙商 華 上角 婉 乙商 兹變 六宮 靜變 六宮 好 凡羽
咨變 尺徵 爾 上角 女變 尺徵 兮 凡羽 宜變 六宮 修變 六宮 婦 乙商 道 乙商
不 凡羽 修 凡羽 婦變 合宮 道 凡羽
乃 乙商 貽 上角 羞 乙商 于變 合宮 二變 合宮 老 凡羽

白變 尺徵 華 凡羽 匪 乙商 玉 上角 湼變 合宮 而變 合宮 不 乙商 緇 乙商
白變 尺徵 華變 尺徵 匪變 六宮 蘭 凡羽 芬 上角 乃 乙商 勝變 尺徵 之 上角
我變 尺徵 擷 凡羽 白變 尺徵 華 凡羽 載變 合宮 咏 凡羽 載變 尺徵 思 上角
白變 六宮 華變 六宮 匪 乙商 玉 六宮變 乙商 質變 六宮 玉 凡羽變 六宮 之 乙商 令 乙商
白變 尺徵 華 凡羽 匪變 尺徵 蘭 上角 臭變 合宮 蘭變 尺徵 之 凡羽 涯變 合宮
我變 尺徵 擷 凡羽 白變 尺徵 華 尺徵變 凡羽 載變 尺徵 思 上角 尺徵變 載 乙商 咏變 合宮

工歌華黍三章二章章四句一章五句

簫譜

瞻變 尺宮 彼 凡商 阪 合角 田變 四徵 厥 上羽 黍變 四徵 始變 四徵 華 上羽
胝變 尺宮 足 上羽 胼 凡商 手 合角
嗟 上羽 嗟 上羽 我 合角 農 凡商 夫 合角
瞻 上羽 彼變 四徵 阪變 尺宮 田 上羽 黍變 四徵 華 上羽 以變 四徵 秀變 尺宮
胼 凡商 手 合角 胝變 四徵 足 合角
惟變 四徵 勤變 四徵 斯 合角 殖 凡商 茂 合角
華變 四徵 有 上羽 不變 尺宮 秀 凡商 矣 上羽
秀變 尺宮 有 上羽 不 合角 實 凡商 矣 合角
其變 四徵 雨 上羽 其變 四徵 雨變 尺宮 矣 上羽
杲 合角 杲 合角 日 凡商 出變 四徵 矣 合角

惄變 尺宮 于 上羽 愁變 四徵 之 合角 惼 凡商 矣變 尺宮

笙歌

笙譜

瞻變 合宮 彼 乙商 阪 上角 田變 尺徵 厥 凡羽 黍變 尺徵 始變 尺徵 華 凡羽
胝變 合宮 足 凡羽 胼 乙商 手 上角
嗟 凡羽 嗟 凡羽 我變 尺徵 農變 六宮 夫 凡羽
瞻 凡羽 彼變 尺徵 阪變 合宮 田 凡羽 黍變 尺徵 華 凡羽 以 乙商 秀 上角
胼變 六宮 手 凡羽 六宮變 胝 乙商 足 乙商
惟變 尺徵 勤變 尺徵 斯 上角 殖 乙商 茂 上角

華變 尺徵有 凡羽不變 六宮秀 乙商矣 凡羽

秀變 六宮有 凡羽不 上角實 乙商矣 上角

其變 六宮雨 乙商其變 六宮雨 凡羽矣 乙商

杲 上角杲 上角日 乙商出變 尺徵矣 上角

惄變 六宮予 凡羽惄變 尺徵之 上角 尺徵變恤 乙商矣變 合宮

工歌由庚四章 章四句

簫譜

王變 尺宮庚 凡商便 合角便變 四徵東變 尺宮西 上羽朔變 尺宮南變 四徵

六 凡商苻 合角調變 四徵變 上羽八變 尺宮風 上羽節變 四徵宣 合角

王變 四徵庚 上羽客 凡商客 合角朔 上羽南變 四徵西變 尺宮東 上羽

惟變 四徵敬 上羽與 凡商勤 合角百 上羽王變 四徵道變 尺宮同變 四徵

王 凡商庚 合角廓變 四徵廓 合角東變 尺宮西 上羽南變 四徵朔 上羽

先變 尺宮憂 上羽而變 四徵憂 上羽後變 尺宮樂變 四徵而 凡商樂 合角

王 凡商庚 合角恢變 四徵恢 合角南變 四徵朔 上羽東變 尺宮西 上羽

皇 凡商極 合角孰變 四徵建 上羽惟變 四徵德 合角之 凡商依變 尺宮

笙歌

笙譜

王變 合宮庚 乙商便 上角便 乙商東變 六宮西 凡羽朔變 六宮南變 尺徵

六 乙商苻 上角調變 尺徵變 凡羽八變 六宮風 凡羽節 上角宣 乙商

王變 尺徵庚 凡羽客變 六宮客 凡羽朔 上角南 乙商西變 尺徵東 上角

惟變 六宮敬 凡羽 六宮變與 乙商勤 乙商百 凡羽王變 尺徵道變 六宮同 凡羽

王變 尺徵庚 凡羽廓變 六宮廓 凡羽東變 尺徵西變 尺徵南 乙商朔 上角

先變 六宮憂 凡羽而 上角 尺徵變憂 凡羽後 上角樂 乙商 六宮變而 凡羽樂 凡羽

王變 尺徵庚 凡羽恢變 六宮恢 凡羽南 乙商朔 上角東變 尺徵西 上角

皇變 尺徵極 凡羽孰變 尺徵建變 六宮惟變 尺徵德 上角 尺徵變之 乙商依變 合宮

工歌崇丘三章 章六句

簫譜

澗變 尺宮松 凡商童 合角童變 四徵蛙 上羽黽變 四徵鄰變 尺宮兮 上羽

邱 上羽草變 四徵萋 尺宮萋 上羽蕩變 尺宮青 上羽雲 凡商兮 合角

凡變 四徵百 上羽君變 尺宮子 上羽

慎變 尺宮乃變 四徵試 上羽身變 尺宮兮 上羽

澗 凡商松變 尺宮童變 四徵童 合角澗變 尺宮則 上羽卑變 四徵兮 上羽

邱 合角草 凡商萋變 四徵萋 合角邱變 尺宮則 上羽崎變 尺宮兮變 四徵

凡 凡商百 合角君變 四徵子 合角

審變 四徵乃 上羽所變 四徵依變 尺宮兮 上羽

有 凡商崇 合角者變 四徵邱 合角物變 四徵無變 四徵不 上羽遂變 尺宮

有 凡商卓 合角者變 四徵道 上羽愚變 四徵無變 四徵不 合角智變 四徵
資變 尺宮生 上羽育變 四徵德 上羽永變 四徵植 合角無 凡商眘變 尺宮

笙歌

笙譜

澗變 六宮松 乙商童 上角童變 尺徵蛙 凡羽黽變 尺徵鄰變 六宮兮 凡羽
邱變 尺徵草 上角 尺徵變萋 凡羽萋 凡羽蕩 上角青 乙商 六宮變雲 凡羽兮 凡羽
凡變 尺徵百 凡羽君變 六宮子 凡羽
慎變 六宮乃變 尺徵託 凡羽身變 六宮兮 凡羽
澗 乙商松變 六宮童變 尺徵童 凡羽澗 上角則 乙商 六宮變卑 凡羽兮 凡羽

邱 凡羽草變 尺徵萋變 六宮萋 凡羽邱變 六宮則 凡羽崎變 尺徵兮 凡羽
凡 乙商百 上角君變 尺徵子 上角
審變 尺徵乃 凡羽所變 尺徵依變 六宮兮 凡羽
有 上角崇 乙商者 上角邱變 尺徵物變 尺徵無變 尺徵不 凡羽遂變 六宮
有變 尺徵卓 凡羽者變 尺徵道 凡羽愚變 六宮無 凡羽不 凡羽 六宮變智 乙商
資 乙商生 乙商育變 六宮德 六宮變 乙商永變 尺徵植 上角 尺徵變無 乙商眘變 合宮

工歌由儀四章二章章四句二章章二句

簫譜

在變 尺宮上 凡商曰 合角天變 四徵在變 尺宮下 上羽曰變 四徵地 上羽

君變 四徵君 合角臣 凡商臣 合角爻變 尺宮爻 上羽子 合角子變 四徵
在 凡商下變 尺宮曰 上羽地變 尺宮在變 尺宮上 上羽曰 凡商天 合角
爻變 尺宮爻 上羽子 凡商子 合角君變 尺宮君 上羽臣 合角臣變 四徵
由變 尺宮其 上羽儀變 四徵矣 上羽物 凡商則 合角熙變 四徵矣 合角
儀變 四徵其 上羽由變 尺宮矣 上羽物變 四徵則 合角休 凡商矣變 尺宮

笙歌

笙譜

在變 六宮上 乙商曰 上角天變 尺徵在變 六宮下 凡羽曰變 尺徵地 凡羽
君變 尺徵君變 尺徵臣 乙商臣 上角爻 上角爻 乙商 六宮變子 凡羽子 凡羽

在變 六宮下 凡羽曰變 尺徵地 凡羽在 上角上 乙商曰 凡羽天 乙商
爻變 六宮爻 凡羽子 乙商子 上角君變 六宮君 凡羽臣變 尺徵臣 乙商
由變 尺徵其 凡羽儀變 六宮矣 凡羽物 凡羽則 凡羽熙 乙商矣 乙商
儀變 六宮其 凡羽由變 六宮矣 六宮變 乙商物變 尺徵則 上角 尺徵變休 乙商矣變 合宮

笙成

笙譜

變宮六 凡宮 變宮六 乙商 變宮六 凡羽 變徵尺
羽凡 變宮六 羽凡 變徵尺 變徵尺
羽凡 變宮六 羽凡 變徵尺 上角 乙商 變宮合

變宮合 商乙 商乙 變宮合 商乙

商乙 角上 變一 徵尺 羽凡 變 徵尺 角上 變徵尺

羽凡 變 宮六 羽凡 變宮六 商乙 商乙

變宮六 羽凡 變一 宮六 變 宮六

十月應鐘清羽立宮　林鐘清變徵主調

笙引

笙譜伬字調

清變徵伬 清角仕 清變徵伬 清宮伍 清變宮伏 清羽伵

清變徵伬 清角仕 清變徵伬 清變徵佮

清角仕 清變徵伬 清羽伵 清變徵伬 清角仕 清宮佸

清角仕 清變徵伬 清角仕 清宮伍 清宮佸

清角仕 清變徵伬 清角仕 清宮伍 清變宮伏 清羽伵 清變徵伬

清變徵伬 清羽伵 清羽伵 清變徵伬 清羽伵

清羽伬 清變宮伏 清宮伍 清角仕 清宮伍 清變宮伏 清宮伍

清角仕 清變徵伬 清角仕 清變徵伬 清羽伵 清羽佸

清變徵伬 清角仕 清變徵伬 清變徵佸

工歌南陔三章　三章章六句　一章八句

簫譜伬字調

我清變徵伬 逝清羽仕 南清變宮伏 陔清宮仕 言清變徵伬 陟清變宮伏 其清羽仕 岵清宮仕

昔清角佮 我清宮仕 行清宮仕 役清角伏 瞻清宮仕 望清變徵伵 有清宮仕 父清角佮

欲清角佮 養清變徵伵 無清宮仕 由清宮仕 風清變徵伵 木清角佮 何清宮仕 補清變宮伬

我清變徵伵 逝清變徵伵 南清宮仕 陔清變徵伵 言清宮仕 陟清變徵伵 其清變宮伬 屺清羽仕

今清羽仕 我清變徵伵 行清宮仕 役清變宮伬 瞻清角伏 望清變徵伵 有清宮仕 母清變宮伬

毋清變徵伵 也清角佮 倚清變徵伵 廬清宮仕 歸清變徵伵 則清角佮 甯清宮仕 止清變宮伬

南清宮仕 陔清角佮 有清羽仕 箭清變徵伵 鞞清宮仕 實清角佮 勺清變宮伬 之清羽仕

孱清變徵伵 孱清變徵伵 孩清宮仕 提清宮仕 孰清宮仕 嘆清變徵伵 咻清角佮 之清角佮

慎清變徵伵 爾清宮仕 溫清角佮 清清變徵伵 潔清角佮 爾清宮仕 旨清變徵伵 肴清羽仕

今清變徵伵 爾清宮仕 不清角佮 養清變徵伵 日清宮仕 月清變宮伬 其清羽仕 憪清變徵伵

笙歌

笙譜伬字調

我清變徵伬 逝清羽伵 南清變宮伏 陔清宮伍 言清宮伍 陟清角仕 其清宮伍 岵清變徵伬

昔清宮伍 我清變宮六伍清 行清角仕 役清角仕 瞻清角仕 望清變徵伬 有清宮伍 父清角仕

欲清角仕 養清變徵伬 無清宮伍 由清宮伍 風清變徵伬 木清佩變徵清 何清羽伬 補清羽伬

我清變徵伬 逝清變徵伬 南清宮伍 陔清角仕 言清角仕 陟清變徵伬 其清宮伍 屺清變宮伬

今清羽伬 我清變徵伬 行清宮伍 役清角仕 瞻清角仕 望清變徵伬 有清變宮伏 母清羽伬

毋清宮伍 也清羽伬伍館 倚清角仕 廬清角仕 歸清變徵伬 則仕角伬變徵清 甯清羽伬 止清伬

南清 宮伍 陔清 角仕 有清 宮伍 笱清變徵 伬 籊清 宮伍 實清 角仕 勹清 宮伍 之清變宮 仜

孱清變徵 伬 孱清變徵 伬 孩清 宮伍 提清 宮伍 孰清 宮伍 嗅清變徵 伬 咏清 角仕 之清 角仕

愼清變徵 伬 爾清 宮伍 濕清 角仕 清清變徵 伬 潔清變宮 仜 爾清 羽仜 音清 宮伍 肴清變宮 仜

今清 羽凡 爾清變徵 伬 不清 角仕 養清變徵 伬 日清 宮伍 月清 羽伬 六宮 其清 羽伬 偕清變徵 伬

工歌白華四章 章六句

簫譜

有清變徵 佪 白清 羽仕 者清變宮 伬 華清 宮仕 不清 宮仕 污清變徵 佪 纖清 宮仕 塵清變宮 伬

咨清 角佮 爾清 宮仕 士清變徵 佪 兮清 角佮 宜清 宮仕 修清變徵 佪 其清 角佮 身清 宮仕

不清變徵 佪 修清 角佮 其清 宮仕 身清 角佮

嘉魚縣志 卷二 學校 五三

乃清 羽仕 貽清變徵 佪 羞清變宮 伬 于清 羽仕 二清變徵 佪 人清 角佮

有清 羽仕 白清變徵 佪 者清 羽仕 華清變宮 伬 婉清 羽仕 茲清變徵 佪 靜清變徵 佪 好清 角佮

咨清 羽仕 爾清變徵 佪 女清 角佮 兮清 羽仕 宜清 宮仕 修清 宮仕 婦清變徵 佪 道清 角佮

不清 角佮 修清 宮仕 婦清變徵 佪 道清 角佮

乃清 羽仕 貽清變宮 伬 羞清 宮仕 于清變宮 伬 二清 羽仕 老清變徵 佪

白清 宮仕 華清 宮仕 匪清 角佮 玉清變徵 佪 湟清變徵 佪 而清變徵 佪 不清變徵 佪 緇清 角佮

白清 宮仕 華清 宮仕 匪清 羽仕 蘭清變徵 佪 芬清變徵 佪 乃清 角佮 勝清變徵 佪 之清 角佮

我清變徵 佪 擷清 羽仕 白清 宮仕 華清 角佮 截清變徵 佪 睬清 宮仕 載清變徵 佪 思清 角佮

白清 羽仕 華清變宮 伬 匪清 宮仕 玉清變宮 伬 質清 角佮 玉清 宮仕 之清 角佮 令清變徵 佪

白清 羽仕 華清變宮 伬 匪清 宮仕 蘭清變宮 伬 臭清變徵 佪 蘭清 宮仕 之清 角佮 澤清變[illegible]

我清變徵 佪 擷清變宮 伬 曰清 羽仕 華清變宮 伬 截清 宮仕 思清變宮 伬 載清 羽仕 睬清[illegible]

笙歌

笙譜

有清變徵 伬 白清 羽伬 者清變宮 仜 華清 宮伍 不清 角仕 污清變徵 伬 纖清 宮伍 塵清變宮 仜

咨清 角仕 爾清 宮伍 士清變徵 伬 兮清 羽伬 宜清 宮伍 修清 角仕 其清 宮伍 身清 角仕

不清變徵 伬 修清 角仕 其清 宮伍 身清變宮 仜

乃清 羽伬 貽清變宮 仜 羞清 角仕 于清 宮伍 二清變徵 伬 人清 角仕

有清 宮佪 白清 角仕 者清 羽伬 華清變宮 仜 婉清 羽伬 茲清變徵 伬 靜清變徵 伬 好清 角仕

嘉魚縣志 卷二 學校 五四

咨清 宮伍 爾清變宮 仜 文[illegible] 兮清 角仕 宜清變徵 伬 修清[illegible] 婦清 羽伬 道清 羽伬

不清 角仕 修清 角仕 婦清變徵 伬 道清 角仕

乃清 羽伬 貽清變宮 仜 羞清 羽伬 于清變徵 伬 二清變徵 伬 老清 角仕

白清 宮伍 華清 角仕 匪清 羽伬 玉清變宮 仜 湟清變徵 伬 而清[illegible] 不清 羽伬 緇清 羽伬

白清 宮伍 華清 宮伍 匪清變徵 伬 蘭清 角仕 芬清變宮 仜 乃清 羽伬 勝清 宮伍 之清變宮 仜

我清 宮伍 擷清 角仕 白清 宮伍 華清 角仕 截清變徵 伬 睬清 角仕 載清 宮伍 思清變宮 仜

白清變徵 伬 華清變徵 伬 匪清 羽伬 玉清變徵 伬 質清[illegible] 玉清[illegible] 之清 羽伬 令清 羽伬

白清 宮伍 華清 角仕 匪清 宮伍 蘭[illegible] 臭清變徵 伬 蘭清 宮伍 之清 角仕 澤[illegible]

我清 宮伍 擷清 角仕 白清 宮伍 華清[illegible] 截清 宮伍 思[illegible] 載清 羽伬 睬清[illegible]

工歌華黍三章二章章四句一章五句

簫譜

瞻清變徵伵彼清羽仩阪清變宮伬田清宮仩厥清角佮黍清宮仩始清宮仩華清角佮
眂清變徵伵足清角佮胼清羽仩手清變宮伬
嗟清角佮嗟清角佮我清變徵伵農清羽仩夫清變宮伬
瞻清角佮彼清宮仩阪清變徵伵田清角佮黍清宮仩華清角佮以清宮仩秀清變徵伵
胼清羽仩手清變宮伬眂清宮仩足清變宮伬
惟清宮仩勤清宮仩斯清變宮伬殖清羽仩茂清變宮伬
華清宮仩有清角佮不清變徵伵秀清羽仩矣清角佮

秀清變徵伵有清角佮不清變宮伬實清羽仩矣清變宮伬
其清宮仩雨清角佮其清宮仩雨清變徵伵矣清角佮
杲清變宮伬杲清變宮伬日清羽仩出清宮仩矣清變宮伬
惄清變徵伵予清角佮愁清宮仩之清變宮伬恤清羽仩矣清變徵伵

笙歌

笙譜

瞻清變徵伬彼清羽伬阪清變宮伬田清宮伍厥清角仩黍清宮伍始清宮伍華清角仩
眂清變徵伬足清角仩胼清宮伍手清變宮伬
嗟清角仩嗟清角仩我清宮伍農清變徵伬夫清角仩

瞻清角仩彼清宮伍阪清變徵伬田清角仩黍清宮伍華清角仩以清羽仉秀清變宮伏
胼清變徵伬手清角仩清變伏眂清羽仉足清羽仉
惟清宮伍勤清宮伍斯清變宮伏殖清羽伬茂清變宮伏
華清宮伍有清角仩不清變徵伬秀清羽仉矣清角仩
秀清變徵伬有清角仩不清變宮伏實清羽仉矣清變宮伏
其清變徵伬雨清羽仉其清變徵伬雨清角仩矣清羽仉
杲清變宮伏杲清變宮伏日清羽仉出清宮伍矣清變宮伏
惄清變徵伬予清角仩愁清宮伍之清變宮宮伍恤清羽仉矣清變徵伬

工歌由庚四章章四句

簫譜

王清變徵伵庚清羽仩便清變宮伬便清宮仩東清變徵伵西清角佮朔清變徵伵南清宮仩
六清羽仩笱清變宮伬調清宮仩變清角佮八清宮仩風清宮仩節清變宮伬宜清宮仩
王清宮仩庚清角佮容清羽仩容清變宮伬朔清角佮南清宮仩西清變徵伵東清角佮
惟清宮仩敬清角佮與清羽仩勤清變宮伬百清角佮王清宮仩道清變徵伵同清宮仩
王清羽仩庚清變宮伬廓清宮仩廓清變宮伬東清變徵伵西清角佮南清宮仩朔清角佮
先清變徵伵憂清角佮而清宮仩憂清角佮後清變徵伵樂清宮仩而清羽仩樂清變宮伬
王清羽仩庚清變宮伬恢清宮仩恢清變宮伬南清宮仩朔清角佮東清變徵伵西清角佮
皇清羽仩極清變宮伬執清宮仩建清角佮惟清宮仩德清變徵伬之清羽仩式清變徵伵

笙歌

笙譜

王庚使使東西朔南

六符調變八風節宣

王庚容容朔南西東

惟敬與勤百王道同

王庚廓廓東西南朔

先憂而憂後樂而樂

王庚愜愜南朔東西

皇極孰建惟德之依

工歌崇邱三章　章六句

簫譜

澗松童童蛙黽鄰兮

邱草萋萋蕩青雲兮

凡百君子兮

慎乃身託兮

澗松童童澗則卓兮

邱草萋萋邱則崎兮

凡百君子兮

審乃所依兮

有崇者邱物無不遂

有卓者道愚無不智

資生育德永植無替

笙歌

笙譜

澗松童童蛙黽鄰兮

邱草萋萋蕩青雲兮

凡百君子

慎乃身託兮

澗松童童澗則卓兮

邱草萋萋邱則崎兮

凡百君子

審乃所依兮

有崇者邱物無不遂

有卓者道愚無不智

資生育德永植無替

工歌由儀四章二章章四句一章章二句

簫譜

在清變徵佪 上清仩羽 曰清變宮伬 天清仩宮 在清變徵佪 下清佮角 曰清仩宮 地清佮角

君清仩宮 君清變宮伬 臣清仩羽 臣清變宮伬 父清變徵佪 父清佮角 子清變宮伬 子清仩宮

在清仩羽 下清變徵佪 曰清佮角 地清變徵佪 在清變徵佪 上清佮角 曰清仩羽 天清變宮伬

父清變徵佪 父清佮角 子清仩羽 子清變宮伬 君清變徵佪 君清佮角 臣清變宮伬 臣清仩宮

由清變徵佪 其清佮角 儀清仩宮 矣清佮角 物清仩羽 則清變宮伬 熙清仩宮 矣清變宮伬

儀清仩宮 其清佮角 由清變徵佪 矣清佮角 物清伬宮 則清變宮伬 休清仩羽 矣清變徵佪

笙歌

笙譜

在清變徵伬 上清伬羽 曰清變宮伬 天清伍宮 在清變徵伬 下清仩角 曰清伍宮 地清仩角

君清伍宮 君清伍宮 臣清伬羽 臣清變宮伬 父清變宮伬 父清伬羽 子清仩角 子清仩角

在清變徵伬 下清仩角 曰清伬羽 地清仩角 在清變宮伬 上清伬羽 曰清仩角 天清伬羽

父清變徵伬 父清仩角 子清伬羽 子清變宮伬 君清變徵伬 君清仩角 臣清伍宮 臣清變宮伬

由清伍宮 其清仩角 儀清變徵伬 矣清仩角 物清仩角 則清仩角 熙清伬羽 矣清伬羽

儀清變徵伬 其清仩角 由清變徵伬 矣清變徵伬 物清伍宮 則清變宮伍宮 休清伬羽 矣清變徵伬

笙成

笙譜

清變徵伬 清仩角 清變徵伬 清伬羽 清變徵伬 清仩角 清伍宮

清仩角 清變徵伬 清仩角 清伍宮 清伍宮

清仩角 清變徵伬 清仩角 清伍宮 清變宮伬 清伬羽 清變徵伬

清變徵伬 清伬羽 清伬羽 清變徵伬 清伬羽

清伬羽 清變宮伬 清伍宮 清仩角 清伍宮 清變宮伬 清伍宮

清仩角 清變徵伬 清仩角 清變徵伬 清伬羽 清伬羽

清變徵伬 清仩角 清變徵伬 清變徵佸

欽定文廟樂譜

春夾鍾清商立宮　倍應鍾清變宮主調

迎神昭平

簫譜　塤篪排簫同

大清變宮伬 哉清商仜 孔清角伏 子清變徵伍 先清變宮伬 覺清羽仩 先清變徵伍 知清角伏

與清商仜 天清角伏 地清羽仩 參清變徵伍 萬清變宮伬 世清羽仩 之清變徵伍 師清變徵伍

祥清變徵伍 徵清羽仩 麟清商仜 紱清角伏 韻清商仜 答清羽仩 金清變宮伬 絲清羽仩

日清商仜 月清角伏 既清變宮伬 揭清變徵伍 乾清商仜 坤清角伏 清清商仜 夷清變宮伬

奠帛初獻宣平

予清變宮伬 懷清商仜 明清角伏 德清變徵伍 玉清羽仩 振清商仜 金清變宮伬 聲清羽仩

生清角伏 民清商仜 未清羽仩 有清變徵伍 展清商仜 也清角伏 大清變徵伍 成清角伏

俎清變徵伍 豆清羽仩 干清變宮伬 古清變徵伍 春清角伏 秋清角伏 上清變徵伍 丁清角伏

清清變宮伬 酒清羽仩 既清商仜 載清變宮伬 其清商仜 香清角伏 始清商仜 升清變宮伬

亞獻秩平

式清變宮伬 禮清商仜 莫清角伏 愆清變徵伍 升清羽仩 堂清變徵伍 再清商仜 獻清變宮伬

響清羽仩 協清變徵伍 鼗清商仜 鏞清角伏 誠清變徵伍 孚清羽仩 罍清變徵伍 甗清變宮伬

肅清變徵伍 肅清變徵伍 雍清角伏 雍清角伏 譽清商仜 髦清變宮伬 斯清羽仩 彥清變宮伬

禮清羽仩 陶清變徵伍 樂清商仜 淑清角伏 相清變徵伍 觀清角伏 而清商仜 善清變宮伬

自清變宮伬 古清商仜 在清變徵伍 昔清角伏 先清羽仩 民清變徵伍 有清商仜 作清角伏

皮清變徵伍 弁清羽仩 祭清商仜 菜清變宮伬 於清羽仩 論清變徵伍 思清角伏 樂清商仜

惟清變徵伍 天清羽仩 牖清變宮伬 民清變徵伍 惟清商仜 聖清羽仩 時清商仜 若清角伏

彝清變徵伍 倫清變徵伍 攸清羽仩 敘清變宮伬 至清羽仩 今清變徵伍 木清商仜 鐸清變宮伬

徹饌懿平

先清變宮伬 師清商仜 有清角伏 言清變徵伍 祭清變宮伬 則清羽伬 受清變宮伬 福清變徵伍

四清商仜 海清變宮伬 黌清變徵伍 宮清羽仩 疇清商仜 敢清角伏 不清商仜 肅清變宮伬

禮清變徵伍 成清羽仩 告清變宮伬 徹清變徵伍 毋清商仜 疏清角伏 毋清商仜 瀆清變宮伬

樂清變徵伍 所清羽仩 自清商仜 生清變宮伬 中清變徵伍 原清角伏 有清商仜 菽清變宮伬

送神德平

覺清變宮伬 繹清商仜 峩清角伏 峩清變徵伍 洙清羽仩 泗清變宮伬 洋清商仜 洋清角伏

景清羽仩 行清變徵伍 行清變徵伍 止清羽仩 流清商仜 澤清角伏 無清變徵伍 疆清角伏

聿清變徵伍 昭清羽仩 祀清商仜 事清變宮伬 祀清變宮伬 事清羽仩 孔清商仜 明清角伏

化清變宮伬 我清變徵伍 蒸清變宮伬 民清羽仩 育清商仜 我清角伏 膠清商仜 庠清變宮伬

笛譜　笙同

大清變宮伏 哉清商亿 孔清角仩 子清變徵伬 先清變宮伏 覺清羽仜 先清變徵伬 知清角仩

與清商亿 天清角仩 地清羽仜 參清變徵伬 萬清變宮伏 世清羽仜 之清變徵伬 師清變徵伬

祥清 變徵伬 徵清 羽仉 麟清 商亿 紱清 角仩 韻清 商亿 答清 羽仉 金清 變宮伏 絲清 羽仉
日清 商亿 月清 角仩 既清 變宮伏 揭清 變徵伬 乾清 商亿 坤清 角仩 清清 商亿 夷清 變宮伏
笛譜
予清 變宮伏 懷清 商亿 明清 角仩 德清 變徵伬 玉清 羽仉 振清 商亿 金清 變宮伏 聲清 羽仉
生清 角仩 民清 商亿 未清 羽仉 有清 變徵伬 展清 商亿 也清 角仩 大清 變徵伬 成清 角仩
俎清 變徵伬 豆清 羽仉 千清 變宮伏 古清 變徵伬 春清 角仩 秋清 角仩 上清 變徵伬 丁清 角仩
清清 變宮伏 酒清 羽仉 既清 商亿 載清 變宮伏 其清 商亿 香清 角仩 始清 商亿 升清 變宮伏
笛譜
式清 變宮伏 禮清 商亿 莫清 角仩 愆清 變徵伬 升清 羽仉 堂清 變徵伬 再清 商亿 獻清 變宮伏

嘉魚縣志　卷二　學校　六三

響清 羽仉 協清 變徵伬 鼓清 商亿 鏞清 角仩 誠清 變徵伬 孚清 羽仉 罍清 變徵伬 甗清 變宮伏
肅清 變徵伬 肅清 變徵伬 雍清 角仩 雍清 角仩 譽清 商亿 髦清 變宮伏 斯清 羽仉 彥清 變宮伏
禮清 羽仉 陶清 變徵伬 樂清 商亿 淑清 角仩 相清 變徵伬 觀清 角仩 而清 商亿 善清 變宮伏
笛譜
自清 變宮伏 古清 商亿 在清 變徵伬 昔清 角仩 先清 羽仉 民清 變徵伬 有清 商亿 作清 角仩
皮清 變徵伬 弁清 羽仉 祭清 商亿 菜清 變宮伏 於清 羽仉 論清 變徵伬 思清 角仩 樂清 商亿
惟清 變徵伬 天清 羽仉 牖清 變宮伏 民清 變徵伬 惟清 商亿 聖清 羽仉 時清 商亿 若清 角仩
彝清 變徵伬 倫清 變徵伬 攸清 羽仉 敘清 變宮伏 至清 羽仉 今清 變徵伬 木清 商亿 鐸清 變宮伏
笛譜

先清 變宮伏 師清 商亿 有清 角仩 言清 變徵伬 祭清 變宮伏 則清 羽仉 受清 變宮伏 福清 變徵伬
四清 商亿 海清 變宮伏 黌清 變徵伬 宮清 羽仉 疇清 商亿 敢清 角仩 不清 商亿 肅清 變宮伏
禮清 變徵伬 成清 羽仉 告清 變宮伏 徹清 變徵伬 毋清 商亿 疏清 角仩 毋清 商亿 瀆清 變宮伏
樂清 變徵伬 所清 羽仉 自清 商亿 生清 變宮伏 中清 變徵伬 原清 角仩 有清 商亿 菽清 變宮伏
笛譜
鳧清 變宮伏 繹清 商亿 峩清 角仩 峩清 變徵伬 洙清 羽仉 泗清 變宮伏 洋清 商亿 洋清 角仩
景清 羽仉 行清 變徵伬 行清 變徵伬 止清 羽仉 流清 商亿 澤清 角仩 無清 變徵伬 疆清 角仩
聿清 變徵伬 昭清 羽仉 祀清 商亿 事清 變宮伏 祀清 變宮伏 事清 羽仉 孔清 商亿 明清 角仩
化清 變宮伏 我清 變宮伏 蒸清 變宮伏 民清 羽仉 育清 商亿 我清 角仩 膠清 商亿 庠清 變宮伏

嘉魚縣志　卷二　學校　六四

秋南呂清徵立宮　仲呂清角主調

迎神昭平

簫譜　壎篪排簫同

大清 角伏 哉清 徵亿 孔清 羽仩 子清 變宮伬 先清 角伏 覺清 商仉 先清 變宮伬 知清 羽仩
與清 徵亿 天清 羽仩 地清 商仉 參清 變宮伬 萬清 角伏 世清 商仉 之清 變宮伬 師清 變宮伬
祥清 變宮伬 徵清 商仉 麟清 徵亿 紱清 羽仩 韻清 徵亿 答清 商仉 金清 角伏 絲清 商仉
日清 徵亿 月清 羽仩 既清 角伏 揭清 變宮伬 乾清 徵亿 坤清 羽仩 清清 徵亿 夷清 角伏

奠帛初獻宣平

予清 角伏 懷清 徵亿 明清 羽仩 德清 變宮伬 玉清 商仉 振清 徵亿 金清 角伏 聲清 商仉

生民未有展也大成
俎豆千古春秋上丁
清酒既載其香始升

亞獻秩平

式禮莫愆升堂再獻
響協鼓鏞誠孚罍甗
肅肅雍雍譽髦斯彥
禮陶樂淑相觀而善

終獻叙平

自古在昔先民有作
皮弁祭菜於論思樂
惟天牖民惟聖時若
彝倫攸叙至今木鐸

徹饌懿平

先師有言祭則受福
四海黌宮疇敢不肅
禮成告徹毋疏毋瀆
樂所自生中原有菽

送神德平

鳧繹峩峩洙泗洋洋
景行行止流澤無疆
聿昭祀事祀事孔明
化我蒸民育我膠庠

笛譜　笙同

大哉孔子先覺先知
與天地參萬世之師
祥徵麟紱韻答金絲

日月既揭乾坤清夷

笛譜

予懷明德玉振金聲
生民未有展也大成
俎豆千古春秋上丁
清酒既載其香始升

笛譜

式禮莫愆升堂再獻
響協鼓鏞誠孚罍甗

肅清變宮伏肅清變宮伏雝清伬羽雝清伬羽譽清仩徵髦清仩角斯清亿商彥清仩角

禮清亿商陶清伏變宮樂清仩徵淑清伬羽相清伏變宮觀清伬羽而清仩徵善清仩角

笛譜

自清仩角古清仩徵在清伏變宮昔清伬羽先清亿商民清伏變宮有清仩徵作清伬羽

皮清伏變宮弁清亿商祭清仩徵菜清仩角於清亿商論清伏變宮思清伬羽樂清仩徵

惟清伏變宮天清亿商牖清仩角民清伏變宮惟清仩徵聖清亿商時清仩徵若清伬羽

彝清伏變宮倫清伏變宮攸清亿商敘清仩角至清亿商今清伏變宮木清仩徵鐸清仩角

笛譜

先清仩角師清仩徵有清伬羽言清伏變宮祭清仩角則清亿商受清仩角福清伏變宮

四清仩徵海清仩角黌清伏變宮宮清亿商疇清仩徵敢清伬羽不清仩徵肅清仩角

禮清伏變宮成清亿商告清仩角徹清伏變宮毋清仩徵疏清伬羽毋清仩徵瀆清仩角

樂清伏變宮所清亿商自清仩徵生清仩角中清伏變宮原清伬羽有清仩徵菽清仩角

笛譜

鳧清仩角繹清仩徵峩清伬羽峩清伏變宮洙清亿商泗清仩角洋清仩徵洋清伬羽

景清亿商行清伏變宮行清伏變宮止清亿商流清仩徵澤清伬羽無清伏變宮疆清伬羽

聿清伏變宮昭清亿商祀清仩徵事清仩角祀清仩角事清亿商孔清仩徵明清伬羽

化清仩角我清伏變宮烝清仩角民清亿商育清仩徵我清伬羽膠清仩徵庠清仩角

樂舞

迎奏樂生舉麾升龍見止奏偃麾降龍見

迎神樂奏昭平之曲用大哉孔子八句無舞

奠帛行初獻禮樂奏宣平之曲樂舞俱全用予懷明德八句自行禮奏起至讀祝止

初獻樂奏宣平之曲樂舞俱全用予懷明德八句自讀祝畢接奏起至獻終止

亞獻樂奏秩平之曲樂舞俱全樂用式禮莫愆八句舞用予懷明德八句自行禮起自終獻止

終獻樂奏敘平之曲樂舞俱全樂同上用自古在昔

八句舞用予懷明德八句自行禮起至獻終止

徹饌樂奏懿平之曲用先師有言八句無舞

送神樂奏德平之曲用鳧繹峩峩八句無舞望瘞奏樂無舞與送神同

樂器乾隆元年知縣張其維捐置

鼉鼓一　楹鼓一　鼗鼓一　應鼓二

搏拊鼓三　特鐘一　編鐘八　編磬八

琴二　瑟二　笙二　龍笛四　鳳簫二

洞簫四　壎二　篪二　柷一　敔一　管四

麾旛二　節旛三　籥翟八　鐘鼓磬琴瑟架一
十六　砯絲大鬟八　琴臺二
祭器
犀樽一　象樽一　鉶盆二　簠二十二
簋二十二　籩豆共二百一十二　方樽三
長條桌五
至聖位陳設一案　禮神制帛一　白磁爵一　牛一
羊一　豕一　登一　鉶二　簠簋各二
籩豆各二　酒樽一

四配位陳設各一案　禮神制帛一
白磁爵三　羊一　豕一　鉶一　簠簋各二
籩豆各八　酒樽一
十哲陳設每位各一案朱子一案　禮神制帛一
白磁爵各一　豕一　鉶各一　簠簋各一
籩豆各四　豕首一
兩廡陳設同　禮神制帛一　銅爵各一　豕三
每案簠簋各一　籩豆各四
崇聖祠陳設各一案　每位禮神制帛一　白磁爵三
羊一　豕一　鉶一　簠簋各二　籩豆各八
酒樽一
配位陳設各一案　禮神制帛二　每位銅爵三
豕首一　簠簋各二　籩豆各四
從配祀陳設各一案　禮神制帛一
每位銅爵三　簠簋各一　籩豆各四　豕肉一

學規

師儒造士身教爲先言教爲後其頒在學宮者皆言教也然令甲森然賢愚共凜則勵世磨鈍之法存焉

志學規

宋大觀元年詔布周官八行八刑之法於學宮令所在鐫刻淳熙六年御書白鹿洞教條頒天下學立石洪武二年令學者專治一經以禮樂射御書數分科設教三年定學校射儀十五年頒禁約於天下學勒石明倫堂謂之卧碑成化三年令督學官躬歷各學督率教官化導諸生仍置簿考驗其德行優文藝贍治事長者列上等簿或有德行而劣於經義或有經義而劣於治事者列二等簿經義優治事長而德行

缺者列三等簿若平日囑託公事揑造歌謠興滅詞訟及敗倫傷化過惡彰著者不必品其文藝即行革退嘉靖五年世宗親撰敬一箴并著宋儒程氏視聽言動四箴於天下學校立碑以肅生徒

國朝順治九年禮部　題奉

欽依條約八款頒刻學宮謂之新卧碑載後

一生員之家父母賢智者子當受教父母愚魯或有非爲者子既讀書明理當再三懇告使父母不陷於危亡

一生員立志當學爲忠臣清官書記所載忠清事蹟務須互相講究凡利國愛民之事更須留心

一生員居心忠厚正直讀書方有實用出仕必作良吏若心術邪刻讀書必無成就爲官必取禍患行害人之事往往自殺其身常當思省

一生員不可干求官長交結勢要希圖進身若心善德全上天知之必加以福

一生員當愛身忍性凡有司衙門不可輕入即有切己之事止許家人代告不許干預他人詞訟他人亦不許牽連生員作證

一爲學當尊敬先生若講說皆須誠心聽受如有未明從容再問毋妄行辨難爲師者亦當盡心教訓勿致怠惰

一軍民一切利弊不許生員上書陳言如有一言建白以違制論黜革治罪

一生員不許糾黨多人立盟結社把持官府武斷鄉曲所作文字不許妄行刊刻違者聽提調官治罪

學田

西門外網埠二處　鐵寶盃地稞五錢

北城外草稞二錢　東城內基地

北城內基地并箭廠　蓮子滃地二十六畝中洲庠生葉當高揖以稞供文廟燈油

學門前後基地三處共稞三兩

生徒

廩膳生員二十名

增廣生員二十名

歲貢生每二年輪次一名拔貢每科一名

文武生員歲科考各取入一十五名咸豐八年二月

奉准以團練出力添設學額一名咸豐十年閏三月
奉准以捐輸加添設學額二名同治三年二月奉准
以捐餉加添學額一名每屆各應入一十九名府學
量撥

載籍

聖諭廣訓二本
御纂周易折中二部　計二十本
書經三部　計七十二本
詩經三部　計七十二本

春秋三部　計七十二本
性理三部　計十五本　朋黨論一本
大清會典文武官員儀註　計一本
上諭二部　計三十四本
欽定四書文選　計二十二本
上諭一本文武和衷
欽頒學政全書二本又一部　計八本
勅修明史一部　計一百一十二本
名教罪人詩　計二本

欽定通鑑綱目一部　計四本
欽定三禮二十四函
欽定周易述義一部　計六本
欽定詩義折中一部　計八本
欽定春秋直解　計六本
御製詩初集二集　計七十本
文集　計十六本
御製重修
文廟碑記詩篇一函

御製全韻詩　共一部計二本
御製擬白居易新樂府
御製平定兩金川告成太平碑文一函　計一本
闢廟樂章一本
御製補笙詩八則
御論一本
上諭一本
上諭四本

書院

義學書院在西保湖宋慶歷間邑人李宗儒宗儀建
廢於建炎之亂慶元六年裔孫李桂復其舊址學
有二閣左曰漣漪右曰輝華詳見藝文志
琴東書院在縣治北知縣姜溥建
乾山書院在愛獬里知縣馬炳然建
咸嘉社學在縣東清洪里正德戊寅都御史吳廷舉
建以教二縣子弟知縣趙遷記
舊設書院在小西門城內知縣張其維建以上義學俱廢
義學咸豐十年知縣武鎮西於金熊二公祠旁書院

舊址捐貲改建其義師脩俸係龍口劉趙各姓爭
控還原楚復兩洲滏水知縣武鎮西斷入義學每
年完水稞四十串永付義師收取勒有碑石其滏
界址西南至嘉邑老洲西北至沔邑三白湖到口
為界
鳳鳴書院向在東城後街折桂坊舊址前縣尹謝頡
元捐俸置買邑庠士易朝仕房屋基地後縣尹黃
逼理重建又縣尹史湛復修咸豐庚申年知縣武
鎮西因地臨近市改法華寺為鳳鳴書院捐貲重
加修葺
咸名洲地四十畝清洪里袁家坡田四斗一升知縣
張其維捐置
清洪里圻堺田三斗廩膳生員章以溱捐助
六屯灘杷塘田四斗地二段監生陳知遇捐助今廢
螺屯洲地三百八畝邑鄉宦尹侃捐助每年完課六
十串歸鳳鳴書院收取
補乾洲地一所計五百八十畝每年完稞壹百串歸
鳳鳴書院收取以供俸膏之資

賓興
賓興係邑增貢生徐世俊道光戊子年捐錢一千二
百串存四典生息以為闔邑鄉試賓興之資咸豐乙
卯年髮賊上竄各典歇業賓興無出經邑紳周宗瀛
黃德清李士堅黃傳賢胡文藻楊高梓何方驥李鵬
程涂明謙熊觀國徐昌齡清理數載追回宋全盛賀
源興賀豫泰三典本錢共九百串暫存殷實生息立
有產業字據為質一併存案惟汪惇厚一典尚未歸
結俟集齊後公同酌置產業以垂久遠

同治丙寅年又經紳士黃傳煩陳佑恩涂明謙雷汾霖袁河清李席珍張協美黃際盛撥廣里丞項錢串歸入賓興與前一體生息

鄉飲酒

明志府州縣每於正月十五日十月初一日於明倫堂行禮以正官爲主位東南以禮致仕官員爲大賓位西北擇三人或二人爲僎賓位東北以次長爲介賓位西南以賓之次者爲三賓位於賓主介僎之後以教官爲司正以老成生員贊禮前一日陳設坐次

司正率執事習禮次日黎明宰牲具饌主人率僚屬司正先至遣人速客客至出迎於庠門外三揖三讓升堂拜跪訖就位司正至堂中北面立賓主皆立皆揖執事者酌酒於觶以授司正司正舉酒曰恭惟

朝廷率由舊章敦崇禮教舉行鄉飲非爲飲食凡我長幼各相勸勉爲臣盡忠爲子盡孝長幼有序兄友弟恭內睦宗親外和鄉里無或廢墜以忝所生讀畢司正飲酒畢以觶授執事者舉律令於案堂中賓主皆揖立讀者詣案北面讀曰大誥鄉飲酒禮序長幼論賢良別姦頑異罪人其坐席間高年有德者居於上高年醇篤者升之以次序齒而列其有曾違條犯法之人不許干與善良之席主者若不分別致有貴賤混淆察知或發覺罪以違制姦頑紊亂正席者全家移出化外讀畢復位執事者舉饌案至客前主人獻賓薦脯醢設折俎賓酬主人如之獻僎介僎介酬亦如之訖工入升歌鼓瑟歌鹿鳴飲酒供湯工歌四牡飲酒供湯工歌皇皇者華飲酒供湯笙入笙奏南陔又奏白華又奏華黍詩歌魚麗笙奏由庚歌南有嘉

魚奏崇邱歌南山有臺奏由儀於是合樂奏關雎鵲巢又奏葛覃采蘩又奏卷耳采蘋每詩止歌首章飲訖乃徹饌賓主兩拜訖又賓僎介賓衆賓拜訖送賓三揖出庠門而退

重修嘉魚縣志卷之三

風土志第五

觀風而知治化任土而作貢賦政典也風有醇漓隨地變易土有沃瘠藉人滋培則兩者相因矣嘉魚禮教之邦士敦而民愨俗稱易治物產不饒於他邑苟非難得之貨所在皆能取給涖斯土者修其教不易其俗齊其政不易其宜因勢導利有不納斯民於醇古歟

風俗

吳越奢華唐魏儉嗇風氣使然轉移在人耳古

者齊八政以防淫一道德以同俗風俗之成其教化之行乎志風俗

氣無勁悍習尚溫柔士瘠而服食無華訟簡而資性近儒 通志

士恥貪饕農鮮蓄聚家以魚稻爲業人敦詩禮之好冠婚喪祭悉遵禮教行商坐賈貨財懋遷仕進以習於奔競爲恥老大以不見官府爲榮

嘉魚古稱勁直俠烈後變爲樸素醇雅居民火耨水耕以力農爲業士皆讀書明理以有用爲榮追入

聖朝涵濡雅化沐浴深仁士氣民風更蒸蒸日上矣

土產

五土生物各有所宜辨厥土會以教萬民貴賤良楛惟其所有悉以待用或備考焉則物產在所當知也志土產 舊志

穀之品

稻 秔 糯 麥有大小二種 豆有紅黃黑綠扁豆諸種 粟 蕎有春秋二種 黍 粱 芋

貨之品

絲 綿花 茶 油 蔴 蜜 炭 石灰

木之品

松 檜 楸 柏 桑 柹 桐 梓 櫧 櫟 槐 欓 杉 榆 檀 樸 椿 樟 楓 楊 椰 石榴 黃楊 白楊 烏柏 冬青 皁角 棱櫚

竹之品

南竹 筀竹 水竹 苦竹 筋竹 斑竹 紫竹 白竹 叢竹 實竹

花之品

牡丹　芍藥　水仙　蜀葵　郁李　山茶　薔薇

荼蘼　鷄冠　鹿葱　金錢　海棠　長春　紫荆

玉蘭　芙蓉　鳳仙　朱槿　山丹　紫薇　幽蘭

菊　白木槿　翦春羅

菓之品

梅　桃　李　栗　棗　柿　梨　橙　柑　蓮

藕　枇杷　櫻桃　木瓜　石榴　菱

草之品

蒲　芹　藍　蒿　艾　蓼　蘋　蘩　芭蕉

蔬之品

葱　蒜　韮　茄　莧　白菜　芥菜　萵苣

苦蕒　蘿蔔　王瓜　東瓜　匏　葍　葫蘆

甜瓜　南瓜　絲瓜　芫荽

禽之品

鴿　鵲　鳩　鷹　鶚　鶴　鸛　鷗　雀　雉

鵝　燕　烏　鷗　鸜鵒　鷺鷥　杜鵑　鶯

白頭翁　鳧　伯勞　鶺鴒　鷓鴣　竹鷄　畫眉

布穀　黃頭　啄木　翠鳥

獸之品

虎　鹿　麋　麞　麂　獺　狐　兎　貛猪

鱗之品

鯉　鯽　鰔　鱖　鰱　鯇　鱅　鮎　鯾　鰓

鯖　鮊　鰉　鱧　鰌　鱔　鰻　鰕

介之品

龜　鼈　黿　螃蟹　穿山甲

蟲之品

蜂　蝶　蠶　蛇　石龍子　蜈蚣　螳螂　蜻蜓

蜥蜴　刺蝟　蟆蛤　蟋蟀　蜾蠃　絡緯　蝦蟇

水蛭　蚯蚓　蜘蛛

畜之品

牛　馬　驢　騾　羊　豕　犬　猫　鷄　鴨

鵝

物產續志不載謂其與諸邑同竊謂布帛菽粟何處不同然天下之至寶也齊紈蜀錦海錯山珍諸非邑之所有物雖異焉得而寶之以其同爲可置諸邑

胡乃屑屑那茲從舊志以備一則或者謂[illegible]纂求益殆非也

秩官志第六

親民之官莫如令長上應列宿出宰百里一方之民命繫焉嘉雖彈丸邑蒞斯土者不知幾何人矣大抵繭絲保障各視其才不能一二數惟澤及當時聲施後世者足述耳師儒體捌而道尊薰陶涵育端士習以爲四民倡職綦重矣官次令令以下均佐令爲治者各以次書之遵舊例也

嘉魚縣知縣一員

吏書一十二名　攢典六名　庫書一名

倉書一名　迎隸八名　馬快八名

皁隸一十六名　庫子四名　禁卒八名

斗給四名　門子二名　轎傘扇夫七名

新設壯丁二十六名

儒學教諭一員訓導一員

書辦一名　攢典一名　門斗五名

齋夫一名　膳夫二名

典史一員

書辦一名　攢典一名　皁隸四名

門子一名　馬夫一名

巡檢司二員

書辦二名　攢典二名　皁隸四名

充弓兵三十七名裁

縣丞主簿裁

驛丞三員裁

河泊所閘官一員裁

防守武職一員

醫學　陰陽學　僧會司　道會司

知縣

宋

施　羣　得鑄鐘

政和　唐　鈞　始築新堤以蘇民患

乾道　陳景福　修堤有功

淳熙　姜　偃　戊辰年遷文廟於龍潭山之陽

晁　名缺　改晚泊亭於魚山驛

嘉泰　柴景望　甲子年重修晚泊亭

蔡　積河南上蔡人進士來任入籍嘉魚任大琮嶺昭坎

朱　鎧改晚泊亭爲閱星亭

蕭　洞新喻人由祕書省校書郎來任

元

達魯花赤按元制州縣設達魯花赤各一員乃官名非姓名也前志失考

皇慶成　宣築堤有功祀名宦

延祐成文煒甲寅重修學校政務農桑

至治童春穀躬巡民間以察疾苦　壬戌任

元統蘇　靖曾修學

虞　槃集之弟

至正李　夔開設縣治修建橋梁

明

洪武姚以德祀名宦有傳戊申任

王孔昭庚戌任有政聲

吳啟文遷建山川等壇　乙卯任

劉秉政建吳主廟於赤壁山　壬戌任

邊　整秩滿去人多懷之　庚午任

湯　濟福建崇安人明經癸酉任

冉　通四川萬安進士丁丑任政平訟理民有遺思

陳伯達辛巳任

永樂李　伸乙酉任

王　本直隸望江人己丑任

曹　順直隸南皮人壬辰任

武　韶丙申任

董　珪直隸元城人監生己亥任

黃　開浙江建德人監生甲辰任

正統莫　震進士祀名宦有傳辛酉任

景泰劉　衜江西南城人壬申任

天順羅　純四川榮昌舉人辛巳任悃愊無華喜怒不形建博約亭在任十二年名完身潔

成化高　舉鳳陽人辛卯任

孫　倫四川瀘州舉人戊戌任祀名宦有傳

馬炳然四川內江人進士祀名宦有傳壬寅任

弘治姜　溥江南廣德進士己酉任祀名宦有傳

張　輪直隸泗州人監生甲寅任

吳　琛江西永豐人舉人癸亥任

陳治定廣西蒼梧舉人癸亥任陞泗州判

正德朱　振直隸人監生己巳任

折　衡陝西神木人監生辛未任

陸　魁江南宣城舉人甲戌任築城捕盜民甚賴之歷陞太僕寺丞

陳文煒廣西潯州人監生庚辰任

嘉靖虞守愚浙江義烏進士癸未任有傳

陳一言廣西馬平人舉人乙酉任

吳　鯤江南宣城人舉人壬辰任

石淵之浙江上虞舉人丙申任有傳

李璣衡浙江錢塘人舉人己亥任

姚　梧浙江慈谿進士壬寅任爲政有紀吏民畏服

甘文翰江西奉新人舉人乙巳任

黃　茂四川合州舉人丙午任節用愛人民有遺思陞荆州府通判

陶　悅廣西桂林人舉人己酉任

章　桂江南貴池人貢生庚戌任

吳　翰浙江臨海舉人癸丑任陞知州

符大賓廣東合浦貢生丁巳任建龍津橋

張　符四川涪州人貢生庚申任

越民樂貴州籍江南丹徒舉人壬戌任政有綱紀民多惠愛

熊尹臣江西新昌人舉人乙丑任

隆慶王天任江西安福舉人戊辰任才學兼優未幾罷去

劉元相廣西全州舉人己巳任修築長堤有功於民

萬曆陽光宇廣西臨桂人舉人癸酉任

吳　騤江南宜興貢生丙子任改邑土城爲磚石修葺完固至今賴之祀名宦

經仁謙廣西全州人舉人辛巳任

黃孟經廣東龍川人進士甲申任

蔣時馨福建漳平進士丙戌任端肅廉平所立法悉著爲令而興學校培士風尤爲知務以內陞去祀名宦邑人立二賢祠并李承箕祀之

蔣守浩廣西全州舉人己丑任以明敏見稱陞潼川知州

郭維翰江南丹徒人貢生壬辰任

龐一德廣東南海舉人己亥任學優德厚獎掖士子多所成就刻邑名碑後續祀二賢改爲三賢祠

文邦儒舉人續修城建排柵　壬寅任

蔡用吉

王堯臣以上三令舊志不載今從續志錄入出身鄉貫俱未詳

高中選雲南河西舉人修長堤保障黃湖口建岳公樓修拜風臺等處祀名宦　庚戌任

唐國士江南上海舉人丙辰任復築長堤建古治陞福州府通判

天啟張　銘山東招遠人貢生壬戌任
王來儀雲南昆明人舉人才識明敏尤工書法乙丑任
崇禎陳　定雲南楚雄人舉人庚午任
梁宏建舉人辛未任
程可登廣東高明舉人甲戌任政靜學優嫺於禮節修
文廟學宮建爛高亭文昌書院日親督率凡所營立堅緻有法尤加意城垣譙門明季兵寇居民藉以守禦始知公慮事之遠
王艮鑒貢生癸未六月獻賊入楚閉城堅守城陷見執罵賊死之己卯任
劉士琨江南常州貢生甲申任時闖寇猖獗郡屬多鎮兵民未苦寇先苦兵公多方調護村市賴以保全已而賊入城陷不知所終

國朝

順治陳一道江夏人舉人後登順治丁亥進士乙酉任
王應虹山東舉人丁亥任清操雅化有古者風
鄧林尹庚寅任政尚和平以憂去後陞岳州府同知
李焯然山西翼城進士辛卯任端肅清正在任三年鄉里無一胥之擾至今士民懷之
郭　植北直邯鄲人甲午任政治嚴明捐修
大成殿戟門學宮改築長堤然頗傷苛刻在任十二年以憂去
康熙來　鑒陝西三原人丁未任

李世錫山東膠州進士戊申任建成鳳亭於灌磯山
李元震浙江嚴州人進士辛亥任
白受輝正紅旗人甲寅任
李長齡鑲藍旗人丁巳任
呼應臚戊午任
年昌齡鑲白旗人政平訟簡案牘蕭然或經旬閉閣有臥治之風己未任
荊振日江南丹徒舉人乙丑任後以憂去
龐　穎廣西梧州人舉人有傳丁卯任
李　燊直隸灤州人拔貢己巳任

蔣　敩直隸蠡縣進士戊寅任歷陞寧波府知府
靳樹喬鑲藍旗人有傳癸未任
李鼎徵福建晉江舉人乙酉任有傳
陳法乾廣東南海人貢生庚寅任
湯星南江南宜興人監生乙未任
雍正崔　涖順天覇州進士甲辰任居官廉潔存心忠恕卒以催科見黜
張　瑨四川閬州人由拔貢丁未任
王邦彝江南高郵州舉人丁未任修築長堤捐置義塚緝盜嚴聽訟決陞武岡州知州後任靖州知州

張其維山西蒲縣舉人壬子任築長堤葺城垣修
文廟崇聖名宦鄉賢祠置祭器樂器砌石泮池
創義學置義田修大堂加捲棚建牌坊修
關帝廟施義塚捐社穀俱出
己資詳載各條有記

乾隆戴元亨浙江嘉興府嘉興縣人進士辛酉任

張曾穀江南蘇州府吳縣人副榜甲子任

謝穎元江蘇松江府華亭縣人進士戊辰任

安依仁貴州思南府安化縣人進士庚午任

辰　侅滿州鑲黃旗福桂佐領下人筆帖式揀選同知壬申任

王　況四川嘉興府樂山縣人舉人壬申任

陳　譜山西直隸代縣人貢生甲戌任

黃通理福建興化府仙遊縣人舉人丙子任

吳躍龍江西登州府高安縣人進士庚辰任

徐　浤順天府大興縣人舉人甲申任

程　壎安徽徽州府歙縣人進士乙酉任

李龍翔江西建昌府廣昌縣人舉人丙戌任

龔士楷四川順慶府營山人進士丙戌任

陳居廣鑲藍旗漢軍尚維邦佐領下人舉人丁亥任

素布棟阿鑲黃旗滿州清泰佐領下人貢生己丑任

梅雲官江西建昌府南城縣人舉人庚寅任

冉世珍四川直隸瀘州人舉人壬辰任

黃元濬江蘇吳縣人貢生癸巳任

王　宸江西吉安府廬陵縣人舉人甲午任

史　湛浙江紹興府餘姚縣人貢生甲午任

薛元統山西直隸霍州人拔貢戊戌任

胡林模安徽寧國府涇縣人貢生戊戌任

孫曰秉奉天承德縣人進士己亥任

楊朝櫆山西直隸絳州聞喜縣人監生庚子任

陳士俊安徽池州府石埭縣人貢生辛丑任

葛桂芳安徽廬州府巢縣人舉人壬寅任

嚴廷燦江蘇蘇州府吳縣人乾隆庚寅舉人壬寅任

王大復浙江杭州府錢塘縣人乾隆庚寅舉人甲辰任

黃復泰江西袁州府分宜縣乾隆丙子舉人戊申年任

汪雲銘浙江杭州府仁和縣人原籍江南徽州府休寧縣辛卯科舉人己酉任

王遇彩山西萬泉縣人乾隆癸酉科拔貢丙子科舉人庚戌任

知縣續編

嘉慶鄭命三福建人癸丑年任

嘉慶楊清倫　浙江進士丙辰年任視事朞年邑無冤民二年後囹圄皆空有楊青天之稱

敬惇典　四川拔貢辛酉年任

馮以引　山西進士丙子年任

陳　璨

王餘昌　山東舉人治任僅三月清理積案百餘件摘奸發伏民畏若神邑士庶立惠風三月匾額以誌慕云

楊國柱　四川人

吳拜昌　江西舉人

顧　澍　浙江錢塘舉人

道光鄧　勳　山東濟甯州進士甲申年任興學校課農桑建試院禮耆老勸邑增貢生徐世俊捐金以為賓興費士子至今賴之旋從祀於鄉賢金熊二公合祠

文　藝　鑲藍旗人壬午進士治尚寬簡遇大比年輒分俸以充賓興費歲辛卯大水藝以蘆課乞緩於上憲嗣後每遇歲祲蘆課與正賦同緩者藝之力也

梁紹芝　廣東人孝廉方正癸巳年任

蘇蘭第　[illegible]進士乙未年任

孫斗山　河南舉人丙申年任有傳

毛鴻順　河南進士戊戌年任

賴樹勲　廣西舉人己亥年任

郭望安　福建進士癸卯年任

張　暄

劉　璨　江西舉人丙午年任有傳

陳均遠　四川人

李文灝　江西舉人

咸豐郭種德　山東恩縣進士辛亥年任有傳

黃昌輔　揚州舉人乙卯年任有傳

錢炳熙　浙江廩生丁巳年任

武鎭西　陜西富平監生己未年任治尚明察時旱蝗公禱之輒雨蝗盡斃是歲大熟至改修廟院諸事均載營建類

長　壽　荊州駐防辛酉年任

同治王錫榮　河南祥符監生癸亥年任

鍾傳益　福建汀州府武平縣人道光甲午科副榜咸豐辛亥制科太和門內考試簡用知縣乙丑年蒞任

教諭

明

蕭士衡　衢州府人

莫　鏞　浙江武康人

楊耀宗　福建人

熊　禎　江西南昌人舊志熊作能

永樂古　鑑　四川雅州名山人進士後陞荊府教授入籍嘉魚

陳　昇 福建人
劉洮蘊 江西人有傳
孫允恭 滁州人校正邑志
歐陽燾 江西泰和舉人
朱　珙 江南華亭監生
張　經 四川成都監生
林　珺 福建晉江舉人
李大韶 四川成都舉人
朱加爵 貴州監生
李士文 福建連江舉人有傳
覃　煦 廣西平南舉人
鄔　蕊 浙江餘姚監生有傳
何鍾秀 茌平人
蕭　鈺 廣西宣化監生
張欽之 福建晉江選貢
何　鑑 廣西梧州舉人
臧　龍 金華人
孫日[illegible] [illegible]縣人

魏　廉 景陵人今天門縣
王　道 江南江浦舉人
馬載道 安陸人
梅　文 光澤人
楊文會 四川南充舉人
滕養志 江南溧陽舉人
朱光前 江西南昌人續志作朱光賢
張二和 巴陵人
楊希賢 本學訓導陞
龍奮淵 貴州人
李大晉 光山人恩選
裴允元 江西南昌舉人
周希孔 湘潭人歲貢
楊長春 安陸舉人
張維新 舉人陞知縣
朱承慰 山東人
王命宣
張國宗 金谿人舉人

楊士超 江西湖口人

國朝

吳　琮 陞河間縣尹
張效葵 舉人陞鹽亭縣尹
李春明 郴州人舉人復移落星於池之舊址
馮　琮 蘄州人長厚且誠課士有方陞九溪衛教授
劉士臣 沔陽人舉人
郭更名 麻城人舉人
李桂林
范文叔
鄒　參 天門人舉人
張世勳 江陵人舉人有傳
李前芳 巴東人舉人
金祖謙 漢川人歲貢
王佺昌 漢川人歲貢
王業宏 漢川人歲貢

雍正 郭　林 麻城人舉人壬子年由江西泰和知縣改署來任
萬縉祖 黃州府黃岡縣舉人
冷　蔚 漢陽府黃陂縣人舉人
蔡必朝 黃州府黃岡縣舉人
謝思焯 漢陽府漢陽縣人舉人
夏曾洛 黃州府黃梅縣人乾隆壬申科舉人
蔣力營 黃州府黃梅縣人乾隆己卯科舉人

教諭 續編

嘉慶 鄭家鏊 荊州石首人亞元丁巳年任有傳
徐養中 舉人丁丑年任
道光 汪德謙 恩貢辛巳年任
龔傳圭 漢陽人乙酉年任

王　穆　邵陽人優貢丙戌年任
蔣侍淯　天門人舉人庚寅年任
熊文錦　漢陽人廪貢丙申年任
周超獻　黄陂人舉人辛丑年任
李道平　安陸人舉人癸卯年任有傳
咸豐　何遠鑒　來鳳人舉人己未年任有傳
同治　徐步周　應城人咸豐戊午科舉人辛酉年任

訓導

明

王　藻　河南人　　張　堅　江南當塗人
郭　維　河南人　　袁　訓　江西豐城人訓或作海
朱　良　應天人　　劉　濟　江西湖口人
范　謨　江西豐城人　　李　珪　巴東人
黃　貞　江西南昌人　　楊　輝　江西新喻人
石　盤　仁和人舉人有傳　　溫　端　寧都人
郭孔怨　河南舞陽人監生　　陳謙山　福建莆田人舉人
曹　綸　江南宿松人監生　　陳　質　廣東永消人舉人
盧廷相　江南清江人監生　　陳　雄　福建晉江人舉人

董嘉謨　雲南人　　劉德宏　江南旌德人監生
尹如俸　四川人監生　　顧　碩　東安人監生有傳
戴　瑶　江西德化人監生　　關　泰　浙江臨海人監生泰亦作管
高　遷　雲南人監生　　劉　朝　四川人
劉廷章　江西人　　檀　瑋　江南江浦人監生
周有恆　江西人　　梁尚義　廣東人貢生
宋聚星　北直人貢生　　杜　容　四川人貢生
李正榮　四川人　　蔣永泰　蓬州人
蔡　震　福建漳浦人　　郭宗儀　歸善人貢生

伍　喻　湖口人貢生　　璩　鎬　宜山人
楊文炳　四川人　　蔣　材　江南山陽人
盛　德　華亭人　　黃宗轍　浙江義烏人
聶　宛　江西永豐人　　夏　誥　雲南人
王　崧　黃岡人　　李堯勲　遂州衛人
李繼東　　晏承恩　大昌人
楊希賢　江西贛縣人　　楊　熙　石門人
朱　紱　四川達州人　　艾淑人　沅州人
曹之寶　桃源人　　鄭應夔　常德人

李三畏臨潼人恩貢　宋元時丹稜人

謝廷瑚休甯人　王元敬

袁程度　鄒孟儒

楊宗孟遂安人陞東安縣尹

國朝

韓再奇江陵人陞合浦知縣　田之王

羅似錦　李嘉彥安陸人捐俸修學前甬道

詹士明黃岡人　鍾應遴黃安人

歐陽廸漢川人　高濬江陵人

鄒坦麻城人　袁嶷光化人有傳

劉澤民潛江人　袁若安棗陽人

趙士駼鄖縣人　鄧延齡沔陽州人

王欽天宜城人　葉雯沔陽州人

黃義超江陵人乾隆辛卯科舉人庚子恩科進士　張超英應城人

陶廷起廣濟人乾隆丁酉科拔貢陞河南溫縣知縣　李澤張荊門州人廩貢

訓導續編

嘉慶魏雲琯黃州人號白崖著有儀禮一覽丁卯年任

道光龔斗南黃岡人優貢

蕭亦恆黃陂人優貢

楊芷傑鍾祥人歲貢

陳新榮雲夢人優貢

蔡紹淵圻水人歲貢

黃壽祺松滋人廩貢

吳傳灝漢陽人舉人

咸豐王愼修當陽人歲貢己未年任

同治曾邦俊黃岡人道光乙酉科北闈舉人癸丑年任己未會試後復任

縣丞

明

李成　張子敬

藺成　樂直

高鉉　李才亨

湯仲濟　郭儀

胥范　李文興永樂間裁

主簿

元

狄忠至正間重修兩廡櫺松夾道

明

梁興　關仕中

崔守敬　李威

周恒　鍾處雲

王清　正統間裁　老大順金州衛人係河泊所今裁

典史

明

王繼祖　吳祐

陳景輝　尤恭

王　侯觀

陳以常　薛王

盧受　馬進

張榮　錢象

朱元讓　陳玉

倪彬建博約亭能詩　王貸

張璃　童武昌

劉銓　吳善

梁鑒　李循

王塤　劉經

劉廷用　牛經

葉天祿　王思貴

楊琴　黃明高

郭正朝　黃光偉

鄧斌　李朝暘

姚用夫　邵子九

黃文明　夏賓

翟義安　林稟秀

張朝貴　朱琮

祝堯仁　曹大章

張大經　劉穆

周振　翁木

陳可德　羅坤

李自達　江正灝

俞士登　龔左泰

國朝

陳文奎　李傳芬

趙邦祥　池　芳邠州人
許宗耀　呂大韶
沈　鏻　馬俊明河橋人
曹尚志鄂城人　戴士驥大興人
程正心懷來人　高維達北直茂山衛人
趙泰吉大興人　金文俊北直永清人
陸廷宰宛平人　曹修元池州府人
謝　震浙江紹興府山陰縣人　張寶三順天府大興縣人
蔣從龍直隸宣化府宣化縣人　羅丕麟順天府宛平縣人

朱　源浙江紹興府上虞縣人　沈敏超浙江紹興府蕭山縣人

典史續編

道光徐　灝元年任　畢　熙直隸人筆帖式
徐　然直隸人筆帖式陞簰洲巡檢　姚治平浙江會稽人監生陞朱河主簿
閔兆鳳四川人　咸豐翟定祥安徽涇縣監生候補府經歷
同治程兆梧江蘇上元縣監生署簰洲巡檢　胡世觀安徽涇縣附貢儘先補用巡檢

石頭口巡檢司

國朝以前縣志不載今無考
潘　瀾山東堂邑人　王心灝北直永清人

包其翰順天宛平人　朱　標宣化人
李學源大興人　趙登銓梁城所人
崔天禧順天宛平人　徐文彬順天宛平人
李念昔浙江嘉興府桐鄉縣人　郭光國山西平陽府浮山縣人
王　樞浙江紹興府山陰縣人

石頭口巡檢司續編

嘉慶羅步賢江西人　文夢齡浙江生員
道光王宗典　余德堅平江人
陳延齡福建監　楊錫紱浙江歸安人

咸豐章　濬宛平人四年死節祀忠義祠　楊立楨河南商城人
同治劉礪鋒湖南沅陵生員　王壽昌安徽桐城人

簰洲巡檢司

國朝
白　琳富平人　吳繼鄭涇縣人
李世明北直南河人　童　焜桐城人
李棲鳳甯武所人　李　適江南通州人
周　龠大興人　倪　標吳縣人
趙志仁大興人　宋　潮大興人

金廷猷武清人　單　成三河人
程　棻江南揚州府泰興縣人　任繼美順天府大興縣人
朱　緒江南江甯府上元縣人　吉　人江蘇常州府武進縣人
修時崇山東登州府萊陽縣人　譚祖諄順天府大興縣人
翁建基江蘇蘇州府常熟人　溫　棠廣東嘉應州長樂縣人
范章茂江西廣信府鉛山縣人

簰洲巡檢司續編

宋長城　徐學浩
陳　皋　曾敬仁

羅邦光　張　鏞
徐之銘　楊　謙
沈煥章　金志鏞
李崇德河南人　淩金榜
江尚清安徽人　彭安國河南人
胡長慶浙江人　費炳揚
陳檢文浙江人　孫榮慶四川綏定府東鄉縣人

營汛自康熙十一年起以前無考

李得貴開封人　馬　學江夏人
王國佐直隸人　陳有功江夏人
龐重慶麻陽人　高鳴臯江夏人
張　勇江夏人　張世華江夏人
王文元襄陽人以上俱由行伍　陳　恭閬中人武舉
張景清　徐之英
管輝瑄　王廷魁
涂之勝乾隆丙申任江夏人由行伍

本城營汛續編

蕭　元　賈維鎌

汪長春蒲圻人武舉　劉金彪
盛廷一　葉鎮邦
王嵩年　鄧永煊
李朝亮　謝益武
陶萬青　忠　善
李文魁　向必元
戴金彪蒲圻人武生

東櫝營汛續編

張金玉　陶萬敵

陳玉中　　姜河清雲南人任至協鎮
夏開國　　任連陞
劉鴻敬江夏人　傅致彪江夏人武生
易寶德潛江人

官蹟

居官無赫赫名去後令人思愈久而不忘循良傳所由作也後之觀者曰某也廉能某也子惠以下無譏焉官斯土者亦可知所自處矣志官蹟

明

姚以德不知其家世洪武戊申自建平縣丞擢爲縣尹勝國之季邑當敵衝民不勝苦流亡幾盡以德開草萊訓耕耨數年之間民蘇物盛民甚宜之陞濱州知州民思爲謠曰南有嘉魚樂賢之區姚侯

戾止以扶以鋤昔也干戈今也衿襦蔚蔚桑麻雨露所濡樹德方滋征車在途永懷去思沒世弗諼

莫震字廷威吳江人以進士來任爲人修潔春秋嚴於祀事牲帛醴羞皆戒於三日前滌池汲水亦極深潔官舍有木偶像人甚畏之震投之江每秋冬親行郊野相土宜修陂池與民興利疆埸整飭封域肅然暇則與賓客登山臨水飲酒賦詩爲樂有古循吏風陞福建延平府同知

孫倫字維敘四川瀘州人天順壬午鄉試成化戊戌

來任內外一誠以禮自飭見利如仇人不堪其清苦修舉學宮條冠婚喪祭之禮去浮屠老子舍毀其像人皆遵其教親藩之旗尉恃勢强取居民邱墓之木倫使人理諭之不聽乃嚴刑而遣之王大怒以欺侮奏眾爲之危倫曰事苟公平雖死何悔法司勘以非罪詔釋之倫精勤吏事圖爲久遠常以邑戸口寖消差役益繁縣當水陸之衝民力不堪欲移鄰封之牛以增里疏成未及上而倫沒矣沒之日邑人哭之失聲曰清官死誰復能字我者

後其子不能歸里遂入籍嘉魚

馬炳然字思達成都內江人由成化辛丑進士來任有爲人作狀牒者召其人訊之曰汝民當安分畏法奈何爲人造訟乎對曰貧無以養寫一狀可活吾家數人炳自責曰不富烏能教厚其貲使立本自是公門遊食者悉遁去炳然爲政明察而不煩苛暇則巡行村落洞悉民隱貧富多寡程力賦事胥徒不能爲奸三年大治流民復業乃新治事之堂匾曰庶富教退居之堂曰絜矩二十三年夏秋湖湘旱饑炳然申賑貸未報輒開倉救之明年大饑朝廷出內帑錢以佐民府守意令具文散放而實欲轉輸府庫也炳然曰天降凶荒爲政者之罪也即放散之守怒炳然弗恤也踰年徵拜監察御史累遷至湖廣都御史道遇賊刼之不從遂殺之謚毅愍

姜溥字希廣南直廣德人由進士宏治己酉任爲人才高氣邁莅縣時值制度簡略蠹弊滋深溥爬剔綜理條爲規畫巨細畢舉又因邑治瀕江水數爲

患乃自百疋山修長堤至三角鋪二百餘里以捍漲溢地方賴之又修學養士文教聿興民歌其德考滿卒於家

虞守愚字維明浙江義烏人由進士嘉靖三年任時邑數澇民饑守愚下車加意拊循事務休息凡政令之疵催科之弊必力爭而心計之不以勢沮不以微忽先是嘉魚糧少差繁每撥鄰邑之糧以爲朋吾民之貧者首當其苦而鄰之富者坐乘其逸守愚廉知其害請於當道移差以就糧民受其惠

暇則引諸生講論多所啟廸未幾以憂調萬安吾
民至今懷之
石淵之字本深浙江上虞人由舉人嘉靖十五年任
爲人敦厚滈謹不事表暴政尚和平留心撫字親
行勸課詩文古雅可觀然性頗骯髒多忤上以年
衰遂請休致巡撫東喬顧公批其狀曰石淵之意
古而不宜於今累陳休致亦見晚節眞得其爲人
之實矣有省耕勸農詩
國朝
龐穎字有魯廣西梧州人由舉人來任刑清訟理不

激訐以爲名尤加意學校諸生受其賞鑑者必厚
餼之試童子面定甲乙決入彀早暮若操左劵康
熙戊辰五月武昌裁兵亂十屬皆震邑當兵衝人
無固志公多方捍禦晝夜巡緝奸宄不行會提鎮
徐公治都奉
命勦賊駐師金口公親往請兵護城已而賊潰江漢肅清
邑獲安堵皆公保障力也時公二親在粵戀慕切
至乃搆亭署後扁曰望雲以志屺岵之思遂歸終

養士民懷之乾隆乙丑
題准入祀名宦
李鼎徵原名光墩字訒齋福建安溪人大學士李公
光地之胞弟由舉人來任謙恭禮讓政尚慈祥不
事擊斷時歲屢豊小民樂於輸將百廢具舉公撫
字有方頻書上考乃買地於邑東門外給爲義塚
於小西門內買屋建爲育嬰堂又精堪輿培植縣
脈多所改更由是文武兩科先後稍得吐氣人以
此首功之然善政不盡是也尋陞主事去

靳樹喬字子遷鑲藍旗人來任時年甚少發奸摘伏
老吏不如也性不苟取正餉耗羨過二三分者必
還之納戶勤於聽斷隨到隨質不留獄會公有疾
奉檄至武昌卒於舟次舊例故官之柩有
旨如得入城公柩抵河下士民雨泣擁其柩直入內署
朝夕哭奠者日數十百人妻高氏溫惠貞淑先是
已病甚聞公卒遂不欲生哀至撫棺一慟而卒
王邦彝江蘇高郵舉人爲治勤敏訟無留獄尤嚴於
緝盜他如築長堤置義塚皆有功德於民者尋以遷

職去邑人至今懷之

張其維字德隅山西蒲縣舉人雍正壬子任爲治果敏葺城垣築長堤捍衛民生者旣豫於是修文廟修關帝廟修大堂置祭器樂器次第就理而且砌石泮池設學置田皆爲之記自謂五年之間拮据靡遑是公捐俸以舉廢墜吏治維勤愛士惠下有古循良之風焉

戴元亨浙江嘉興縣進士乾隆辛酉任存心寬厚平

易近人與士子講學論文多所開導爲政尚簡要事不勞而民治亦足見治行之優矣

謝穎元字錦湖浙江華亭舉人乾隆己未進士清慎明察釐弊殆盡邑向有義學在縣署後頗湫隘侯捐俸百餘金置易官接買房屋一所卽今義學也以循卓陞雲南霑益州知州

張曾轂江蘇吳縣人副貢持身冰潔治民平恕以卓異陞　兵部職方司

陳譜山西代州人貢生政尚簡靜務與民休息先是江嘉接壤處有江咸嘉蒲公堤一段江民委卸不修訟經數載始定案公修江民旋復翻控侯力詳請仍復公同承修士民德之

黄過理福建仙遊縣人雍正壬子科舉人公平廉介决讞務得其情修義學規模尤極宏整在任四載士民至今不忘

陳居廣漢軍舉人決訟公平操守廉潔重修大堂後丁艱去

薛元統山西人拔貢慈和坦易雅重庠序崇義學月

有課程鼎建武廟後丁艱去旋卒於武昌省垣官署時論悼之

史湛字德凝號澹園浙江餘姚人貢生宅心仁愛才幹精敏諸弊悉絕時文廟廢圮倡率紳士捐資重建月課諸生親定甲乙獎勞有差曾舟泊簰洲見有坟塚水嚙骴露滿野心焉傷之置買高地給葬後調任鍾祥黄岡漢沔各邑俱有賢聲陞襄陽府同知晉秩武昌郡守

王大復字心梅浙江錢塘舉人乾隆甲辰年署任嚴

峻清介苞苴無聞委辦荊州堤工以勞疾卒官槖蕭然士民悼之爭致賻恐後可以想其遺愛矣

宦蹟續編

孫斗山河南人由舉人來任邑故有僞造印信案株連數十家公案其首犯餘眾悉宥之先是歲屢歉租賦所入每緩十之二三至是議征之公請於郡守曰民力未紓何堪重困守不允公曰吾何愛此官而迎上意以虐吾民也遂去官士民設供帳攀轅道左頂香跪送於龍津礄皆涕下失聲公亦相

泣而別

劉　棨號仲孚江西南豐人道光壬辰科舉人爲治廉平慈惠邑學宮歲久傾圮公捐廉重葺戊申邑大水公請賑銀五萬兩全活甚眾己酉又水下六里長堤崩潰公復請帑銀十三萬兩有奇　災民以工代賑荒救而堤亦修堤內之民無水患者十餘載尋以遷職去邑士庶泣送數十里

郭種德號邁菴山東恩縣人道光丁未科進士咸豐初涖任時粵匪上竄盜賊蜂起嘉邑故無城垣公偵知土匪熊光宇等有乘機竊發意乃先督團勇扼要於東城三十里外詎宇等自他道闌入劫獄焚署公長子及長女皆遇害比公聞警馳歸宇等已遁去公即月會督防汎直擣賊巢按名擒治民賴以安公居官廉平慈惠雖軍書旁午猶手不釋卷去官時舊書數簏外無長物焉

黄昌輔號虎卿江蘇江都舉人咸豐乙卯權邑篆時粵逆踞省垣附邑州縣多爲賊有邑故濱江城僅土堡無可守而遠近時有賊蹤人情洶懼公乃創

立水師截江爲守厚集鄉團遥爲聲勢嘗以少擊眾屢戰皆捷賊畏之不敢犯故鄰境皆殘破而邑獨獲全公性明察爲賊諜者一鞫而伏其脅從良民則給以路票而厚恤之全活尤眾且其時大兵甫集諸路糧運皆不通當事者每以餉匱爲慮公因建議於　巡撫胡公曰軍興以來民力困矣茲邑幸安堵商賈輻輳而島口一水爲商舶往來必經之地若設捐釐局於此以濟軍饟誠一時權宜之至計也胡公是其議公用足而民無擾凡下游

軍食悉仰給焉邇來歲八十餘萬緡矣邑之黄岡湖素爲萑苻藪乘亂益肆刼掠自烏口釐局之設以礮舟巡歷其間盜蹤遂絶倉卒之間措置裕如十數年猶賴其利而受其賜詩云有斐君子終不可諠兮公其有焉

儒學

明

劉洮蘊江西吉水人正統間教諭善於誘掖因人而施每說書解文有未達其意者必多方譬喻逼曉而後已幼穉者抱置膝指陳口授亹亹不倦性忠厚人即忤之無怒意

石磐字鴻漸浙江仁和人成化乙酉鄉舉任訓導門人貧乏者歲時賙給之爲人恬退於世無所嗜好邑人李田爲浙江參政時磐將之京師資以官舟

不受其故人爲鄉相每召相見竟不詣

李士文字在中號肖山福建連江人由舉人嘉靖五年任刻勵清苦勤於教訓外和內剛貴義賤利諸生無不嚮服後登嘉靖己丑進士官至浙江按察使

顧頎直隸東安人由監生嘉靖三年任訓導溫厚純篤得之天性與人處不立崖岸諱言過惡覗諸邀名喜事大不侔矣

鄔憲字克章號松澗浙江餘姚人戊戌以歲貢任教

諭資性莊重動遵禮法博通五經立會日講一經諸生各執經而聽分晰精義娓娓不倦人人若有所得二年以老去爲詩 别諸生曰昨宵冒雪上魚山雪逐風顛砭骨寒官柳横塘誰與折孤梅傍屋獨撑看拮据雀力霜天曉懊惱鳩聲否雨殘健我歸舟千百里白鷗件釣舞江干可以觀矣

國朝

張世勲江陵舉人由湘潭教諭補任嘉魚恢閎灑達氣度偉然嚴師弟子之禮蔚邑未嘗少假而情誼

懇切體恤周至人以此樂親之勤於其職多所造就尋陞辰州府學教授去無忝師範者前後稱最焉後編

袁嶷字九峯光化人任訓導嚴毅方正望之儼然士子月兩課饌具豐腆甲乙悉當春秋致祭必按諸祀典物不備不敢獻諸生執事遠近畢至胙不給者或捐貲市脯給之敎人首重行檢有不率者夏楚不少貸故宫牆之内敗類屏跡而賢者相慶爲得師焉

萬縉祖黄岡丙辰舉人任教諭動止有法接諸生以禮尤工書法任滿陞湖南岳州府教授

黄義超字北海江陵廪貢任訓導舊時正副學署並一處黄以規制湫隘捐金置民房爲副堂而舊址遂廢

夏晉浴字沂泉黄梅人壬申科舉人文品兼醇不愧師表致仕時合邑紳士攀戀江干謳思不置

儒學續編

鄭家鏊荆州石首人北闈亞元嘉慶間教諭文行兼

優啟廸後進尤諄諄不倦一時宿儒如朱命基汪名豹周大鈞涂開元輩皆出其門有以訟事相干者輒斥去之曰此地方官事非教官所當與聞也其嚴正如此去官後同學建祠於明倫堂之側志向往焉子永流庚申解元

李道平號遠山德安府安陸縣人戊寅科舉人道光癸卯間教諭始涖任庠中謁見者與學約一編以行爲先文次之每月必集諸生於明倫堂課詩文外又教以爲人之方成就者甚衆在任年餘卒同

學奥者皆失聲配享於鄭公祠六月二十日爲公
誕辰邑人徐開元張黼華李濟川萬年春周宗瀛
鄭明循李士塏趙鳴廷謝廷恩猶醵金生息以時
致祭焉著有周易集解四書要義有獲齋時文試
帖行世子守南石首訓導
何遠鑒施南府來鳳縣人丁酉舉人咸豐已未年教
諭品行端方不苟取與諸生接見時輒舉小學近
思錄以爲訓同學中以經師人師稱之在任一年
告終養焉著有崇阿絮語一編言人當讀有用之

書不可作無益之文其引誘後進如此子盛旄壬
戌科舉人

重修嘉魚縣志卷之四

選舉志第七

南金竹箭楚實生之以搜人才則非倫才者聚精於
造化毓秀於山川砥以家修貢之王國必能建立事
功書竹帛而勒鐘鼎才斯稱焉科貢特出身嚆矢餘
可知矣然釋此則拜獻無貲故士之紆青曳紫施及
後先者必由之泝徃哲而奮興其能無厚望也乎

科第

士之瑰異特達者不必盡以科目顯而科目得人

爲最盛歷溯先型其勳業文章彪炳史册班班可
考繼其軌者宜何如濟厲俾文運日盛日新也

文科

宋

紹熙　李熙顏　戊午解元
李修己　登寧宗朝進士授中順大夫
李恕己　擢奉常進士
嘉定　李義山　十三年進士
嘉熙　李伯殊　戊戌中太學上舍
寶祐　程一飛　癸丑四舉登第

魯登龍 乙卯第太學上舍

李伯嘉 解元任錢塘知縣

李桂 進士由貢

李格 解元周禮中式

咸淳 李瀛 進士授通直郎

李大同 戊辰魁南省見人物志

李大元 戊辰中太學上舍

景炎 李演 進士授承直郎除授川軍事

李大珪 任玉沙知縣

德祐 熊道則 進士仕至御史

元

延祐 李杲 進士除福建提刑陞朝請大夫

至正 蔡昇 二年壬午科舉人丙戌進士初任安慶府懷甯縣尹終戶部郎中

明

洪武 李璣 庚午科第二名舉人天長教諭歷成都府學及泗州宿州皆有成績詳見孝子傳內

陳宜 己卯科舉人仕至工部員外郎

殷宏 己卯科舉人任河南遂平知縣

宋興文 壬午科舉人登甲申曾棨榜進士任山西太原知縣

永樂 李貞 乙酉科舉人

雷晏 乙酉科舉人任四川灌縣知縣歷南城新興二縣

胡文冉 辛卯科舉人任祁門訓導

史讓 辛卯科舉人任江西德興訓導

周恕 辛卯科舉人任四川岳池知縣

黄思信 辛卯科舉人

程鑑 甲午科舉人登乙未陳循榜進士有傳

李英 甲午科舉人登戊戌李騏榜進士任州判

岑必通 甲午科舉人任四川雲陽教諭

程存誠 甲午科舉人任江西湖口教諭

程鵬 甲午科舉人任廣西河池知縣

張友文 丁酉科舉人任廣州通判

張本 丁酉科舉人

李華 丁酉科舉人廣平千戶所吏目

李瑢 庚子科第三名舉人任九江府訓導

雷豫 庚子科舉人

李善 庚子科舉人任四川珙縣教諭

薛思敬 庚子科舉人任廣東陽春縣知縣

宣德李滄己酉科解元有傳
岑玹壬子科舉人
古信乙卯科舉人任江南沛縣知縣
正統徐永聰甲子科舉人任周府紀善
程涵丁卯科舉人任汝陽訓導
童以明甲子科舉人任廣西遷江知縣有傳
景泰孔儒庚午科舉人天順丁丑欽賜進士任監察御史
雷九成庚午科舉人
李田庚午科舉人登甲戌孫賢榜進士有傳

龍淵癸酉科舉人歷陞重慶府知府
楊友梅丙子科舉人
成化李爲臣戊子科舉人有傳
杜福戊子科舉人任浙江德清知縣
李承恩庚子科舉人登甲辰李明榜進士任戶部郎中
吳廷舉庚子科舉人登丁未費宏榜進士有傳
吳廷弼舉人
李承箕丙午科舉人
李爲義丙午科舉人任江西彭澤縣尹

章珪丙午科舉人任鎮平教諭
陸賢丙午科舉人任崇慶州學正
李承芳丙午科舉人登宏治庚戌錢福榜進士仕至大理寺
宏治徐玹己酉科舉人任饒州府訓導
曾儒己酉科舉人任順慶同知陞知府後官至兩浙御史
杜循序壬子科舉人任江南貴池知縣
李承勛壬子科舉人登癸丑毛澄榜進士有傳
任岳乙卯科舉人
李承頤乙卯科舉人

正德李整庚午科舉人
呂端庚午科舉人
周夔癸酉科舉人登庚辰楊維聰榜進士任富順知縣
嘉靖呂調羹乙酉山東舉人登己丑羅洪先榜進士仕知縣
尹相戊子科舉人登壬辰林大欽榜進士有傳
李寶聯戊子科舉人
李喬齡戊子科舉人
方逢時庚子科舉人登辛丑沈坤榜進士有傳
李冬庚子科四川舉人任青神訓導静海教諭

雷上儒己酉科舉人登癸丑陳謹榜進士仕至贛州府知府

程一夔壬子科舉人仕至饒州府通判

李寶蒙壬子科舉人

李寶全乙卯科舉人

李寶約戊午科舉人仕至南戶部郎中

任邦寶辛酉科舉人仕至常州府通判

周廷詔甲子科舉人仕至常州府通判

萬曆李　沂癸酉科舉人登丙戌唐文獻榜進士欽點翰林有傳

李　憭戊子科舉人登丙戌榜進士有傳

鄧揚楚由選貢入順天監中丁酉科舉人

游士任丙午科舉人登庚戌韓敬榜進士有傳

熊開元戊午科舉人登天啟乙丑余煌榜進士行取欽授吏科給事中有傳

天啟金　聲由選貢中天啟甲子科第三名舉人登戊辰劉若宰榜進士欽點翰林有傳

尹民興甲子科舉人戊辰科進士有傳

崇禎任玄震庚午科舉人登庚辰魏藻德榜進士有傳

尹奇逢庚午科舉人登辛未陳于泰榜進士仕至山東兵備道有傳

任喬年庚午科舉人庚辰欽賜進士

方貞通庚午科舉人

雷士順丙子科第四名舉人

李占解壬午科第三名舉人

高自遠壬午科舉人任江南建平知縣

國朝

康熙劉均選己酉科舉人

孫　襄乙酉科舉人

李懋泗乙酉科舉人任衡陽教諭

尹　健乙酉科副榜戊子科舉人

陳新謨甲午科第五名舉人

房逢年庚子科舉人乾隆己未科進士有傳

雍正劉仁濟癸卯恩科舉人

程汝魯己酉科舉人任荊州府監利縣教諭有傳

程　珏壬子科第五名舉人登癸丑陳倓榜進士改授黃陂縣教諭

尹　侃壬子科舉人乾隆壬戌科進士任直隸沙河肅甯交河遷深州知州陞保定府又調雲南鶴慶麗江沅江等府有傳

乾隆張大照甲子科舉人

尹貴彪丁卯科舉人任竹山教諭陞永定縣有傳

游正文庚午科舉人

方承保壬申科舉人任陜西三水縣調涇陽遷浙江玉環同知歷江西贛州府有傳

方巽光壬申科舉人任竹山教諭

尹一聲癸酉拔貢己卯科舉人任竹山長陽教諭

汪鵬翥乙酉科舉人

李先翔辛卯科舉人借補黃梅訓導

劉高越己亥恩科舉人揀選知縣改教職鄉飲舉大賓任襄陽縣教諭

陳安裔癸卯科經魁

張宗軾癸卯科舉人任海鹽知縣歷署分水昌化縣寧波通判烏鎮同知浙闈四科同考官

文科續編

乾隆

童榮先壬子科舉人部選沔陽州學正

杜亚基甲寅科舉人

明學酯乙卯科舉人有傳

羅驊乙卯科舉人任石首縣教諭

嘉慶

周大鈞戊辰科舉人歷任麻城宜城縣教諭蘄州學正後截取知縣有傳

程鴻德丙子科舉人

朱啟華戊寅科舉人

朱命基己卯科舉人

道光

尹顯嘉辛巳恩科經魁

孫首登辛巳恩科舉人

張友杰辛巳恩科舉人

陳敦誥戊子科舉人甲辰科大挑一等歷任如皋鹽城豐邑知縣有傳

張黼華戊子科舉人歷任房縣襄陽縣教諭選授高平縣知縣保陞知府

塗文鈞戊子科北闈舉人己丑進士授工部主事歷都水司員外郎郎中浙江道監察御史轉掌浙江道簡放甘州知府歷江南鹽巡道署江寧布政使司有傳

楊高仰辛卯恩科舉人主講鳳鳴書院任均州學正

陳敦詩壬辰科舉人甲辰科大挑一等歷任江蘇溧水興化寶應知縣主講鳳鳴書院有傳

孫作霖庚子科舉人

咸豐

李士塏由拔貢中辛亥恩科北闈舉人景山官學漢教習同治癸亥科進士現任浙江天台縣知縣

王鼎元己未恩科舉人即選教諭

同治

程驥昌壬戌恩科恩舉人

尹顯京甲子科亞元

周文達甲子科舉人

副榜

崇禎 方宏鼎 由歲貢中庚午科副榜任長沙縣訓導陞漢陽縣教諭

康熙 胡 鍩 甲午科

李傳大 庚子科

乾隆 余允元 辛卯科

續編

道光 羅培源 乙酉科歷任黃陂監利教諭

李 佩 甲辰科

咸豐 鄭如川 辛亥 恩賜

同治 吳登梯 壬戌 恩賜

武科

明

天啟 方日中 武探花

崇禎 方宏瓚 庚午科武舉

方壯猷 丙子科武舉

王德勳 壬午科武舉

雷 安 由武舉任遼東千戶

國朝

順治 劉鎮定 辛卯科武舉授淮安守備陞山西大同宣府都司致仕

毛楚翰 甲午科武舉

康熙 楊象德 己酉科武舉

易 晃 乙酉科武舉壬辰進士選授侍衛歷任滁州靈州衛守備

方開國 乙酉科武舉

黃 錡 戊子科第三名武舉

周 玫 癸巳

恩科武舉

周 球 甲午科第五名武舉

鄭士瀚 甲午科武舉任南漕押運千總代賠旗丁逋糧隨奉戶部坐糧廳賜扁功堪裕國

總漕題陞衛守備以疾卒

吳鼎勳 甲午科武舉

易晟 庚子科武舉

雍正 涂璉 癸卯恩科武舉授山東濟甯衛千總值曲阜重修文廟監修運瓦如期續因東省水旱捐賑有功制臺保題賢能調江南長淮衛

張襄 丙午科武舉

蔡思瀚 壬子科武舉

黃從賢 壬子科武舉

乾隆 李之龍 庚辰恩科武舉

周言斌 辛卯科武舉任隨州千總六十年勦猺於川陝有功嘉慶元年偕弟昇往施南勦教匪斌單騎按伏遇害　追封二代　封斌為武德將軍　廕一世雲騎尉承廕恩騎尉

周言昇 甲午科武舉任湖南岳州水師營千總陞夔府協鎮嘉慶元年勦匪同花黑兩將軍帶兵八洞壘戰三晝夜敵匪悉平昇同營吐血亡　追封三代　廕二世雲騎尉

葉泰清 己亥恩科武舉候選千總

武科續編

嘉慶 孔廷魁 戊午科武舉任竹山把總

周大猷 庚午科武舉任南漳縣把總陞穀城棗陽千總

李方春 丙子科武舉

道光 孫虎臣 乙酉科武舉任穀城千總陞郧陽守備

趙尚清 甲辰科武舉

貢監

明

徐興權桃源知縣　徐興道

朱文禹都督府所事　王志如皋典史

游良能訓　教諭　劉景文刑部主事

朱文顯修武教諭　夏琏

涂守仁拔貢任南京寧國府經歷　李暹蒲城主簿

徐方貢嘉定州判　李忠臨桂縣丞

舒文煥慶遠照磨　崔嵩鴻臚寺序班

來如賓廣東千戶吏目　王思誠廣甯屯經歷

游體加　王禮

危安　李紹源濟甯知縣

姚思俊　李瑁江山知縣

龍必昇衛南知縣　劉紳貴州布政司知事

李鼎懷甯主簿　蔡簡澄新喻高苑縣尹

張以善桐廬縣知縣後陞府判　李顯海州訓導

黃淮縣丞　李震

周溥處州府經歷　周忻確山教諭

石玉成　李仁源

杜楨雲南檢校　江源通判

孔選　魯頌貢

雷震北直衛經歷陞五軍都督指揮　李汝淮主簿

游廷昌營山知縣　李汝謨經歷

李源銅梁知縣　孫璣

王焜　鄧祿交城知縣

李虎　徐永諒韓府審理正奉政大夫進階

張澄江油知縣　許諒

朱俊嚴州府訓導　周文廣東知事

江灝經歷　丁貴騰中衛經歷

羅錦　程正臨潁訓導

舒聰新繁訓導　李熙

徐珪內江訓導　任升

徐璋雲南知事　蔡琛浮山知縣

李承亨儀真訓導　程質浦江知縣

王邦　李春蒼溪教諭

周懫灌縣訓導　雷華湖州府訓導

李　綬拔貢永寧教諭　李鶴齡慶元訓導
程　賢　雷震春汝寧府訓導
任萬全貞定訓導　徐　綬襄府教授
徐　墉襄府教授　李　鎔遼府教授
杜　璘　蔡崇政泗州學正
李　珩　周如孟
蔡崇文南充知縣　李堯民
古完珍　雷孟春句容訓導
徐　堂高郵訓導　蔡崇嶽錢塘訓導

李高齡梁山教諭　李九齡太學上舍
杜循古　蕭　璽嘉興訓導
王彥卿萬縣知縣　李　棨代州訓導
萬　新巢縣教諭　李承清
游繼恩　李承問舒城訓導
孔　述白水教諭　鄧廷爵滁州知州
古　述　鄭　寰
李　整　任民恩
李　似吏目　李　曒教諭

李　森天長知縣　蔡　偲衡府教授
李　褒主簿　杜廷元寧國訓導
古宗儒淄陽教諭　雷　岱宜黃教諭
曾孟詹　蔡　佃潼川訓導
蕭輔堯襄城教諭　尹　梅長沙府訓導
劉光國澧州同知　杜廷升
程　坪宜陽訓導　雷敏中儀真縣丞
陳時敘　黃　袍
程鵬搏臨城知縣　李寶奎上高教諭

古　梗處州府訓導　尹汝揚通道教諭
李　慄饒州府教授　尹以談枝江教諭
李作楫東安教授　湯　訓宜都訓導
尹以謁荊州府訓導　黃文炳通山教諭
李　快常州府教授　古學禮遂昌教諭
徐繼治桂陽州學正　李宙亦黃州府教授
李宙憲衡陽訓導　尹以論
周昭文　方宏運沔陽訓導
任完璧乙酉副榜　毛　序

方　接　陳嘉謀
徐自新永州府教授　尹以譽慈利訓導
游士達潛山訓導　蕭頤吉福州通判
游士俠祁門知縣　方日隆歲貢授德安府訓導陞大冶教諭復陞鄖陽府教授
雷　驤
李宙遜麻城訓導　李占與沔陽訓導
李宙裘　呂纘明
雷　驥　游時昂
趙應康　黄應辟

胡希亮　涂顯元
金　簡　尹天知
李宙奮崇陽訓導　湯有光
鄧人龍　李　黄
國朝
李宙臯上海縣丞　李開唐沔陽州學正
游明羽　尹奇養歲貢
余　芳　熊合元大冶訓導有傳
鄧允星天門訓導　方宏鼎漢陽教諭

方宏勳　趙希仲河南考城縣知縣
金敦溥江華教諭　高其昇歲貢
蔡用予候選通判　杜麟昌
鄭朝暘優貢江都縣丞陞知縣　謝廷聘
尹民昭歲貢　來諭國
周于岸　方宏祖
李占星歲貢長沙教諭　童心開
任昌應青田縣丞陞錢塘縣尹　趙鳳池
龍文鼎天任司訓有傳　李宙都

李宙奇歲貢　游明燦應城訓導
蕭爲備　李正慈
尹士大癸陵訓導　任祺年
周應時拔貢　唐　冀
周士任歲貢候選訓導　王敷極歲貢天水訓導
周士毅恩貢復設教諭　張　慥
孫宏章　明時習
方　海恩貢　李遇榮
朱世溥恩貢　尹士郭

朱世法 歲貢　程孟言 歲貢
周斯章 拔貢鑲藍旗教習　周應修
李儒大 歲貢　明時翼
耿應暘　任汝楫
尹柱世 歲貢天門訓導　張昭
李詩大　鄧濤
吳鼎勲 恩貢　吳之江 拔貢
劉士觀 拔貢初任崑山縣丞陞彭澤縣　尹安世
尹章世 歲貢　萬鎰

萬錦　鄭士會
尹任世　賀世傑
尹世焯　劉亦勳
萬鉉　來入聖
尹貴伯　萬世清
杜榮　周世滄
尹貴震　金忠益
羅瀚　劉本衷
蕭文旦　陳知遇

來作屏　尹貴位叔
葉天鐸　陳一鑄
古柏 宜陽訓導　杜國傑
孫明 訓導　張醕 太和縣知縣
周士鏜　龍潛 貢
游正文 乾隆辛酉拔貢　羅政儒
汪鵬舉 拔貢　劉高榜
甘珠 恩貢　尹一聲 拔
胡自炳 恩貢　張宗嶧 拔貢任應山教諭

龍海躍 恩貢　甘德修 正黃旗官學教習
孫之傑 舉鄉飲大賓　方光亨 恩貢
王景會 歲貢候選訓導　孫世徽 恩貢候選教諭
孫素德 歲貢候選訓導　李浣修
甘敏修　孫容江
鄭世愷　孫三平
黃之桐　邵志聖
林國藩　童宏緒
劉士玉　劉士高

耿宗熹歲貢　尹貴高任監利訓導
尹均位　雷繼緒
張　瑜歲貢　尹貴儀任漢陽黃安訓導
魏天槐歲貢　李基生
尹均雯廪貢任漢陽府訓導　呂桂堂入監肄業候補訓
鄭世濂歲貢　李明行歲貢
魏華東歲貢　孫之銘歲貢
趙對揚歲貢　李銘建歲貢
李　鵬歲貢　李文彬歲貢

蕭協忠歲貢潛江訓導　杜國懋廪貢
方增運增貢　王宏祖廪貢
張持漢　尹均亮優貢
陳俊元監貢　方增能
張揮道　尹貴李
方增圻　張　聆
劉　榮　張揮行
杜　珩　周達德
尹貴表　張　琴

朱廷元　尹貴鄖
張於文　汪宗連
金攀孝　張揮太
方增泰　金士標
杜國玉　耿興霖
陳安世　沈起萬
陳　鴻　張昌明
涂登甲　金汝賢
駱大任　李　健

何方宣　張宗耀
朱廷昌　陳安商
劉本素　李溥光
羅世茂　方樹忠
趙士廷　李之詰
孔衍洙　趙　對
蔡宗泗　謝大惺
朱琦發　熊恕光
尹寗世　朱胄煥

涂廷魁　張揮文
龍成甲　張宗渭
孫志脩　劉翰明
劉鳴岡　鄭昌斌
錢　俊　余前崐
黃大品　曾之蒿
陳景舜　方効忠
彭應宗　陳景賢
尹光漢　陳　愷

尹光森　劉承脩
蔡爾慈　趙舉科
蔡宗洙　丁　鵬
劉禮富　金　相
程振作　張金元
劉義元　扈道本
戴廷弼　尹均倧
楊宗賢　余宏緒
金志瀛　涂廷道

王裕文　陳會彪
陳榮龍　雷榮亨
陳會均　涂　階
周邦林　萬　標
涂增藻　蔡尚元
熊開文　李孟光
羅利器　王顯林
來大忠　鄭　會
陳會試　來大時

涂　陵　張士茂
蔡思洸　張熙履原籍江夏人籍嘉魚
呂榮陞　涂應元
王必英　左作梁
劉義純　謝祖傑
尹均悰　李慶英原籍休寧人籍嘉魚
屈祖昌　張大伊
張金榜　熊豪光
來作懋　蕭勳忠

吕先作　孫聰書
汪宗超　李明廸
吴德濂

貢監補遺

乾隆黃光郢歲貢加州判銜
熊　鎔癸酉　恩貢候選教諭
龍士遇歲貢
張衍玻增生癸巳優貢

續編

劉輝世辛亥歲貢嘉慶元年舉孝廉方正有傳
胡正開附貢
殷超儔歲貢
嘉慶張士綬戊午優貢肄業國子監候選訓導
汪名豹歲貢
陳東軒辛酉拔貢
陳安亨壬戌　恩貢候選訓導
高正訓甲子歲貢候選訓導
龍必減　恩貢候選州判

金　松歲貢
童愼修歲貢
陳安教己巳歲貢任棗陽訓導
尹均宣歲貢任鶴峰州訓導
張紹翰辛未歲貢
尹均甸壬申歲貢候選訓導
涂開元癸酉拔貢歷任廣西太平州州同署河池州知州補土司州州同署桂林府龍勝通判陞補同知有傳
尹廷瑛癸酉歲貢任黃岡縣訓導

張祚海甲戌歲貢
張夢燕歲貢
張友芝廩貢試用訓導
李文林附貢
李先義歲貢
羅　佺己卯歲貢
張書紳歲貢
道光尹均理辛巳　恩貢
孟榮楚乙酉歲貢

蔡孔緒乙酉拔貢任遠安縣教諭有傳
周務爛丙戌歲貢候選訓導
張友蘭己丑歲貢
何汝良辛卯歲貢候選訓導
駱大經　恩貢
徐世儀癸巳歲貢主講鳳鳴書院
徐世俊增貢
何學海乙未　恩貢候選教諭
袁勲丙申歲貢

陳敦該丁酉歲貢
周宗瀛丁酉拔貢署麻城教諭均州學正
黃正霆庚子歲貢候選訓導
劉鳳山辛丑歲貢候選訓導
左仁爵壬寅歲貢候選訓導
孫嘉會增貢分發試用訓導
劉冕癸卯歲貢
皮基昇乙巳　恩貢署沔陽州學正
周文瑾乙巳歲貢候選訓導

咸豐趙開甲辛亥　恩貢候選教諭
熊湘品辛亥歲貢候選訓導
方開吉壬子　恩貢候選教諭
王正心甲寅　恩貢
張宜乙卯　恩貢
孫嘉民乙卯歲貢分發試用訓導
趙用賓丁巳歲貢儘先選用訓導
李方金戊午歲貢
周明遠己未歲貢

李邦彥廪貢前署黃州府教授現任穀城縣教諭
李邦弼附貢歷署安陸南漳縣訓導
方坤附貢
李席珍附貢
李逢元附貢
何榮清附貢儘先選用訓導六品頂帶加分發試用教諭
金先達庚申　恩貢候選復設教諭
李榮增貢
孫鳳鳴附貢候選縣丞

鄭際盛附貢
葉玉成附貢
熊子書附貢
左其恭辛酉拔貢候選教諭布經歷銜
李國楨附貢雙月選用從九
李士衡附貢
同治李望弼壬戌　恩貢
周作鎬甲子歲貢候選訓導
熊兆祥附貢

李鴻藜附貢
尹鉅高附貢
周作豐乙丑　恩貢
熊觀國廩貢　分缺先復設教諭
張協美廩貢即選訓導
熊定國增貢候選縣丞
張嗣齡嘉慶附貢　補遺
熊際飛附貢
熊際唐附貢

誥勅

宋

李希說義山祖誥贈朝議大夫黃氏贈宜人
李修己義山父誥封紫金光祿大夫虞氏封永寧郡夫人繼蔣氏安康郡夫人

明

陳　宜父誥封工部員外郎　氏宜人
徐方通承諒父誥封奉政大夫左氏宜人
程自新鑑父誥封工部郎中李氏宜人
雷本聰震父誥封都督府經歷蕭氏安人

孔仲宣儒父誥封浙江道御史張氏恭人
李　善田父誥封都御史又以孫承勛貴加贈光祿大夫童氏封淑人又加贈一品夫人
吳源富廷舉祖誥贈光祿大夫工部尚書曾氏加贈一品夫人
吳貴宗廷舉父誥封光祿大夫工部尚書陳氏加贈一品夫人
李　奐承勛曾祖誥贈光祿大夫太子太保兵部尚書熊氏加贈一品夫人
李　田承勛父誥封光祿大夫太子太保兵部尚書畢氏加贈一品夫人承勛妻龔氏繼袁氏俱封一品夫人
李　阜承芳父誥封大理寺評事鄧氏孺人
方　宸以輸粟賑飢授義官役平劇賊有功賜葬祭贈本府檢校

尹德彰　祖父誥封南京刑科給事中孔氏孺人

方孟錠　逢時曾祖加贈光祿大夫太子太保兵部尚書李氏加贈一品夫人

方　寵　逢時祖加贈光祿大夫太子太保兵部尚書李氏加贈一品夫人

方　亨　逢時父誥封光祿大夫太子太保兵部尚書孔氏封一品夫人逢時妻周氏繼余氏俱封一品夫人

雷　敬　上儒父敕封戶部郎中游氏安人

游　讓　士任父誥封廣西道監察御史明氏　人

李賓蒙　憭父敕封光祿寺丞　氏安人

熊　僎　開元父敕封文林郎李氏孺人

金文耀　聲父誥封山東道監察御史吳氏淑人聲妻鮑氏恭人

尹以譽　民興父敕封文林郎李氏孺人民興妻來氏孺人

尹文華　奇逢父誥封中憲大夫李氏繼朱氏俱封恭人奇逢妻王氏恭人

國朝

易興周　昆父誥封中憲大夫杜氏封恭人昆妻杜氏封恭人

尹奇玉　侃祖父貤封朝議大夫涂氏繼吳氏俱封恭人

尹世德　侃父封朝議大夫雷氏封恭人

劉日泰　士觀祖敕封文林郎徐氏留氏誥封孺人

劉世祿　士觀父敕封文林郎談氏誥封孺人

方　潮　承保祖貤封朝議大夫謝氏貤封恭人

方天開　承保父例贈朝議大夫費氏例贈恭人

尹濟世　貴彪父貤封修職郎劉氏貤封孺人

尹　儒　一聲父貤贈修職郎孫氏貤贈孺人

方天祿　異光父例贈文林郎龔氏例贈孺人

誥敕續編

涂吟道　開元祖貤贈儒林郎張氏贈安人

涂增葵　文鈞祖貤贈中憲大夫張氏贈恭人

涂增藻　文鈞伯祖貤贈朝議大夫周氏贈恭人

涂開元　文鈞父誥封中憲大夫張氏繼詹氏俱封恭人

涂文鈞　晉贈中議大夫張氏繼徐氏俱贈恭人

張步瀛　文鈞外祖貤贈承德郎李氏贈安人

周開疇　大鈞父貤贈修職郎李氏贈孺人

李長春　邦彥父貤贈修職郎房氏贈孺人

楊宏咸　高椿祖父貤贈承德郎熊氏贈安人

楊名敎　高椿父敕封承德郎房氏繼何氏俱封安人

熊斯漣　湘品父贈修職郎曾氏孺人

李希聖　國楨父授登仕佐郎胡氏孺人

朱煥襄命基父貤贈修職郎母徐氏孺人

襲廕

宋

李立已 希顏之子知縣

元

李憬 評史

李英 義山孫平寇有功

恩加奉議大夫

李端 杲之子知縣

明

李瑞 英之孫經歷

李鑨 奇之孫南充縣尹

李承階 用之子鴻臚寺序班

李敉 承勛子右軍都督府經歷益府長史加四品服色

方日中 逢時長子錦衣衛右所正千戶丁丑武探花實授指揮同知南鎮撫司僉書

方日明 逢時次子右軍都督府都事陞四川東川軍民府

方日興 逢時三子通政司經歷陞雲南順寧府通判南京都督參軍

方日接 逢時四子廕監生

方宏緒 日中長子廕錦衣衛

方宏謨日興次子鴻臚寺序班

方宏瓚日中二子武舉蔭錦衣衛正千戶陞鎮國將軍

方　鎮宏瓚子蔭錦衣衛正千戶武德將軍

尹汝學相之子鴻臚寺序班

熊維翰開元子中書舍人

國朝襲蔭續編

涂逢辰文釣長子蔭騎都尉分發江甯候補縣丞

周宗選言斌孫承襲千總有功陞鄖陽都司賞戴藍翎

徐昌運艮櫃長子蔭雲騎尉前署遠安營把總現署均光前營右哨司把總

房萬桂經國次子蔭雲騎尉分發武昌城守營候補守備

辟舉按此條大崔志列之貢舉方志列之辟舉續志又列之選廕紛紛不一細查方志近是今從之然亦止於成化乙巳以後仍無所考矣

宋

蔡汝賢宋淳熙間以薦舉任中書舍人

元

李俊傑至正間由薦舉官至翰林學士

明

陳道宏以薦舉任綦江訓導

蔡　昭以貢舉薦授翰林院五品職官又賜蒲圻縣俸令終養克明其字舊志訛今正之

李德庸名公宏以字行明經授國子監助教陞經筵日講以下俱以明經舉

程　衡任本學訓導　雷士膺本學訓導

萬　欽靖江王府紀善　李　愷固始教諭

魯　權鳳陽教授　李　惟黃岡教諭

孫汝傑以人才任新安主簿以下俱以人才舉

李世賢廣東欽州知州　方　謙汝甯倉大使

李　奐四川巡檢　舒　其海康典史

涂　恩保舉四川涪州州判　余　彬以生員任閩卿典史

雷獻章績溪稅課使　龍　光

李芳宣江西豐城知縣　雷伯雲由庠士選舉薦興府幹辦
程　正保舉濟源縣丞　胡　裕
雷伯璣以選舉授江西湖口知縣　雷伯春由人才選舉任鹽課司
陳繼榮任永新富寨巡檢　童　仲
童　祥以明醫任訓科　崔　壬以明術任陰陽學訓術以下明術舉
童　偉　古　文訓術
童以顯俱訓科　程立中縣丞
李　琦訓術　李爲仁儒官
古　冕訓術　李啟衷

吳　藩吉安州判　李乾齡訓科
吳廷諤梧州千戶
李坤齡義官
趙廷玉義官
雷　覲篺洲巡檢入籍嘉魚

國朝辟舉續編

左仁昌廪生由委辦釐金營務保即選知縣加同知銜賞戴藍翎
鄭明循廪生保舉府經縣丞
楊高椿廪生咸豐初辦團防有功保加內閣中書銜六品頂戴前署黄州教授接任漢陽縣訓導俸滿保陞
何文穎附生保舉訓導加國子監典簿銜
尹柄謙附生保舉州判
楊高梓廪生壬戌　制科選舉孝廉方正三院會考　咨　題　賜六品銜
徐兆霖附生同治壬戌　制科孝廉方正三院考取第三　朝考　欽取策疏第一引見
特用知縣
汪嗣音軍功保舉同知銜分發江蘇候補知縣
龍上國監生保舉縣丞
田嘉穀監生保舉縣丞加藩經歷復加鹽提舉銜

雜例

明

程公溥主簿　杜清雎寧典史

雷本聰休寧主簿　魯勝宗巡檢

許子文武城典史　李玉如林典史

熊以恭樂安縣丞　王仲文吉水縣丞

羅璐經歷　來桂袁州經歷

吳鼎縣丞　鄧鸞縣丞

胡守由宜春典史　劉國文吏目

涂守賴典史　方養才主簿

王思堯典史署山西蒲縣縣丞　皮一麟經歷

呂廣榮經歷　雷大作巡檢

謝士韶鹽大使　鄒望楚四川經歷

周庶紀善　雷淵由國學選縣令

涂可教經歷陞崇善知縣

國朝

雷開禧肇昌照磨　周承禎連城北團寨巡檢

周志仁河南項城縣典史　李世敏原籍休寧捐授縣丞

朱文煥捐授州同　孔茂唐學錄

雷兆鰲江西東鄉典史署縣丞　孔興若學錄

方伯義由布政司吏科考授福建龍溪縣柳江營巡檢康熙癸亥陞署長泰縣知縣

方朝珍任湖南常德府武陵縣典史

雜例續編

張邦治湖南陞用縣原署澧州直隸州分州代理安鄉知縣均有政碑補益陽縣丞

周華廷監生候選主簿

陳啟鍾由四川縣丞加同知銜改發江蘇候補通判

涂開儀湖南候補巡檢歷署桃源縣典史鄭家店巡檢河溪口巡檢

涂文錯廣西候補藩經歷

楊高杞湖南分缺先試用巡政廳

孔國玉附生候選州吏目

武職

明

李方品 遊擊

雷 政 由武庠入宣尉司練勇有功賞北平衛指揮陞守備轉參將

國朝

李名春 由行伍授廣州守備

王尚隆 由行伍授興國州千總陞雲州守備

王艮桱 以生員揀選勇健營隨征西路俟推千總

孫明夏 捐授千總

武職續編

唐際盛 由武生加把總充復全陵案內保儘先拔補充復湖州有功陞千總遇缺即補

杜占魁 由武生加把總

汪逢春 由武生加把總

黃德全 由武生加把總

重修嘉魚縣志卷之五

人物志第八

善人國之紀文士國之華若夫間氣所鍾必有磊落奇偉才全德備者當之經綸宇宙師表彝倫非其人莫屬焉吾邑人物之盛素甲鄉邦自諸名公卿外稍加蒐剔尚可御車而載他如行師曾閔誼合雷陳蘿薜高蹤松筠勁節但有關於世教即宜壽之簡編斯山輝澤媚之徵亦論世采風之助也詎敢忽諸

賢達

士有三不朽兼之者難不可謂無其人也前乘所紀楷模具存其未盡表章者書缺有間矣亦心竊嚮往之志賢達

宋

李義山字伯高世居豐城後徙居嘉魚西保總角讀書一過能解大義師事晦菴南軒二先生嘉定十三年賜進士第初授衡州司戶端平元年知贛縣改授臨川遷吉州饒州能輕其稅斂諭安寇攘峻城深池

擢折豪强淳祐元年除樞密院編修又除知大宗正丞兼金部郎中轉對首言爲善不可有疑心去惡不可有悔心又言陛下有好善之心而無遷善之勇有除惡之名而無去惡之實敷奏詳明上屢首肯而平章師相魏國公請於朝稱其行美於瑜節介於石可謂知公者後以明堂恩賜爵中大夫直秘閣豐城縣開國男食邑三百戸孫英以平寇功授岳州府同知不受別有傳

元

程堯臣與其弟舜臣嘗遊湖見絕流而漁者謂其弟曰一船魚半船血吾不忍觀也李承箕曰堯臣可謂仁人矣臣初名成爲鄉人誣奏徵入京師事白順帝元統間改成爲臣賜第一區

明

程立中居仁里人明初家貧力學不棄鄙賤常役官府後期爲尹所辱立中於庭下朗吟一詩以寄諷尹謝曰才子也急釋之延之上座因與語益知其所蓄即以詩薦之朝拜縣丞又以催科後期下刑獄一夕

呈詩百首太祖覽而悦之謂延臣曰此子忠愛由是復官九載致仕卒於家

周恕豐義里人以鄉舉任岳池知縣舊尹以遲緩廢事繫獄恕至清其弊端如櫛髮烹鮮累年逋賦悉完訟獄皆平舊尹得釋且復官恕即還朝致其事而退

程鑑字叔明從龍之孫永樂乙未登進士授刑部主事調營膳歷虞衡郎中大學士楊文定曰吾生平不敢廣交游自海内及鄉國相與往還者蓋有數焉若叔明者吾所願交也鑑特達持重平居恂恂而是非可否卓有定見事非涉己未嘗輕發言營膳虞衡尤劇司鑑所至稱如人推服之刑部侍郎曹公以鑑可大用薦諸朝適鑑奉使於蜀而死矣

李滄字朝宗端謹雅飭學立行修鄉試第一明年會試中乙榜第一賜進士冠帶給俸入翰林讀書應制獻詩輒蒙恩賚歴官金谿教諭保甯教授學士李英嘗曰朝宗端謹有學行名望素著爲教官實屈其才石首楊文定公尤重之以墨竹題詩寄之曰春滿江臯雨露深此君別後每關心何當養就淩雲節製作

簫韶協鳳鳴正統間典試廣西後又典雲貴等處試事拔擢盡名士上特詔立牌坊賜獅子於門年六十致仕以讀書賦詩爲樂客至無貴賤必冠帶出見人或治具召之雖貧賤不拒也

童以明字用昭賀房弱如不勝衣知縣莫震性剛傲獨忘年交之以明友愛深至事叔如嚴父弱冠舉鄉薦爲廣西遷江令不鄙夷其民修學校之教設婚姻之禮遠至洞獠亦服從焉在任六年而卒壽三十七行槖蕭然竟不能歸

程鵬字萬里以鄉薦爲廣西河池令地近邊方風俗獷戾以戰爭爲事鵬推誠訓導民爲丕變後陞滄州同知清操益著所居不蔽風日鵬處之裕如也

李琩字伯溫西堡人以貢入太學選任江山知縣居官務矜恤視民如子時閩浙海醜爲患琩捧檄征勦有功撫臣請優擢懇辭歸里

李田字舜耕以進士初任戶部主事出監臨清糧務兵民肅清陞郎中遭毋喪服除補山西司郎中四川蠻叛朝廷命大將討之故事命大臣督餉尚書楊鼎薦田行比王師至而芻餉百萬聯絡山積任使官屬秋毫不敢違事平陞布政司左參議久次得廣東瓊州蠻叛且僭號衆議請兵於朝田曰兩廣經年用兵公私困弊甚矣此易與也即日渡海發近郡兵捕首惡誅之焚其服器巢穴安其衆而還或教以獻俘論功田拒之久之尹名爲冢宰晉田左參政權貴人沮之不報權貴人罷陞右布政使尋轉福建左布政使其爲政務存大體事有統紀凝神端坐人莫窺其際陞順天巡撫京畿賦役煩重貴戚畹多侵暴田皆

直之貴人多不便以疾致仕詔不允踰月而卒祀鄉賢

孔儒字宗學爲人戇直尚氣節景泰庚午鄉薦丁丑會試値闈中火災官司悉逃奪門無路儒升牆端引手拯出者無數事聞上索牆端舉子姓名衆以儒對遂召入俞勞有差不俟終闈即賜進士第授巡城監察御史拜命數上疏動關大計會星變條星災異指斥無所忌諱清軍南粤益厲風裁終廣西慶遠府知府致仕家居嚴重端默足不至公門人有游惰不檢

必面斥之後進姱婾之士不敢過其里巷焉
吳廷舉字獻臣清洪里人洪武中祖成梧州遂隸戍籍以進士初授廣東順德知縣潔已字民即抗權璫御史汪公惡其專忤上官以他事按之公四服偕手詣公所眾共泣訴公無私狀御史太慙釋之尋陞成都府同知廣東盜起陞公兵備討平之逆瑾專權公屢忤其私瑾矯旨坐謫戍雁門是年瑾誅起雲南兵備副使尋陞江西右參政討桃源賊多建盤錯公躬智勇悉得蕩平他如撫嶺表猺獞之亂疏六事以備

宸濠之變累著大功歷官至工部尚書即疏歸衣敝居隘無郭外之田卒之日身無以爲斂家口素不給隆慶元年追錄賜葬祭贈太子少保謚清惠祀鄉賢今自湖廣至廣西引松夾道是其手植也

錄明史列傳　補遺

吳廷舉字獻臣嘉魚人成化二十三年登進士除順德知縣上官屬修中貴人先祠廷舉不可市舶中官市葛以二萬與之曰非產也中官大怒御史汪宗器亦惡廷舉曰彼專抗上官市名耳會廷舉毀淫祠二百五十所撤其材作提葺學宮書院宗器謂有所侵盜執下獄按之不得間慚而止爲縣十年稍遷成都同知憂歸補松江用尚書馬文升劉大夏薦擢廣東僉事從總督潘蕃討平南海清遠諸盜正德初歷副使發總鎮中官潘忠二十罪忠亦許廷舉他事逮繫詔獄劉瑾矯詔枷之十餘日幾死戍雁門旋赦免楊一清薦其才擢江西右參政敗華林賊於連河從陳金大破姚源賊其黨走裴源復從俞諫破之賊首胡浩三既撫復叛廷舉往諭爲所執居三月盡得其要

領誘使攜及得還浩三果殺其兄浩二內亂官兵乘之遂禽浩三與副使李夢陽不協奏夢陽侵官因乞休不俟命竟去坐停一歲俸起廣東右布政使復佐陳金平府江賊擢右副都御史賑湖廣饑已復出湖南定諸夷疆地甯王宸濠有逆謀疏陳江西軍政六事爲豫防計世宗立召爲工部右侍郎旋改兵部上疏詆陸完王瓊梁儲及少傅蔣冕而自以爲已昔居憲職無一言乞罷黜以儆幸位時完早得罪瓊及儲已罷去廷舉借以傾冕冕遂求罷帝頗不直廷舉詔

南京工部而慰諭冕冕固請留之不聽嘉靖元年廷舉乞休尋以災異復自劾求罷勸帝修德應天因奏行其部興革十二事尋就改戶部遷右都御史巡撫應天諸府長洲知縣郭波以事挫織造中官張志聰志聰伺波出倒曳之車後典史蕭景騰操兵教場急率兵救百姓登屋飛瓦擊志聰志聰奏逮波景騰廷舉具白志聰貪黷狀帝乃降波五級謫景騰遠方志聰亦召還三年以大禮議未定請如洪武中修孝慈錄故事令南京部寺臺省及天下督撫各條所見並

詢家居老成冞而行之彙爲一書以詔後世時已定稱本生考廷舉窺帝意不慊故爲此奏給事中張原劉祺交劾之不報尋改南京工部尚書辭不拜稱疾乞休帝慰留已復辭且引白居易張詠詩語多詼諧中復用嗚呼字帝怒以廷舉怨望無人臣禮勒致仕廷舉面如削瓜衣敝帶穿不事藻飾言行必自信人莫能奪其在太學時兄事羅玘玘病痢僕死自煮藥飲之負以如廁一晝夜數十反玘嘗語人曰獻臣生我廷舉好薛瑄胡居仁學尊事陳獻章居湫隘亡郭外田有書萬卷及卒總督姚鎮庀其喪隆慶中追謚清惠弟廷弼舉於鄉廷舉枷吏部前廷弼卧其械下刑部主事宿進爲奏記張綵乃得釋

李爲義字用勇由鄉薦爲彭澤令清廉撫字處官暨不爲勢屈一統志文行篇獨優云

李承芳字茂卿自幼穎敏生七月以箸畫灰作土地二字年十四其伯父指鄉之富貴者示之曰兒有大志乎對曰富貴不淫貧賤樂兒之志也既長博涉子史酷嗜吟詠宏治中以進士授大理寺評事性不喜

誓以死報承勛令奇甯入砦說降其黨爲內應而親率所部登山奇夜拔柵官軍奮而前降者自內出賊遂潰已從金斬賊渠羅光權胡雪二華林賊平鎮守中貴黎安誣承勛擅易賊首王浩入獄詞坐下吏大理卿燕忠即訊得白舉治行卓異超遷浙江按察使歷陝西河南左右布政使以右副都御史巡撫遼東邊備久弛開原尤甚士馬纔十二牆堡墩臺圮殆盡將士依城塹自守城外數百里悉爲諸部射獵地承勛疏請修築會世宗立發帑銀四十餘萬兩承勛命

以元旦不忍以令節違親己酉除夕兄弟侍親揚終夜毋嘆曰今夕有二子在明夕當何如先生聞之即泣下不忍去勸兄就駕已留奉親隨棄科名不復言仕進讀書大崖之峯因號大崖博綜墳典倡明理學徒步入東粵訪陳白沙者凡四白沙與之遊甚懽終不及爲學之方卽叩之亦微啟其端而不及其奧久之先生曰箕待之矣凡學以言傳非眞傳也其有自擊而道存者乎白沙驚曰子眞其人耶吾且從子後矣遂以理學名天下爲文章刮劘塵垢無起無止莫

可端倪如山川出雲雷雨交至倏然雨止天日晴朗奇偉不凡與兄東嵩日聚黃公之堂更唱迭酬自相師友室如懸磬家人以告則相視笑曰吾道非耶終不以介意後追配濂溪祀鄉賢（舊志）

節略明史列傳補遺

李承箕字世卿嘉魚人成化二十二年舉人往師陳獻章獻章日與登涉山水投壺賦詩縱論古今事獨無一語及道久之承箕有所悟辭歸隱居黃公山不復仕與兄進士承芳皆好學稱嘉魚二李卒年五十四

李承勛字立卿田之子也生姿英敏器度宏遠周歲試以諸物獨脾睨一劍知其有文武才焉宏治壬子以儒士舉於鄉癸丑成進士除太湖令俗尚獷悍公至精勤吏事悉變淳良徵南刑主事尋陞戶部郎中出守南昌時宸濠陰蓄異志百計嘗之不墮其術會諸寇紛然丁大王等陷端州公誓師力剿五寨悉平又桃源賊王浩八叛公出奇計擒之中間宸濠撓誣百端而治行終爲第一陞浙江按察使轉陝西河南

左右布政使遷遼東巡撫一切戰守芻糧之費皆出羨積事聞特晉一級隨以久勞軍務乞休嘉靖初起南臺轉南刑部侍郎晉尚書疏論弭災異濬河道上悉行之召爲吏部尚書辭以不堪乃加太子少保又陳列時務上益嘉納徙兵部尚書兼都御史提督團營加太子太保欲用爲吏部尚書不果是年春公卒贈太保謚康惠祀鄉賢公學有淵源才無枝拄提兵南北曉暢軍機通達國體議論英發廉潔自守家無餘貲子敉益府長史（舊志）

錄明史列傳補遺

李承勛字立卿嘉魚人父田進士官右副都御史巡撫順天有操執爲政不苟承勛舉弘治六年進士由太湖知縣遷南京刑部主事歷工部郎中遷南昌知府正德六年贛州賊犯新淦執參政趙士賢靖安賊據越王嶺瑪瑙砦華林賊又陷瑞州諸道兵不敢前承勛督民兵剿數有功華林賊殺副使周憲憲軍大潰承勛單騎入憲營衆乃復集都御史陳金卽檄承勛討之賊黨王奇聽撫捜得其衷刃縱使還奇感泣

誓以死報承勛令奇宿入砦說降其黨爲內應而親率所部登山奇夜拔栅官軍奮而前降者自內出賊遂潰已從金斬賊渠羅光權胡雪二華林賊平鎮守中貴黎安誣承勛擅易賊首王浩入獄詞坐下吏大理卿燕忠卽訊得白擧治行卓異超遷浙江按察使歷陝西河南左右布政使以右副都御史巡撫遼東邊備久弛開原尤甚士馬纔十二牆堡墩臺圮殆盡將士依城塹自守城外數百里悉爲諸部射獵地承勛疏請修築會世宗立發帑銀四十餘萬兩承勛命

步將四人各一軍守要害身負畚鍤先士卒凡爲城塹各九萬一千四百餘丈墩堡百八十有一招逋逃三千二百人開屯田千五百頃又城中固鐵嶺斷陰山遼河之交城蒲河撫順扼要衝邊防甚固錄功進秩一等又數陳軍民利病咸報可以疾歸起故官蒞南院三遷刑部尚書加太子少保帝以京營多弊欲振飭之遂加承勛太子太保改兵部尚書兼左都御史專督團營尋兼掌都察院以疾三疏乞休且言山西潞城賊以四道兵討之不統於一人故無功川貴

芒部之役措置乖方再勝再叛宜命伍文定深計毋專用兵豐沛河工二年三易大臣工不就宜令知水利者各陳所見而俾侍郎潘希曾度可否其尤要者在決壅蔽患倣唐宋轉對次對故事不時召見大臣帝不允辭下其議於所司時秦晉楚蜀歲祲詔免田賦承勛言有司例十月始徵賦今九月矣恐官吏督趣隂圖乾沒宜及其未徵遣官馳告以所蠲數山陬僻壤俾悉戶曉有司不能奉宣德意者罪之撫按失舉奏并坐帝褒納之奪京營把總湯清職郭勛爲

求復語侵承勛承勛因求退給事中王準等劾勛恣
乃敕責勛而下請浩司兵部尚書胡世甯致仕詔承
勛還部代之疏言朝廷有大政及推舉文武大臣必
下廷議議者率相顧不發拱手聽宜及末議前備條
所議布告與議者俾先諗其故然後平心商質各盡
所懷議苟不合聽其別奏庶足盡諸臣之見而所議
者公帝然其言下詔申飭尋命兼督團營言官攻張
璁桂萼黨并及承勛承勛連章求退帝復溫旨答之中官
出鎮者率恣橫承勛因諫官李鳳毛等言先後裁二

十七人又革錦衣官五百八監局官役者千八獨御
馬監未汰復因給事中田秋等多所裁減而請以騰
驤四衛屬部覈詭冒制可中官言曩彰義門破也先
東市勦曹賊皆四衛功以直內故易集隸兵部不便
承勛言彰義門之戰禍由王振東市作賊即曹吉祥
也帝卒從承勛議歸兵部寇犯大同議遣大臣督兵
眾推都御史王憲憲不肯行給事中夏言謂承勛曰
事急公當請行承勛竟不請給事中趙廷瑞並劾之
會寇退罷十年春大風晝晦帝憂邊事承勛言去歲

淤合敵騎盡入河套延甯固原皆當警備甘肅軍餉
專仰河東宜於蘭州糴貯以備緩急曩河西患土魯
番今亦卜剌又深入甯寇雲擾孤危益甚套寇出入
並經莊浪急宜繕塞設險斷臂截蹕使不得相合兀
良哈最近京師不善撫即門庭寇雲南安鳳之叛軍
民困敝臨安蒙自盜賊復興曠日淹時恐釀大患交
阯世子流寓老撾異日歸命請援或據地求封皆未
可測惟急用人理財俾邊鄙無虞帝嘉納焉承勛沉
毅有大略帝所信任自輔臣外獨承勛與胡世甯大

事輒咨詢二人亦孜孜奉國知無不言世甯卒半歲
承勛亦卒帝深悼惜贈少保謚康惠所賚予常典外
特賜白金綵幣米蔬諸物承勛官四十年家無餘貲
其議大禮亦與世甯相合云
尹相字商衡號介石生而穎秀長而方嚴學憲許公
宗魯深異之曰尹子文如行雲流水遠到器也由進
士初授行人即振風采陞南刑科給事中凡所建白
皆朝廷大體民生休戚嘉靖十五年太廟災應詔陳
六事十六年雷火災又陳五事俱深切時弊至於斜

武定侯配享論霍尚書紛更忤世勲犯權寵尤人所難旋丁憂起補禮科左給事中晉吏科都給事中時嚴嵩父子擅權亂政百僚依阿公獨正色自立朝會一揖之外無私見嵩頗銜之會御史何維柏論嵩嵩疑公指授使人邀公無發邸報公拒之遂奏公黨維柏世宗怒逮何與公皆下獄廷杖公憂懼不形時楊繼盛周怡同在獄歎曰蒙難正志尹子其庶幾乎再閱月始釋削籍而歸公既家居葛巾野服優遊田里聞蔣道林信講學桃源扁舟從之臺省屢薦不起穆宗即位追錄言官晉中議大夫太常少卿又八年乃

卒焉祀鄉賢

方逢時字行之號金湖弱冠舉進士筮仕之初三爲令尹民甚思之歷陞廣東惠州兵備道會山賊花腰蜂等逆燄彌天殺掠二十餘年白骨山積公蒞任即以平賊爲任遂移檄示賊賊得檄大喜即取徐姓者殺之以報明年賊又潛約其黨葉賊入寇眾千餘公率兵盡討之廣人德焉會公有量移之報調山西備兵宜府士民遮留哭聲震天請公生年月日留衣履建生祠以祀尋陞都察院巡撫遼東甫十日大同告警復命巡撫大同公至威制德服斟酌戰守方略屢建奇功特賜蟒玉劍履璽書尋專掌兵部閫營加太子太保兵部尚書又加少保廕子世襲祀鄉賢舊志

錄明史列傳補遺

方逢時字行之嘉魚人嘉靖二十年進士授宜興知縣再徙甯津曲周擢戶部主事歷工部郎中遷甯國知府廣東江西盜起詔於興甯程鄉安遠武平間築伸威鎮擢逢時廣東兵備副使與參將俞大猷鎮之

已而程鄉賊平移巡惠州隆慶初改宜府口北道又加參政旋擢右僉都御史巡撫遼東四年正月移大同俺答犯威遠堡別部千餘騎攻靖鹵伏兵却之其冬俺答孫把漢那吉來降逢時告總督王崇古曰機不可失也遣中軍康綸率騎五百往受之與崇古定計挾把漢以索叛人趙全等遣百戶鮑崇德出雲石堡語俺答部下五奴柱曰欲還把漢則速納款若以兵來是趣之死矣五奴柱曰俺答邀入營說以執趙全易把漢俺答心動遣火力赤致書逢時而全方從

與用兵俺答又惑之令其子辛愛將二萬騎入宏賜堡兄子永郎卜趙威遠堡自率衆犯平虜城逢時曰此必趙全謀也全嘗投書逢時言悔禍思漢欲復歸中國逢時以示俺答俺答大驚有執全意及戰又不利乃引退辛愛猶未知奄至大同逢時使人持把漢箭示之曰吾已與而父約以報汝辛愛執箭泣曰此吾家鐵背臺吉故物也我來求把漢把漢旣授官又有成約當更計之乃遣部下啞都善入見逢時曉以大義犒而遣之辛愛喜因使求幣逢時笑曰臺吉豪

傑也若納款方重加爵賞何愛此區區損盛名辛愛大慙復遣啞都善來謝曰邊人不知書蒙太師教幸甚俺答使者至故將田世威所世威亦讓之曰爾來求和兵何爲者使者還報俺答召辛愛還辛愛東行宣府總兵官趙岢遏之復由大同北去於是巡按御史姚繼可劾逢時輒通寇使屏人語導之東行嫁禍鄰鎮大學士高拱曰撫臣臨機設策何可洩也但當觀後效不宜先事輒易帥然之俺答乃遣使定約夜召全等計事即帳中縛之送大同逢時受之崇古亦送把漢歸逢時以功進兵部右侍郎兼右僉都御史甫拜命以憂歸後崇古入理京營神宗問誰可代者大學士張居正以逢時對萬歷初起故官總督宣大山西軍務始逢時與崇古共決大計而貢市之議崇古獨成之逢時復代崇古乃申明約信兩人首尾共濟邊境遂安逢時分巡口北時親行塞外自龍門盤道墩以東至靖胡堡山梁一百餘里形勢聯絡歎曰此山天險若修鑿北可達獨石南可援南山誠陵京一藩籬也及赴陽和道居庸出關見邊務修舉徹并

遂前計上疏曰獨石在宣府北三面鄰敵勢極孤懸懷永與陵寢止限一山所係尤重其地本相屬而經行之路尚在塞外以故聲援不便若設盤道之險舍迂就徑自龍門黑峪以達甯遠經行三十里南山獨石皆可朝發夕至不惟拓地百里亦可漸資屯牧於戰守皆利遂與巡撫吳兌經營修築設兵戍守累進兵部尚書兼右副都御史總督如故加太子少保五年召理戎政時議者爭言貢市利害逢時臨赴闕上疏曰陛下特恩起臣草土中代崇古任賴陛下神武

八年以來九邊生齒日繁守備日固田野日闢商賈日通邊民始知有生之樂北部輸誠效貢莫敢渝約歲時請求隨宜與之得一菜餅輒稽首歡笑有掠人要賞如打喇明安兎者告俺答罰治即俛首聽命而異議者或曰敵使充斥爲害或曰日益費耗彼欲終不可足或曰與寇益狎隱憂叵測此言心則忠矣事機或未徹也夫使者之入多者八九人少者二三人朝至夕去守貢之使賞至即歸何有充斥財貨之費有市本有撫賞計三鎭歲費二十七萬較之鄉時戶

部客餉七十餘萬太僕馬價十數萬十幾二三耳而民間耕穫之入市賈之利不與焉所省甚多何有耗費乃若所憂則有之然非隱也方庚午以前三軍暴骨萬姓流離城郭丘墟芻糧耗竭邊臣首領不保朝廷爲旰食七八年來幸無此事矣若使臣等處置乖方恡小費而虧大信使一旦肆行侵掠則前日之憂立見何隱之有哉其所不可知者俺答老矣誠恐數年之後此人既死諸部無所統一其中狡黠互相爭搆假托異辭遂行侵擾此則時變之或然而不可預

料者在我處之亦惟罷貢絕市閉關固壘以待仍禁邊將毋得輕舉使曲常在彼而直常在我因機處置顧後人方略何如耳夫封疆之事無定形亦無定機惟朝廷任用得人處置適宜何必拘拘焉貢市非而戰守是哉臣又聞之禦戎無上策徵戰禍也和親辱也賂遺恥也今曰貢則非和親矣曰市則非賂遺矣既貢且市則無徵戰矣臣幸藉威靈制伏强梗得免斧鉞之誅今受命還朝不復與聞閫外之事誠恐議者謂貢市非計輒有妝陳國是搖惑內則邊臣畏縮

外則部落擕貳事機乖迕後悔無及臣雖得去而犬馬之心實有不能一日忘者謹列上五事至京復奏上款貢圖尋代棠古爲尚書署吏部事加太子太保以平兩廣功進少保累疏致仕歸御書壽忠字賜之二十四年卒追時才略明練處置邊事皆協機宜其功名與棠古相亞稱方王云

蕭輔堯號震岑其先世廬陵人六世祖時中狀元官脩撰子緗儀官武昌司訓從遂卜勝嘉魚世籍硯畝暨公尤富墳典詞源泉湧毎試輒驚當事詩律工細

有少陵風味以明經諭松陽襄城兩學士風丕振歸構青室四壁圖書倚幽瓦家卷軸森列食貧力學泊如也性仁恕尤樂資給其拔人貌古而心虛不訾崖岸與李太清爲忘年交日與評騭古今怡情觴詠有元亮堯夫高致焉

李沂字景魯號太清誕時母夢虬飛庭中光芒射遂覺而生公幼敏邁七歲能詩萬歷十四年成進士選庶常命同諸詞臣脩大明會典成賜宴禮部上就南郊幸辟雍公皆扈從有詩紀事嘗試玉壺冰賦上喜

獎之晉吏科給事中時東廠太監張鯨擅權舞法舉朝憚之公入垣旬日即疏其罪上大怒下鎮撫司廷杖鯨囑杖者斃之公呼太祖高皇帝者三颶風大作杳冥晝晦上感悟乃釋之削籍歸里明年上思公言始戍鯨江南復公冠帶所著有中祕草行世又有正氣集鍼俗編皆理學有用之書光宗登極特贈光祿寺少卿祀鄉賢舊志

錄明史列傳補遺

李沂字景魯嘉魚人萬歷十四年進士改庶吉士十六年冬授吏科給事中中官張鯨掌東廠橫肆無憚御史何出光劾鯨死罪八并及其黨錦衣都督劉守有序班邢尚智尚智論死守有除名鯨被切讓而任職如故御史馬象乾復劾鯨詆執政甚力帝下象乾詔獄大學士申時行等力救且封還御批不報許國王錫爵復各申救乃寢前命而鯨竟不罪外議謂鯨以金寶獻帝獲免沂拜官甫一月上疏曰陛下往年罪馮保近日逐宋坤鯨惡百保而萬坤奈何獨濡忍不去若謂其侍奉多年則壞法亦多年謂痛加省改

猶足供事則未聞可馴虎狼使守門戶也流傳鯨廣獻金寶多方請乞陛下猶豫未忍斷決中外臣民初未肯信以爲陛下富有四海豈愛金寶威如雷霆豈狥請乞及見明旨許鯨策勵供事外議籍籍遂謂爲眞虧損聖德夫豈淺尠且鯨奸謀既遂而國家之禍將從此始臣所大懼也是日給事中唐堯欽亦具疏諫帝獨手沂疏震怒謂沂欲爲馮保張居正報讐立下詔獄嚴鞫時行等乞宥不從繇上詔廷杖六十斥爲民御批至閣時行等欲留御批中使不可持去帝

特遣司禮張誠出監杖時行等上疏俱詣會極門候進止帝言沂詈貪吏不言而獨謂朕貪謗訕君父罪不可宥竟杖之太常卿李尚智給事中薛三才等抗章諭救俱不報國錫爵以言不見用引罪乞歸錫爵言廷杖非正刑祖宗雖間一行之亦未有詔獄廷杖并加於一人者至事惟盜賊大逆則有打問之旨今豈可加之言官帝優詔慰留錫爵卒不聽其言初爲保獲罪實鯨爲之故帝云然或謂鯨罪不至如保張誠掌司禮素德保授意言者發之事祕莫能明也其

時周宏綸潘士藻皆以忤鯨得罪而沂禍爲烈家居十八年未召而卒光宗嗣位贈光祿少卿

李懽字景穎號幼泉以進士初授衢州司理清操如雪執憲如山尋陞南銓部主選政丁內艱饔飱廬墓孺慕依依服闋補禮部主客司奉命册封蜀王王所餽遺一無所受尋改光祿寺丞晉本寺少卿復晉太僕少卿三疏乞休不報家居四載讀書大崖山中日與烟雲泉石爲伍部檄屢速力疾赴京晉光祿寺卿而三月卒於官公至性孝友與人誠摯邑中利害力請與華如長堤湖課等邑族咸賴之萬歷間朝廷遣官致祭

游士任字肩生幼有大志縣尹麗公一德雅重之命讀書於法華寺歲給衣廩文具并代贍其家日課月程篤於父兄師友公益攻苦刻勵遂領鄉薦成進士初授浙江長興尹勅補廣西道御史再遷監登萊軍務惜其軍功未一奏朝議多阻不克遂其素志邑人咸謂縣尹之知人造士如此公之不負所知如此從信錄有首參三妖疏猶見公正氣凜凜

金聲字正希一字子駿生萬歷戊戌冬有異姿四歲就外傅問孔子爲何人曰聖人曰今安在當往拜之曰孔子山東人也没已二千餘年今無復聖人矣公不覺大哭嘉魚爲楚蕞爾邑理學經濟名臣輩出而龍雲中公輶實執牛耳遂延入帳自束髮至弱冠未嘗叓鄭龍公提命交臻比行文嘗命一題至六七作猶不許公曰才竭矣龍公先簡坊刻中佳者藏以待遂出示公曰從道無此不勝乎公憮然乃退而卒業如是反復至三十作始易題年十三河西葛澹淵中

選尹嘉魚有牙獪負太公貲太公往怒曰彼所恃青衿耳某有子雖幼亦能文願與對試葛公顧笑曰是兒黃口敢與秀才較即命題學而第一爲政第二八佾第三公立就破承云政舉而分定皆學者事也夫學以爲政則八佾不敢舉矣故因而第及之葛公大稱賞責牙人立償所逋且贈公堂額曰間出眞英明年補嘉魚博士弟子員越五年娶封孺人鮑氏廟見甫逾月湖南葛峴瞻先生寅亮蒞楚督學公得報辭夫人亟行時丁巳嘉魚人久不第葛先生拔公卷首

諸生拔魚山卷首童子更以魚山名入諸生榜次公後語人曰嘉魚有士若此科名安足道耶己未劉公綎杜公寀等四大將入東兵營中伏軍盡覆京師晝黑天雨土東師聲勢始張時魚山以戊午舉於鄉赴禮部試不第歸語公曰天下從此多故矣公曰經邦勘亂匪異人任於是延武人講武凡行間所應有無不習焉庚申走武陵謁葛先生讀書西湖上所得日奢時覺來大師以理學眞儒深入禪觀二十年不出魚山童子時嘗往拜之公心亦嚮往爲急在匡時未

暇也天啟辛酉試棘闈不售意稍闌壬戌乃入山拜下風問路癸亥以冊后恩入明經彀同譜皆名宿竟陵譚友夏公元春尤著集黃鶴樓爭詣譚公靜坐自若譚敬之因納交曰吾師也豈敢友哉還嘉魚謁邑令尹故事得以肩輿往公不受甲子廷試就北雍肄業大司成羅萸江喻義署公卷曰君當是掩扉山中習靜禪室若塵土面孔安能辦此異想每試輒第一且令其子從遊嘉嘆其文其人直以爲明興未有也是年應順天鄉試冠本房乙丑魚山成進士丙寅丁

卯羅公主南雍姦璫魏忠賢方竊弄威福舍中有劣生請於孔廟旁卜地爲璫祠公適在羅公左右借箸收劣生治罪而璫亦旋敗公與羅公相得益讙戊辰烈皇帝改元崇禎公成進士廷對忠懇書法尤精當國者見之喜將擬及第進呈會羅公以少宗伯讀卷亟稱曰此名士某卷也當國引嫌不敢置前弟竟擬第十八出身等選庶常讀祕書人人自以爲得志公獨正襟危坐若有所思蜀人劉與鷗公之綸問故公曰我輩既釋褐有事君治民之責方慮重負何喜爲

劉敬異遂定交相與窮古今治亂之源竊竊然以天
下爲己任己巳秋東師突入畿輔上御平臺召廷臣
令條上方略舉朝錯愕莫敢出一言公以孤憤塡膺且
言且哭謂大小臣工罕有爲朝廷任事者上收淚問
所出時武人而髡者申甫嘗至劉公邸譚時事忠貞
自命公於是首舉劉公以對次及申甫上令甫以散
官素服隨劉公入對劉稱旨上大悅即日陞兵部右
侍郎督兵援剿已問甫甫曰東師不出我師雖百萬
未如何今深入重地臣以車攻可使一騎不返也上

又悅即日授副總兵團練出征公疑甫未當獨任請
監其軍上獨授公御史令參佐練兵事務轉輸接應
聽甫自便不用監舉朝咸側目百所求無一應但取
民間賣水車夘竹盾授甫塞責所給選鋒皆乞兒應
募者現兵皆不發公據實奏報疏疊上皆極言其非
卒無變計倉卒出郭門與滿桂黑雲龍等諸大帥相
犄角復戛戛不相能未數日以甫車爲偃月阻蘆溝
而陣忽大兵張漢幟從背後來相顧謂羽林軍繼至
急走騎相探而矢從中發乃知是東師車已前向不

可復回大帥除一二人受縛餘皆沒甫亦死焉劉公
勅諸將合力取永平自以孤軍轉鬭而前抵城下諸
將無至者獨城上老嫗數輩乞天兵救命軍心聞之
喜遂少懈將入城而伏發劉公不得出矢貫顱死後
委蛻到城下鏃不出公齧之出以授其家劉母在京
師公爲勘合輿櫬歸公私費亦出公更鳩工梓其疏
草嘗走人數千里恤其孤是日上聞變令中使至公
邸覘公所爲中使內外簡閱見公布被蕭然所轉饟
無一文在笥太息曰公苦矣偕公至郭外得甫尸則

叉手加額曰公可賀矣事雖不成舉不謬不失爲忠
也庚午春東師退從前錯愕不出一言者交言書生
誤國章滿公車賴上仁明憫劉公死事予祭葬贈蔭
有加公上疏自劾不聽銓部就題公以御史巡視西
城上欲還公館職微示意於公同鄉執政執政欲居
功但語公勿受事初不言上意公對以人臣事君臨
地可自効執政不悅遂寢公入臺上疏疏入上心違
之而未卽行也公乃以覃恩執照得封太公如公官
太母暨配並封孺人辛未乃講學於還古書院壬申

還嘉魚覺大師已示寂公造其廬拜之哭不輟龍公遺孤文鼎嫚嫚在疚公爲架屋貿田求婚媾勉之學卒爲名士越明年率其鄉人士敦請江右監司萬恆蕭先生尚烈及歙奉常吳先生士奇同講學於還古書院公論士不可以不宏毅及由堯舜至於湯章聞者爲出涕甲戌著大學中庸說今殘乙亥銓部起公山東臬簽公疏辭時江以北郡縣賊所至如破竹公雖病猶強起爲邑令甲商友助法以朔望演高皇帝垂諭六條丙子歲大饑公禱雨未應鄉民奪商米幾

揭竿公白郡縣捕首亂者付法天乃雨人情始安丁丑與父老議禁其鄉之以他事鳴鑼者令不得與賊至鳴鑼聲相亂賊不利鄉人賴焉戊寅痛徵收法乃博采爲單簿式達邑令尹越二年魚山應詔用公言請開犯執政周延儒爲延儒所搆下詔獄榜掠求主者魚山無可連獨舉公以對讞者未如何頜而置之時歲饑所在遏糴亦有擾擾思亂者當事務爲姑息公集父老議上戶貯米中戶不得糴下戶減價糴饑民不待糴而給之全活甚眾復致書徽饒兩道及諸

守令極言遏糴非明吉天下一家之意又極言思亂者皆亂民非饑民弭饑民以能亂之名則賑不惠以是爲賑我者畏我也而以亂民爲饑民則賑不勝賑諸凡不饑者莫不攘背而言饑是賑以召亂也故亂與饑必分別治之合則必敝是年饑甚於丙子而丙外謐安公力也壬午太公有疾公晝夜侍湯藥和衣卧草上三閱月而疾作太母盡傷心乃強起就榻上卧喪葬並用古禮鄉里爲罷市冬盡讀邸報見魚山以廷對下金吾拷訊備至歎曰時事可知已癸未流賊

破楚蘄黃殺人至盡且據踞都上游公爲徽當事畫守土計訓練鄉勇民服教樂從黔人馬士英督兵鳳陽其監紀募得黔兵若干令四遊擊統之行不由孔道迂千里至饒之樂平播虐樂平人憤起而殲之餘幸脫者既冒四遊擊名入徽南之婺源又冒沐國公兵民入徽西之祁門先後奄至情形叵測徽上下震怒悉意以爲賊格之殺後時公固在百里外聞而未見也其監紀懼樂平失律未可以正告又懼樂平貿不足以修怨而責償則舉兵之喪於樂平者以爲喪

於祁門且謂金翰林實臨其事也士英不察即據以入告請逮治金翰林及下手鄉兵并盛求所失軍貲器仗公聞報蹶然起曰吾不出衆無所恃吾本敎民墟守望豈可聽其糜爛乎急具疏申理而逮治明旨至公跪別太母曰母毋恐聖天子在上可與忠言兒竭誠入告事必白白則亟歸有議以下手一二人塞責者公愀然曰此舉百姓同心誰當死者甯以吾一身爲百姓含笑入地矣又有議以死囚抵罪者公曰死囚自有應得之罪且如此不欺君乎即日就道且

再疏備以聞上覽奏知爲公愴念舊勞命禮部優邮劉公與鷗吏部起用公擬用公爲臬僉閣臣擬用公爲庶常上不悅御批云金聲奏辯情有可原姑免提問仍以翰林院修撰起用着即來京陛見公行次淮南聞太母訃遂逡巡不得歸哭而絕者再四屬有起用旨乃請淮南兩台代題終制俞旨奔喪比至閭復得授修撰旨公號泣甲申兩台題終制疏未奉諭旨又念來京陛見旨不敢宿於家一面具疏辭謝一面駐京口待命五月聞北變公痛哭不已總憲劉念台宗周偕掌科章格菴公正宸至杭觀變公與魚山往晤粗發論端而士英已擁戴聖安即位留都矣公歸寢苦中慟君親交背徑致書士英曰使羣臣百爾猜度或謂閣下尚未大釋於徽郡而不孝終不能歸誠於閣下以一人之迹而府天下之疑以一郡之事而散天下之勢非不孝疇昔所奉教於君子願學於兩聖人之遺訓也惟閣下鑒其區區是冬太史汪文烈公偉柩還休甯公爲文哭之且布告士民曰先帝殉社稷文烈殉先帝哭文烈即所以哭先帝也於是弔祭

者雲集乙酉改元宏光士英屬公團練鄉勇而事已不可爲矣五月聖安奔亡士英走他道竄匿徽官紳咸議納款獨公懸高帝像於明倫堂率諸生父老痛哭三日遂起兵會思文入閩爲忠義所推即位天興改元隆武詔至徽加公兵部右侍郎兼都察院右僉都御史賜銀印一文曰天賜忠臣公事密奏令督兵恢剿嘉魚職方尹洞庭公民興亦起兵涇縣加御史監軍與徽相表裏義聲赫然延津武崗二王相繼至徽欲帝制自爲市中惡少年羣起而附之公致書二

王曰春秋之義國既有君而敢於私立名號謂之僭建武之名既立凡盜子輩皆名曰盜遭光武大度待以不死使於其時附從大軍豈不享爵土與漢終始哉新皇盛將相撫有七省不爲不强乃欲以新安數村落羣不逞之徒分土而王不過藉口劫富人財耳一日財盡皆散去誰復爲王左右者某實不忍高帝子孫爲一二市井所誤也又楚宗室自南來宣諭徽有儒者風郡丞林貞耻其先議降欲推戴宣諭使客說公曰公戴宣諭郎入閣辦事矣公曰宣諭固度越

二王然是守虜令器非撥亂才今外天興而自立是同室鬭也何以待敵有言林貞反覆當戮之以徇衆者公曰衛青不殺失律之蘇建械歸天子君子是之吾以鄉薦紳倡義而先戮郡司馬是身自爲亂也將吏不益輕朝廷乎又涇縣之師圍宣州有日江南郡縣盡破涇失守徽人大駭執政黃石齋公道周奉命援徽兵至信州皆大病不能進九月十八九兩日公從弟伯常經季張維爲兵所得險盡失公曰徽人無欲起義者吾强起若舍之去不貽害百姓乎學道一

生惜未能坐脫去亘當往就縛爲百姓請命耳翼日語將吏曰徽人本不知兵吾所以爲此者欲保境以待王師耳今不濟吾義當死從我無益盍散去然號泣不忍去者尚數十百人又翼日公寬衣緩騎與兵衆相接衆曰此必金翰林也擁之去其將張天祿見公羅拜曰素知公名不圖今日得見公面公曰爾爲人臣功不立朝廷亦氣運使然吾今語汝徽人本欲降爲吾所强起僇在一身一家愼勿妄殺張曰某固願奉教第恐徽人不相信別生事端公即手書告父老

於是一境晏然而地方之初欲納款者且謂公實招撫百姓舉以入告魚山亟具疏報詞臣一門盡節奉旨金聲功過自有定論其兄弟死難殊堪憫惻着察明議敘公留營五日張天祿白公洪內院在南京欲見公請往於時厚防衛以公行所過郡縣咸敬重公騶從庭燎一如上官儀過蕪湖鄉人在蕪湖者如見父母公留與坐論因索筆書過山溪詩一章鄉人江天一以名士出公門下初見軍容不肅請爲公治中軍公心知非所長然舍其人少可任者卒用之至是

雇之不去亦次公韻賦詩一章鄉人僉曰先生旋某
等恭俟道左公笑曰再來不值一文錢矣抵留都洪
內院者故都司洪承疇號亨九也延見公公曰公亨
九耶聞亨九翁陣亡訃至京先帝素服臨郭祭以九
壇豈有受恩如亨九而猶甘心者吾竊疑其僞承疇
曰此老火氣未除不能復見之是夕公語其僕曰我
來日當致命汝亟去毋爲人所窘黎明衣冠出通濟
門望孝陵再拜曰臣力竭矣虛負國恩遂端坐受刃
同死者江天一吳國貞余元英程有功皆怡然受戮

死之日親朋無得近者僧慧源募得木先貯公四體
然後購公元首合殮焉時十月八日也十二月公柩
過蕪湖粤人蕭更以美材易之後籍其家且求兵餉
册先是公語記室王世德曰册中姓氏皆不忘國恩
者廢之恐不傳存之又禍無已也世德曰某荷公教
得明大義宜當操是册愬於上帝爲公先驅耳言訖
抱册赴井死公長子問道入閩以公所賜印授魚
山述其事魚山爲繳印請於上賜名曰文毅賜大宗
伯予祭葬蔭一子錦衣衛千戶世襲從死者並贈官

予祭有差惟司理溫公璜手刃妻女卒自刎其節尤
著公所著有尚志堂集行世卒年四十八丈夫子二
長敦源邑諸生娶吳氏生孫男碩仁亦敦滋方幼魚
山贅爲壻女子子二長道炤字中丞唐中樺公次孫
不嫁學道於其家亦法炤字太史吳能天長子節錄
熊開元撰傳

餘明史列傳補遺

金聲字正希嘉魚人好學工舉子業名傾一時崇禎
元年成進士授庶吉士明年十一月

大清兵逼都城聲慷慨乞面陳急務帝即召對平臺
退具疏言臣書生素矢忠義遭遇聖明日夜爲陛下
憂念天下事今兵逼京畿不得不急爲君父用夫通
州昌平都城左右翼宜戍以重兵而天津漕艘所聚
尤宜亟防今天下草澤之雄欲效用國家者不少在
破格用之耳臣所知申甫有將才臣願仗聖天子威
靈與練敢戰士爲國家捍强敵惟陛下立賜裁許申
甫者僧也好談兵方私製戰車火器帝納聲言取其
車入覽授都司僉書即日召見奏對稱旨超擢副總

兵敗募新軍便宜從事改聲御史參其軍甫倉猝募
數千人皆市井遊手所需軍裝戎器又不時給而是
時
大清兵在郊圻久勢當速戰急出營柳林總理滿桂
節制諸軍甫不肯爲下桂卒掠民間甫軍捕之桂輒
索去聲以兩軍不合聞帝卽命聲調護亡何桂殁甫
連敗於柳林大井乃結車營蘆溝橋
大清兵遶出其後御車者惶懼不能轉殲殁殆盡甫
亦陣亡聲痛傷之言甫受事日淺宜前衛鋒遺骸矢

刃殆徧非喋血力戰不至此帝亦傷之命予恤典聲
恥無功請率參將薰大勝兵七百人甫遺將古壁兵
百人及豪傑義從數百人練成一旅爲劉之綸奇兵
收桑榆之效不許俄以清核軍需告竣奏繳關防請
按律定罪再疏請罷斥皆不許東江自毛文龍被殺
兵力弱勢孤聲因東宮冊立自請頒詔朝鮮俾聯絡
東江張海外形勢帝雖嘉其意亦不果用尋上疏言
陛下曉夜焦勞日親天下之事實未嘗日習天下之
人必使天下才不才及才長短一一程量不爽方可

斟酌位置往者陛下數召對羣臣間無所得鮮當聖
心遂厭薄之臣愚妄謂陛下泰交尚未殷顧問尚未
數不得謂召對無益也願自今間日御文華令京卿
翰林臺諫及中行評博等官輪番入直博咨廣詢而
內外有職業者亦得不時進見政事得失軍民利病
廟堂舉錯邊塞情形皆與臣工考究於燕間之間歲
月既久品量畢呈諸臣才不才及才長短豈得逃聖
鑒帝未及報聲再疏懇言之終不用遂屢疏乞歸後
大學士徐光啟薦聲同修歷書辭不就以御史召亦

不赴八年春起山東僉事復兩疏力辭鄉郡多盜聲
團練義勇爲捍禦十六年鳳陽總督馬士英遣使者
李章玉徵貴州兵討賊迂道掠江西爲樂平吏民所
拒擊比抵徽州境吏民以爲賊率衆破走之章玉譖
激變謂聲及徽州推官吳翔鳳主使士英以聞聲兩
疏陳辨帝察其無罪不問其年冬廷臣交薦卽命召
用促入都陛見未赴而京師陷福王立於南京起擢
聲左僉都御史聲堅不起
大清兵破南京列郡望風迎降聲糾集士民保績溪

黄山分兵扼六嶺甯國邱祖德徽州溫黄貴池吳應箕等多應之乃遣使通表唐王授聲右都御史兼兵部右侍郎總督諸道軍拔旌德甯國諸縣九月下旬徽故御史黄澍降於

大清

王師間道襲破之聲被執至江甯語門人江天一曰子有老母不可使對曰天一同公起兵可不同公殉義乎遂偕死唐王贈聲禮部尚書謚文毅天一欽諸生

尹民興宇宣子號洞庭慷慨有大志兩試闈墨天下傳誦初授甯國縣令調繁涇縣潔己愛民懲奸剔弊神明之頌口碑至今欽取考選丁艱未赴服闋候銓上十四事上嘉納之擢兵部職方主事召對平臺面陳兵務轉員外晉郎中巡視九門異時職方廣行賄賂公盡屏苞匭清望懍然召對文華殿賜茶及奏參楚撫宋一鶴宣督姜禹緒上皆罷之又召對中左門奏參保督范志完中協巡撫潘永圖上亦罷之鎮臣劉超叛公陳方略卒擒超晉大僕寺少卿疏三十餘上皆邊情兵機每奏上輒稱善有重務則問輔臣職方云何時都城戒嚴上命首輔周延儒督師劾公察劾鎮撫功罪西鎮王定踰期不發公縛定將斬之延儒扭勸乃止懷宗殉國遂不仕舊志

錄明史列傳補遺

尹民興字宜子崇禎初舉進士歷知甯國涇二縣除奸蠹有神明之稱行取入都爲陳啟新所訐謫福建按察司檢校十五年春疏陳時務十四事帝喜召爲職方主事數召對言多當帝意即擢本司郎中周

延儒出督師命從軍贊畫延儒被譴下民興吏除名久之始釋福王立起故官尋謝病歸流寓涇縣南京失與諸生趙初浣等據城拒守

大清兵攻破城初浣死之民興走免唐王以爲御史事敗歸卒於家

在宏震字澹公號雪柯早聰慧四歲即善屬對八歲詠梅見志有殘雪休矜豔看君和鼎時之句邑令龐公試以文曰是兒瞬息可致千里遂肆力爲制舉義及聲歌詩賦年十六補諸生旋首拔食餼與金正希

熊魚山皆爲葛屺瞻門下士後屢困於場屋崇禎庚午始與長子喬年同列賢書庚辰成進士授戶部主事政績卓然後之重公者卒以學行蓋其政事其爲文闢盡時蹊逕覯古人堂奧淺學之士或不能句然當時文風士習賴以振起其衰

熊開元字元年號魚山天啟乙丑進士令吳江六年有善政舉最守省垣以前任征輸不足謫外久之補行人副晉吏科給事中崇禎十五年十一月請獨對上召入德政殿復請屏閣臣周延儒求退上不許公

所奏即延儒也次日補牘上震怒下鎮撫獄都御史劉宗周請釋公及姜垓上愈怒落宗周籍杖公仍詔獄至十七年始出福王召起吏科給事中丁母艱不赴唐王立起工科左給事連擢太常卿左僉都御史隨征東閣大學士乞假歸棄家爲僧隱蘇州之靈巖寺舊志

錄明史列傳補遺

熊開元字魚山嘉魚人天啟五年進士除崇明知縣調繁吳江崇禎四年徵授吏科給事中帝遣中官王應期等監視關甯軍馬開元抗疏爭不納王化貞久繫不決奸人張應時等疏頌其功請以身代死俾戴罪立功開元疏駁之言化貞家貲鉅萬每會朝審輒買撫市少年雜立道旁投熊廷弼瓦礫嗟歎化貞不休以此熒惑上聽今應時復敢爲此請宜立肆化貞市朝化貞卒正法時有令有司徵賦不及額者不得考選給事中周瑞豹考選而後完賦帝怒貶謫之命如瑞豹者悉以聞於是開元及御史鄭友元等三人並貶二秩調外開元不赴官久之起山西按察司照

磨遷光祿寺監事十三年遷行人司司副侍補光祿寺會帝以畿輔被兵求言官陳民事者報名會極門即日召對開元欲論延儒次日即請見帝召入文昭閣開元請密論軍事帝屏左右獨輔臣在開元不敢言但奏軍事而出越十餘日復請見帝御德政殿秉燭坐開元從輔臣入奏言易稱君不密則失臣臣不密則失身請輔臣暫退延儒等引退者再帝不許開元遂言陛下求治十五年天下日以亂必有其故帝曰其故安在開元言今所謀畫惟兵食寇賊不揣其

本而末是圖雖終日夜不寢食求天下治無益也陛下臨御以來輔臣至數十人不過陛下曰賢左右曰賢而已未必諸大夫國人皆曰賢也天子心膂股肱而任之易如此庸人在高位相繼爲奸人禍天殃迄無衰止迨言官發其罪狀誅之斥之已敗壞不可復救矣帝與語良久之疑開元有所爲曰爾意有人欲用乎開元辨無有且奏且頻目延儒延儒謝帝曰天下不治皆朕過於卿等何與開元言陛下令大小臣工不時面奏而輔臣在左右誰敢爲異同之論以速

禍且昔日輔臣繁刑厚斂屏棄忠良賢人君子攻之今輔臣奉行德意釋纍囚蠲逋賦起廢籍賢人君子皆其所引用偶有不平私慨歎而已帝責開元有私開元辨延儒等亦前爲解開元復請徧召廷臣問以輔臣賢否輔臣心事明諸臣流品亦別陛下若不察將吏狃情面賄賂失地喪師皆得無罪誰復爲陛下捐軀報國者延儒等奏情面不盡無賄賂則無有闕元復言敵兵入口四十餘日未聞逮治一督撫帝曰督撫初推人以爲賢數月後即以爲不賢必欲去之

而後快邊方與內地不同使人何以展布開元言四方督撫率自監司明日廷推今日傳單其人姓名不列至期吏部出諸袖諸臣唯唯而已既推後言官轉相採訪而其人伎倆亦自露於數月間故人得而指之非初以爲賢繼以爲不賢也帝命之退延儒等請令補牘從之當是時開元欲發延儒罪以其在側不敢言而延儒慮其補牘謀沮之大理卿孫晉兵部侍郎馮元飈責開元首輔多引賢者首輔退賢者且盡逐開元意動大理丞吳履中至亦以開元言爲驟禮

部郎中吳昌時者開元知吳江時所拔士也復致書言之開元乃止述奏辭不更及延儒他事帝方信延儒

大清兵又未退焦勞甚得奏大怒令錦衣衛逮治嚴刑詰供主謀開元堅不承而盡發延儒之隱衛帥具以聞帝乃廷杖開元繫獄始方士亮劾罷密雲巡撫王繼謨參政錢天錫得巡撫御史孫鳳毛發其事劾給事中楊枝起廖國遴爲天錫貪緣因言開元入國奏寶一人主之欲令邱瑜秉政陳演爲首輔御史李謙

王亦言之帝以開元已下吏不問而責令鳳毛陳奏鳳毛死其子訴冤謂國遴枝起戭殺之兩人及天錫並削職下獄士亮又言恐代繼謨者未能勝繼謨繼謨得留任十六年六月延儒罷言官多攻開元者不報刑部擬贖徒不許明年正月遣戍杭州未幾京師陷福王召起吏科給事中丁母艱不赴唐王立起工科左給事中遷擢太常卿左僉都御史隨征東閣大學士乞假歸汀州破棄家爲僧隱蘇州之靈巖以終

尹奇逢字辰諸生而奓貌奇偉閎覽博學每試輒傾其曹由拔貢中副榜崇禎庚午登鄉薦辛未成進士授江西德化令丁内艱服除補廣東茂名政事稱第一陞南户部主事以督餉奏最擢知山東濟南府所轄三十州縣最爲繁劇公綜核精明爬梳積弊剔蠹釐奸東人大悅尋陞山東兵備道未幾去職公事繼母克孝待諸弟有恩田產祖宅一切分給不留自屏居嘉蒲之界營別業爲終老計

國朝當事者力薦提督兩廣軍門未赴任

國朝

龍文鼎字箑韓廩生龍韜之子韜故邑名士太史金公聲受業門下未嘗更師沒時公尚在襁褓稍長太史招置家塾訓課之年十七采芹隨冠軍食餼明末盜起公被繫適亂兵中有嘗讀公試卷者詢其名急釋之公知生死有命益肆力詩古文辭皆典博奧衍爲人溫醇雅飭不言而飲人以和至其周旋中禮造次不離雖耆儒宿德未能或之先也康熙癸卯舉明經丙寅授天柱司訓以年老辭不就明年卒於家

尹士大字自聞以歲貢授彝陵司訓舊規謁刺史出入不由中門公曰予雖官卑祿薄然師嚴道尊豈以五斗見屈哉遂申文上憲各允所請至今循爲成例造士興行人文大起以母老乞歸郡守魏公挽留將以卓異薦公不從浩然解組家居二十餘載杜門不出生平好施與屢捐粟帛以賑貧乏訓子孫讀書種德無忝世家云

胡之奇字特生與叔希亮讀書大崖山中苦心孤詣弱冠即首拔食餼生平孝友所得廩膳田租一切不私同居再世父卒苫塊三年邑侯程可登手札奬勵

之臨貢而卒次子庠生大撰有父風撫孤恤貧亦兢
自守年八十有四猶勤教授門下多高弟子孫世列
宫牆
李元鏸字清華邑廪生屢試高等性豪邁英挺見義
必爲邑中大事可否悉決焉前後長吏皆延爲上賓
文酒交歡無虚日所至人皆傾倒亦不繫情去留居
恒援筆自娱亦多知名士家無儲蓄弗吝一錢
李懋泗號魯膏姿秉卓越博學能文康熙乙酉貢於
鄉任衡陽縣教諭後解組歸田乾隆丁巳歲重修縣

志邑侯張延爲纂輯著作皆出其手壬戌科門人尹
衡峰成進士乞言於座師汪　序其師所著四書時
文衡峰不忘所自而公之文足以傳世而行遠矣
易昆雄爽明超卓由康熙乙酉科武舉成壬辰進士
官侍衛後歸里省親復補陝西凉州衛守備兼理屯
務調甯夏鎮靈營軍民咸歌其德乾隆丙辰年
特恩引見授江西南康營守備調福建邵武營守備護理
臺灣協鎮印務
周琢字廷章康熙甲午科舉人事親孝與兄生員琳

癸巳
恩科舉人玟友愛老而不倦爲鄉里所推服乾隆己巳邑
侯謝顥元置義學房屋聘邑進士房逢年主講席以
琢董其事申報　上憲　大中丞唐賜額曰立身公
正邑侯額曰惠流桑梓以獎異之年八十三卒
房逢年字歲成號雲嶠幼聰穎過人康熙庚子舉於
鄉迨乾隆己未始登軒轅誥榜進士主講湖南岳麓
書院五年門下登賢書者二十餘人皆知名士當事
咸相器重以公之學行聞於

朝
御書道南正脈匾額賜之己巳邑之鳳鳴書院落成復延
公主講四載多所成就丁卯壬申兩舉鄉飲大賓廵
撫湖北唐公（諱綏祖）贈以品高望重匾額公生平敦
倫飭紀孝友不間人言其文稿則湖南督學倪公國
璉大理卿張公燦敘而行之然公之品行高潔人所
共欽文章又其餘事耳子若孫謹守先訓曾孫盛相
邑庠生其後裔列宫牆者甚衆
程汝魯字曾傳號唯一進士程公臨川子也幼穎異

甫四齡祖置諸膝上即能朗誦蘭亭及滕王閣序雍正己酉登賢書兩上公車不第乾隆壬戌乙丑庚午截取知縣未赴戊寅改荆州府監利縣教諭邑有學租向爲廣文中飽寒士虛負其名公按名均給不利升斗垂爲定例教諸生敦崇實學每月課捐俸賞賚有差致仕時紳士爭攀轅不忍去主講鳳鳴書院前後數十餘載遊門下者皆成名

尹侃號衡畔性聰穎嗜學早年入泮壬子膺鄉薦北遊京都十餘載壬戌成進士出知沙河縣勤於吏治

爲　上憲器重遷深州歷保定府居官二十餘年歸里之日清風兩袖而已後爲天津院長卒於館舍年八十有一公本寒素然見義必爲嘗捐產於其家廟以助祭又置買麥地數十石約千餘金入縣書院以資膏火子均雯由廪貢授漢陽府訓導

程珏字錫五號臨川子程子伊川裔也性孝友天眞自率未嘗刓方爲圓讀書目數行下經史子籍靡不窮探其制藝主濬發義理直窺理齋堂奥以數奇躓棘闈十餘次志無少輟雍正壬子魁於鄉癸丑成進士奉

命揀榜中六十以上者予內地大尹辭不就復荷

賜十八宴賚以紅錦葛紗二表裏改教授借補黃陂教諭踰年即解綬歸里尊川王明府雲翔聘爲龍門書院山長風規嚴肅多士咸被薰陶時蒲邑多虎患公製驅虎文勸王令籲神除之虎皆遠遁其精誠感格如此子二長晉傳登雍正己酉賢書次義傳雖積學未遇而孝友實著聞里黨孫榮森懋彬皆邑庠生

張大詔字掄博家貧讀書饔飱不繼晏如也乾隆甲

子領鄉薦講學授徒遊其門者皆拾芹素性方正規行矩步族黨咸推重焉

尹貴彪字炳寰號雲峯志潔行芳不爲苟合弱冠補弟子員每試輒冠多士爲文覃思元微直躋江右堂奥肆業江漢書院初會課適山長淩公病倩人持衡甄公第三名公頗不平次課首選公謁見謂公曰作者難識者不易前日吾病不愈子幾爲諸生厭由是文名傾一時梓入試牘及書院課藝十餘篇皆膾炙爭傳誦丁卯舉於鄉六上公車甲戌會試登明通榜

因補授竹山縣教諭地僻士樸惟以宏獎儒林爲己
任經指畫爲文者皆有法度可觀是邑文風寖變蒸
蒸日上秩滿保舉旋以
覃恩揀選壹等引
見以知縣分發閩省試用任永定縣令勸農桑勤撫字視
民猶子政簡刑清邑人立元湖祠作長生祿位神主
祀之有德政頌敘刻於石旋調任歐陽縣令公性純
孝念母年逾八旬謝病歸養屢徵不起莊居二十餘
年布衣蔬食不履城市有文稿行世訓子廷琦廷璣

廷瑛廷華俱成名
游正文字雲章前明進士歷任山東監軍御史游士
任嫡裔也性穎達讀書過目不忘家貧雍正五年水
荒縣加修長堤文傭工養親時監修候補縣湯講應
求器重之後入泮乾隆丁卯科拔貢庚午科舉人三
上公車未第旋以親老不忍離惟侍奉甘旨竭力盡
敬及歿不以貧廢禮館蒲邑及本里四方從遊者日
眾每與諸生講論經史及先正程文作古文詩歌援
筆立就内閣學士裘賜以聯云高人守樸名何晚好

句驚看賞恨遲年五十餘卒
方承保字從燮號柏亭少保金湖公四世孫也弱冠
食餼乾隆壬申
恩科舉人由教習任陝西三水縣署直隸州商州調涇陽
立書院修涇渠保送引
見奉
特旨授浙江玉環同知又
特授江西贛州府知府兼護吉南贛甯兵備道踰年致仕
歸里子三長增運由邑庠增列明經次增泰三增能

皆入成均
尹一聲字鳴韶自幼工時文詩賦十六補弟子員乾
隆癸酉科拔貢兩任竹山縣教諭己卯登賢書任長
陽縣教諭善於啟廸兩邑後學多所成就以病歸卒
年五十有九子光森國學生
劉士觀字兆瞻龍口人由雍正己酉科選拔初任江
南蘇州府崑山縣丞卓異陞震澤令在任潔己愛民
斷獄平允崇學校宣禮教偶遇遺蝗入境觀至蝗輒
斃去後以終養歸鄉居二十年惟以詩禮訓子孫其

子本衷國學生本松邑庠生其孫俱列黌序
尹貴儀字宙春夙承庭訓弱冠食餼由貢生授棗陽訓導倅滿陞黄安教諭子均恪候選吏目承吉雲龍開東俱邑庠生
尹貴高字謙存早年游泮廩列房薦由廩貢授監利司訓子均稼均圃俱列成均 舊志
李冬字端貞號東谷亦號復山父庸谷魁岸豪儻喜吟咏冬生而穎敏善讀書能文未幾補弟子員時邑令烏義虞公有鑑識每試冬文輒曰奇士奇士者儒

宿師屢摘經傳疑義相質之犁然條析不能困且性孝友家貧事親務得其懽心弟南谷性剛急每笑承之遂解再比於鄉不第嘉靖甲午應選貢討偕北上試於順天復不第遂謁選得四川青神訓導居任五年所志愈奮勵不少弛神邑有檢討余公承勛兄弟俱以文章雄視西南冬執弟子禮在見於是得通往來聞見日益博藉藉賢聲屢被當道旌獎庚子領四川鄉薦見榜已中教職一名哲冬卷有難之者監試官躍然贊決曰本官豈直文優行實優矣明年會試禮部不第陞直隸靜海教諭畿輔連年旱蝗道殣幾半冬居官毫不受於士隆冬雪載之下薪蔬不能給齋舍蕭然自視怡如也諸當道賢而禮之壬寅二月丁母憂奔柩南還舟中暑鬱疫癘大作閏五月二十一日歿於舟年三十有五配熊氏克成夫志與冬同日歿先數刻耳止一僕扶三櫬返故里道旁觀者無不淚下後邑少保方公過靜海弔以詩有文章酉蜀名猶在禮樂南宮志已孤之句蓋深嘆之也 明補遺

賢達續編

熊合元字四合鄉飲大賓懷泉子僉都御史開元弟也由歲貢任大冶縣廣文修葺宮牆振興儒行每月課士遇品學之優者重加獎賚冶邑紳宦公頌邦家之光額於陞鎮新開大巷修平石道於黄坪建立茶亭施茶三十餘年與天如師契創接引菴刊放生錄種德以貽後嗣子維垣優廩生從學魚山以大器相期魚山隱蘇州後常遺書問之
周大鈞字陶萬號和亭家貧力學博極羣書爲文謹嚴有法自成一家成童遊泮宮隨食廩餼嘉慶戊辰

舉於鄉六上公車五膺房薦不第遂就廳城宜城教諭歷署蘄州學正所至庠序皆化頌聲載道晚歲奉部文截取知縣辭不就致仕二十餘載惟以尊祖睦族爲事非公不履城市主講鳳鳴書院倣鹿洞遺規文行並勗凡遊其門者先後騰達不下數十百人自著有時文八集詩草四集駢體散體二集又纂有古書十八種天監錄八則鄉會策典待梓

涂開元字貞復號春樵方伯文鈞父也嘉慶癸酉受學政鮑公覺生知充拔貢生甲戌

朝考報罷遂畱京肄業考取　武英殿校錄道光十年以遂史告成議敘選授廣西太平州州同是時公長子文鈞已成進士官工部吳太平爲廣西邊境俗最陋公至課農桑修教化士風爲之一變調署崇善縣事值歲旱蝗公爲文禱於神蝗悉遠徙接尋署河池州事州有戍卒某多財而行惡爲民蠹公廉得其情寘諸法州人稱快繡與民同惡字於繖列萬名以獻公在州案無畱牘不選一錢州人號曰涂青天去之日焚香泣送者塞衢路焉丁艱歸服闋起補士思州州同署桂林府龍勝州判咸豐三年文鈞殉節金陵公見邸鈔慨然曰忠孝兒素志也死何恨獨恨爲政新入民淺不得展其文武才以金陵還

國家耳是時公方有疾在告力疾强起復署河池州事練勇有功陞補同知旋以事去任同治元年五月感疾卒年七十有七

涂文鈞字平甫幼慧侍父開元至京父攜以謁其師前湖北學政鮑公覺生試以經義立就鮑奇之遂畱寓邸出藏書使枕葄其中學日益淹博補宛平諸生

道光九年聯捷成進士引

見以主事用分工部補虞衡司主事歷都水司員外郎中二十五年擢浙江道監察御史轉掌浙江道二十九年奉

差大通橋抽查漕糧首劾大臣之視事顢頇者時兵部郎中陳景亮轉漕通州文鈞與之同心剔奸積弊一清三十年夷船泊天津訛言日至政府請與大學士前兩廣總督耆英議以英在粵主撫夷也盈廷憂之莫敢先發文鈞上疏論之大要言英夷去畿遼闊本非

勍敵不過虛聲恫喝反間邀求二語盡之今
皇上新政伊始主撫者依然貴近何以消敵人覬覦之萌
固編氓成城之志請
敕疆臣不動聲色扼沿海險要禁奸民窺伺絕米糧接濟
彼驕日持久情見勢絀不待驅逐而自去伏望
宸衷獨斷俾謀國不臧之臣不能倖逃吏議定海宇之心
志折四夷之逆萌天下幸甚奏入留中言者日衆閱
數月而穆彰阿耆英二相皆罷夷船不久亦自去文
鈞以是直聲震朝右十一月
簡放甘州知府咸豐元年履任清介自持卻屬縣節壽陋
規聞番子擾邊與提督索文設防以待賊卒不至二
年正月
特旨授江南鹽巡道聞
命益感激思報四月受代即行時楚南已被兵文鈞道秦
晉趨淮徐八月抵江甯受事時總督陸公建瀛在南
河工次聞賊出粵境與將軍祥厚布政使祁宿藻暨
文鈞往返函商培城垣繕甲兵設守禦備十一月建
瀛奉

命爲欽差大臣督師迎剿文鈞請從行不許乃與祥將軍
厚並奉
旨駐省之江蘇巡撫楊文定暨宿藻留守屬吏以病求去
者紛紛不可止文鈞怒曰安食其祿危而去之非人
臣也具奏將劾之遂無敢言去者城中滿漢兵勇實
不及七千人又以恬熙久多不習戰城大兵單僉謂
難守會建瀛自九江還文定遂率所部出赴鎮江宿
藻留之不可憂憤歐血卒建瀛奏以文鈞署布政使
且請
敕催援兵越四日賊圍江甯將軍祥厚
欽差大臣陸建瀛與文鈞竭力固守十餘日及
欽差大臣向榮軍至而城已陷於二月初十日矣是日也
文鈞方在籌防局忽在籍前廣西巡撫鄒鳴鶴來告
曰陸制府陣亡矣請大人護督篆文鈞率衆至督署
適昇忠骸至亟取朝服歛而槀葬之文鈞遂佩印督
師趨儀鳳門賊麕至益衆不可過巷戰不勝死之事
聞贈光祿卿予騎都尉世職子三長勛次昶次庚勛更名
逢辰分發江甯縣丞應襲騎都尉世職

陳敦詩字正雅號韻舫居邑廣里爲名諸生性至孝母病侍湯藥衣不解帶者數年父年高邑養尤至兄弟常敦友愛年四旬張孺人歿義不再娶平生刻志勵學訓及門先行後文成就者眾邑大水災民待賑爲立法按戶散給其存心利濟諸如此壬辰舉於鄉甲辰大挑一等歷署江蘇興化寶應溧水等縣所至有聲溧邑尤愛戴不忘崇祀二賢祠云兩校南闈所取多知名士一時仰爲文宗解組歸親族各有分潤貧不能葬娶者咸量助之主講鳳鳴書院一以敦崇

實行相勸勉捐館日巷哭路祭不絕著有四書集義五經輯要字學便覽諸書

陳敦誥字綸佐號聽漁弱冠補弟子員戊子舉於鄉甲辰大挑一等分發江蘇代理如皋縣七十日審結積案百餘件士民咸戴賦詩頌之旋署鹽城縣決訟獄捕海寇皆卓卓有聲都人士爲立去思碑祀長生祿位牌後督高純團練屢戰捷於上壩以功補豐縣令蒞任未久丁母艱歸逾年以疾卒於家輯有庚辰集註釋

尹廷瑛號星軒年十六補弟子員旋邀學憲初公彭齡特賞拔冠歲軍謂其文有正希風味梓於試牘然數奇屢躓棘闈嘉慶癸酉舉明經道光乙未選授黃岡縣訓導比至日與岡邑名流訪東坡遊處飲酒賦詩以自娛諸生束修厚薄置之弗校歲餘致仕歸閉戶訓子若孫俱成名次孫顯京登賢書未嘗就一外傳

劉輝世字單光號玉岡嘉慶間由歲貢選舉孝廉方正楚北拔十餘名而世裒然首舉嘉慶九年　學憲

吳將公實蹟刊入省志　制軍景公疏稱克敦孝友令名無間於人言獨尚廉隅立品允符乎公論於此可見其爲人矣所著有易經註解天祿閣制藝草待梓

蔡孔緒號心樵廣賢里人自幼穎敏年十八補弟子員屢以詩古冠軍食廩餼道光乙酉拔貢戊子任遠安縣教諭力振學規遠士咸景行焉著有北上草抒懷草臥雲書屋試帖待梓次子方泰貢生

張宗軾號柳溪乾隆癸卯舉人任浙江海鹽知縣陞

同知歷署分水昌化知縣寧波府通判湖州府烏鎮同知戊午辛酉戊辰癸酉四科浙闈同考官授文林郎晉奉政大夫任鹽十有三年愛士恤民鹽人愛之不能忘於邑之城隍廟旁建祠刻像顏其額曰懷我風愛榜其柱曰身是宰官心是菩薩生爲父母殁爲神明可想見其德澤在人矣所著有嘉禾集傳世子嗣瀚邑庠生嗣齡附貢生孫黼華戊子科舉人陝西候補知府

王景會名慶天淨里人英年遊泮旋食餼歲科輒冠

軍秋闈屢膺房薦繼以明經候選訓導邑侯禮聘主講鳳鳴書院多所成就旣而省垣同學諸賢達延爲塾師宮保尚書葉鴻圖尚書崔應揩皆及門受業越二年旋里館於陶家廟葉崔仍負笈相從著有存惕文集待梓

明學醇號心齋乾隆乙卯科舉人考授國子監學正屢試春闈不遇旋歸主講鳳鳴書院教人以行爲先文次之生平口不道私昵足不履公廷有古人風一夕假寐若有人告云仙府將召汝並示以期寤覺即詔其子曰吾於某月某日將應仙府召及期蚤起沐浴具衣冠端坐堂上召子姪親友咸集少頃聞有鼓樂聲曰迎者來矣吾從此逝矣遂瞑目而終

逸士

出處兩途也乃感會風雲前輩若林立而韜光匿采者屈指曾不數人泉石之風難於圭組諒矣哉志逸士

宋

李大同富於學問能文章爲人瀟灑略無凝滯時人謂其意氣如晴天片雲胸次猶紅鑪點雪器具黃鐘大呂節挺翠竹蒼松度宗咸淳戊辰中周禮第一授國子學錄甲戌歸隱屢聘不出作詩辭之略云曾上

蓬萊第一峯夕陽留住且從容牡丹詩云鹿啣花去泣闕山回首沉香一夢閒觀此則其忠君愛國不忘諷諫可知矣豈自愛其身而無意於世也與

元

程從龍字登雲少嗜學敬德家無餘貲不計有無夏則手不霎冬則以被温足孜孜不倦嘗讀書至五鼓鄰人有叩門乞火者從龍曰無如是者再鄰人曰書燈非火耶始覺天將曙矣時元運初興或勸其試科以取名位從龍曰吾聞聖人有美玉待賈之言不取求賈之說且道之行廢有命士之顯晦有時可衒以求售耶遂棲遲鄉里以教授爲業隨人之姿稟而化導之多所造就大家禮致若不及子弟爭往師之入聚益富惟甘旨以養其親不爲子孫計植梅數株花時則酌酒而吟倚樹而歌有處士風人稱爲梅軒先生

明

李德良西保人穎悟勤學至忘寢食不得其意不已兄弟自相師友有司以禮爲羅棄不顧築室西保湖

之上號西湖雲隱惟命弟德庸出應薦歷官國子助教其子璣瑨俱經魁孫滄解元額其廬曰父子兄弟魁解

李爲臣字用忠幼有大志超邁不凡成化戊子領鄉薦五上春官皆乙第當事奇之甲辰試畢選府同知不拜歸與兄弟習古文辭積學種德蕭然自適人高其節

周國俊名朝英隱士也其先營道元公裔傳數世始徙嘉魚值元末鼎沸君遭陳友諒之掠幾不免能以

智自全明太祖平鄂州聞其勇略招置幕府時方國珍拒命隨大將湯和往征鄉人程梅軒作序祖其行已而剋期掃定厥功居多朝廷行賞將不次予官辭不受避居横山之陽自號青山樵叟

國朝逸士續編

熊鎔號冶亭住叉里與兄鈵鎮俱童年遊泮鎔尤力學不輟爲文力追先正試輒優等全楚校士錄梓其文應鄉舉屢薦未售以明經老設教嘉沔諸邑遊其門者多掇巍科登高第者有壬戌夏草予清文庠士

張士綬字印侯住龍口廩貢生少好學讀書白雲山寺十年衣不解帶比歸襦袴盡敝由是以碩學震一時性剛方寡談笑朋友有過輒面斥嘗應拔貢試已入選以辨字聲迕主司報罷親故多咎之綬笑曰吾

肯阿主司意博一選拔乎晚年困益甚雖爨火常虛日必作楷書三百讀書一卷人比之季次原憲云

汪名豹住汪家洲歲貢生少以文名洪素人吳白華稷堂李蔭園諸學使愛其文嘗錄以行世性方嚴不苟言笑鄉里敬畏之講學數十年大要教人以研經修行爲先文次之遠近從遊者多知名士其書齋楹聯云惟孝弟忠信能由是路無禮義廉恥不入吾門可以想其風概矣著有培荆樓文集

李先義住城內歲貢生博學健於文老益不懈每歲

終莘一年所爲文以酒醑之曰酬苦心耳性謹飭動容周旋必循禮法邑令邵蓮溪耳其名甫下車親款其廬每賓從宴集必折柬召之先義常以疾辭邵益重之著有苦心集以家貧未付梓士林惜之

程蓮字友青住六溪口邑廩生應童子試即以黎風臺詩得名著有借止廬詩稿王柏心題詞云寶此一編存又云披遺集從仰止子壽爲楚北詩家猶誠服如此可以覘其所學矣

任樹芳號樸園豐里人幼聰穎讀書目數行下爲文

極敏捷日作十餘藝甫弱冠即受知學使冠全軍歲科試屢列優等先達皆以大器相期許而棘闈屢躓遂授徒鄉里門下登賢書食廩餼者尤眾性最孝父母皆高年孺慕終身不懈著有一貫文集待梓

楊名溢號榮泉性孝友學尤淵博幼有文名以冠軍食餼屢應優拔試悉報罷居城市足不履公庭日研經史課生徒品學爲當時稱最云

章松齡字開殷住清里廩生生有夙慧年未舞勺即搦管能文弱冠游於庠學日益博而所如輒阻遂絕意進取日與門下士談經論道以詩詞相酬答雖諸生終老歡如也

萬年春號暘谷住城北邑廩生幼有宿慧讀書過目不忘下筆千言對客立就邑宰邵蓮溪鄉先達周和亭均期以大器數試有司輒不偶遂授徒鄉里成就甚眾性沉靜未嘗妄笑言居家事毋從兄與人交不立崖岸而狷介自好人亦無敢以非義干之者歿年三十有六著有秋雪山房詩賦待梓

重修嘉魚縣志卷之六

孝義

孝德可以通神明義聲可以動天地士節所先綱維繫焉一邑之內必有其人古今詎不相及耶志孝義

明

李璣字伯璿洪武庚午科舉恩授天長教諭未滿任以舉人不及數左遷成都訓導永樂改元以錯降官員詔取回朝再諭天長轉泗州學正復除宿州爲人孝愛居喪獨處一軒不至寢室朝夕以不得葬地爲

憂夜忽夢神指地於蓮郎山次日往求之遇一老翁曰爾欲求親葬地在鵲巢樹下遂拜懇之老翁示以處忽不見人以爲孝所感也兄弟求異居戒諸子不得言物產厚薄

楊秀太平里人性至孝年方十二虎至石井鋪食人畜日暮至秀家後門母出收衣爲虎所爪秀奮臂持斧斫中虎腦母遂得全知有親不知有身聞者異之

童仲醫學訓科市人也性至孝事母極謹母亡時仲年五十餘矣毀不勝衣及期值姊喪自市至姊家二十餘里哭不絕聲入門哭不能起勺水不入口而歸戒家人喪禮不用浮屠

李阜愛澥里人幼時能讀父書於死生顛沛散亡之餘及長誦朱栢廬家訓格言真西山文章正宗等書昕夕不倦以隱爲高性至孝母病湯藥嘗而後進祈禱請以身代兄善飲往鄉黨親戚家飲酒至醉或不能行阜雖夜不分遠近扶回略無倦意與其弟都憲公田尤篤愛課其子承芳承箕皆以科第顯以子貴贈大理評事

李九齡愛澥里人年十三父爲義令彭澤遘疾進諸藥皆不效遍禱梁公靖節諸祠皆不應病勢益危九齡憂懼莫知所措乃泣曰計窮矣吾見輟耕錄有割股刲心以愈親疾者遂取瓣香欲效其所爲母止之曰恐不濟則徒傷汝生耳九齡暫已遂入僻室割臂煎湯以進服畢漸愈踰年病復作遂至不起九齡叩地號泣吐血數口昏瞶仆地家人以湯藥灌之踰時復蘇人以爲更生之年實誠孝所感云

王純父名萬仁奉母至孝母病劇萬仁割股調藥以

進母遂愈後母喪廬墓三年及純奉母克篤父志母病純亦刲左股煎湯以療母歿與父合葬廬墓三年縣尹葛中選聞其事一日五鼓徒步命一役前引至墓所純果寢苫塋內尹嘉慰之聞諸上每歲給絹米有差額其堂曰兩世濟美賜聯曰堯行何地步舜孝此關頭後凡尹茲土者皆給聯額以旌異之

任宏善進士宏震之弟性至孝割股療親縣尹葛中選賞贈以額鄉黨俱無間言且課子有成山年祺年爲名諸生皆其子也

國朝

周傑字仲霖邑庠生素以孝稱父喪繼母彭氏年七十忽攖惡疾四肢潰爛如裂臭穢不可近傑乃率家人焚香哀禱百醫不效俄一道人過其宅云必須子吮痛處盡出其毒藥乃可用傑從之道人出壺中藥少許敷瘡上即去病亦頓愈但手足俱廢寢食起居悉寄於人傑妻殷氏及子媳皆如傑指慇懃奉養十年不倦母乃以壽終闔庠公舉孝行督學蔣以行符子騫額其庭仍令續入邑乘以示風勵云

李卓大字邵菴邑增廣生性至孝父病進藥不效乃祈天願以身代其夜父夢人語曰爾數已定爾子孝姑增爾年後三日醫當至及期果有叩門求治者投一丸立愈其後父卒廬墓三年仍授徒在外母無疾而殞歸而哀毀骨立遂至委頓抱病再廬墓亦如父喪墓前產白芝一本白鵲一雙通庠公舉孝行已經通報本生力辭

尹濟世字綏蒼少孤母李多方勉翼之弱冠庠廩屢薦未售性豪爽尤篤於孝友培祖壟松楸皆其手植

以子貴彪貴貤贈修職郎

劉本松震澤知縣劉士觀之次子也事親純慇讀書體志髫年補弟子員生母湯氏染瘋疾親奉藥餌三年不倦因母疾未愈憂悴成病而歿臨終以孝祖母囑其子至視諸姪猶己子撫友子若親生又其義行彰著者矣

李文標字卯亭父信傅邑庠士母吳氏鄉進士梅軒之女也標生有至性弱冠入泮父病篤潔誠具疏願以身代父克全母患痿痺晝夜服勤衣不解帶親殁

居喪悲哀親葬廬墓里人共稱其孝子熙美府學生焜美夢熊邑庠生

程義傳進士臨川公次子也事親常有至愛臨川掌教蒲邑書院因疾召義傳於奔命舟過西涼湖遇大風覆舟賴捕魚者救之母方氏患渴症冬月思冰鳥菜義涉淤泥求之兄染怔忡疾遵父命代兄持家動愜兄意親歿廬居墓側族黨共推焉子懋邑庠生彬廪膳生

張士博字盛文廪膳生員士綬胞兄也年十四父與

嫡母俱亡家貧敬奉繼母體父之志擇師訓綬綬入學使肄業江漢書院六載讀書白雲山八年衣食皆博按時親送綬亦勤學不輟

李世敏字文達休甯人入籍嘉魚由國學候補縣丞敦行尚義偹邑修

文廟建書院捐金樂助世政字文道敏之弟也鄉婦抱布貿縣被人挈去畏歸投溺政遇救之而予以金城北火焚貧民草廬數間助錢重葺夫人莫重於孝友世敏兄若弟式好一堂迭崇義舉敏爲邑侯謝邑侯黄均給額以奬之政爲族黨公舉鄉飲辭不就其子慶英列成均

陳茂眞家貧父巨賓早亡事母孝奉養維勤母歿哭泣哀毁禮亦至焉既葬廬居塚側三年以井里之氓倍切孺慕故孝行常畱於口碑焉

孝行續編

李清遠西里監生父病常卧床簀清遠服侍湯藥數年無倦容父病篤潛割股以進今雖其人已故而鄉里猶稱道弗衰

王辰祥字玉林號騰皋邑庠士也秉性純篤父宗兆先亡事母雷氏極孝母病卧床蓐不能舉常負以出入日夜侍湯藥易衣衾不假他人手醫云糞苦得生乃屢嘗之及歿哀毁過甚廬墓四十九日與弟書林極友愛玉病革書焚香祝天願以身代既而書病足醫以鍼砭其患處血流至地玉依床下呌苦不絶口有灼艾分痛遺風孝友一門人稱[illegible]事子鼎元咸豐己未　恩科舉人孫世敬世恭列膠庠僉以爲修德之報云

又里尹振高故貧家子也父早卒事母孝母病臥牀褥醫藥罔效高日夜禱於神不茹葷酒者三年性故愚聞人言割肝療親事遂潛割以進母病旋愈經戶鄰舉報　前縣王當堂察驗給獎今母年六十康健倍常振年已四十而承歡膝下猶依依孺子也語曰純孝格天其斯之謂與

周文溪豐里人廩膳生也父早喪事母甚謹館於近鄰毋晚必歸省母寢仍去習以爲常母年八十有四侍奉無少懈家故窘非分之財一介不取里閈有因財

産而爭者聞溪至即少息焉

彭贊周田屯人事母張氏極孝謹問安視膳數十年無倦容母卒廬墓三年不御酒肉事載家乘

涂良隆又里人母李氏歿守墓三年不茹葷酒里中先達以詩紀之

徐道元又里人父病刲股人謂此非孝道之常後母歿結廬於墓三年一日草廬災元以身翼主燒痕壘壘不藥自瘳邑人士俱以詩贈邑侯錢爲撰序

黃友文清里監生父早逝事母孫氏極孝謹先是家道寒微隨兄外賈歲時一歸省後母染疾即倍道馳歸親侍湯藥衣不解帶者數月醫治罔效乃刲股合藥以進母翼日旋瘳及母歿哀毀骨立泣血三年性尤好施建遠安鳴鳳橋設西河義渡每值歲終於貧寒家隱相周濟今年近七十猶力行不倦云

楊宗文廣里人事繼母至孝家雖貧不缺於養母染廢疾舉動維艱而扶持抑搔寒暑無間食必親視溺器必親滌十餘年不少懈臨喪尤哀慟逾常

陳安裔廣里人字紹樂號后村年未弱冠由府首入泮

中乾隆癸卯經魁性至孝嘗課讀於外距家里許日必一歸省每赴春闈輒依依膝下不忍去父母怒曰揚名顯親獨非孝耶令家人束裝促之行雖已就道猶眷戀不置子敦綺廩生長孫啓醇庠生

熊斯漣又里貢生字肇殷國學廷標之子也父歿結廬於墓終喪然後歸今墓廬猶存松楸皆手植母尹氏壽屆期頤漣年已七十間視扶持不少替凡盥垢煖被必親爲之孺慕至老不衰以子湘品敎職膺八品　封典孫叶占叶飛俱優廩生叶泰屢試前列

麥用予又里生員係庠生來璧公之嗣子嗣父性好施必曲成其志父染沉痾數載湯藥之奉嘗而後進不假他人手親殮葬祭盡禮族譜立有孝子傳

舒善大田屯人年十二父患呃逆割臂烹湯以進病尋痊母歿廬墓三年妻死不復娶弟應甲僅一齡失怙撫以成立使之負笈從師薪米皆親荷送甲後遊於庠

周名魁田屯周楚善之長子也祖居豐里隨父貿遷龍口父病篤服藥罔效卽割股療之病遂瘳平居克

盡孝道友愛諸弟鄉黨均無閒言年六十二歲歿

張習雄田屯人事繼母以孝聞母病藥必親嘗溺器必親滌孫行有稍拂母意者卽杖之并以杖自叩其顱厥後一家皆孝詩曰孝子不匱永錫爾類其是之謂乎

張輔周田屯人性純篤父早逝事母胡氏以孝聞母年逾八旬病臥牀褥者十餘載出入起居惟輔是賴侍奉湯藥必親嘗母歿廬墓三年鄉里稱之

潘光潤烏沙洲武庠承恩之次子也年二十家貧務農貌恂恂無他長而有至性母孫氏患寒疾服藥罔效潛刲股雜他肉煎湯以進母愈始覺紳耆合詞舉報縣令鍾當堂傳驗賚花紅以奬之

張揮兢廣里人貌樸誠而性純篤嘗貨傭於外以養父母承順尤至厥後子孫林立道光辛丑舉鄉耆年九十三無疾而終人以爲孝行之報云

宋以下義行

李宗儀字子文從弟宗儒字予通四世同居相友愛好學篤行築書院建祠以祀
先聖舉私田給來學者如費當時張元勳王正卿以儒學名當時皆其所禮者也文章之美人才之富自慶歷至政和間濟濟然於斯盛矣工部侍郎李祁都水使者陳求道皆以得升其門塾為幸及求道為隨襄鄧穎四州鎮撫一路屬官皆萃於其家而問政焉未幾汴都失守賊兵日盛賓客凋散程吏部千秋勤王宗

儀之子彥章開倉貸給千秋喜欲官之而不受觀彥章之自守則其父兄師友漸摩之功已深而其自處亦遠矣

元

李英字國章未冠能自立與人交未嘗出惡聲家庭雍睦出處合宜鄉里稱之壬辰兵變武昌失守所在相聚為盜英能保障之癸巳冬元叅政阿魯輝領兵克復武昌英即率義兵出應擒首惡數十人授敦武校尉給以百戶銀符白銀四錠不受是年秋蘄黃覘寇以舟師泝武昌而上莫之敢禦蒲圻咸甯嘉魚殺掠殆盡寇由新堤挽舟出大江英率兵尾其後設伏擊之寇赴水死者相枕藉獲舟艦鎧仗輜重甚多獻之官藩臬勘實聞於朝授奉議大夫同知岳州府事以疾辭不赴卒於家

明

方宸字侍臣左湖里人少倜儻不羈多膂力精武藝彎弧橫槊雅自矜詡常輸粟賑饑以例受冠帶人感其義正德己巳歲饑流民嘯聚為盜劇賊賀璋劉琪

等尤為凶黠聚黨數百人橫行江湖殺掠焚刼官軍莫敢攖其鋒追捕數年不獲大為民患撫臺疏聞榜募能擒者優加官賞宸即出應引兵大破之縣錄其功受白金之賚未幾餘黨復熾令患之宸奮不顧身誓必滅賊曰危一身以除衆人之害破一家以貽一方之安何不可耶復提兵隨在追勦六口自百合山至李林港遇賊賊懼不敢進宸方駐兵山寺其地林木深密賊故伏林莽中以二三賊服婦人衣出鬬宸擊斃之一賊從林中出不意刺其脇墜馬而死弟寀

急往救之力鬪亦死賊亦潰敗遁去江野遂甯撫臺上其事迫勞有差贈甯檢校其妻徐氏亦守貞自厲壽八十餘而終

任忠豐義里人以公事役京師舟過釆石猛風中見前船婦人失足墮水忠以鐵戟挽衣而上得不死前舟人求之知也暨晚泊舟鄰船有悲泣聲忠詢之謂曰吾已救之矣其夫酬以金帛忠不受亦不告以姓名

方孟鍍字世用左湖里人正直慷慨輕財喜施凡鄉

黨是非曲直一以理裁之無徇比縣令馬炳然廉吏也召爲耆老政事疑者與決之時江夏巨室某被盜誣太守檄令往捕將至門伏其邏卒隻騎造室若借炊者坐堂上伺其動靜渾無盜狀知其誣乃出郡檄示之其人哀訴曰第往見郡守爲汝白至郡取因質之果誣也遂釋之後數月其人擕四百金來謝公曰使我貪財前捕汝時何患不得今乃需此耶固卻之父子感泣而去岳郡有二盜貿刼財於鄉公知其爲盜止與易者盜憤之歸舟即置酒延公將殺之置刃案上曰吾商也公何目我爲賊公曰汝爲賊與否吾何從知昨聽言之耳且汝非賊則吾言妄矣汝果賊則吾言得矣若殺我非賊而何且以一老而易汝數賊不亦可乎盜意沮更以實告公以善言化誨之盜悟相與款飲而去後二人復犯盜岳郡獲而訊之曰悔不用方某之言至此萬歷六年以曾孫逢時貴贈尚書

方寵字晉臣在邑庠中始以毛詩稱督學行縣詢諸生所習經書欽春秋歎曰可使麟經曠典哉選諸生

異等者若干人寵爲首出凡五試有司弗第爲人慷慨有大節屬從兄宸勇而任俠邑中盜起宸應募捕斬以次就平無何盜黨有誣宸以他狀者臺臣過聽罪在不測寵匍匐赴部部使者憐其狀嘆曰義士也以是得雪已而盜再起宸復討之陣亡無後寵力請於當道得贈義官賜祭表墓尋爲之立嗣奉其蒸惟謹兄弟八人寵以長主家政平居自奉不有私財然好施與歲除夕鄰有夫婦貧者枵如也寵厚爲贈遺元旦盛供具一擬之富家子此雖細行不足述然大概

類是矣年四十四而卒

李遂菴豐義里萊嶺人也銅梁知縣李源之五子副舉人李傳大之高祖秉性敦樸家素豐贍好善樂施德色不形宏治年間歲祲民饑　功令飭郡縣殷戶助賑邑侯首推遂菴遂菴慷慨分素儲穀九萬七千石周濟嘉蒲咸三邑全活無算有司聞之上上錫以義官遂不受如此隱行其德而不求聞達有范公義田濟貧遺風　其子孫至今簪纓不絕所謂種德而收福也教諭汪名豹有義行述表彰之載在李氏宗譜中補遺

國朝

孫杰字若環其先漢陽人祖瑀由進士官副憲父以灝官鴻臚寺序班公始遷嘉魚小洲性豪爽俠烈時通族甚苦軍務公尚幼力請於父捐己田三百石課地七百畝分給族眾以代公徭萬歷三十六年大荒又請捐私財族人每戶各五十金外姓亦厚加賑贍以至傾囊毫無吝惜其樂施如此長子承祀邑廩膳生次廷聘庠生長孫襄乙酉鄉薦餘列鄉國兩學者亨袞及在庠者又六人晚舉介賓年八十九而卒

尹天知字閭儒貢監生持身修潔雖貴介丞子而樸素過於儒生生平無疾言遽色規行矩步驕惰者望之而氣自消待以舉火者則比閭相屬也嘗捐腴產一十七石分給親族建祖宅三楹推與族之尤貧者居之尤精醫理擕藥材病者應手而愈活人無算不取一錢與諸叔年相頡頏奉若嚴父至老不衰年九十一而卒

程日葵字向生邑庠生年十五而孤上奉孀母下撫四弟婚喪教養一身肩之值明季兵荒備嘗艱苦不

廢詩書迨

國朝定鼎與弟大詮同遊泮田產皆其創置分給諸弟自取荒頓廬舍器物亦然錙銖弗屑也性慷慨能任大事順治初年西山寇警徵發不時邑侯肅其肇書豆草軍供咄嗟立辦官民咸嘉賴之康熙二十三四年鄰邑該御長堤偏累桑梓癸亥六里士民上控三歷寒暑蒙督憲批允照舊修築資用蕩然幾至破產至於輕財好義急病讓夷尤其素性如是非貌為豪

俠者庭訓嚴切長子瓛屢試冠軍文名藉甚次子珏成進士孫汝魯登賢書癸二舉介賓前後長吏咸敬禮焉

易興周宇紹義本城人家素貧爲人幹力勤敏中年得計然治生之術漸以饒孝於二親先意承志尤篤愛其姊撫孤甥成立體恤周至非特解衣推食已也析煙後將貲本百餘金付弟貿易一無所償絶口不言弟亡棺衾宅兆皆出私財營辦不問諸姪甥宅入已私者仍還之又代爲完娶教之成名與諸子諸孫

先後遊黌衣冠濟濟焉晚年著家訓多格言令家人朔望誦之以子貴　誥封如其官

李時楙邑庠生秉性剛直早年失偶父母迫令續絃時楙守義不娶惟以色養課讀爲事後父母亡遂居文昌閣朝夕虔奉

廟掃除必親屢與同學甘又且倡修正殿兩廡黌門俄而不祿論者惜之一子二孫俱列黌序

章威仲清洪里人少苦志力學數奇不售性孝友母病古乾晝必親調甘脆夜則披衣十起雖祁寒盛暑不輟兄弟怡怡無幾微齟齬從硯田起家不甚豐饒然緩急可恃有叩必應正賦先期完納且諭族衆急公有不給者或捐金代輸必如約無敢後者舉耆賓年八十四而卒三子兩孫悉登黌序一門之盛皆積慶之餘也以下鄉耆

李正櫛字東昇上懐里人豪俠好義慷慨樂施黃岡湖水涸時有通行要路船不能施正櫛築堤以便行人又於青魚潭等處各施義渡所謂好行其德者雍正七年公舉鄉耆

杜方履小洲人孝友天成忠性素具値雙親年老孝養愈隆至歿則循禮盡哀三載罔間睦族惇厚居家勤儉尤人所難去縣止隔一江足跡不履城市喜解紛好施與周人之急甚於己私所建津渡橋梁或捐或募無不玉成其事雖工費浩繁不辭雍正十二年舉鄉耆　府憲馬公以德重鄉閭四字特旌之

李爲命爲人正直耿介輕財重義生平好行施與凡所建造必捐貲首倡督修蒲江王廟工將竣惟少金頂仍竭力獨造用以壯觀舉鄉飲

王雲耀性敦厚詳慎生平無失德賙貧賑匱緩急必應修建祠堂津梁多所捐助以義俠見稱舉鄉者

張自昜字懋功生六月失怙母葉氏年二十有奇茹冰飲蘗撫養成人終自克家先是族中有祖墓在漢邑曹莊失於兵火公等訪數年得故址因置買墓田里中有貧乏者即以墓田所入分給之行誼端重信於里黨前邑侯張公晉穀雅敬禮焉乾隆十年逼庠公舉鄉飲僎賓壽七十二九子十九孫子曰貴曰明孫揮道揮良揮德曾孫宗瑄等列國學者七人列文庠者六人宗嶧以拔貢任應山教諭里中皆以爲積善之慶

周佩字公和庠生愛敬篤於庭帷和厚浹於里黨族中貧苦無告者相關視若同胞凡津渡橋梁勉力資助勸成其美公舉介賓年八十八而卒子開國邑庠生開疆國學生孫承謨國學生曰庠邑庠生

來浚字在郊孝友成性惠愛族戚凡邑中義行無不踴躍捐助乾隆十七年舉耆賓與房周並列前後長吏咸加禮焉子佐聖列黌序孫作懋國學生作霖邑庠生

蔡文聖號謹完豊義里人也明景泰辛未年歲歉民飢　功介飭郡縣殷戶助賑聖指囷慷慨捐穀五千石事聞錫州判不受轉旌以義民榜其門額明補遺

黄惟言牛首山人膂力絕倫從提督曹文昭以功擢千戶崇禎甲戌文昭殉節復隸陳洪範麾下戊寅洪範破賊鄖西惟言失律家居甲申八月闖賊敗竄逼山分股掠嘉魚惟言率族衆七十餘人設三伏禦賊煙墩嶺惟言身騎白馬突入賊隊斃賊十數人言中炮身死其馬亦不食死族衆塑像祀之至今猶著靈一方云明補遺

義行續編　殉難入祠七十九名

楊用賓邑廩生縣西城人年三十九歲咸豐四年二月初十日粤逆上竄時在縣屬小洲教讀同該處起義督團堵剿殺賊無算燒燬賊船數隻賊旋邀集大股圖報賓鏖戰三日身受多傷而死事聞得邺世襲雲騎尉嗣子　承襲

徐良檟字禮堂宣化里人幼失怙及長援例貢成均性磊落有烈丈夫氣咸豐壬子冬粵賊攻長沙不利分股由水陸陷武昌所在盜起邑人士議行團練以檟勇於任事推為局首檟於是出其私財招集義勇講求守備民賴以安歲乙卯邑令維楊黃公來尤委任之而是時粵匪竊據省垣旁陷州縣嘉邑逼近賊鋒人心惶惑每相驚以為賊至會偵知賊伏匿近村檟請率衆往捕而賊衆已突入五里牌檟挺身接戰手刃二賊力竭遇害邑令黃公聞其事得優䘏祀忠

義祠檟三子長昌運承襲雲騎尉世職次昌齡三昌言均能文有聲庠序間

房經國號晴山居南城內庠生先誠次子進士逢年元孫也由武生投效武昌城守營拔補金口水汛外委道光二十一年制軍周派堵海寧州軍門羅以經勤慎保加六品銜咸豐二年中丞常保舉把總七月髮逆披猖派造礮位十一月逆攻省垣同參戎楊防守漢陽門屢出忠孝門接仗十二月初四日文昌門陷經率所步馳赴陷口殺賊無算力屈被戕經長子庠生萬梓忿賊傷父奮不顧身旋同遇害經父子効命行間賊至則嬰城固守城陷則殺賊捐軀父死君子死父忠孝兩全事聞給雲騎尉襲次完時給恩騎尉世襲罔替梓亦追贈武信騎尉次子萬桂承襲經兄定國弟安國俱列庠序八年邑侯錢炳熙建忠義祠經與梓並附祀焉

萬承涵劉殿華均武生住縣城西街咸豐五年六月二十八日在縣屬東鄉十井舖督勇剿賊同時被戕

郭宸輔年二十歲係前任知縣郭種德之子籍隸山

東恩縣隨父宦遊來嘉在署侍養咸豐三年二月二十七日股匪上竄焚燒衙署時持械堵剿力屈被戕委屍火中死甚慘烈

馬占鰲年三十五歲六溪口人由武生投効湖北督標中營充當馬兵咸豐二年十二月初四日城陷同房經國協戎椿堵剿陣亡

羅廷義年四十二歲簰洲人前在監利縣防堵保給六品軍功咸豐六年五月應募在簰洲外委姜河清營內充當大旗督勇堵剿九月十一日股匪竄境時

在東門外五里牌打仗陣亡同時被戕者　張元彪
張顯義　申光宏即光發俱係湖南祁陽縣人
姜祖才係貴州黎平府開泰縣人
孫紹康年五十二歲從九銜白雲山人咸豐四年七月十四日賊匪上竄時母孫吳氏被賊推跌殞命治母喪遇賊怒罵被毆身死
王艮弼年四十二歲清洪里人道光己酉由武生投効武昌城守營以功授馬糧復陞千總咸豐二年冬粤匪陷武昌弼巷戰手刃多賊力竭陣亡事聞得邮

祀忠義祠
章濬石頭口巡檢年五十七歲順天宛平縣人道光二十四年到任咸豐四年六月二十四日帶同壯勇蕭蘭軒江夏籍　羅太年六溪口人　呂登書陸口人在安樂地方堵賊濬受傷墮馬殞命蕭羅呂三人亦陣亡
鄭如川年八十七歲恩賜副榜福元洲人咸豐四年三月十七日逆賊上竄罵賊投水死
周運均年四十五歲住縣城南街咸豐三年二月二十七日在署前督勇剿賊被戕

雷從舜年三十四歲豐里上莊人在木屐嶺督勇剿賊遇害
張大忠年五十八歲住縣城東街在東城外魏家塘督勇剿賊被戕
易鴻德住縣城東街　李之樹　劉其煌俱住縣城西街咸豐五年六月二十八日同在縣屬東鄉十井舖剿賊被戕
王崇勳年二十五歲住縣城北咸豐四年七月十四日被擄不從遇害

謝盛朝年四十二歲住縣城西門外咸豐五年六月二十九日股匪竄境時在寺頸罵賊被戕棄屍火中
熊世萬年四十歲住縣城東街同日在狗兒橋罵賊遇害
蔡方祿年十八歲住縣城東門外同日在茶亭被擄不從遇害
蔡其景年四十二歲住縣城西門外同日在龍津橋遇賊懼擄投水殞命
程理玉年三十八歲住縣城北街同日在馬鞍山被

擄不從遇害
胡魁茂年四十三歲住縣城北街同日在縣北雷家山罵賊被戕
吳開晋年五十五歲六溪口人同日在龍津橋罵賊被戕
鄧士斌年六十歲住縣城南街同日在白湖罵賊被戕
周邦賓年五十歲住縣城南街同日在寺頭罵賊被戕

張傳國年三十六歲住縣城東門外同日在蘆蓆灣被擄不從遇害
李致和年八十歲住縣城南街同日在牛首山罵賊被戕
張正清年五十二歲住縣城西門外同日在縣河渡頭不肯移船渡賊被戕
李禮儀年三十四歲住縣城西門外同日在魚躍山罵賊被戕
甘迎相年二十五歲住縣城東街同日在五里牌罵賊被戕

鄧行俊明循之次子也生而倜儻七歲能背誦七經咸豐乙卯夏與姊静女滿女妹貞女同避兵於舅陳釜三家賊至静女赴水死滿女貞女亦遇害賊欲擄俊去曰從我則生否則手刃汝也俊且罵且哭曰吾儒家子也雖死誓不從汝作賊賊怒以戈刺其頸死年十一歲事聞得卹四人皆祀節義祠焉
李以位年五十二歲豐里人咸豐五年八月二十二日股匪竄境在蜀湖罵賊遇害

張世遠年二十九歲住縣城東街同日在東門外五里牌罵賊被戕
張德珍年三十歲住縣城西街同日在五里牌罵賊遇害
王昌誥年十九歲住縣城東街同日在魚躍山罵賊被戕
李開國年四十歲住縣城西門外同日在馬鞍山被擄不從遇害
劉興甲年二十八歲住縣城西街同日在江口被擄

不從遇害
劉其福年十五歲住縣城西街同日在護縣州被擄
不從遇害
鄭秉書年八十歲住縣城北街同日在馬鞍山罵賊
遇害
方象乾國學應厚子住縣城北街同日在馬鞍山罵
賊遇害
成永盛年四十五歲本籍蒲圻縣在嘉貿易同日被
擄不從遇害

居子房年四十四歲係廣濟縣人在嘉貿易同日被
擄不從遇害
杜汝明字位北小洲人生員勞謙之父良醫也咸豐
四年粵匪上竄時勞謙遠館汝明與弟并明以大義
曉鄉隣督團堵剿焚賊巨艦數隻殺賊頭十餘人賊
旋復集大股水陸交至鄉隣勸汝明汝并遠避不聽
兄弟同時力竭被戕弟婦暨媳聞而自刎一門義烈
非素以孝友傳家忠節訓後者不能有此事聞得䘏
祀節義祠

尹贍栢年二十歲又里觀山人充領本團壯勇咸豐
四年五月初二日偵探被擄至蒲屬之車埠罵賊不
屈被戕
黄克俊年四十歲住牛首山咸豐五年八月二十一
日遇賊被擄不屈被戕
古德和年四十歲住古家塆在牛首山被擄不從遇
害
彭懷智　彭定懷　陶爲則俱汪家洲人同日髮逆
過境罵賊被戕

魏福慶年三十六歲住縣城東門外同日賊至其家
被擄不屈遇害
盧洪修年十八歲又里撑界團人咸豐四年四月十
九日賊至被擄不屈遇害
戴繼安年十九歲武昌城守營分防嘉魚縣汛把總
戴金彪之次子蒲圻縣人隨父來汛在營作探咸豐
四年七月十四日在老鸛塆被賊搜獲護票遇害
董殿揚年三十四歲前令郭種德隨帶勇丁山東恩
縣人咸豐三年二月二十七日股匪竄燒衙署時持

械堵剿在西門胡家灣被戕
周守一年五十二歲前令郭種德隨任書識武昌府江夏縣人在署被戕
任國正年二十五歲任豐里龍塘畈咸豐五年九月初七日賊竄該處起義奮勇剿賊追殺三里至大橋地方力屈被戕
任益大　任芸六俱任豐里龍塘畈　李永高　李承安俱任豐里黄泥塗同日在大橋剿賊被戕
柳興松年三十三歲任西城外在縣作探咸豐四年

七月二十二日探至茅栗嶺被賊搜獲遇害
魏河清年四十歲弟魏衡山年三十七歲石里人在省城平湖門內西街貿易咸豐二年十二月初四日隨圍堵賊城陷遇害
胡秀山年四十歲豐里人咸豐五年七月十四日在老江邊遇賊怒駡被害
雷宴朋豐里儒士也自幼秉性慷慨見人有阨則矜之咸豐五年九月二十九日粵匪至硃砂磧焚掠居民無算明挺身獨出駡賊被執曰殺我願吾鄉隣無受害賊遂殺之
楊世國年二十四歲任上里在安樂團遇賊被戕
陳賢章年二十八歲任清里在烟墩遇賊被戕
龍在壁年三十歲任西里在蔡店遇賊被戕
龍連三年五十歲任邵里在銅塘遇賊被戕
以上紳民俱入祀忠義祠
豐里任益仕咸豐間粵逆入境追賊至大橋見勢不敵赴水死
王世英滕埜畈人魁梧奇偉力舉數十鈞咸豐初粵

匪虜至縣城誘以偽官不受以刀磨其頸了無懼色大呼駡賊賊刖其足而死
李以位受里人咸豐乙卯被賊擄至蒲邑熊公塘誓死不從賊殺之
李士貴受里人咸豐乙卯遇賊擄至石船渡使之降不從賊持刃威迫仍不屈賊殺之
梁自新周繼明咸豐乙卯先後爲賊擄誘以甘言不從賊並殺之
儒士張傳國咸豐乙卯被賊擄至邑東城外誘之降

不從脅以叉亦不從遂遇害
淨里李義臣爲人剛正遇有爭競力爲排解咸豐間
罵賊被害
淨里張近天咸豐間粤逆入境罵賊而死
孫大用孫上純孫景寅孫朝賢孫祖亮孫東海孫鴻
道雷禹疏王光明汪友斯龎輝五李之漢鄭名翰鄭
道榮涂在邦雷子異雷富珍皆小屯人咸豐甲寅粤
逆上犯大用等同心舉義屢破賊衆旋因衆寡不敵
同時被害

又里來振道咸豐甲寅途行遇賊被擄不從赴水死
豐里雷有鴻咸豐六年八月被擄至縣城誘以甘言
不從遂被害
左里方厚發咸豐間被賊擄至新店誓不往從賊怒
殺之
田屯彭仕朝咸豐甲寅粤逆擄脅以從仕朝罵不輟
口賊怒殺之投其首於河

以上忠烈

徐世俊字廷彥號偉八增貢生性慕義道光七年捐
錢一千二百串存典生息爲闔邑賓興費時邑侯邵
蓮溪親款門以旌之額曰高義聯曰杜陵老萬間廣
廈蔡子尼一字正人敘曰徐子偉人家不中貲而輕
財重義有古君子風予蒞嘉三載徐子非公不至其
於書院考棚諸工不遺餘力而董成之復能脫手千
金爲寒士公車之費吁寒士知所感已抑予實嘉賴
焉爰勒二字以誌之
淨里貢生孔起恭生平好善樂施凡有義舉必捐金
以爲之倡無少吝道光甲午邑侯梁舉以監修隄工

經費不足恭捐錢二百貫以成之歲己亥隄復潰丙
午又潰恭備費邀邑人士先後赴省赴京請發帑銀
隄乃得全修恭近處有淨堡石橋爲七邑往來通衢
屢傾圮恭捐修至再辛卯邑大饑恭捐穀二百餘石
以濟族黨窮民全活甚衆
豐里周宗洛學問淵博屢試不售遂放志山水爲人
嚴氣正性不妄言笑里閈有不法者聞洛至輒斂跡
遠近論者方之陳太邱王彥方云性孝友二十失怙
胞叔巨峯甫九歲以父事之遇歲歉捐穀七百石賑

濟鄉民全活無算村旁爲通衢溪漲時人多病涉因建一橋捐金一千有奇故橋以周名也其好施不倦致家中落雍正壬子　詔舉公正邑侯張詳請號着善冠帶榮之今洛歿已百餘載而其孫曾繩繩繼起登鄉榜者二列膠庠者十有五詩書世守皆其積累所致也

蔡紹成廣里太學生也二齡失恃事繼母以孝聞家故窶衣食奔走漸致饒裕而性好施濟村前有蔡家橋繫嘉蒲接壤通衢向橫木爲之日就朽壞人多病

涉成捐錢千餘緡改基易石行者咸賴焉歲辛卯隄潰其族聚處者不下數百戶嗷嗷待食成捐穀五百石量口以給全活無算明年春耕十不九舉成於無牛者授以錢無種者授以種夏大疫死者相望始則煮粥送給繼則殮以棺木合所費又計千金子三長孔緒邑掖貢生司鐸遠安仲孔繹游庠食餼季孔緇鴻臚寺序班成病革猶惓惓以周急命後嗣辛丑邑又饑繹與緇體父遺意出素儲以濟族眾今孫曾林立雖家道稍替凡於義舉靡不踴躍皆遵遺命也

李士杰受里人生平好施與遇有義舉與弟士勳等樂成其美如邑中設育嬰堂惜字局皆解囊以爲之倡其境有黃土坑橋路將里許爲崇蒲江漢往來通衢近遭傾圮人多病涉乃捐五百餘金倡修厥功偉矣現闔邑議辦小試卷費即捐金一百助之士林咸嘉賴焉

田廷顯廣里人嘗以事至九公山路經朦朧嶺村店甚稀盛夏時行人多患渴廷顯爲建茶亭并施茶田於嶺寺中令寺僧煎茶以濟今其亭尚在孫嘉穀等

仍時加修葺云

陳華國廣里武庠生爲人質樸少文敦孝友族兄弟有貧者必解囊以助遇歲歉售產以分給之凡厥善行無不樂爲年七十三歿子崇德太學生長孫佑恩英年食餼

陳顯祖字公榮廣里人天性仁愛遇貧困輒傾囊以濟之鄉里多蒙其惠排難解紛尤不爲詭隨語言鄉推爲長者前縣崔舉爲鄉飲正賓給德重望隆額年七十一而終

楊宗賢字懋官城內國庠生生平好施與見義必爲如建南門橋築土堤皆有功德於人乾隆戊申歲大饑出穀五百石以濟鄉人有書券爲質者悉焚之邑令黄高其義凡有興作莫不倚辦於賢今孫曾林立簪纓濟濟咸以爲積善之慶云

熊斯瑚字摩夏乂里國庠生爲人慷慨好施遇邑中義舉無不傾囊爲之將捐助書院膏火未果而卒妻馬氏捐田三十二畝地十八畝歲以額租錢二十千交供士子月課費其遺命也

李之慶字樸菴庠生生有至性不妄語動讀書精性理之學文亦樸茂簡古從游者咸以經師人師稱之生平敦孝友樂施濟見義必爲一行乎心之所安而砥節礪行尤兢兢不少懈咸豐間四鄉兵擾慶率子弟講業於家賊耳慶名戒徒眾毋入其村司訓曾贈以詩曰敢誇絳帳依廬楹共說黄巾拜鄭玄蓋紀實也

朱榮森上里國學與弟生員朱清華等捐田二石八節義祠邑侯錢將田出售益別款湊置縣城西門鋪屋一區歲以租錢供春秋祭祀

列女

婦道從一自古已然特時窮而節乃見事久而論益定故擬以類貞性忠可偶衡其勁決與義同方也志列女

元

何氏邑人徐子安之妻素嫻內則曉大義元末所在兵起氏謂夫曰世亂如此家復瀕江懼不免已而沿江失守遭屠戮者過半氏攜六齡之子與夫俱被執置之舟中留老弱監守氏私謂夫曰賊意在我不從必并殺汝不若留我於舟汝父子逸去猶勝同及於難夫力痛哭未決而氏已投江中矣守者競起救之其夫負子逃匿叢葦中得脫

明

任氏縣民李仲富之妻年二十生一子而仲富卒守節終身洪武十八年旌表其閭邑人李滄有詩頌之

熊氏李魚妻蒲圻義豐里人性孝好施與從夫宦四川未幾語夫曰舅姑誰養乃告歸所得悉分諸娣姒早作暮宿不辭難易入則整容以事舅姑出則常服

除垢而已少至毅蔬割切步履進止皆有法生平無怒顏無高聲語夫亡叔治家甚嚴厲事熊如事母焉

楊氏崔琰崔年二十而夫亡家極貧或竟日不食惟閉門靜坐以待斃終不丐人一物其堅潔之操如此詩曰我心匪石不可轉也其斯之謂與

晉氏任方孟之妻年二十于歸家人宜之二十四而方孟死誓不再適朝田暮績無求於人志節堅定鄉人稱之

羅烈女廣賢里人正德間流賊大起女與其母避之

江濱蘆葦中賊得而欲污之女以死拒墮水賊復出之脅以刃曰從我則生否則死女罵曰吾即死豈受汝賊奴辱賊怒肢解之而去

段氏宣化里李儒妻儒死於行伍段年甚艾一子在襁褓人皆勸之再嫁段曰户無他人惟此一息攜以入人之門非類也不聽子果成立户不絕籍軍不失伍

方氏方孟英之長女自幼許配未適而夫死誓不更字父母不能奪其志潔清自天依母兄紡績自贍壽至六十一而終內外無間焉

周氏愛澥里人李爲邦妻隨夫侍其翁朝宗教授保甯至和州夫溺水死周投水覓夫尸侍者趨救起姑龍氏慰之曰汝有二子在襁褓汝若溺此子難生不若少忍俟其成長敎訓使宗祀有託不猶愈於徒死乎周意解然每一號泣輒絕自後不飾容止不履户庭教二子椿齡補於庠鶴齡舉明經年七十餘而卒

李閏芳舉人李爲臣之女略通書史父喪事母甚謹母疾革乃割脟肉一臠煎湯以進母尋愈時年十六

士大夫咸歌其孝府志并李承箕所脩邑志皆紀其事

程氏擢廣生方守妻秉性貞淑克修婦職夫病篤割股和藥以進尋少愈踰年夫卒氏撫孤自守貞潔之操始終如一壽五十一而終

石氏李寶爵妻年二十七爵卒撫兩月孤冰霜自矢卒年七十有七孫宙　著有節孝錄

孔氏邑庠生方亨妻少保逢時之母御史儒之女孫也自幼嫻女範有丈夫志節亨習舉子業七試不第

家貧無餘貲孔氏任薪水執炊爨孝養孀姑李氏三十年中歲亨殁訓長子登進士服官嘗示訓曰官錢不義子孫刻薄非招福之道又曰得失窮通有命不可趨權勢辱聲名性喜施與寸絲尺帛不入私藏孀居三十年俱隨子在任吏治賢聲母力居多

余氏少保方逢時繼室敏慧性成公敭歷中外多所贊勷莊皇后聞其賢會親蠶召至內殿賜采桑衣一襲及金剪桑筐余拜命益恭因謂公曰君力竭矣主上眷遇無以加矣古大臣知止足而戒盈滿曷乘時

引去保有完名乎公改容謝遂上疏乞骸骨歸

程氏孔玉瑩妻程進士鑑女孫也瑩年十六早逝遺子蓮塘程矢志撫育爲娶婦蔡氏蓮塘至十六歲亦早折遺子紹芳甫四月程與其媳又相依撫孫繼芳年十五遂遊泮家寠甚遇雪凍欽餐鋤薪得金數兩始度荒歉程氏壽至八十一而終邑令申請旌表爲製節婦傳後令皆有題贈其册頁猶存

饒氏庠生李占熺妻光祿公憭冢孫婦比部郎饒公完白女也適李甫期夫卒遺一子或謂其弗堪非有他志即相從地下矣饒顧不忍棄去卒哭之辰乃盡碎諸匳具取大布帕蒙頭下至襪履無一縷纂組者親執勞苦若田家婦孤燈寒砌母績子讀始終弗渝鄉里難之歲以爲慷慨一死者不逮也

郭氏尹公民興繼室與公避兵同至宜州遇賊公間道亡去郭獨匿石窟中不出已而求之獲所佩金剛經宛然委蛻上乃知其守義而死不欲膏賊刃爲更芳也

徐氏熊公開元亞室避亂至粵舟次程鄉嵩口徐知

不免謂公曰當使公見妾死必不使背後芥公懷次晨賊數千奄至夾岸而陣徐急出艙赴水死援以篙楫竟不受而沉翼日得其尸視衣履疊疊縫無少罅是又以從容爲慷慨者

章氏童貢士心開之妻世居白湖癸未獻賊入邑章隨夫抱子先登舟避入白雲山石洞中山故近城受賊鋒最苦無寸壤不搜掠多被害者心開素以文行著得從萬刃中脫出章被執駡不絕口遂遇害

余氏界石人庠生李之馨妻也遇獻賊亦以駡賊死

童烈女邑人童洞儒幼女未出適遇流寇陷城女同兄庠生伯隆避湖中兄忽謂妹曰止四汝累女曰如有急必不累兄及兵至女知不免持所攜鐵鐮仔筐對兵擲曰此中有寶汝可取之兵果取筐女急赴水死其兄得脫

彭氏黄君水之妻明季寇熾夫婦俱被擄彭知不兩全乃紿云君要阿去放夫回乃可賊果釋其夫彭望夫行遠度勢不及追乃高聲謂夫曰汝放心去吾終不從此賊賊怒支解之

國朝

胡氏里民黄明寰之妻生子仁美甫二歲而夫亡氏年止二十家徒壁立黄口呱呱自顧已無生理但念黄氏四世單傳承祧止此一線乃忍死撫孤藉紡績為饘粥之計卒完孀節子亦有成今庠生從聖武舉從賢皆其孫也

王氏廩生王廷爵之女適里人尹求仲二十三歲夫亡子儒甫二歲時宦門中落產去差存康熙甲寅徭湖南之變舉與旁午内外交訌氏隻身紡績僅了公家事惟嚴於課子晝則使就外傅夜則篝燈伴讀稍不率必撻之子獲遊泮舉介賓孫亦能文氏年八十二而卒

黄氏儒士劉愈六之妻年二十三夫卒乃扶柩歸葬祖塋親封馬鬣屏居墓左遂家焉舅姑時已六十餘氏生養死葬盡誠盡哀亦如之其子早逝同孀媳朱氏教訓三孫悉登黌序年至九十餘而卒於雍正元年詳奉　題

允旌表建坊載郡志

甘氏市人鄧公定之妻家甚窶夫早亡止遺一女有欲奪其志者氏唾之舅姑歿後依壻甘又盤為命性勤而好善將私蓄柏葉坡田三石課八錢施作龍口渡子工食行旅不取一錢遠近賴之此外絲粟不留量力施濟通邑以節義請

旌氏力辭而止

熊烈女市民熊叔俊之女國學生熊開文兒聘之姑丹也自幼許字譙氏譙氏子不肖有醜聲其父訟之官欲令女改適女曰夫已失行矣兒若有他志獨不

謂之失行乎兒命止此矣勿復言其夜即密縫上下衣裳淩晨投繯而卒父母救之不獲邑人哀之爲竪碑墓道墓在西城外鳳凰山之陽前任蔣公斆扁其廬曰節冠閨貞

尹氏里人金彥璋之妻年十九于歸二十五歲而夫亡無子撫叔彥珩之子忠鼎爲子氏痛失所天悲哀特甚因憂鬱成疾年四十而卒

尹氏庠士尹民衡之女儒士來公琰少有文名納爲贅壻生一子而夫亡氏年甫十八居册家舅姑隔越

十餘里俱高壽氏旦夕必進甘旨日遣人數往返終身不輟平時深居閭閾行止不踰尺寸暮年猶自矜愼閨門懍若冰霜年八十餘而卒

尹氏貢生尹章世之女方及笄夫熊之柱早逝訃音至即匍匐往弔屏去釵珥綺羅之飾縞素終身祀姑及母憐其少寡欲令改字莫敢發聲歲時哀泣遂以隕命年三十六而卒

古氏石頭口民劉天祿之妻性孝謹雖田家婦承順舅姑曲盡禮節雍正甲寅四月內姑黃氏患病勢甚

危氏情廹即刲股以療病立愈年逾七十一尚無恙氏祇事有加通邑咸稱誠孝

孫氏庠生鄭日新之妻夙嫻內則勸夫力學有樂羊婦之風焉年未三十而夫卒氏忍死茹辛力供堂上甘旨生盡養死盡哀尤嚴敎子世濂弱冠補弟子員每試輒優列乾隆戊戌登明經現躋耄耋手不停披生平行詣端方善氣迎人　郡伯史公諱湛宰嘉時極加尊禮延聘主講書院諸生多賴造就有成世濂之子亦遊膠庠爲邑名諸生書香累世知由姆敎

良多矣乾隆癸酉請
旌表

胡氏市民汪顚若之妻生子凝陽甫五歲夫卒家素貧窘不免饑寒老姑在堂氏生奉甘旨病嘗湯藥殁營宅兆皆以孑身任事無何子亦夭媳梁氏遺腹生子逢聖婦姑同心撫育倍受艱辛而梁之事胡猶胡之事姑胡氏卒梁旦夕悲號及葬卒孤守墓不忍遠離家人感動謂汪氏世傳節孝守志各四十餘年卒

龍氏適邑人孫亮本名家子早喪未生子族里以其

少寡疑不能守志氏斷髮毀容之死靡他立姪在㬚為後足不踰閾今始終一節氏為廩貢龍文鼎孫日蕃女雖貞淑性成亦得之家教者深也

胡貞女清洪里人胡夢占女許字庠生李懋勉之子執秩未出室而執秩亡女聞訃即欲往以身殉父兄不可女曰夫死吾分當為李氏鬼且舅姑老吾即不死亦當代夫終養遂毅然往執喪三年衰絰不釋有議改字者女毀容破面衆莫能奪舅姑存則定省殁則衣麻一如子媳禮年五十四歲鄉里公舉節孝女泣謝曰我天地罪人有何奇節敢煩

上聞力辭免

尹氏貢生尹士郭之女適庠生程正玄之子文揚年二十六而夫亡無子止生二女翁亦繼亡叔在襁褓氏拮据荼苦力葬翁及祖翁二柩敬事嫡庶二姑曲有禮節又為叔擇師擇配不遺餘力若撫孤然二女各選名族次壻高瓔現入邑庠

陳氏六溪市民程大濂之妻年二十而夫卒無子氏既少寡姑亦孀居有强委禽者乃斷指自誓雖父母之言無由入惟習女工勤紡績為老姑朝夕之奉姑亡盡哀盡禮喪葬之費無乞貸於人者撫姪宏銓為子飲食教誨如己子久而不渝所稱鐵中錚錚者也

喻氏安樂堡胡子賢之妻性貞淑而有才年十七于歸生一子而夫癱醫治弗愈家極貧苦氏克修婦職謹事其夫十年夫卒殮葬盡禮祭祀必虔身自耕種無傭保之助撫子弄孫一以勤儉為教壽七十四歲冰霜一節人無間言

楊氏邑庠生黃藍斌之妻氓卒長子甫七歲幼子僅周歲氏以女工自給課子甚嚴子能讀父書即戒之曰為學不能成器猶績麻不能成布汝先人一線書香何忍失墜子亦承順母志長子正陛餼於庠次子正臨亦遊泮克酬厥志焉

程氏里人劉子明之妻年二十四歲夫卒氏苦節六十餘年代夫終養翁姑盡誠盡孝教一子以嚴為慈其幼孫失恃復為撫摩成立習勞終身至老不倦於

乾隆五年奉文題准

旌表建坊

倪氏庠生孫選仁之妻選仁入庠冠多士即不祿生

一子未而月氏苦節自廿上奉高堂下撫弱息孝養備至孀居三十六年閨門整肅子媳恪承厥志族里合詞請旌

徐氏市民朱紹台之妻夫亡氏年二十三歲子傑甫三歲家無立錐以績紝爲生計佐子讀書游泮子復早卒與媳楊氏撫養孤孫備嘗勞瘁晩節愈艱通邑憐而敬之乾隆伍年請旌

高氏庠生尹聖世之妻年二十八夫亡子懷珍方九歲時家產蕩廢懸釜而炊夜則棲敗屋中夢神告曰速起牆且傾氏驚寤抱子趨出則屋已粉碎矣又值遭糧賠累左支右絀艱苦萬狀守志益堅其子雖不售立品端方孫均學遊郡庠皆母教之力也

章氏里人吳國祚之妻年十九而夫沒遺一子撫之成立授室舉一孫孫尚未誕彌而其子復隕氏痛極以頭搶地過大針刺入額中其姒以口啣出昏暈幾絕嗣是姑媳相依茹苦食淡再撫兩孫苦節四十餘年鄉里無不稱歎

李氏儒生詹錞之妻錞能文而早折父母痛甚不半歲相繼亡家無次丁凡棺衾窀穸皆氏自爲拮据時年二十二歲無子一女甫三月與叔同日生孤苦伶仃戚黨共勸改醮氏凜不可奪撫其叔過於己女幼而乳哺長而完娶盡心竭力三十餘年如一日詹氏之緒復振合邑公舉節孝已申報待旌

江氏蒲邑巨族女本邑曾扶東之妻生子歲餘夫卒

其祖姑胡氏姑尹氏皆孀居叔僅九齡氏奉養兩姑綜理家政使叔得專心舉業父子俱列宮牆氏亦逾舉六孫書香不替苦節之甘巾幗中之罕覯者也

王氏蒲邑王開建之女孫適嘉邑舉人劉均運之子丙乙生子紀聖方五歲夫亡時孀姑在堂毋亦無嗣以氏爲家三寡相依一貧如洗專事紡績爲生氏奉姑奉母各盡禮節兩家生養葬祭皆其心力所支又脫簪珥爲館穀之費子亦列於庠

胡氏里人王濟臣之妻年二十五夫亡姑高年病目

飲食卧起非人不行氏執婦道唯謹授杖執楯必躬
必親教二子隆爵允爵俱列邑庠二子亦早亡又撫
其兩孫皆能成立家亦漸饒氏端謹靜默閫以外無
聞其聲者族里稱爲母範云
孫氏庠生尹士孚之妻士孚性剛方家人嗃嗃氏承
以婉順終無違言夫卒子砥世甫三歲庶室之子礪
世止一歲舅姑在堂中饋是荷家有薄產差役頻興
又遭竊盜氏兼綜內外拮据卒瘏不失故物教二子
皆入宮牆晚年長齋繡佛壽七十五終

譚氏市民鄭康侯之妻二十三歲夫卒生子紹祖甫
三歲室有老姑家無餘積夫道子道以弱女子肩之
卒能兩盡不愧初心公舉節孝辭不受尤女流之有
深識者　以上乾隆二年志
耿李氏年十九適夫耿宗謙二十三歲夫亡乾隆十
五年請
旌
王張氏年十九適夫王遜二十五歲夫亡乾隆十
八年請

旌
房劉氏名高嫺生員劉杏貴之女幼嫺內則及笄適
夫房銘鼎二十八歲夫亡從容盡節乾隆二十年請
旌建坊
張劉氏年十七適夫張文毅二十五歲夫亡乾隆二
十三年請
旌
李王氏年十九適夫李巍大二十三歲夫亡乾隆二
十六年請

旌
李楊氏年十八適夫李撝先二十四歲夫亡乾隆二
十六年請
旌
張陳氏年二十適夫張烈三二十三歲夫亡乾隆二
十六年請
旌
鄒三姑秉性貞固因被鄢誠意造帖污衊不甘蒙垢
捐軀表潔乾隆三十九年請
旌

旌

吳鄭氏年十九適夫吳步青二十三歲夫亡乾隆四十四年請旌

李張氏年十七適夫監生李明觀二十七歲夫亡乾隆四十八年請旌

胡曾氏年二十適夫胡德揮二十四歲夫亡乾隆四十八年請旌

周黃氏增廣生員周開來之妻年十六適周二十七歲夫故子方幼稚貧苦鞠養易衣并食姑病臥三載服勞不倦治家以嚴行慈今長孫體仁名列宮牆僚亦知守禮教壽臻耄耋榮膺旌表

耿孫氏儒士耿闖光之妻年十九于歸生子昭珠甫數月而闖光亡氏年二十一歲節娩松筠居貧養翁姑撫嗣承祀乾隆五十四年請旌

嘉魚縣志　卷六　人物　五二

鄭蔡氏庠生鄭開基之媳儒士友俠之妻也年十九適鄭姑早逝事翁誠孝翁染疾奉湯藥不懈逾月翁亡夫卽抱病殷勤調治數載如一日夫亡氏年二十二歲淡薄自甘撫子鄭曙克有成立乾隆五十五年請旌

高張氏高如岷之妻邑庠生張揮旦之姊也年二十四而夫亡撫姪爲子堅貞自守教養成人　督學邊以冰玉同清額奬焉

劉皮氏劉本恆之妻適劉甫四載而本恆故氏年二十一歲家徒壁立茹苦含辛勤紡織針工以事其姑張氏族人嘉其苦節立族子方保爲嗣其兄生員皮德聰同族衆懇請　學憲邊　賜節孝可風額以褎之現年六十八歲

鄧陳氏原聘儒士鄧殷緯爲妻二十二歲夫故子光萬方幼穉撫之承融合邑紳士呈請匾額　學憲戴署之曰貞壽孺人

嘉魚縣志　卷六　人物　五三

沈張氏沈啟溢之妻年二十有六而寡一子復歿遺媳高氏撫姪爲子零丁孤苦姑媳相依　督學張以兩世貞操額旌焉

程李氏年二十適夫儒士程斌八載夫故撫子作則勤苦成家現年八十一歲友族公呈請區　學憲李以萱茂冰清獎之

胡貞女江邑監生胡咸桂女許字廣里庠生耿宗昭之次子興霞未婚而興霞歿女年十八聞訃即往執夫喪敬事庶姑曲盡禮節立姪椿爲嗣飲食教誨如

己出乾隆癸巳年邑侯黄賜貞孝雜風額以褒之現年四十八歲

傅湯氏儒士傅尚信之妻年十七于歸十八失夫志厲冰玉淑慎其身撫姪昌奇以承宗祀邑侯史學師黄曾給區獎之

尹闔異庠士尹均灝之女秉性純静通書文許配蒲邑儒士魏人權未于歸人權病故女聞訃憂悶不起延數月父母欲議改字女不俾沐浴更衣自縊遺書乙與夫同穴灝憐女苦節送柩於魏附葬邑侯黄以

貞節可嘉獎之

熊氏庠生李遜光之妻年二十八夫逝時姑梁氏年七十有八氏上奉老姑曲盡孝敬生兩子甫離襁褓夫存日竊兄增庠生謙光早逝無嗣以次子明忠繼嗣兄前氏與伯氏楊同心苦守擇師訓誨督責甚嚴年六十五卒長子明行早餼於庠考授明經

劉氏監生金忠益之妻年二十五夫逝氏撫兩月黄口一息備嘗艱苦事姑夏氏孝養不衰喪祭如禮治家嚴肅訓其子攀孝至於成立現年八十有三猶督

率諸孫肄儒業人咸稱道焉

劉張氏年二十適夫劉廷衡二十三歲夫故苦蘼素幃苦節自守現壽八十九歲五世同堂奉
恩詔例請
賞賚

高尹氏儒士高毓靈之妻年十八于歸生子正翰未半載夫亡氏年二十六歲荆釵布裙克支家政至若遺金教子毋乘父道矣子正翰現列宫牆

尹鄧氏儒士尹貴炆之妻素嫻閨箴適尹生子均善

甫週歲夫亡氏年二十四歲寒幃礪節督子甚嚴現
今兩孫讀書敏悟足慰含飴之樂云
李程氏原聘儒士李之蘭年十八未于歸而之蘭歿
訃至獨步赴李守靈成服父母伯叔力阻不許翁邑
庠生李明倫姑雷氏嘉其守義視若親生氏事之亦
如人子禮至以居貧備嘗艱苦終心安之矣
張何氏生員張鶱之妻舉人張襄冢媳也年二十適
張甫六載夫亡生子祚盤僅一歲時翁年七十有七
嘗抱孫泣堂前冀其成立氏矢志柏舟居窮茹苦以

紡績事其翁孝敬不衰後翁八十一而卒氏現年五
十有七
杜程氏儒士杜浩然之妻年十八適杜二十三歲夫
亡生子宏朝甫三月食貧育子內職克全焉
孫蔡氏儒士孫玉可之妻年二十夫歿貞順自誓朗
節常新矣
皮孫氏舉人孫襄之女儒士皮德懋之妻二十二歲
適皮孝敬柔順得舅姑心未及一載夫遭溺死氏欲
以身殉姑知其有孕力勸而止八閱月生子甚復居

貧砥節課讀維勤復弱冠入泮人謂克顯闔歟矣
劉龍氏儒士劉大綱之妻年十九適劉二十五歲夫
歿甇髦自誓竭甘旨以奉翁姑安劬勞而撫幼子婦
德與母道兩無憾焉
蔡何氏太學生蔡孔元之妻年十九適蔡二十三歲
夫卒堅操樹節撫子方相入成均娶媳張氏生二子
而方相亡姑媳相依爲命兩孫咸被恩育一邑稱其
芳徽焉
屈祖珍儒士屈祖純之妹溫淑性生許字臨邑李楚

才年十五楚才病夭父母欲議再聘女曰兒已許李
雖未于歸應懍從一何敢他適父死與母兄相依勤
女紅以資衣食鄉里咸高其節
龍貞女原聘儒童羅瑞仁爲室年十六未于歸而仁
卒女詣門稱婦矢死靡他撫姪爲嗣又早逝寒幃孑
立貞守洵宜表揚矣乃公議請
旌女以家貧力辭不允
汪王氏庠士汪文超之妻年十八適汪生子名劉數
歲而文超歿氏年二十五歲家計蕭然課績自贍和

九訓劉食餼於庠家貧不願請
旌以自表焉
方王氏邑庠士方增任之妻年十七適方二十八歲夫亡秉節守義立胞姪紹忠以接夫嗣乾隆甲午年姑黃氏病篤氏割股以痊其誠孝有如此者四十四歲卒
方蕭氏方陟南之妻年十九適方二十六歲夫亡子懋忠甫一歲氏志懍栢操上奉公姑以禮義方訓子爲邑庠生歿時五十一歲

張尹氏監利司訓尹貴高之女國學生張大燦之妻也性聰穎曉書義年十六適張十八夫故踰月生子撫育倍至奈十齡殀折氏不以命乖殉節而敬養孀姑尤能以節全孝矣
孔陳氏孔錦堂之妻年二十適孔二十四歲夫亡子毓珦方二歲次毓璉方月餘氏柔順正固上奉老姑年歷九十生養死葬獨力支持訓廸長子毓珦邑庠生現年六十二歲
鄧余氏鄧文表之妻年二十二夫亡氏玉質冰心苦節貞守立姪若旦爲嗣娶媳周氏年二十一生子廷臣甫四月若旦又亡姑與媳撫孫承祀余氏現年八十三歲周氏現年六十五歲
鄧段氏鄧文宗之妻年二十二生子若宣甫七月夫亡氏圭璧自持嚴慈並至娶媳魯氏年二十三生孔才三週而若宣亡姑與媳復養幼孫成立段氏現年七十九歲魯氏現年六十三歲
熊鄭氏邑庠生熊芳型長子夢祥之妻生二子氏年二十五夫渡河遭溺立志貞瑩遵守婦道姑久染寒

務服事無間朝夕課子甚勤以承先志
杜袁氏杜國材之妻年十九適杜二十四歲夫亡子正學甫一週氏茹冰飲蘖倍極勤勞正學弱冠受室又復夭折與媳鄭氏孤苦相依現年七十一歲
張鄭氏張元高之妻年二十適張二十八歲夫亡子文濱方幼氏矢冰霜之節兼怙恃之恩現年六十二歲
萬蕭氏庠士萬樹周之妻十八歲適萬二十三歲夫歿紡績自養貞同白姬撫姪益煥爲嗣不幸病夭旋

立姪孫大均苦心鞠育用續宗支
陳徐氏年十六適夫陳其興三月夫亡冰操自矢遵翁遺命立叔子昌祖爲嗣以養以教俾至成人宗祀由是不墜
李龍氏李文潤之妻年二十適李二載夫故氏念後嗣無託與姑湯氏勸翁娶側室生子文澤甫三歲翁亡助姑撫叔又立族姪添美以承夫祀兩世相延不替
王萬氏儒士王必選之妻年二十于歸歷四載夫故

養育孤子已完婚配丁未歲子又亡與媳陳氏復撫幼孫艱辛備歷焉
張黃氏儒士張振鏞之妻年十九于歸越二載夫亡貞固性成躬任婦職子士上生甫九月撫養倍至務教揚徽壽臻七十一歲士上現列職員
汪李氏儒士汪聘玉之妻幽貞夙秉二九于歸閱四載聘玉身故生子文超纔數月氏年二十二歲守節甘貧後文超名列膠庠知庭訓之篤於慈幃者素矣
王龔氏王際明之妻年及笄適王甫四月而際明殁上無公姑氏屢欲投繯賴祖姑委曲勸慰後立族姪文猷爲嗣養之不啻親生云
劉梅氏劉元樸之妻年十八適劉生一子氏二十七歲夫亡翁姑已逾六旬躬勤紡織養老撫幼翁姑繼逝喪葬盡禮三十二歲子又殀孤子靡依冰操益厲
李劉氏李致和之妻二十六歲夫亡氏念翁姑在堂子女幼穉守節持家姑亡奉繼姑克盡孝敬
周孫氏周承潤之妻年十八于歸二十七歲夫亡貞守代終之義敬奉翁姑誨子有成

孔王氏孔文祥之妻年二十二適孔二十五歲夫亡子甫三齡姑哭之慟氏勸姑節哀飲泣承顏撫子馨喬成立
孫萌氏孫朝勳之妻年二十七生子克明甫週歲夫亡質秉貞良勤勞撫育里黨咸推閨範矣現年六十七歲
楊李氏楊中添之妻年二十一夫亡生一女立胞姪啟泗以爲夫後紡績劾功此貞婦而遷敬姜之訓者也現年六十八歲

周黃氏年二十適夫周承豐二十七歲夫亡以本比
心貧苦全節
羅來氏儒士羅璧菴之妻年十八適羅敬戒無違越
四載夫歿時姑年七旬子嘉運生甫五月氏慨然以
養姑撫嗣爲己任孝慈並著嘉運現列膠庠孫銓亦
蜚聲藝苑
張李氏張廷揚之妻二十六歲夫亡履貞表潔敬事
翁姑勉翼繼嗣士龍爲邑庠生壽終七十一歲
章周氏章以洪之妻二十四歲夫亡生子用彬甫數

月翁姑及庶姑樵氏以孝敬著至於殷勤課子闡教
有足推者
方王氏方序安之妻年三十夫亡守節仰事俯育恩
義皆至現年九十歲
李湯氏儒士李申易之妻申易好學能文早亡氏年
二十止生一女泳雪爲心姪嗣夫後不幸又夭孤孫
更賴撫育族黨無不歎服焉
王呂氏王義勲之妻年十九適王閎兩月夫歿苦節
自勵婉順奉姑撫嗣在元如同已出

劉羅氏監生劉高振之妻年二十七夫亡志瑩操堅
孝養翁姑勤撫孤幼子翰明現列成均
劉游氏劉象元之妻年二十七夫亡立姪東升爲嗣
方五齡養育婚配守貞而慈範以備
徐氏許字李名珍爲室年二十未婚而名珍亡女欲
以身殉母防之甚密甫三朝適李成服守嚴貞一嫺
於儀則得公姑之心閭里咸以貞女相許焉
李龔氏年十九適夫李慶鵬二十三歲夫故生子纔
四月恩勤撫字上有老姑供膳不衰邑人稱有陳孝

婦之風焉
魏何氏儒士魏學安之妻秉性幽閒年十八歸魏二
十夫故茹苦食荼堅貞不二高堂菽水承歡立嗣恩
全養教允推香閨之則云
黃馮氏黃正倫之妻年十八于歸二十四歲夫歿厲
節勤劬奉高堂而無缺撫孤尤徵母道焉
古黃氏古貫萬之妻適夫家姑染瘋疾謹奉湯藥久
而無閒夫繼姑亡翁亦逝子幼勉力維持允盡生事
死葬之禮此族戚之所共見聞而願爲表揚者

重修嘉魚縣志卷之六

列女續編　殉難入祠三十四口

周但氏板頁現署均州學正周宗瀛之妻也母家故居省城歲必一歸甯咸豐壬子十月赴鄂省親值粵逆犯順省垣不守先是賊艘沿江而下所在多殘破氏聞亟涕泣思歸奈省城戒嚴不果至是城陷鍵戶自縊年三十五歲事聞得邮從祀節烈祠

李郭氏年二十八歲前令郭種德之女李松坪之妻山東恩縣人隨父宦遊來嘉於咸豐三年二月二十

七日股匪竄燒衙署不屈焚死

方龔氏方炳厚之妻年五十三歲住東城外咸豐五年六月二十九日在家遇賊投河死

何劉氏何方芹之妻年二十歲住東城外咸豐五年九月十二日賊至懼污投水死

高張氏高尚遇之妻年二十五歲住簰洲咸豐四年七月初八日賊竄境內畏污投河死尚遇即尚裕

程羅氏年五十四歲住縣城南街係生員程煥南之妻咸豐五年六月二十八日股匪竄擾偕弟儒士程選榮婦萬氏避居南城外先是氏夫程煥南子廩生裕香督團屢敗賊賊挾其讐有意尋害羅氏萬氏均秉性直烈詈罵不屈同時被戕

趙唐氏年二十五歲住縣城東街係生員趙鶴齡之妻於咸豐四年七月十二日侍姑避賊東鄉五里牌見賊趕至忿詈被戕

孫吳氏年八十三歲白雲山人係孫象德之妻訓導孫嘉會嘉氏母也咸豐四年七月十六日賊匪上竄焚掠村舍氏詈罵不屈被賊推跌殞命

劉周氏年七十三歲住縣城南街係劉克宸之妻咸豐五年六月二十九日股匪竄擾時在牛首山罵賊被戕

李周氏年三十三歲住縣城南街係李宏起之妻咸豐五年六月二十八日在魚躍山遇賊懼污投河死

程龔氏年四十三歲住縣城北街係程理宗之妻同日在小湖澥遇賊懼污投河死

杜楊氏年三十一歲住縣城西門外係儒士杜宏承之妻同日在魚躍山遇賊畏污投河死

方鄭氏年四十六歲住縣城西門外係方顯功之妻儒士方家傳母也咸豐五年八月二十二日在江口同媳左氏（即方家傳之妻）罵賊被戕

劉尹氏年三十八歲住縣城南街劉秉乾之妻偕女傳環年方十七在李家莊遇賊懼污母女投水死

吳李氏年二十一歲住縣城北街係儒士吳文堂之妻在龍津橋畏遭賊污詈罵被戕

鄭靜女邑紳鄭明循之長女也咸豐乙卯粵逆據蒲圻有窺縣城意靜女與其妹滿女貞女及弟行俊相

避於母舅陳金三家會城陷賊旁掠近村所在屠戮靜女知不免赴水死時年十七歲滿女貞女行俊皆遇害事聞得邮祀節義祠

梁幺女年十八歲住縣城北街係梁承弼之女咸豐五年六月二十八日股匪竄境時在寺頸遇賊不屈被戕

周溶女年十七歲住縣城南街周思丞之女咸豐五年八月二十一日股匪竄境時在牛首山見賊逼近懼污投河死

杜呂氏小洲儒士杜井明之妻咸豐四年氏夫與夫兄汝明起義堵賊氏同媳蔡氏執爨餉軍初十日聞夫兄弟被戕氏與媳亦自刎死

杜蔡氏小洲儒士杜井明之媳杜慎修之妻年二十歲夫亡比欲以身殉因翁姑勸止苦守二十餘年鄉里稱其節孝可風咸豐四年氏翁兄弟起義堵賊氏隨姑執爨餉軍初十日聞翁被戕出懷中利刃自刎死

金熊氏年二十歲住小西門外於咸豐五年八月二

十九日在寺頸遇賊不屈被戕

李一女李士仁之女年十九歲未字住東門外棗林壋咸豐五年八月二十三日在花園塘遇賊懼污投河死

趙羅氏係前任廣東博羅縣石灣巡檢鄭淩雲歸宗趙淩雲之妻年七十二歲本縣東街人寄居省城水陸街馬尾巷咸豐二年十二月初四日省城失陷同媳方氏（趙君相之妻）孫媳江氏（趙子成之妻）服毒死

熊周氏監生熊大祥之妻年五十四歲住宣里熊家

山咸豐五年八月二十六日粵匪過境焚燒房屋詈
賊不休賊怒將氏鍵閉戶內焚死
周李氏周地書之妻年五十二歲住豐里烟竹崗咸
豐五年八月二十二日粵匪擄掠駡賊被戕
周李氏周騰萬之妻年五十二歲住豐里官橋咸豐
五年六月二十五日駡賊被戕
張丁姑張志元之室女年十八歲住西里橫山咸豐
五年六月初十日賊竄境內擄掠無算懼污赴水死

列女續編
曾氏周克聰之妻年二十二歲夫故無子以兄子承
祧教養備至慈嚴兼施家雖豐饒氏荆釵布裙冰心
雪操守節三十四載內外無間言乾隆六十年知縣
鄭循例舉報嘉慶元年奉文
旌表建坊後族里公請縣憲迎主入
文廟節烈祠子邦典入成均孫林馨英年遊泮
金氏劉東山之妻漢邑舉人金文元女孫二十三歲
夫故比欲以身殉因有娠隱忍弗就死閱六月子玉
成生辛勤撫育得綿一綫之緒玉甫成童氏旋棄世
玉妻周氏性幽閒嫻內則年二十六歲而玉亡子璋
方五歲周氏若不甚顧憐者人異之及暮登樓投地
死而復甦家人倍加嚴守多方勸慰氏佯爲破顏以
之防少疎即鍵戶自縊前 學憲王給節烈纖纖匾
子璋入成均孫昌綬廩生曾孫鉅文庠生
陳氏王永紳之妻二十三歲夫亡守節四十六年胡
氏王永縉之妻二十三歲夫亡守節四十三年俱於
乾隆十五年知縣安循例舉報乾隆十八年奉文

旌表給以清標彤管匾額補遺
李氏孫以金之妻二十五歲夫故守節四十二年
游氏孫以玉之妻二十八歲夫故守節三十五年俱
於乾隆二十三年知縣黃公循例舉報乾隆二十
五年奉文
旌表給以清標彤管匾額補遺
李氏受里儒士佘其萬之妻二十五歲夫亡上奉舅
姑下撫幼子道光十八年李氏七十五歲守節已五
十年　督學方以節壽延禧額獎焉

李氏受里儒士王浚明之妻二十三歲夫亡甘旨供
媍姑殷勤撫嗣子道光十九年年五十歲鄉黨羣懇
督學方給茹苦完貞匾以褒之
胡氏田屯儒士張弼東妻增生張嘉驊祖母二十四
歲夫故矢志守節古井盟心和睦家人同居五世前
學憲王題節孝致祥匾以示獎年九十歲歿
黃氏田屯監生劉方英妻庠士黃燊九之女年十八
于歸二十七歲夫故時翁老子幼仰事俯畜皆取給
於紡績鄉里稱之子正鴻監生孫文清弱冠采芹前
學憲王表其宅曰節孝可風年六十五歲歿
林氏宣里蔡尊賢之妻二十歲于歸二十七夫故翁
姑俱存一子甫三齡奉老撫幼備歷艱辛節操不移
現年五十三歲
葉氏田屯蕭臨萬妻年二十夫故媳劉氏儒士蕭步
魁妻年二十三夫故姑息相依守節四十年前　學
憲江題給兩世清操匾
葉氏田屯儒士劉方紀妻十八歲于歸二十二歲夫
故時姑年逾五旬子正紱僅兩歲室如懸磬勤紡績

以貧生上奉慈幃且爲子就傅完婚心力俱瘁歿前
學憲鮑題匾示獎年六十三歲歿
皮氏田屯儒士劉本莅妻庠生皮德聰之女年十八
于歸二十二歲夫故無子誓不欲生以姑老無人奉
養忍死娛親迨姑捐闈葬祭悉循禮儀立姪繼嗣教
養倍摯前　學憲邊給匾以顏其閭年七十三歲歿
杜氏田屯儒士李耀海妾監生李朝輔嫡母年二十
四夫故守節四十九載道光六年　學憲王褒以匾
額年七十三歲歿

程氏龍口儒士鄭澤英妻年二十七夫故守節四十四年道光六年儒學汪龔詳前　學憲王給匾以褒之年至七十一歿子德升列於庠

李氏中洲儒士葉凝泰之妻年二十七夫故長子會榮甫三歲次會春僅五月氏事翁姑養葬盡禮送子就傅頗解隆師榮以數奇不售遊太學春膠庠早列孫允青亦英年掇芹香門無白丁皆氏操持督責所致洵巾幗中丈夫也守節四十餘年　學憲涂給松操荻畫額其廬年八十六歲卒

王氏邑庠劉正德之妻年二十四夫故翁姑年俱逾艾氏奉事惟謹撫子官大就師課讀嚴慈兼至家窘甚勤紡績以供學俸雖水旱兵燹艱險備嘗而其節守愈堅前　學憲涂給匾以旌其閭年七十八歲卒

章氏清里儒士劉昌德之妻蕭邑任六安州同知章應蘇之女年十六于歸甫五載夫故孝事阿姑義撫嗣子守節三十載　學憲杜給茹苦含貞匾額現年六十有二存

覃氏劉其新之妻年二十于歸纔八月而夫卒於客途幸遺腹有子堅志守節數十載不出戶庭邑紳合詞舉報前　學憲王給節孝可風匾表其閭年七十四歲終

劉氏中洲儒士王宗川之妻于歸五年夫故子承祖僅二歲氏事舅姑克孝克敬擇師教子和丸助勤終身荆釵裙布志堅金石閭里咸欽服之節守四十餘年　學憲涂題節懍冰霜以額其門年至七十三卒

劉氏儒士張方宗妻二十四歲夫故子卓成甫五月氏矢志守節上奉翁姑下撫嬰兒艱難險阻歷久彌

堅嘉慶己巳年氏年五旬學師鄭申文詳請　學憲涂旌題荻幃風清匾額

劉氏又里金光遠之妻年二十七歲夫亡堅志守節人無間言立姪鴻舉爲嗣道光八年請
旌建坊八十一歲卒

劉氏宣里儒士鄭儒宗之髮妻也二十歲于歸三十歲夫故時翁姑在堂生子四氏事親以孝敬勗子以義方備歷艱辛初終不易七十九歲而歿守節四十九年　貞[illegible]四德堪[illegible]其子明乾明坤明源明

忠皆列庠序咸豐七年蒙
恩旌表入祠
方氏豐里儒士李倚舟之妻舟能文早折無子時方二十歲撫兄子士鑑爲嗣痛夫齎志以歿誓曰夫死我當徇豈容偷生眛一婦不事二夫之義勵志苦守子亦早亡媳呂氏年二十五姑媳相依爲命室如磬懸藉女紅以生活潔清自矢方年六十終呂年六十三終一門兩節鄉黨咸傳誦焉

石氏豐里雷義三之妻庠士安勲長媳也二十二歲

夫亡女一無子家運偃蹇夫弟昭宏昭定相繼歿氏事翁姑孝翁捐館時衣衾棺槨必手自經營葬祭盡哀盡禮年五十歲存

周氏豐里雷用斌之妻二十歲夫亡無子茹苦含辛以紡績爲生處之晏如事翁姑極孝謹内外無間言鄉黨以勁節長芳匾額頌之年六十一歲存

方氏豐里李乾玉之妻二十二歲夫故翁歿姑存子樹人甫襁褓氏矢志靡他紡績以爲事畜資教子慈嚴兼至弱冠採芹人以爲苦節之報云年五十二歲存

李氏豐里任步官之妻年十九于歸事姑以孝聞二十九夫故柏舟矢志竭力撑持誓曰吾願無辱吾夫也撫三子俱成立年六十三而歿

周氏豐里庠士方樸叟之次媳儒士方芹圃之妻也年二十七夫故自勵清操事孀姑三十餘年孝敬不倦撫四齡孤兒嚴慈交濟尤通大義誠巾幗中罕見者子家勳庠生年六十一歲存

周氏豐里任偉大之妻年十九于歸二十七歲夫故

氏苦守家雖窘甚晏如也數十年恚怨不形事翁以孝聞撫子成立爲完婚配克承父志年五十二歲存

雷氏豐里任志供之妻年十七于歸二十八歲夫故地無立錐勤紡績仰事俯畜艱苦不辭操嚴松柏令人望問生敬年七十六歿

湯氏豐里任傑三之妻十九歲于歸二十五歲夫故子幼翁姑在堂氏事之曲盡禮節義方教子不使與羣童戲嚴毅之氣終身一日年七十歿

李氏豐里任敢倫之妻庠生李獻修之女也二十八

歲夫故遺二子氏教養倍至督以勤勞有敬姜遺風節操異常年六十一歲存

李氏豐里任光昭之妻十八歲于歸二十九歲夫故子甫數齡翁姑俱在氏仰事俯畜不辭勞瘁清操自勵族人咸敬之年五十六歲存

周氏豐里盧春芳之妻年十八于歸甫二歲而夫亡無子撫叔子斯成爲子節操懍冰霜行止有尺寸鄉人加敬匾其廬曰栢節凝秋年五十五歲存

任氏豐里湯君轉之妻任萬明之女也三十一歲于

歸越一年而夫故翁姑早世家貧無子茹蘖完貞誠鐵中之錚錚者年六十五歲存

李氏豐里任秀龍之妻二十三歲夫故子松萬甫週歲氏貧苦撫孤及成人授室未幾子媳又俱亡復撫孫成立以纘先緒鄉鄰嘖嘖稱善焉年七十歿

湯氏豐里任步乾之妻二十八歲夫故子尚未成童氏冰霜自勵日未晡即攜子閉戶獨專紡績勤慎逾常年六十六歲存

雷氏豐里雷紹乾之女庠生任際元之妻也二十九歲夫故時夫兄外貿嫂又早逝氏甘貧守節孝奉翁姑恩撫子姪懃懃懇懇以續書香爲念餧子時超克敦行誼孫清遠早列膠庠未始非苦節之報云年七十歿

王氏豐里任超倫之妻二十八歲夫故一子尤斗僅二歲翁姑俱老氏冰霜是懍孝慈爲心送子課讀數十年不懈子果早列黌宮克慰母志年五十七歿

任氏豐里雷承才之妻任宗武之女也十八歲于歸十九夫故家貧無子欲以身徇因姑衰老缺甘旨奉

夫姪亦失恃乃苦志堅守孝慈兼盡里黨稱之年六十三歿

李氏淨里儒士孔振達之妻太學生禮傑之母也年二十八夫故栢舟矢志子九歲撫養成人翁享年八十姑享年九十六事之以孝寒暑無間家頗豐布衣疏食甘澹泊焉現年七十一歲

張氏淨里張中玉之妻年二十四夫故一子甫四齡家甚貧氏苦操作勤紡績事翁姑以孝閫教子亦慈嚴備至年六十四歲存

曾氏劉永德之妻年二十九夫故子甫數齡家無擔石紡織爲生性貞靜不苟言笑晚歲衣食頗裕而荆釵布裙勤儉無少息焉年六十八歲存

劉氏淨里張恭善之妻年二十八夫故子二俱幼勤苦自守遭歲荒雖饔飧不給而志節益堅年六十九存

羅氏淨里石之壽之妻年二十于歸二十五夫故無子冰霜著節柏舟矢志既嫺内則於髫齡尤勵閨箴於白首鄉黨莫不隆重年七十一歲存

童氏淨里儒士劉輔仁之妻年二十八夫故一子甫週歲氏苦志自守懍若冰霜事姑極孝奉養備至家雖饒屛釵鈿弗御鄉黨共敬重焉年五十六歲存

孫氏淨里劉永氏之妻年十八于歸未一年而夫故遺腹子明恭家故貧紡績度日事姑以孝聞甘心苦節族黨咸稱年五十三歲歿

陳氏淨里楊學嘉之妻年十七于歸二十六夫故繼姑在堂子甫三齡氏仰事俯畜孝慈兼盡冰霜凛烈族黨無間言年六十四歲存

王氏淨里會盛德之妻年十九于歸二十七夫故性貞靜善女紅一子甫襁褓家故貧日食惟仰給於十指間撫子成立堅貞自矢終始不渝鄉黨莫不敬重年五十歲歿

蔡氏淨里周寶樹之妻夫歿時氏年二十八上奉孀姑孝養兼盡家貧紡績爲生一子早卒與孀姑相依爲命形影相弔此節之最苦者年六十四歲存

饒氏淨里儒士張錫廷之妻年二十于歸二十三夫故事舅姑孝養無間指金石以盟心懍冰霜而著節

無子以夫弟之子將觀爲嗣道光乙酉　前學憲王書節孝可風四字褒之年八十八歲歿

張氏淨里劉昌遠之妻于歸僅六年而夫故時年二十八無子族人舉兄子承嗣冰雪爲心松柏摧節歷三十年如一日年五十八歲存

楊氏淨里周步堂之妻于歸甫九日而夫故時年二十歲既無翁姑亦鮮伯叔氏矢志無他零丁孤苦家徒壁立紡績營生族戚欲爲請　旌氏固辭曰吾非爲名也遂止年六十八而終

楊氏淨里劉正武之妻楊澤遠之女也年十九于歸二十七夫故翁姑俱逝子僅六齡擇師課讀有孟母風志矢柏舟人無間言年五十一歲存

毛氏淨里王爲崇之妻增生王芸馥之母也年二十九夫故翁姑已衰老二子尚幼奉親育子備極艱辛子芸馥蜚聲黌序皆母訓之力也年六十四歲存

顧氏淨里孔振厚之妻年二十九夫故一子甫數齡撫以成立晝荻和丸茹蘗飲冰備歷艱辛年六十五歲歿

張氏淨里王毓三之妻年十八于歸二十九夫故含悲忍痛茹蘗飲冰舉動不苟雖鄰家亦不輕至紡績勤苦終身無怨言年四十九而歿

周氏清里儒士王輝南之妻庠士林馨姑母于歸僅三年而夫故一子亦旋折氏矢志靡他以禮自守冰霜皎潔族黨爭推道光七年　學憲王以節孝可風匾額旌之年六十七而終

劉氏清里儒士魯希文之妻庠士紹烈胞姊國學寅工之母也夫故時年二十九柏舟矢志撫一子成立操持家政至老不倦年六十七歲存

高氏清里王顯相之妻庠士鵬萬之姪媳也夫故時年二十八無子僅一女未幾夭亡家貧織紡爲生迴年漸老一切奉養皆甥國學魯搢光之力也年六十七歲存

陳氏清里儒士王家秉之妻庠士懋討之媳庠士陳大經之女也時氏年二十四夫故無子以姪達本承嗣飲食教誨視如親出志節堅定鄉人稱之年五十九歿

張氏清里魯鳳鳴之妻年二十八夫故遺腹生一子海進撫養成立不辭勞瘁堅貞自守人咸欽之年六十九歲存

李氏清里儒士王文宗之妻庠生兆龍之媳也年二十九夫故家素貧紡績爲生撫二子成立苦而益堅人無間言年六十九而終

萬氏清里儒士王魁元之妻國學駿揚之母也年二十二歲夫故無子撫姪承祧道兼教養節懍冰霜前學憲茹給以冰心延甲匾額年六十二而終

重修嘉魚縣志卷之七

列女 續編

高貞女上里儒士高又班之次女幼許字監生熊體仁之子文彬迎娶有日而文彬訃至女時年纔十七請往夫家以死自誓父母憐而許之即素服以往敬執婦道上奉高堂孝養罔倦立姪桂林爲嗣前 學憲王給柏節松操匾額年六十七歲歿

周貞女廣里周大貴之女幼許石應耀爲婚甫數歲即養於石門未合巹而耀亡女年時十八歲上有翁

姑無人侍奉誓不再字勤紡織以供甘旨子道婦道一身兼之族里稱爲女中君子現年五十二歲

章貞女廣里章明治之女幼許字張祚柄未嫁而祚柄亡女聞訃至即素服往夫家誓死不去宗族憐其志立堂姪家煌爲嗣女承順舅姑無少失禮前 學憲王贈守貞全孝匾額年六十四歲歿

黃貞女清里太學生黃與共之女幼許字咸邑程姓子年將及笄程以病卒於外女聞訃至號哭數日每於黃昏望風拜祭堅貞自守矢死靡他年四十六歲歿

陳氏清里王協中之妻國學聘璋祖母也于歸僅二年而夫故時氏二十二歲撫姪爲子教育倍至苦守四十六載玉質冰心道光七年戚族合詞請 旌督學王給以苦節貞靜匾額年六十八而終

楊氏清里李用和之妻年十六于歸生子存勝二十三夫故有欲强委禽者氏封髮自矢苦節以終年五十五歲歿

李氏清里劉如九之妻夫故時氏年二十五歲子猶

在襁褓翁姑俱存氏矢死靡他殷勤撫育而承顏順志歷久彌貞今年已五十猶循循執婦道焉

章氏清里劉象晉之妻年十八于歸二十一夫故夫病數月日夜奉湯藥未嘗少懈及夫亡欲以身殉族衆勸慰之乃勉事翁姑教養兩姪迨翁姑亡兩姪亦相繼下世族又以夫弟之子允文爲嗣年六十歲存一生苦節遠近咸稱之

周氏清里儒士曾映森之妻生子甫九日而夫亡時年二十九茹辛食蓼冰心一片人無間言年五十六

歲終

張氏宣里李天爵之妻庠士張清瀚之女兒也夫故時氏年二十九三子俱幼家徒壁立紡織爲生冰心玉質人無間言年六十五而終

唐氏宣里萬秉明之妻唐文藻之女也年十七于歸二十三夫故無子撫姪孫盛桂爲嗣旣貞節於松筠自揚徽於彤管桂援例入成均咸豐十一年請 旌年六十八歲存

方氏宣里熊甫廷之妻年十七于歸甫一年而夫故無出以兄子爲嗣家貧紡績淡泊自安守節三十六年族黨無閒言年五十四歲歿

金氏宣里儒士陳敵相之妻年二十于歸二十四夫故家甚貧子甫二齡氏敬事翁姑居常寡笑言足不出庭戶節而且苦族里無不憫惜年四十四歲歿

李氏宣里庠士林懷瑾之妻年十九于歸二十九夫故性貞静寡言笑孝敬事姑義方教子 里黨咸推重焉卒年七十六歲

劉氏宣里林瓊玉之妻年十九于歸二十九夫故時

姑老子幼氏勤謹奉姑詩書課子栢舟自矢歷久不渝子有聲援例入成均皆母力也年六十九歲存

徐氏宣里蔡楚江之妻監生蔡文訪之母也年二十于歸二十八夫故翁姑俱存子甫二月撫育成立教養兼盡旋援例入成均孫枝繼起鄉人僉謂苦節所致前曾合詞請 旌年六十四歲存

劉氏宣里李炳文之妻年十九于歸二十二夫故翁姑俱存子甫二齡家貧苦守一生勤勞至今族里稱道之

游氏豐里任才德之妻年十八于歸二十三夫故一子甫七月氏栢舟自矢撫孤成立境雖寒微勤勞操作至今不懈年五十一歲存

魏氏豐里任宏亨之妻年十九于歸二十二夫故子甫三齡事孀姑林氏孝敬兼盡其姑八秩壽誕氏適五旬一門兩節里黨贈以松筠同春匾額年六十三歲歿

胡氏豐里任士有之妻年十九于歸二十三夫故無子事翁及繼姑一以孝聞撫從子益銓承嗣闔籍巖

肅巾幗中洵不多覯者年五十五歲存

理氏豐里李承逵之妻年十九于歸二十九夫故無子奉姑極孝敬先意承旨事事必得其歡心里黨稱之年四十五歲歿

李氏任會升之妻年十九于歸二十八夫故時姑年逾六旬子僅歲餘氏仰事俯畜竭盡心力里黨稱完人焉年六十五歲存

李氏豐里游念傳之妻生員李樸菴之女年十八于歸二十四夫故無子立從子敘先爲嗣家雖貧欽冰

茹苦處之晏如年五十三歲存

張氏豐里游椒升之妻年十八于歸二十八夫故家貧甚翁姑在堂氏操作以奉甘旨撫三子俱成立現年五十一歲

蔡氏豐里周上如之妻年十八于歸二十九夫故生子宏昇僅數歲氏矢志撫孤紡績自贍終身如一日五十歲而歿

成氏豐里李宣誥之妻年二十二夫故家貧無子以夫弟之子廷美爲嗣翁姑在堂氏乃守志奉親克勤

克敬今姑尚存氏年五十二而孝養之志至老尤篤

雷氏豐里蔡千桂之妻年十七于歸二十二夫歿一子孔焙甫七月家故貧氏自矢堅貞克勤克儉迄今家道小康皆氏操作力也年五十七歲存

李氏豐里蔡爾僖之妻年十八于歸二十九夫故子于珊僅三歲氏苦志自守事翁姑以孝處妯娌以和其治家之勤訓子之嚴則尤性成賢淑令人起敬焉年七十一歲存

劉氏受里李三才之妻太學生劉德清之姊也年十

八于歸未一年而夫故無子以夫弟之子宏瑚爲嗣視如己出家甚貧朝夕事公姑甘旨無缺氏幼失父母惟嬸母是依聞嬸母歿仰天椎心長哭一聲肝膽碎裂仆地而死時年五十八歲

黃氏邵里何方玢之妻年十八于歸二十五夫故子一甫數月氏撫以成立睦姻任恤尤遠大義六十四歲歿

洪氏邵里何逵玉之妻年十七于歸二十九夫故翁亡姑存事以孝聞一子兆春撫之成立有斷機畫學

遺風春亦能體毋志早叨寸進皆苦節之所報也年
六十一歲存
鍾氏石里高金安之妻年二十四夫故以夫弟玉安
之子邦仁爲嗣公姑年邁氏仰事俯畜栢舟矢志冰
清玉潔辛苦備嘗年七十三而歿
楊氏高德廉之妻貢生高維翰之毋年二十五夫故
子一尚幼翁姑年邁氏仰事俯畜一身兼之現年五
十六歲
李氏豐里劉貴文之妻年二十七夫亡哭泣瀕死至

七日親具酒饌奠於靈前比入寢室投繯以殉邑侯
邱以烈過高行額褒之
烈女豐里周君鑑之女幼字李士希爲婚年十七于
歸有日矣士希暴亡聞訃自縊族里共嘆美之
熊氏西里儒士吳國禮之妻年十八于歸二十七夫
故矢志苦守家貧紡績爲生事姑極誠敬子邦治楚
材孫廷星泉隆治與星俱名列膠庠皆氏苦節之報
年五十鄉里贈匾額曰節孝永傳　學師李公贈傳
年五十八歲歿

魯氏宣里殷廷耀之妻年十八于歸二十七夫故遺
腹一子氏矢志操守上事老翁下撫幼兒孝慈兼至
鄉里皆以賢淑稱之年八十四歲歿
雷氏宣里國學雷兆熊之女庠生馮金彪之妻也年
十九于歸二十六夫故遺一女矢死靡他翁憫其少
寡不令操井臼氏曰婦職也帕首操作如故平居閑靜少言庭
最孝繼姑無出居嘗鬱鬱氏口侍左右百端承順必
得其歡心而後止年五十六歲存嗣子青選國學
戚氏豐里周得高之妻年十八于歸二十九夫故子

甫髫齡比欲以身殉因一子幼弱無人撫養故忍死
苦守終身年七十九歲存
何氏上里孫克賢之妻年二十六夫故一子讓卿訓
以義方閫內肅若朝廷行止不踰尺寸族黨咸稱之
年六十五歲存
王氏庠士辰祥之女舉人鼎元之胞姊儒士李昭德
之妻也年二十于歸二十三夫故無子屢欲投繯以
徇翁姑勸之曰汝死我二老將誰依亦惟有死而已
氏乃解悟家故貧朝夕供甘旨自食惟蔬菜翁姑見

而憐之乃僞以飯覆其上如是者數十年翁姑歿葬祭盡哀循禮每拜掃時親負土以修其墓立姪士坤承嗣　前學憲杜給節孝可風匾年五十八歿

李氏受里王佩蒼之妻年二十七夫故無翁姑子甫一齡家徒四壁痛夫齎志以歿盡收其書籍手澤冀以教子不幸子復殤氏投環幾絕後以夫兄之子爲嗣年五十四歲歿

杜氏石里孫淩漢之妻孝敬無違勤儉罔間同治四年冬翁病篤醫藥不效夫婦環而泣氏於夜半潛刲

股煎湯合藥餌以進病遂瘳現年二十七歲

蕭氏上里劉光國妻年二十九夫故堅志守節屢遭荒歉家道中落氏奉老撫幼備極艱辛至其寡笑言無嗔怒尤令人起敬焉現年七十一歲

高氏石里孫里明之妻年十七于歸二十八夫故時子光耀甫七歲翁年六十有餘氏事翁極孝謹撫子至於成人松柏有心冰霜著節咸豐十年紳耆等舉報　前縣給匾額年五十五歲存

熊氏石里高兆楨之妻年十八于歸二十九夫故子甫二歲矢志靡他撫子成立里黨稱之年六十六歲歿

楊氏儒士劉德備之妻楊故望族幼嫻禮教年二十于歸三十夫故無子撫姪爲嗣甫成立而夭無所依倚就養於母弟家數十年茹蘖飲冰毫無怨懟前經邑紳舉報　學憲王給苦節堪欽匾額八十生辰內姪高椿爲立傳年八十三歲歿

蘇氏邵里方得廷之妻年十九夫故一子甫週歲氏苦節撫孤無怨言亦無難色年六十歲歿

鄭氏邵里張荆文之妻年十九于歸二十七夫故子二家極貧孝以奉姑嚴以教子鄉黨咸稱道焉年五十三歲存

魏氏受里李奉璜之妻年二十九夫故遺一子教以成立勤儉撑持茹苦含貞紡霜績月夫向所負債皆償族戚交稱贈以冰節婺輝匾額年六十四歲存

理氏受里李魁英之妻年十八于歸二十七夫故子甫六齡氏懍冰霜勤紡績上奉老姑下撫弱息孝慈兼至年六十歲存

秦氏受里李明萬之妻年十七于歸二十夫故翁已老子尚幼氏仰事俯畜孝慈兼盡內外無間言年六十歲歿

劉氏李文榜之妻年十八于歸二十九夫故遺腹子之芹姑年已老氏克盡婦道甘旨之奉能得堂上歡俾子入塾肄業必擇嚴師不令與羣兒戲年七十一歲存

歐氏李玉堂之妻年十九于歸二十九夫故姑及祖姑俱存上事重闈下撫二子篝燈蠶績備極辛勤年

六十三歲歿

王氏增生李顯文之妻年二十于歸二十六夫故子甫二齡舅姑在堂家故貧雖饔飧莫給而節操愈堅誠巾幗中罕覯者也年五十九歲存

龍氏豐里李弼海之妻年二十于歸二十八夫故無子公姑俱年邁家故貧晝夜勤女紅爲高堂菽水資叔士亮襁褓失恃亦賴撫育焉鄉里稱爲完人年六十二歲存

李氏豐里蔡明大之妻庠士李鴻浦女弟也適蔡八月而寡容飾不修言笑不苟十餘年如一日年三十三歲歿

曾氏受里古映祥之妻年十八于歸二十七夫故此欲相從地下以姑老子幼勸之氏於是勤儉操持養老撫幼族黨贈以婺映冰心彤管揚輝二匾至七十四歲歿

梁氏受里李興仁之妻于歸八年而夫故氏絕粒幾不欲生因白髮在堂欲人侍奉乃起操井臼供甘旨無子以從子爲嗣不惟節操過人亦克全大義云年

七十三歲歿

張氏受里儒士梁榮徵之妻年十八于歸二十六夫故一子尚在襁褓清操勵節茹苦含辛數十年如一日年七十九歲歿

貞女西里杜大法之女幼受儒士李明書之聘未嫁而李夭女誓不再字自縫素衣卒歸李氏守貞雖親老家貧饔飧不給日勤紡織毫無怨言年六十七歲存

貞女受里李紹允之女幼許字方姓方久客異域迨

歸時女已年三十餘矣方迎娶有日女以終鮮兄弟父母老人侍奉勸力另娶於是撤其環瑱至老不嫁有北宮嬰兒之風　前學憲已給匾額姪增庠生李豐山爲之作傳

葉氏宣里庠生楊高柱之妻監生葉致和之女也年十八于歸夫疾篤時潛割股肉以進尋卒氏即投繯以徇賴家人力救乃免僅遺一女撫姪文煥爲子視如己出依夫弟高杞爲生年五十二歲存

楊氏宣里庠生鄭明源之妻庠生勅贈文林郎金臺

公之次女也年十九于歸三十夫故事姑以孝聞子廣盛咸豐甲寅閩粵逆肆擾子被擄陷於賊者數年氏朝夕哭禱祈子生還迨癸亥秋子果逃歸人以爲節孝所感云年五十五歲存

李氏宣里吳嘉會之妻年十八于歸二十三夫故守節三十五年性同薑桂操共松筠洵巾幗完人也年五十八歲歿

鄭氏西里儒士李文華之妻年十八于歸二十六夫故當欲以身徇因親老子幼立志守節子亦母教克

承名登黌序年五十一歲存

雷氏西里杜三元之妻夫故時年二十六志矢柏舟心如冰雪撫幼子天忠成立撐持門戶人咸稱之年六十三歲存

羅氏西里張光發之妻年十七于歸十八夫故氏柏舟自矢奉侍公姑撫育弟妹　前學憲江給柏節松操匾額以胞姪德承承祧

陳氏西里杜海波之妻年二十九夫故四子均幼弱氏苦守撫養不辭艱辛冰霜之操歷五十年如一日

爲

張氏西里孫庭蘭之妻年十九于歸三十二夫故無子撫姪昌甯視猶己出時翁尚存事極誠敬洵孝以節全者年九十二歲歿

殷氏西里雷耀衢之妻年十六于歸二十三夫故姑存無子以胞姪懷賢爲嗣雖家甚貧窘而氏矢志柏舟孝慈兼至年五十三歲存

孫氏西里張文訓之妻年十八于歸二十八夫故子甫週歲家無立錐紡績度日鄉族賻以勁節堪傳匾

額年六十三而歿

程氏宣里鄭達天之妻年十七于歸二十夫故子二氏茹荼飲蘗淡泊自甘足不出門戶故守節七十年亦未嘗一至母家年九十而歿長子世浩先意承志雖年近七十孫曾林立凡所以事母者必躬親焉及母卒世浩廬墓三年里黨咸嘉其孝　前學憲吳給節孝一堂匾額

韓氏宣里徐行修之妻年十八于歸二十二夫故無子撫夫兄子德全爲嗣公姑俱存家素貧約紡績爲

生苦守以終年五十六歲歿

黄氏宣里儒士周在朝之妻夫故時年二十七歲翁姑俱老子尚幼氏事親以孝甘旨無少缺送子入塾讀書尤嚴荻教篝燈督課習以爲常年五十四歲歿

金氏宣里儒士周宗山之妻年二十四夫故殷勤撫子三十年母道克完孝敬事親十餘歲婦職兼盡柏舟自誓苦節堪欽年五十六歲歿

程氏宣里儒士趙宗鑑之妻太學生程芝莊女也年十七于歸二十七夫故家本素封而布裙荊釵閉戶紡績且性好施與親舊貧乏斗米貫錢時相周濟歿年六十三子先薦國學

周氏宣里熊盛才之妻年二十七夫故一子家相教養兼至俾入成均甫逾弱冠不幸　辭世與媳程氏共撫一孫所遇彌苦所守愈堅鄉里咸憫而敬之現年七十一歲存

黄氏宣里儒士蔡方首之妻年二十六夫故無子翁亦旋歿繼姑在堂家中落夫弟皆少不更事一家數

口咸賴氏維持性最孝年與繼姑相若而婦道無虧現年六十六歲存

王氏宣里唐朝陞之妻年二十九歲夫故撫兄子義楚爲嗣愛逾己出事姑以孝聞年六十八歲存

林氏宣里劉茂材之妻年二十二夫故僅遺一女氏孝事衰翁奉養備至以夫弟之子志承爲嗣甫二齡竭力鞠育至於成立守節五十一年七十三歲歿

程氏宣里雷加煌之妻年二十二于歸二十八夫故子槐村氏撫育教訓嚴慈兼盡敬事翁姑克全孝道

其守節堅貞尤爲鄉里所重年六十八歲存
趙氏宣里國學生雷凝輝之妻年二十一于歸二十七夫故子步瀛甫十月氏慇勤撫育孝事翁姑茹苦含辛數十年如一日年六十七歲存
熊氏宣里林德芳之妻年二十九夫故子尚幼姑已老氏勤操作善居積孝慈兩全堅貞自矢終身不渝年七十八歲歿
胡氏宣里徐爲儒之妻年十九于歸二十五夫故無子家貧苦守紡績勤勞終身如一日年七十歲歿

李氏宣里徐承考之妻年十八于歸二十八夫故一子撫養成人倍歷艱辛年八十三歲歿
熊氏宣里林定彬之妻年十九于歸二十四夫故無子翁姑俱存奉養無缺撫姪成立視若親生年七十歲歿
李氏宣里劉宏經之妻年十九于歸二十七夫故無子撫姪爲嗣視若己出家貧苦守紡織爲生年五十八歿
李氏宣里徐懋功之妻庠士李廷華女弟年十八于歸二十八夫故無子家貧苦守矢志靡他前經族里合詞請　旌年七十三歲存
孫氏宣里熊瑞珍之妻年十七于歸二十六夫故無子家貧守節自矢堅貞年七十三歲存
夏氏宣里庠士陳鴻儒之妻年二十九夫故上奉公姑以孝下撫幼子以慈含辛茹苦矢志無移年五十七歿
周氏宣里儒士徐惠春之妻庠士周海門女也年二十九夫故僅遺一子甫數齡氏堅守撫養雖煢孑無

依而茹苦含辛始終無間年五十一歲存
張氏宣里儒士徐際雲之妻年二十七夫故家素貧歲屢歉氏奉養公姑甘旨無虧克勤克儉矢志靡他撫子至於成立鄉黨稱完人焉年五十七歲歿
熊氏宣里庠士涂開域妻職員熊太和之女也年二十八夫故僅遺一女公姑早世家無立錐中歲復嬰痼疾操作維艱依兒子及贅壻以終老焉年六十三歲歿
魏氏宣里龔學淵之妻年二十八夫故子二家本寒

素事姑撫幼晨夕勤勞含辛茹苦窮且益堅鄉黨咸
推重焉年五十三歲存
劉氏宜里儒士黃德涵之妻年二十于歸二十五夫
故事翁及繼姑一以孝聞咸豐間邑有寇警奉翁姑
避居鄉村曲意順承翁病臥床褥氏侍奉湯藥不少
懈翁歿事繼姑尤謹子文衡援例成均孫枝疊見年
五十五歲存
孔氏淨里任學貞之妻年二十八夫故無子以夫兄
之子賢大爲嗣勤儉治家舉止有度事姑尤以孝聞

年五十三歲存
王氏淨里任必照之妻年三十歲夫故子尚幼弱家
徒壁立鄰里知其貧竊慮其將改志也氏封髮自誓
歷久不渝爲子授室年六十七歲歿
石氏淨里任楚貴之妻年二十九夫故子未週歲翁
姑在堂氏供甘旨勤操作薄於自奉而厚以養親撫
子亦慈嚴兼盡洵爲節孝完人年六十七歲存
周氏淨里任學昇之妻子二奉姑教子勤儉持家家
故貧賴氏營爲號小康焉子亦納粟成均年六十二

存
魯氏淨里任學程之妻年二十九夫故姑尋歿氏喪
葬盡禮子甫授室而夭媳孔氏遺腹一孫姑媳二人
相依爲命境遇彌厄節操愈堅年五十八歲存
孫氏淨里孔鍾涇之妻夫故時年二十二無子以夫
弟次子傳政承嗣氏朝夕紡績茹蘗飲冰鄉黨稱之
年五十七歲存
劉氏淨里孫勝禮之妻夫故時年二十九勤勞撫子
矢志守貞歷久不渝年五十九歲存

李氏淨里張崇義之妻年十八于歸二十九夫故公
姑在堂克事以孝撫夫弟之子自芳爲嗣視若親生
且性溫和生平無疾言厲色七旬壽誕族鄰匾其廬
曰勁節永年年七十一歲存
程氏淨里鄭秀文之妻年二十于歸二十七夫故姑
猶在堂子二雖家無宿糧饔飧不給氏破涕承顔上
慰白髮服勤罔倦每至漏盡機杼之聲不絶守節二
十八載人無閒言
余氏受里李銀章之妻年十七于歸二十五夫故公

姑俱存氏孝養無欸無子以姪爲嗣送讀完娶恩愛倍至晝夜勤勞至老不倦年七十一歲歿

李氏淨里張先德之妻年十九于歸二十四夫故長子必倫僅三齡次必庸遺腹生姑老貧無以爲活氏鍼紉操作傭以供給苦節能貞里黨咸稱善焉年五十一歲存

李氏受里梁尊五之妻年二十二于歸二十七夫故無子家極寒微氏立志苦守節操愈堅年五十七歲存

周氏受里李惟金之妻年十八夫故無子氏上侍孀姑性極婉順姑歿煢獨無依而節凜冰霜六十壽旦戚族贈以節壽延禧匾額年六十八歲歿

熊氏受里李率舉之妻年二十六夫故姑相繼辭世氏事翁以孝治家以勤無子家故貧雖女紅自給而矢志無移年五十八歲存

何氏受里李金榜之妻年二十七歲夫故一子尚幼氏上事翁姑下撫弱息治家勤儉秉性溫柔族鄰羣報縣學詳請　學憲方給節壽延釐匾額年六十九歲歿

李氏受里方恩邦之妻年二十一歲夫故無子公姑早逝氏煢獨矢志勤苦操持撫從子承祧兩房課讀殷勤恩義周至一生苦節貞操鄉鄰無間言年七十歲存

蔡氏受里庠生李知懋妻庠士李文炳祖母也賦質誠樸秉性和婉及笄于歸年二十五夫故子二長宣倫次宣德氏上奉舅姑甘旨無缺其翁優增生銘業暨姑胡孺人好善樂施設鄉塾延師義訓者二十餘

年凡饑者與食寒者與衣氏俱能仰承意旨而樂成之及翁姑去世家道中落猶令次子宣德義訓三年以終祖志可謂節孝兩全矣年六十八歲歿

余氏受里儒士李在朝妻附貢生李逢元之母也年十六于歸二十歲夫故子甫六月孀姑在堂上奉甘旨下撫孩提性節儉躬親紡績晝夜不停課子讀書寒暑罔間子髫齡冠軍遊泮旋膺貢選八孫林立皆苦節之所致也七十歲歿

雷氏受里黃光元之妻年十八于歸二十八夫故子

前四齡家極貧氏茹苦含辛節操自勵下撫黄口上奉白頭菽水不缺於晨昏紡織無分乎晝夜年六十七歲存

吳氏又里尹文炳之妻年十九于歸二十八夫故翁姑俱存氏矢志柏舟事翁姑克全孝道撫幼子貢八成均迨翁歿葬祭循禮咸豐十一年族戚公報　前縣請　旌年六十二歲存

陳氏又里尹文傑之妻年十九于歸二十七夫故三子俱幼姑猶在堂氏清貞自守事姑維謹撫子成立

鄉里欽之年五十三歲存

吕氏又里羅大修之妻年二十四夫故飲冰茹苦數十年如一日舉動悉合禮則見兄弟未嘗踰閾奉事翁姑惟謹無子以猶子長青爲嗣納粟成均年五十存

程氏御里儒士何鳳池妻庠士程柱年之妹也于歸甫一年而夫故時年二十歲無子泣請於翁姑以夫兄庠士光斗之三子爲嗣越宿遂投繯自盡爾時兩柩同出鄉里莫不嗟嘆邑紳贈詩以紀其事咸豐八年公懇　學憲馮請　旌

胡氏上里黄明燕之妻夫故時年二十七子得意甫八齡氏上事翁姑極盡孝敬下撫孤子教誨成立篝燈紡績而柏舟之操終不改移鄉黨咸欽仰焉年五十七歲歿

潘氏田屯庠生潘作霖女儒生吕祿慎之妻年二十八夫故遺一子一女姑年逾六旬氏上奉哀姑下撫幼子痛夫賫志以歿冀其子克振家聲延師課讀里黨欽其節孝謂可爲閨閫式現年五十二歲存子上

風太學生

葉氏豐里周世坤之妻年十九于歸二十八夫故堂上有姑膝下無子僅一姪相依煢煢在疚氏事姑撫姪節孝兩全年六十歲歿

湯氏豐里任望德之妻年十九于歸未一月而夫暴亡時翁姑早逝視夫含殮畢遂即自縊葬同夫穴鄰里見氏慷慨捐軀爲矢死靡他匾額以嘉之

蕭氏上里李方點之妻年二十六夫故無子立嗣子王其後翁年逾六旬殷勤事奉翁歿葬祭盡禮年五

十歲存
杜氏宜里庠士李定祥之妻年二十于歸二十四夫故子甫二齡孀姑在堂氏勵志堅守不渝共節家計淡薄饔飧莫給皆賴氏紡績以為仰事俯畜資道光十七年蒙　學憲王給節孝可風匾額年七十歲歿
李氏宜里儒士張燦朝之妻年十九于歸二十二夫故無子氏秉性貞靜內言不出跬步不苟日事紡績以供衰姑甘旨撫堂姪之子自遠以承宗祧飲冰茹蘗矢志極堅年七十六歲存

林氏宜里徐玉光之妻年十九于歸二十六夫故姑存子二家貧苦守紡織勤勞族黨咸憐憫焉七十二歲歿
蔣氏宜里庠生熊春暉之側室年十六于歸二十八夫故子一衰翁尚存氏執炊爨勤操作敬事大婦毫無嫌隙性幽靜生平無怒顏無高聲語年七十歲存
萬氏宜里監生汪肇涵之妻年十八于歸二十九夫故事姑維謹足不履戶庭撫子光棟訓以義方俾入成均年五十五歲存

徐氏宜里劉德魁之妻年二十歲夫故遺腹一子家無斗筲惟紡績以自給雖終歲勤苦節操愈堅現年五十六歲存子宏第事母極孝具徵艱貞之報云
李氏宜里監生胡楚藩之妻年二十七夫故家貧無子晝耘耔夜紡績含辛茹苦歷久彌堅鄉黨咸推重焉
王氏宜里庠生王奇菴之女太學生李佩珩妻也夫故時年二十八無子翁　在　堂家無立錐氏朝夕紡績奉翁撫嗣鄉黨咸推重焉年七十二歲存

熊氏宜里徐鴻弼之妻年十九于歸二十二夫故子甫五齡冰霜自矢撫育劬勞至今孫枝林立人謂苦節所致年七十五歲歿
黃氏宜里房純惠之妻年十九于歸二十七夫故比欲以身殉姑以婉言相慰曰母老子幼爾一死則老幼安歸氏於是矢志守貞日勤紡績上奉白髮下撫黃口及姑歿葬祭盡哀盡誠鄉里咸推重焉
房氏宜里汪迎厚之妻年十八于歸二十五夫故翁姑亦相繼而亡無子家貧饔飧莫給依母家以織紡

爲事事生母亦孝母病卧數月氏進湯藥晝夜不眠其節孝殆出於性生焉

黄氏宣里庠士房希瀚之妻年二十于歸二十八夫故子僅數齡姑老多病氏侍奉湯藥朝夕不離左右及姑卒附身之具皆出所積布以易之子琴舫稍長即擇師肄業夜則篝燈課讀子後遊泮優於學業皆氏督責所致前具稟請　旌　蒙　學憲王給節孝可風匾額年七十八歲殁

何氏宣里徐先堯之妻年二十于歸二十六夫故二

子俱幼翁姑衰老家甚貧氏日事耕作夜勤紡績既鞠育之備至復甘旨之無虧守節二十餘載鄉里無間言年五十歲存

吴氏宣里汪殿侯之妻夫故時年二十八哀翁在堂子立景亦幼弱家貧無以爲生氏朝夕紡績奉翁以終老撫子至於成人含辛茹苦窮且益堅年七十六歲殁

劉氏宣里張宏椿之妻年十七于歸二十五夫故無子依夫弟爲活事姑以孝聞操持勤勞志節堅貞年六十二歲存

劉氏宣里儒士張黼宸之妻庠生劉松坪之女也年十七于歸二十八夫故雖生長清門匹配宦族而紡績勤勞更有甚於尋常苦節者是時翁姑在堂兩子均未成立氏孝慈交盡里黨咸稱年六十五歲存

孔氏宣里鮑登科之妻年二十二于歸二十七夫故無子翁姑在堂撫猶子以爲嗣愛若親生紡績勤勞節凛冰霜里黨交推

鄭氏西里孫從厚之妻儒士鄭超羣之女也年二十

四于歸二十六夫故秉性恬靜矢志堅貞事姑以孝聞無子立姪欽賛爲嗣茹蘗飲冰數十年如一日鄉里咸稱其苦節年六十三歲存

楊氏石里孫宗典之妻年二十于歸二十七夫故一子顯謨家故寒微紡績爲生雖終身窮阨而守志不移年六十歲存

呂氏石里孫文桂之妻年二十四于歸二十九夫故撫子步雲成立訓以義方守志閲四十九年終始不渝年八十四歲殁

陳氏廣里汪文蕊之妻年二十夫故堅貞自守勤儉持家以姪啟運爲子年至七十八歲歿啟運貢入成均現年九十歲媳金氏事姑賢孝人以爲節母之報云

胡氏廣里前任遂安縣教諭拔貢生蔡孔緒之妻也夫故時年二十九欲相從以死因翁姑在堂不敢重以憂遂破涕承顏忍死守志咸豐甲寅閒粵匪上犯鄉市迄無甯居氏時年五十四病卧床褥奄奄待盡舉家莫知所措賊過其室若無覩因免於難殆苦節

之報云越數日乃歿子二長方鼎早卒次方泰候選州吏目

張氏廣里儒士蔡方鼎之妻年二十五夫故孀姑在堂孝養倍至姑中年患弱疾呻吟牀褥氏朝夕侍湯藥常數月不櫛不寢及姑病革時邑有兵警夫弟輩均遠避氏哭守病姑任死不去蓋節而又以孝全也賊聞而敬之過其室而不入年五十一歲存子一名俊

李氏廣里儒士蔡於光之妻夫故時年二十九子二長孔鍾次孔孫家本貧窮且無依倚人咸憫其煢獨而氏矢志愈堅治生愈苦卒爲其子授室成家完夫遺志現年五十三歲孫枝林立家道小康具徵苦節之報

孫氏福元屯杜堯千之妻年十八于歸二十九夫故翁姑在堂子夢元仲賓俱幼弱氏仰事撫畜勤儉治家守節五十六年人無間言八十五歲歿

李氏福元屯舒獻臣之妻年二十于歸二十八夫故子如魁尚幼姑在堂氏上奉衰親下撫孤子茹荼飲

蘖辛苦備嘗年六十七歲歿

杜氏小屯儒士孫楚堂之妻年十八于歸二十六夫故時翁姑老邁子甫週齡氏婦職克完母道兼盡耕耘紡績備歷艱辛年七十歲存

小屯孫尹氏宗湘之妻孫畢氏增生繩武之妻孫涂氏延魁之妻孫謝氏景蘭之妻孫劉氏祖勳之妻魏杜氏錫庸之妻蔡馮氏子貴之妻畢葉氏廷爵之妻皆里中健婦也咸豐甲寅閒粵逆上犯村壤咸集團防堵禦氏等助戰殺賊臨陣捐軀其奮不顧身勇於

赴敵雖古烈士亦未遑多讓云
但氏受里李倫玉妻蒲邑增生但百泉之女也年二十六夫故姑老子幼家計寒微而氏茹苦含辛孝慈兼盡年六十七歲存
鄭氏小屯儒士孫施中之妻年十九于歸二十一夫故翁姑在堂氏截髮誓守無子以從子爲嗣咸豐四年粵匪入境駡賊遇害歿年五十九歲
秦氏受里李文興之妻年二十八夫故氏侍奉孀姑撫育二子治家嚴整矢志堅貞至老弗衰年七十二

歲存
雷氏受里李時榮之妻年二十八夫故當欲相從地下因念夫祧爲重身已有孕踰月生子遂矢志栢舟上奉舅姑下撫嬰兒孝慈兼至六十二歲歿
李氏豐里廩生周仔傳妻也夫歿數月而子生有勸其再醮者氏矢之曰我艱難忍死正爲周氏一塊肉耳我嫁將焉寘之守節三十餘年而卒 前學憲王贈有砥節懷清匾額
韓氏豐里歲貢生周羽爛母也年二十八夫故爛甫

遇彦室如懸磬氏封髮自守斷機勗學教子成名丙寅年 涂學憲贈額曰荻畫流芳戊辰年復請
旌表年七十歲歿
黃氏豐里周德智之妻年十九夫故無子家徒壁立有姑在堂相依爲命氏紡績以供甘旨孝養罔懈栢舟之志終身一日年六十五歲歿戚族以節孝流芳匾額之
任氏豐里周春旭之妻年二十四夫故子甫三齡舅姑俱衰老家無擔石氏茹苦含辛殷勤備至年七十

三歲存
陳氏豐里周德經之妻性嚴厲不妄言笑年二十三夫故氏即自縊而死兩棺齊出士論重之
王氏石里孫玉峯之妻年二十二歲于歸二十四夫故族黨哀其貧有勸之改適者氏斷髮毀容之死靡它年五十九歲歿
陳氏清里儒士吳登垣之妻年二十于歸二十八夫故家故寒微子復幼弱氏甘貧食苦之死靡他卒能完其貞操年六十六歲歿

黃氏清里孫文王之妻年二十一夫故生子甫六月氏毀容厲節足不出門戶翁衰老甘旨不缺家計全賴氏維持焉年五十一歲存

汪氏清里孫聲遠之妻年二十三夫故姑猶在堂子甫週歲氏紡績以爲事奇貧且擇師課讀教子成人年六十六歲歿

詹氏清里孫錦祥之妻年二十五夫故子甫週歲家無立錐氏冰霜自懍勤苦操作孝以奉翁撫子至於成立現年六十五歲存子遇春從九品

陳氏清里儒士黃光廷之妻年十八于歸二十九夫故子甫週歲未幾復殤氏孝以事姑終無二志姑晚年病足不能舉氏侍奉扶持晝則親爲進食夜則同寢數十年節孝人無閒言年七十歲存

宋氏清里儒士黃明極之妻年十九于歸三十九夫故二子俱幼弱家甚貧氏勤苦紡織冰霜自懍教子以義方年五十六歲存

曾貞女清里曾相國之女也幼受黃清賢之聘清賢年十六卒女時年十四聞訃即請往黃家父母不許女以死自誓乃聽其守貞焉於是事孀姑撫弱弟備極勤勞及弟有子因以爲嗣且性好施凡遇戚舊貧乏者罔不竭力周恤年八十六歲歿

吳氏清里黃孔席之妻年十八于歸二十九夫故子甫二歲時翁姑在堂氏孝養備至及翁歿姑又病目氏奉甘旨數十年如一日教子亦有禮法年六十三歲存

周氏清里吳紹位之繼室年十九于歸二十六夫故僅遺一子家素豐猶勤紡績性復不吝人有告貸者

亦不與校子母教子殿德務勤儉戒奢侈至今猶遵其訓年六十歲歿

吳貞修清里吳士章之女也幼許字淦川胡必騰未嫁而騰歿女誓以身殉母覺防護甚嚴女乃毀面斷指兄秀玉憫其苦志遂聽其守貞焉年五十歲歿

魯氏清里吳象玉之妻年十八于歸二十六夫故翁年巳六旬子明殿甫二歲家日凌替氏晝則賃傭夜則紡績仰事俯畜雖極勞苦而柏舟之志自堅年五十二歲存

余氏清里黃艮義之妻年十九于歸二十八夫故氏上事孀姑下撫幼子孝慈兼盡節操愈堅四十載人無間言年七十歲存

王氏清里儒士黃尊德之妻年十八于歸二十九夫故勤勞紡績善事翁姑及翁姑歿喪葬皆能循禮撫二子成立教以義方年七十七歲存

魯氏清里吳秉弼之妻年二十于歸二十七夫故翁姑俱存子亦幼穉家雖貧菽水之奉能得舅姑歡性幽靜終身不出惡聲年七十一歲歿

鄧氏清里吳萬青之妻年二十一于歸二十九夫故子猶在襁褓家故寒微復無伯叔煢煢獨處備歷艱辛迨子成立善謀生計家道小康而氏紡績操持勤勞不少輟年六十一歲存

龔氏石里孫仁和之妻年二十于歸二十五夫故氏矢志苦守堅同金石教子亦督課維嚴至老不倦年六十五歲存

鄭氏石里李朝魁之妻年十八于歸二十二夫故矢志守節茹苦含辛事翁姑以孝聞教子福弼不少寬假克體夫志人咸稱之年六十四歲歿

張氏石里李文周之妻年十八于歸二十三夫故無子以姪培銀爲嗣紡績教養愛若親生苦守終身清貞可敬年四十六歲歿

舒氏石里龔名揚之妻年二十于歸二十二夫故歷數月生子登輿家貧無以爲活惟事女紅終養其姑撫子成立節苦心堅足式閨閫年六十歲存

龍氏石里孔鍾鐃之妻年二十于歸二十八夫故氏栢舟自矢孝事翁姑奉養不懈撫二子成立撐持門

戶洵才節兼全者年七十四歿

游氏豐里雷芹芳之妻年二十于歸二十四夫故性婉順耐勤苦翁姑遘疾奉湯藥不懈嗣子榮珍教養成人宗祧賴以不墜年六十一歲存

李氏豐里雷慶雲之妻年十八于歸二十歲夫故莊重自持閨閤不聞嬉笑聲事翁姑孝敬無間紳耆領以節壽永貞匾額年五十三歲存

任氏游能仁之妻年十八于歸二十四夫故無子事翁姑以孝聞生養死葬無遺憾爲其堅貞之操至者

如一里黨以節勁松筠匾額頌之年七十一歲歿

張氏宣里宋金英之妻年十九于歸二十九夫故翁姑俱逝撫幼子成立節操懍冰霜行止有尺寸鄉人咸稱善焉年七十四歲歿

漆氏宣里庠士王運福之妻年十八于歸二十七夫故二子俱幼家無宿糧氏操作經營送子入塾篝燈課讀日以爲常長子文炳嫻騎射遊武庠年六十六歲存

黄氏宣里聶榮萬之妻年十八于歸二十八夫故翁

姑俱亡有二子氏撫育成立食苦甘貧其節益堅年六十一歲存

孫氏宣里林德安之妻年二十于歸二十八夫故無子夫家三世同居翁姑在堂仲季皆賈於外氏總理内政門庭睦雍無詬誶聲迨翁姑歿氏料理喪儀悉循禮節性儉樸雖家計日豐而布裙荆釵猶勤操作族黨欽其德欲爲請旌力辭不受

甘氏宣里儒士熊文元之妻年十八于歸二十四夫故生子甫數月比欲以身徇賴祖姑舅姑勸諭乃止舅姑旋逝祖姑享年最永卒奉養以終焉子維柄屢試前矛遊於庠　前學憲楊給節勵松筠匾年七十二歲歿

李氏宣里陳茂材之妻年二十六夫故奉姑育子備歷艱辛子少長出賈於外音耗遂絕門閭之倚徒虛盤匜之奉不輟蓋所遇益阨而所守彌堅焉現年七十歲

陳氏宣里方紹言之妻年二十于歸二十七夫故孝以事姑嚴以教子性莊厲生平不苟笑言冰霜之操

族黨交稱年八十二歲歿

張氏宣里曹尚書之妻年十九于歸二十九夫故無子時翁姑俱逝夫弟尚未成立家道式微氏苦守撐持備歷艱辛後以猶子爲嗣撫之成人年六十二歲存

張氏宣里程耀東之妻年二十八夫故奉親育子備極勤勞姪有幼失怙恃者飲食教誨無異親生身愈淑慎節彌堅貞洵爲巾幗完人年七十七歲存

劉氏淳里王世用之妻年十五于歸二十六夫故姑

性嚴厲氏婉顏承順卒得其歡子二其第其甲俱成
立現年五十五歲
劉氏淨里王世榮之妻年十八于歸二十五夫故秉
性溫柔復耐勞苦家無斗筲柏舟自矢生子四艱難
撫養至今苦節愈堅年六十九歲存
游氏淨里庠生田懷山之妻年十八于歸二十六夫
故僅遺一子家貧苦守紡績爲生年八十三歲卒
劉氏淨里儒士王蜚英之妻年十八于歸二十六夫
故奉姑撫子食苦甘貧終身如一日年七十歲歿

張氏廣里皮學仁之妻年十九于歸二十五夫故孝
事翁姑勤理家政以姪高致爲嗣節苦而貞鄰里共
仰年六十一歲存
金氏廣里儒士皮學信之妻年十九于歸二十一夫
故姑已七旬子未彌月含貞勵節歷久如新年五十
七歲存
楊氏廣里羅際雄之妻年二十于歸二十八夫故姑
猶在堂二子俱幼氏矢志靡他事老撫孤孝慈兼盡
里黨稱其賢年五十一歲歿

楊氏西里杜興萬之妻年二十于歸二十六夫故二
子均幼弱氏矢志孀守撫子成立勤儉撐持不辭勞
瘁年七十一歲存
李氏西里孫懋光之妻生子甫朞月而夫故時氏年
二十七安貧食苦節操愈堅年六十七歲存
孫氏西里張本貴之妻年二十八夫故生子纔四月
家無擔石辛苦備嘗操守益堅年五十八歲存
高氏又里熊清瑜之妻年二十九夫故苦節五十餘
年子三長艮貴業儒早逝次廷標國學生三儀貫標

妻尹氏事姑極孝享年九十有八子斯漣貢生以孝
聞孫湘帛候選訓導曾孫叶占叶飛俱食餼有聲
尹氏又里來振略之妻性聰慧解詩辭年二十于歸
甫兩歲略以病卒時氏方歸甯聞訃奔歸入室自縊
前　學憲王以節烈凜然額旌之
徐氏又里國學熊斯瑚長子端帛之妻年十九歸熊
越數日端負笈從師旋抱疾歸竟不起氏矢志苦守
邑紳周大鈞等聞其事於邵蓮溪明府邵嘉之諭其
族紳爲立嗣氏勸姑馬氏捐田三十餘畝陞地十八

型以助鳳鳴書院膏火復捐田十餘畝以助族房公祭皆義舉也邵公書贈善繼夫志匾額氏事姑以孝守節三十餘年艱苦備歷終始不渝年五十一歲歿

方氏又里熊文雅之妻年二十于歸二十九夫故苦節五十餘年長媳鄒氏節孝嗣徽氏八十壽誕鄒年巳六十內姪前署贛南道方柏亭撰有節壽序年八十二歲卒次子清淮儒士長孫昌貴職員

胡氏又里職員李廷華之妻年十八于歸二十八夫故堅志守節立姪遇春爲嗣年四十五歲歿

劉氏又里來開魯之妻年十九于歸二十五夫故無子氏柏舟自矢足不踰戶言不出閫至老不渝族里舉報　前學憲賀賜柏節松筠匾年八十四歲歿

熊氏又里張在兹之妻年十八于歸三十歲夫故堅志守節不憚勤勞終身如一日族黨咸欽屢欲爲之請　旌氏力辭年六十五歲存

黃氏又里李均瓏之妻年十九于歸二十七夫故無子有勸其改適者氏指天爲誓守志不移立姪爲嗣年五十二歲存

張氏小屯孫鴻滄之妻祖望之母也幼嫻內則長適清門未幾夫亡姑亦繼逝翁老子幼事畜維艱咸豐甲寅間粤逆入境被執罵賊而死

崔氏中洲葉向榮之妻年十九于歸二十四夫故一子猶在襁褓氏投繯以殉賴戚族救免遂矢志守貞子後貢入成均孫曾林立眼觀四代壽逾八旬鄉里咸稱羨之年八十八歲歿

劉氏中洲監生葉致和之妻年十七于歸二十二夫故翁姑在堂子甫四齡氏痛不欲生投繯者再翁姑

以大義曉之氏始悟曰與其死而背親不若生而撫子無何子復殤氏盡心孝養奉翁姑以終老焉年五十三歿

顏氏中洲監生譚錫元之繼妻年二十于歸二十七夫故夫病革時囑曰我死汝當徇奈我無兄弟汝生子早夭前室之子甫十齡汝能體我志守此子以延宗祧生不愈於死乎氏於是盡心撫育矢志堅貞年四十九歲歿

閻氏宜里宋榮燦之妻年十五于歸二十九夫故家

本寒微翁亦衰老氏仰事俯畜茹苦含辛撫三子俱成立守節三十七年而歿

謝氏宜里龔堯章之妻年二十八夫故家甚貧窘紡織爲生奉姑甘旨無虧撫子亦嚴慈兼盡旣賢而有德亦節而且苦年七十三歲存

楊氏宜里馮文標之妻年二十于歸二十九夫故翁病瘋惟氏近侍寢門百端承順曾不拂其意旨繼姑年逾八旬奉養亦極誠敬撫二子俱成立孝節兼全族里咸推重之年六十二歲存

雷氏宜里儒士朱炳煌之妻年二十四于歸二十七夫故一子尚在襁褓傷心泣血忍死撫孤舅姑年登耄耋承顏順志孝敬無違數十年茹苦含辛用敦苦節洵堪揚休彤管現年五十八歲

周氏護洲儒士龍應翰之妻年二十于歸二十九夫故孀姑猶存二子俱幼艱苦之狀人咸憂之氏奉姑撫子處之晏然及姑歿喪葬皆經理裕如殆所謂才德兼備者次子虎炳身入黌序守節五十一年壽逾八旬前　學憲俞給匾額焉

劉氏田屯監生劉朝弼之女國學杜志仁之妻也年二十七夫故奉姑撫子不辭勞瘁猶子某幼失怙恃恩勤鞠育無異親生性貞靜足未嘗踰庭戸凡遇族戚慶弔皆不往節秉松筠衆所欽服年七十三歲歿

陶氏田屯貢生呂榮揚之妻年十七于歸二十六夫故家貧子幼紡績爲生及中年二子相繼而亡有孫六人咸賴以成立焉孝兼以慈節而且苦年八十一存

葉氏田屯陳希孟之妻年二十三夫故僅遺一女矢

志靡他奉翁姑以終老節而且孝洵可謂閨閣中模範者年六十歲存

魯氏田屯儒士彭樹芳之妻年十八于歸二十二夫故無子事翁姑以孝聞撫姪文述爲嗣視若己出教養兼至年七十三歲歿

陳氏六鎮蔡玉懷之妻年二十九夫故二子俱幼家甚貧灌園爲生撫子至於成立克體夫志族黨咸稱之年六十歲存

鄒氏六鎮章崑山之妻年二十一夫故子纔五歲翁

姑俱年邁事以終老撫子成人今孫曾林立誠苦節之報也年五十八歲存

管氏六鎮文際盛之妻年二十九夫故家貧紡績營生奉姑以孝生養死葬皆循分自盡撫二子至於成人洵節而有才者年六十歲存

吕氏清里李超海之妻年十八于歸甫二年夫故奉養翁姑撫育幼子子中道而殂媳不能守復撫孫成立人咸憫其苦節焉

李氏淨里范德新之妻年十九于歸二十八夫故翁

姑在堂子尚稚弱家故貧仰事俯畜備極勞瘁曾無怨言洵巾幗中丈夫也年五十五歲存

劉氏淨里范德禮之妻庠生劉炳文之女弟也年十八于歸二十九夫故家本寒微翁姑早逝撫子家華紡績爲生雖備歷艱辛生平無怨言里黨咸推重焉年五十七歲存

張氏淨里范家祥之妻年二十一于歸二十九夫故氏相夫矢志窮且益堅善事翁姑勤撫嗣子性貞靜不妄言笑勤儉操作至今弗衰年五十歲存

韓氏淨里儒士孔振道之妻年十六歲于歸二十九夫故有子四迄中年長子禮涵歿媳侯氏亦年少苦節孝事孀姑韓年六十歲歿侯年五十一歲存

張氏淨里孔鍾棟之妻年十九于歸二十七夫故子振荆甫六歲篝燈課讀教以成人年七十一歲歿

石氏淨里孔鍾緒之妻附貢加授吏目國玉之弟婦也年二十九夫故子甫六月氏孝事衰翁勤撫幼子家雖素封而井臼親操未嘗少間守節二十餘年人無間言年五十二歲存

伍氏淨里儒士孔尚傑之妻年十八于歸二十八夫故生子衍庠事翁姑以孝家雖貧旨甘無少缺教子以義方閨門整肅始終如一日年八十四歲歿

陳氏淨里孔起蛟之妻年十八于歸二十三夫故翁姑衰病氏能善體親心孝敬無缺撫子毓菁成立年五十四歲歿

魯氏淨里儒士孔起丹之妻年十九于歸二十七夫故親老子幼忍死守貞撫子成立後翁姑相繼歿氏泣血哀毀以卒歿年四十八歲

施氏浄里孔起伊之妻年二十一于歸二十八夫故姑老家貧二子俱幼朝耘暮織不憚勤勞未幾二子相繼而逝氏仍苦節以終焉年七十一歲歿

龔氏邵里吕日升之妻年二十九夫故無子僅遺一女且家貧惟事女紅度日零丁孤苦窮且益堅年六十八歲存

黄氏邵里吕日勤之妻年二十九夫故無子煢煢在疚晝夜紡績爲生雖家無擔石而志懔冰霜鄉里稱苦節焉年六十四歲存

龔氏邵里吕方玉之妻年十五于歸二十五歲夫故性貞靜寡言笑非親子弟不與見事姑極孝姑病親侍湯藥不離左右者數月撫二子成立仲子榮身列明經皆母教也五十四歲歿

雷氏邵里龔盛周之妻嘉慶二年于歸十三年夫故時氏年二十六歲孝事舅姑無子以姪登喜爲嗣教養備至年六十一歲歿

王氏邵里吕在泮之妻年二十一于歸二十八夫故子甫週歲翁姑俱存家無恒産氏矢志苦守孝事翁姑撫子亦慈嚴並用年五十一歲存

張氏邵里吕祚耀之妻年十六于歸二十八夫故無子矢志苦守事翁姑以孝聞撫姪爲嗣教養如親生年五十三歲存

洪氏邵里邵勃然之妻年十八于歸二十歲夫故無子生一女甫三月翁姑俱存家素貧紡績以奉甘旨母家欲奪其志氏截髪毀面以示不移迨翁姑歿氏從容語諸姪曰吾事已畢將從夫於地下矣諸子泣諫而止年七十五歲歿

龔氏邵里任佳嵩之妻年十八于歸二十八夫故無子撫姪海陽爲嗣教養完配未幾陽亦繼逝與媳相依爲命媳已苦守八載氏年七十六歲存

黄氏邵里陳逵信之妻年十九夫故無子以姪明樸爲嗣尋亦不育氏孤貧苦守孝事翁姑奉以終老年六十六歲存

殷氏邵里儒士黄慎修之妻年二十二歲夫故遺腹一子不幸而歿氏事翁姑孝養備至翁復娶姚氏生子二未幾翁姑俱逝姚亦繼亡兩叔幼弱俱賴撫育

焉及叔有子乃以爲嗣誠節而有才者年五十二歲
歿
何氏邵里吕正敎之妻年二十夫故翁姑在堂家故
貧甘旨之奉無缺又苦無子以猶子爲嗣視如己出
教養兼至迄今冰操白矢族黨咸稱之年五十四歲
存
萬氏西里李焕邦之妻年十八于歸二十三夫故子
二俱幼氏矢志撫子不憚劬勞乃子甫成立而殀立
姪之子爲嗣年七十七歲存

貞女西里徐季儀之女幼許字李孔艮之子富邦將
于歸邦暴亡女聞訃至乃自備素服偕弟步往李家
至靈前哭泣成服旁觀爲之悼痛厥後敬修婦職立
嗣子學淵請於前　學憲沈贈有松柏堅姿匾額年
六十六歲歿
杜氏邵里吕正軾之妻年十八于歸二十六歲夫故
越四日葬畢氏即投繯以殉誠巾幗中之僅見者
龍氏西里李廸賔之妻年二十于歸二十六夫故翁
姑早逝無子以姪弼信爲嗣矢志靡他終身不渝現
年五十歲存
李氏宣里吳成邦之妻道光辛卯年夫故時氏年二
十八無子以姪家政爲嗣翁姑早逝氏矢志栢舟晝
夜紡績營生始終如一日節凛冰霜鄉里毫無間言
李氏宣里熊宗五之妻年二十于歸二十八夫故家
貧苦守紡績爲生數十年如一日子毓萬課以義方
鄉里咸推重焉年七十四歲存
貞女宣里黄方景之女幼許字鄧文告未嫁而鄧歿
女時年十八守志堅貞聞訃音即撤釵釧被素服誓

不再適哭訴於父母求遂其志父母亦樂從之願養
以終老焉年七十二歲存
李氏又里尹廷憲之妻年二十于歸二十五夫故翁
姑俱亡撫子成立勤勞備至教養並隆年七十八歲
歿
鄢氏田屯張大有之妻職員張邦烈之母也年十八
于歸二十六夫故家無擔石食苦甘貧翁年逾八旬
氏奉養不倦教子讀書寒暑無間有陶歐遺風年七
十一歲存

馮氏田屯張惠商之妻年十八于歸二十六夫故無子以姪謨鰲爲嗣夫病年餘每焚香祝天願以身代及夫亡水漿不入口者七日棺殮事畢從容以殉與夫柩同出戚族里人莫不哀其奇節焉

張氏田屯劉承書之妻道光二十七年于歸三十年夫故時氏年二十四歲事姑以孝撫子以慈矢志堅貞年三十七歲殁

鄧氏宣里黄占元之妻年二十八夫故事衰姑以孝聞無子以姪爲嗣盡心撫育教以義方栢舟之操人

無閒言六十一歲殁

童氏宣里黄楚元之妻年十九于歸甫一月而夫亡忍死奉親孝養不懈心同冰雪至死不渝年四十二歲殁

李氏宣里黄元鳳之妻年二十八夫故上事衰翁下撫孤子婦職母道孝慈兼全年五十二歲殁

彭氏宣里黄若水之妻順治初遭闖賊餘黨夫婦被擄彭氏紿賊云要余去釋夫乃可賊許諾彭見夫行遠乃揚聲曰死不從賊以首觸石賊怒肢解之今竹首山觸石之處毎陰晦若有聲上下或亦精靈所致云

王氏宣里儒士朱海澳之妻年二十二于歸二十九夫故姑猶在堂子未及歲奉老撫幼備極艱辛幾合盧氏孟母爲一人洵可爲閫範焉年六十八歲殁

洪氏宣里儒士李扶九之妻年十七于歸二十二夫故翁姑在堂孝養無閒無子以姪士杰爲子不啻親生義方是訓雖備歷艱辛終無怨言族里咸敬焉年七十二歲殁

陳氏宣里監生張萃亭之妻年二十一于歸二十五夫故姑猶在堂子纔彌月氏性情婉順舉止端方教子奉姑孝慈兼盡洵可爲閫範焉年六十八歲存

黄氏宣里王超五之妻年二十四于歸二十九夫故子甫彌月撫孤守志茹苦含辛百折不回鄉里皆推重焉現年六十歲子文含國學生

周氏宣里黄漢清之妻年十八于歸二十九夫故翁姑在堂氏矢志奉親孝敬無閒而九熊畫荻教子有方于四均列庠序長子傅質九食餼有聲現年六十

四歲孫曾林立皆苦節之報也次子宏標早卒媳王氏守節亦已二十年一門節孝鄉里稱之

熊氏淨里劉大理之妻年十八于歸二十三夫故有勸其改志者氏封髮自矢撫二子將及成立不幸俱殀氏亦抱痛而卒歿年四十一歲

李氏淨里劉以儀之妻副舉人李佩之胞姊稟生李映春之姑母也年十八于歸二十五夫故氏封髮苦守冰霜其操鐵石其心至老無異撫一子成立年六十二歲歿

李氏淨里程敦友之妻年十八于歸二十五夫故子甫四齡氏上事孀姑下撫幼子孝慈兼盡艱苦備嘗年六十三歲存

杜氏西里張景福之髮妻年十八于歸甫一年而夫故翁姑在堂勤奉甘旨無子以姪上功爲嗣教養備至人無閒言年六十八歲存

劉氏左里宋乾元之妻年二十一夫故柏舟矢志孝事舅姑勤撫二子現年九十八歲孫曾林立五代同堂苦節之報人競稱之

張氏左里方承周之妻年二十八夫故翁姑在堂二子幼弱勵志守節歷久彌堅年六十四歲存

方氏左里張次宣之妻二十歲于歸二十四夫故子一尚幼殷勤撫育守志愈堅現年六十四歲存

周氏傅屯萬長年之妻十八歲于歸二十歲夫故誓以身徇姑勸之曰遺腹所生是女則從汝志若男也則願與守閱三月而生子氏於是奉姑撫幼晝夜勤勞迨子成人不幸而又亡繼立姪孫承祧亦賴撫育年五十四歲存

廖氏又里尹襄袞之妻生於乾隆五十九年嘉慶十八年于歸二十三年夫故遺腹生子顯煒後入國學又不祿立舉人顯京之三子以承煒嗣氏矢志冰霜撫孤慈幼年七十四歲存

王氏又里尹珍瑞之妻庠生崇高之母也年十九于歸二十八夫故敬事衰姑百端承順義方訓子督課綦嚴子果名列膠庠克償母志年六十六歲存

宋氏又里尹國珍之妻年十九于歸二十九夫故忍死奉姑旨甘無缺無子以姪馨高爲嗣視若親生教

以詩書使家聲克振焉年六十歲歿
楊氏又里尹賢逖之妻年二十二于歸二十九夫故生子隆吉幼而多病劬勞保抱幸及成人且性好施鄉鄰孤寡貧乏者時相周濟無少吝人皆稱其賢德焉年六十八歲歿
吳氏中洲周象賢之妻年二十八夫故子甫二歲事翁姑早以孝聞迨子就傅常斷機勗學守節已二十餘年族黨咸敬之年五十七歲存
葉氏宣里李彌容之妻年十七于歸二十五夫故孝

事孀姑勤撫嗣子家故貧紡績耕作以爲事畜資年五十五歲存
黄氏宣里童懋彬之妻年十九于歸二十九夫故姑近六旬子甫五歲堅貞誓志節孝兼全年六十一歲存
王氏淨里程寶珩之妻年二十于歸二十九夫故無子孀姑年老侍奉惟謹家故貧晝夜紡績以供甘旨年七十四歲存
陶氏淨里程艮言之妻年十九于歸二十九夫故子甫數齡翁姑在堂家雖貧堂上甘旨無缺撫子成立年六十七歲存
孫氏淨里梅含九之妻年十五于歸十八歲夫故無子家無斗筲以女紅爲生理飲冰茹蘗窮且益堅年六十八歲存
趙氏淨里秦廷元之妻年二十夫故無子孀姑在堂氏朝夕侍奉姑媳相依爲命及姑歿葬祭盡禮零丁孤苦可哀可敬年六十四歲存
林氏淨里陳景華之妻年十八于歸二十五夫故無

子以夫兄之子之壽爲嗣教養兼至俾入成均氏茹苦含辛歷久不倦年五十二歲存
徐氏宣里馮美中之妻年二十七夫故翁姑早逝子尚幼弱氏矢志柏舟撫以成立年五十八歲歿
貞女宣里呂正光之女幼字程作名爲婚未嫁而作名亡時女年已二十一矣矢志守貞父母不能奪依母家以終老焉年七十一歲存
張氏宣里滌際亨之妻年十九于歸二十四夫故翁姑早逝無子以姪爲嗣不幸早夭繼立一孫孫又不

育復撫姪曾孫以延宗祀所遇彌苦所志愈堅年五十六歲存

何氏上里胡近義之妻年十九于歸二十九夫故殷勤撫子矢志堅貞年六十八歲歿

何氏上里胡復光之妻年二十九夫故姑猶在堂子甫幼稚孝慈兼盡人無間言年七十二歲歿

鄧氏邵里趙先芝之妻年十八于歸甫一年而夫故無子苦志貞守孝奉翁姑年六十五歲歿

王氏邵里儒士趙先芳之妻年二十夫故苦志貞守

孝奉翁姑無子撫姪爲嗣教養成人年五十三歲存

三氏邵里庠士趙先葵之妻年二十六夫故奉姑以孝撫姪以慈年五十歲存

張氏邵里趙宗儻之妻年十八于歸二十八夫故家貧苦守孝奉翁姑無子以姪爲嗣年七十七歲存

王氏廣里儒士張象南之妻年二十八夫故僅遺二女痛不欲生繼念翁姑在堂幼女在抱勉以事畜爲己任迨翁姑歿喪葬盡哀盡禮後以兄子爲嗣教養兼至年五十八歲存

李氏豐里儒士游端本之妻年二十于歸二十八夫故孀姑在堂家貧無子氏紡績以奉甘旨撫姪爲嗣辛苦備嘗前　學憲方給茹苦完貞匾額焉年七十一歲歿

孟氏受里李隆萬之妻年二十八夫故無子家極寒微紡織爲活年五十九歲歿

理氏受里李作哲之妻年二十九夫故翁姑早逝子女俱無氏矢志靡他始終無間年七十二歲歿

馬氏石里高朝俊之妻年二十七夫故親老子幼艱

苦備嘗年八十二歲存

高氏又里王盛丙之妻年十八于歸二十一夫故翁姑在堂家徒壁立甘旨之奉皆取給於十指間以夫弟之子爲嗣撫以成立年五十歲歿

劉氏又里儒士尹日升之妻年二十于歸二十九夫故子二秉性淵厚自矢堅貞年五十一歲存

熊氏又里來先哲之妻年二十于歸二十六夫故家甚貧氏茹苦含辛撫二子以成立年五十歲存

鄧氏又里來文聲之妻年十九于歸二十七夫故無

子堅貞自矢歷八不渝年四十九歲歿

尹氏叉里鄧長柏之妻年十九于歸二十一夫故家貧無子視夫含殮畢遂投繯以徇

李氏叉里尹奇庵之妻年十八于歸二十八夫故勤儉操持克體夫志家貧無子以姪爲嗣視若己出才節兼全鄉黨稱之現年七十歲

朱氏左里康達五之妻咸豐四年七月賊至康宅同居康如立之妻徐氏年方笄賊欲污之朱氏令徐走避賊遂殺朱徐轉面罵賊賊碎其身與朱死同苦名

同芳焉時朱年六十八徐年十九

何氏上洲熊倫賢之妻年十八于歸二十二歲夫故家貧無子以姪爲嗣終身不渝嘉慶十七年紳耆呈請給冰霜共潔匾年六十八歲歿

李氏上洲汪際和之妻年二十于歸二十四夫故殷勤撫子矢志靡他年五十二歿

方氏上洲蕭先耀之妻咸豐甲寅年五月初粵匪過境鄰有少婦避於其家賊探知入房搜掠欲强污之方大聲吁罵賊怒抽刀殺之身受七刃而卒時年五十六歲

貞女上洲屈序賓之女未字而父母俱歿兄亦繼逝女年已過笄遂矢志不嫁依寡嫂以終老焉道光七年蒙　學憲王以白璧無玷旌其閭年七十歲歿

杜氏中洲劉自馥之妻年十九于歸三十歲夫故敬事翁姑寒暑罔間無子以姪蓋世承嗣教養備至鄉里咸尊重之現年六十三歲

鄧氏邵里袁寶林之妻年十八于歸二十九夫故一子尚幼翁姑早逝夫弟四人咸賴撫育弟丙賢習舉

子業五弟鼎甲蜚聲黌序皆氏之力也現年五十六歲

龔氏邵里趙錫貞之妻年十七于歸二十六夫故茹苦含辛撫養孤子且家貧以紡績爲生守節二十四年內外無間言年五十歲歿

劉氏廣里鄧國幹之妻年十七于歸踰年而夫故子甫在襁褓氏孝事翁姑甘旨無缺姑病卧牀禱日夜不離左右飲食湯藥必嘗之而後進事翁亦如之子旋遊於庠咸以爲節孝之報云道光八年學憲給匾

旌懷清匾額年六十歲歿
周女廣里周愜綉之女年將及笄尚未許字咸豐間
賊至懼污自縊死
王氏廣里鄧晉珍之妻年十八于歸二十三夫故翁
姑在堂子尚幼弱甘貧苦守撫子養親備歷艱辛卒
無難色族戚咸欽贈有志堅壽永匾額年七十七歲
歿
張氏受里儒士李毓芳之妻年二十于歸二十三夫
故姑已哀老子甫週齡紡績勤勞備歷艱苦姑旋歿

子亦不育氏矢志靡他終身無間現年七十七歲
涂氏淨里顧煥山之妻年二十于歸二十六夫故越
兩月而生子華仲氏柏舟矢志上事衰姑下撫幼子
家雖貧堅貞不移現年七十七歲
曾氏淨里程俊聲之妻年十六于歸二十五夫故子
占春甫二齡氏殷勤苦守撫子成立現五十二歲存
子尋以軍功得五品銜
熊氏西里楊鳴儀之妻年十九于歸甫四月而夫殺
氏即投繯以徇翁姑救免曰吾兒不幸吾已痛不欲

生若汝如此是速我以死也氏乃起操井臼孝奉翁
姑撫姪爲嗣教養兼施咸豐六年請旌年五十三歲
歿
郭氏宣里龍懷文之妾年十九夫故無子以姪耀光
爲嗣家雖素封而勤儉操持常以盈滿爲戒守節三
十餘年里黨稱之
李氏田屯儒士劉文國之妻年二十于歸二十八夫
故翁姑在堂孝敬無虧二子尚幼教養兼至冰霜之
操久而彌堅現年五十一歲

楊氏邵里雷品玉之妻年十五于歸二十七夫故生
子二家貧苦守紡織爲生鄉里共稱之現年六十一
歲
李氏邵里孔廷元之妻年十八于歸二十四夫故事
翁姑以孝聞家貧無子零丁孤苦節同松操鄉里皆
憫且敬焉現年六十七歲
吳氏上里程赤南之妻年二十于歸二十六夫故無
子家極貧無以爲生氏苦節自守毫無怨言現年
五十二歲

朱氏上里程聘儒之妻年十八于歸二十二夫故孝事孀姑撫子以姪承嗣殷勤課讀終始不渝守節十七年而歿嗣子桂弱冠游泮有聲庠序間母教之力爲多云

楊氏上里余功銘之妻年十八于歸二十九夫故子甫一歲藐孤在抱氏艱貞矢志撫子成人現年五十二歲

何氏上里黃茂盛之妻年十九于歸二十八夫故勤儉操持撫子成立堅貞自守終身不渝現年六十八

歲

周氏上里黃甫陔之妻年十七于歸二十七夫故事翁姑以孝聞家貧無子紡績爲生苦守二十四年現年五十一歲

楊氏上里黃笙陔之妻年十七于歸二十二夫故矢志柏舟節同松操鄉里共欽之現年五十一歲

劉氏上里余朝鹽之妻年十八于歸二十五夫故家極寒微會頻歲饑饉常至日不舉火氏處之晏如也三子俱幼氏艱難撫育志節彌堅現年五十一歲

王氏又里尹行佳之妻年十七于歸二十九夫故奉親育子茹苦含辛鄉里莫不欽之現年五十四歲

李氏又里尹華廷之妻年十七于歸二十八夫故孝事衰翁勤撫幼兒子高祿旋游泮食餼有聲前 學憲賀給有矢志完貞匾額守節四十年而歿

楊氏又里國學尹玉林之妻年十八于歸二十六夫故無子以姪爲嗣氏渾厚端莊幽閑貞靜可爲閨閫式現年六十一歲

皮氏小屯儒士舒頂蓮之妻年十七于歸二十七夫

故翁姑俱逝子士高甫週齡紡績之餘常以詩書課讀督責維嚴士高卒能身列黌序皆母氏之教也年九十歲歿

楊氏田屯周懷箴之妻年十八于歸二十一夫故一子尚幼矢志靡他勤儉操持至老不倦現年五十二歲

謝氏田屯儒士周秉禹之妻年十八于歸二十二夫故無子以姪爲嗣奉事孀姑克全婦道教養嗣子不啻親生巾幗中洵不多覯焉現年五十一歲

程氏宣里童榮達之妻年十九于歸二十九夫故翁姑俱歿無子家無立錐氏視夫含殮畢遂自縊以徇鄉人咸悼頌焉

毛氏宣里謝雲章之妻年十七于歸二十四夫故姑已衰老子甫六齡氏侍奉孀姑備歷辛苦擇師課子督責殷勤子亦身列成均孫枝林立人皆以爲苦節之報云年五十四歲歿

孫氏又里儒士來道太之妻年十六于歸三十夫故子二翁姑早逝家貧苦守矢志堅貞年七十六歲歿

任氏又里尹宜安之妻年十八于歸二十六夫故生子廷德翁姑早逝煢獨無依子不幸又亡遺孫海占氏紡績勤勞撫之成立現年七十五歲存

宋氏又里來德威之妻年十七于歸二十一夫故無子翁老家貧氏勤紡績供甘旨事翁以孝聞撫姪爲嗣現年五十一歲存

殷氏西里杜正銘之妻年十九于歸僅五月而夫故比欲以身殉因翁姑在堂無人侍奉乃忍死養親人言無間年七十三歲歿

李氏上里黃楚白之妻年二十于歸二十五夫故敬事翁姑克全孝道無子以姪道勳爲嗣今孫枝日繁家道豐裕足徵苦節之報云年七十歲歿

劉氏上里李林晏之妻年十八于歸二十四夫故子南翼氏守志撫孤克光門戶　前學憲吳給柏舟矢志匾額年六十四歲歿

諶氏上里邑庠生李登榜之妻年十七于歸二十六夫故氷霜自勵之死靡他子二長循顏積學早卒次振清弱冠入泮亦夭亡媳曾氏諶氏守志奉姑撫諸

孫成立一門苦節鄉里稱之年六十五歲歿

皮氏廣里儒童陳堯祚之妻年十七于歸生子魁明甫兩載而夫亡氏矢志堅貞守死不渝撫魁明成立不幸亦夭媳皮氏有娠遺腹生子于后兩寡一孤相依爲命各以壽終家乘載有雙節行略

張氏廣里儒士陳啓昌之妻年十八于歸二十八夫故子二長佑勝次佑興翁姑在堂勤紡績以供甘旨教子尤嚴二子俱少年老成名列成均孫亦能文鄰里咸以爲苦節之報現年七十二歲存

張氏廣里陳山蓄之妻年二十于歸二十五夫故一子在襁褓孀姑在堂氏事姑以孝甘旨無缺訓子尤有義方年七十二歲歿

朱氏廣里何春耀之妻年二十于歸二十七夫故舅姑在堂遺孩在抱時值凶荒日食惟取給於十指間仰事俯畜兩無遺憾　前學憲給節孝可風匾額年七十九歲歿

陳氏廣里儒士張祚樸之妻年十九于歸連舉二子不數載而夫亡時氏年二十八歲姑在堂奉老撫幼

茹苦含辛日用之需胥取給於紡績教子尤以義方今孫曾克守儒業皆其遺命也年六十六歲歿

張氏廣里夏文明之妻年二十于歸二十七夫故誓不再醮事姑孝謹持家勤儉無子以夫弟之子為嗣斷機勗學教以成人鄉里咸稱道焉

張氏廣里陳象儀之妻年十九于歸二十三夫故翁姑在堂氏念二老無依以生養死葬為已任　前學憲王給節孝可風匾年八十三歲歿

陳氏廣里儒士張宗澄之妻年十九于歸二十四夫故子僅三齡孀姑在堂家貧無以為活氏勤勞紡績事畜兼營姑能不缺於養子亦不失於教五十餘年毫無遺議道光六年與姑王氏經　前學憲王給兩世節孝匾七十八歲歿

金氏廣里邑庠生張揮忠之妻年十八于歸二十三夫故無子以夫姪為嗣晝則使就外傅夜則紡績佐讀厥後子若孫俱列膠庠族里稱為苦節之報　前學憲鮑給貞徽裕後匾額八十一歲歿

江氏廣里陳敦訓之妻年二十二于歸生子啓智啓

皓未三十而夫亡遭歲歉家無儋石儲日食惟取給於女紅教子尤有義方現年六十六歲存

王氏廣里儒士陳法祖之妻年十八于歸善事舅姑夫亡時氏年二十餘矣僅遺一女痛不欲生舅姑憐其少寡無子將嫁之氏覺即引刀自刎人救之乃免旋歸甯母家絕粒數日不死人之防稍疎氏潛結衣裳夜半赴江死越翼日屍浮髮髻肅然面色如生見者咸驚異之至今猶傳述不置云

宋氏叉里來天覩妻咸豐四年五月罵賊被戕

尹氏上里方爲佩之妻年十八于歸咸豐四年遇賊懼汚赴水死

羅氏西關外儒士左仁先之妻年十五于歸翁姑相繼歿夫旋以哀毀卒無子時羣從俱未有子氏煢煢無依乃於夫葬之前夕閉戶自經死時年三十有七及今五十餘年族黨猶哀思不置云

王氏西城內侯選按經歷左仁道之子其純妻庠生王大維之女也年十九于歸二十二夫故家計蕭條日以鍼黹養姑竭力爲兩弟完配咸豐四年粵匪八

境闔境皆遠避氏晝夜啼泣竟絕食以死時年三十七歲姑傷之以其弟其潤之子爲嗣

徐氏西城內太學生左作梁之子儒士仁和妻歲貢生徐世儀之女也年十九于歸閱數月而夫亡無子姑憐之以其兄郎選知縣仁昌之子其恭爲嗣時恭方齔今已遊庠食餼登辛酉科選拔矣現年五十一歲存

黃氏又里尹汝新之妻年二十于歸二十七夫故苦志守節撫二子成立長含長入成均現年五十五歲

羅氏上里李方熾之妻年二十二于歸二十八夫故姑在堂子尚幼氏仰事俯畜茹苦含辛年七十四歲歿

游氏廣里桑文發之妻年十八于歸二十九夫故子二俱幼氏矢志柏舟撫養成人族黨咸敬之現年六十歲

桑氏廣里孫文山之妻年十六于歸二十八夫故翁姑早逝有子三人氏柏舟矢志紡績勤勞持家有道里黨稱爲苦節焉

游氏廣里鄧國修之妻年二十于歸二十五夫故無子翁姑俱存家貧如洗兼多奇荒氏勤紡績潔菽水上事翁姑以孝艱苦不辭節操常凜族黨咸矜之年五十六歲歿

胡氏廣里鄧學先之妻年二十于歸二十四夫故翁逝姑存子一家極貧氏堅貞自守上事老姑下撫幼子其節孝與慈悉由性成鄉里共稱頌焉現年五十四歲

孟氏廣里鄧映東之妻年十九于歸二十三歲夫故

翁姑早逝子幼家極貧且頻歲荒歉氏晝而耘耔夜則紡織撫子成立現年七十七歲存

黄氏廣里鄧明闇之妻年十九于歸二十四夫故翁姑俱亡子一氏柏舟自矢撫子成立雖歲值奇荒艱辛備歷而勁節不撓現年五十五歲

石氏廣里張加楷之妻年十八于歸二十三夫故僅遺一子翁故姑存氏克體矢志上事孀姑孝謹下撫孤兒成立節凛冰霜數十年如一日現年五十九歲

雷氏廣里劉傳柏之妻年十七于歸二十四夫故子一翁姑俱亡家無立錐氏柏舟矢志紡績爲生撫子成立訓以詩書鄰里咸欽之現年七十三歲

鄧氏廣里桑文彦之妻年十七于歸二十一夫故無子翁姑早逝家極貧氏堅貞自守歷久不渝里黨稱爲苦節焉現年八十一歲

石氏廣里桑論元之妻年十七于歸甫兩歲而夫故翁姑俱亡無子家極貧氏茹苦含辛晝夜紡績度活堅貞自矢現年五十五歲

[illegible]氏臣屯劉沁洊之妻年十八于歸二十七夫故翁姑在堂子甫六歲家貧氏操作勤勞上奉老親下撫幼子一生苦節閭閻咸式型焉現年六十九歲存

何氏宣里李裕後之妻年二十于歸甫七月而夫故無子家極貧紡績以奉翁姑甘旨無少缺母家遭不造二老俱亡弟亦繼逝僅遺一姪氏力爲收養擇師課讀今何氏孫枝林立非氏之撫育不致此現年七十歲存

蔡氏宣里羅廷貴之妻年二十一于歸二十七夫故

翁姑俱亡僅遺一子氏柏舟矢志紡績勤勞教子尤有義方今孫曾林立長孫已入國學現年七十一歲存

畢氏豐里儒士李廷教之妻年十八于歸二十四夫故家窘甚翁姑在堂一子尚幼勤苦撐持以供甘旨撫子至於成立年五十一歲歿

羅氏宣里劉開聰之妻年十七于歸二十六夫故遺子一翁歿姑在堂氏事姑以孝撫子以慈守節二十年艱苦備嘗而始如一年四十五歲歿

劉氏淨里周以泗之妻年二十一于歸二十五夫故子一尚幼劬勞撫養數十年風霜其操鐵石其心終始不渝年五十八歲歿

彭氏淯里雷宗周之妻年十八于歸二十四夫故翁姑衰老侍奉殷勤無子以姪爲嗣翁姑歿葬祭盡禮族黨咸以節孝婦稱之年六十三歲歿

李氏宣里蕭學官之妻年十九于歸二十一夫故翁姑早逝子女俱無族人有强以再醮者氏且泣且詈潛投井而死

李氏宣里楊士琪之妻年十八于歸二十九夫故事翁姑以孝聞苦守四十七年志矢柏舟節同松操鄉里均無間言年七十五歲歿

劉氏宣里謝學醇之妻年二十于歸二十四夫故姑猶在堂子二俱幼旨甘之奉撫育之資皆取給於十指聞縣詳請前撫憲給匾年五十二歲歿

重修嘉魚縣志卷之八

藝文志第八

嗚國家之盛者莫如文章然有傳有不傳非有幸有不幸也亦視其所以傳之者何如耳嘉魚故文獻邑才俊之子人握靈珠搢紳之族家傳鴻藻苟無關於掌故勢不暇爲書傳故言擇尤雅必與事儷卽美不勝收已纍纍盈帙矣文章須求有用豈漫然哉

疏

請修長堤疏　吳廷舉

臣竊見嘉魚長堤自魚山驛起至簰洲下夾口止延亘一百二十餘里本縣所轄宣化廣賢淨保居仁清洪受濟豐義等七里接連蒲圻縣地方則有西艮觀山神山池口大橋丁家埠錢家渡汀泗橋咸甯縣地方則有桃林舖紫潭湖王赤磡馬磡西河渡官埠磡蒿城湖後湖江夏縣地方則有五重湖法師洲板橋紙坊新窑龍泉舖潘家橋等處與本縣前項里分田地相連俱各低窪前堤今又倒塌一遇水發則自缺堤

奔灌前田地崇朝渰沒水退則由金口而出晝夜方消分寸來急則黍麥先渰退緩則晚禾難種以故田地無收錢糧拖欠爲此案委武昌府同知唐翺親詣嘉魚縣督同儒學教官會集士夫耆老從長計議修築若用嘉魚蒲圻咸甯江夏四縣堤成得利之人每縣出銀若干共用銀若干可以始終其事各官既會議踏勘丈量計處回報矣臣又委荆州府通判趙景鸞隨地開稱逐一勘量計處一以各官具呈工費再批仰武昌府知府沈睞看詳估計調度有無相應具

由回報或别有長策申來採用續據沈睞看得景鸞計算用工分數日期遠近頗爲詳悉欲照丁定分九則取一竊恐不給又縣小民稀若嘉魚欲起夫一千雖云築堤恐亦難得况今農工告急大水將至之時不如且經畫計悉定爲成規候農隙水落之時督令舉事乃爲便益至於不必動用官銀之説尤非至計成大事者不惜小費豈謂成此大功而徒驅民以役之乎且民難圖始蠢動之衆能知佚道使之之義者有幾竊恐功利未見而怨謗先興計惟雇夫人日給

銀二分窮民圖利自能赴工皆肯乘隙前來一以不妨農功一以得活身家如京城雇工之法每日給散隨來隨募别無所虞合無將蒲圻江夏咸甯三縣正德十四年秋糧存留本府大有倉本色准收折色每石五錢內將三錢照例作正餘二錢約有一萬餘兩俱備雇夫築堤之用候此徵糧之時銀既可辦民亦空閑水落工堅百事可舉嘉魚秋糧原議收銀內除四百兩雇夫外除銀亦准支奏再有餘銀收庫别用庶官不費財民不費力大功可成矣其餘栽樁板築

等項事宜俱有條理但節候已過須待來年方不徒費民力等因到臣爲照前項長堤沿居江岸所以捍禦巴蜀西來瀟湘南下及岳澧辰常西南而來各江之水使之東行將由金口趨武昌下九江以入於海而障護嘉魚蒲圻咸甯江夏田廬之在卑下沮洳者也此堤一成而四縣享其利此堤一壞四縣受其害始焉得縣尹成宣築之中焉得縣尹姜溥修之今二十餘年不修千萬人家失利國賦之所關民食之所繫非細故也見議修築民情各願事體亦宜况經委

官同知唐鄖通判趙景鸞踏量又經知府沈暕議處覲其往役之夫每日各有二分之雇值則不勞小民之力矣雇夫之銀取之本戶該納之正糧則不動府庫之財矣及時舉事尅日成功但臣賑濟已完勘事已畢不久回京竊恐各該官員見臣去後不但因循廢弛又或刻忌狐疑必使終無成功不顧民失所望將來遇有水澇勢須賑濟小則發廩勸分大則請官開倒而已所謂救荒莫如備荒者有司官員孰於平時肯究心耶如蒙乞勅戶部轉行巡撫巡按官督布

政司并該道分守及按察司水利各道將前項所議凡應修堤岸豫先定委江夏蒲圻咸甯嘉魚四縣佐貳或首領官每縣一員分定地方各司其事仍委同知唐鄖督理工程於本年九月初旬起手十月初畢工其雇夫等項合用銀兩悉如知府沈暕所議此外用剩銀兩嘉魚者存留雇夫送迎江夏等三縣者收貯府庫豫備修築但前銀一時徵收未完欲將臣賑濟餘銀四千二百六十五兩內借出雇夫候冬末春初追完此數補庫起解其護堤柳樹亦候本年十二月明年正月令嘉魚縣掌印官督令人夫依數栽插分守水利官員仍須往來督同設法責成於原議所當行者盡心經理原議所未及者從宜處分事完造冊通行繳報功成之後定立每年巡視之法遇壞即修之規一如荊州修理黃潭堤車腦等垸故事而行使四縣小民連歲有收成之望一方水患常年有捍禦之功其於官民甚為便益

請減南糧疏　正德十一年　吳廷舉

題為量地減糧以甦民困事夏禹則壤以定賦漢文

因年以減租自古帝王未有不周知民艱而軫惜民困者也竊民所需在粒食而粒食所出在恒產如湖廣武昌府所轄之嘉魚縣土磽地低兼外濱長江內傍大湖一經水漲汪洋浩瀚禾黍飄為蘋藻之場室家蕩為魚鱉之鄉一年之耕不能供半年之食此啼饑號寒者十有八九而安居樂業者百無一二民既逃亡國賦安供耶惟是目擊流離而為之籌之者不曰減賦則曰賑濟減賦固屬殊恩第小民之輸將歲有定數豈能常冀又豈能常給至於賑濟度口而授

計日而支未必於閭閻無裨若嘉魚十年九水災祲不一縱比年來告從而賑之明年復告又從而賑之小民之呼籲無已大有之倉積有限幾何不立匱乎且歲有一災必有司請之府道司府道司轉請之督撫然後督撫具題幾經曲折幾經展轉則請者既煩即監賑者之官員亦不勝其勞勞也臣伏思之嘉魚雖小縣亦有南糧漕糧二倉漕糧輸京師以備用又較南糧爲多萬不可減莫若減去南糧一倉民實受減一倉之福而下不困矣災異不致屢陳蠲賑不必

數行而上不勞矣有若對哀公有曰百姓足君孰與不足自有南糧之減民得少舒必多踴躍以赴公者非惟量地制賦有法而亦足民以足國之一道也我

皇上自御極以來好生如天保民若赤匪特四海喁喁嚮風懷德即嘉魚縣偏隅窮黎無不戴深仁厚澤但無如土瘠薄勢處窪下不比他府州縣可以稍輸知量地減糧必決然而行之伏惟轉勅戶部酌議題除海內同一均沾臣不勝戰汗悚冀之至謹奏

重守令疏　李承勛

夫治化之行自守令始守令之當重人孰不知徒知當重而不知所以重徒有重之虛言而不副以重之之實事亦未見其重也重之之目有四曰求之博而擇之精也曰禮之重也曰責之專也曰任之久也是四者前後相須缺一不可久任之法先該吏部已奏請而舉行之矣然知府雖當久任而州縣之任亦不可不久推官知縣有行取之例雖難拘以九年亦必待二三年善政有聞而後可旌異之又二三年素履無玷而後可行取之更繁調簡之例一切毋以妨職

業然上有員缺則下必遞遷故欲久任之法必行又自愛惜人才始伏願皇上念天之生材至難君之成就尤難毋以小過而棄大用之材毋以一眚而致終身之擯在上既無輕棄之才則下自無速化之術矣公舉之法近該言官建白吏部查覆重牧守之職而欲公薦天下之賢才可謂得其要矣臣愚以爲州縣正官尤爲親民擇之尤不可不博而精況京堂之薦舉有限人才之隱伏無窮與其限之於數人未若博求天下方今巡撫巡按於按屬之賢者已有旌揚之

興矣但賢才衆多恐非一人所能盡知而知之未必盡眞也用之未必盡公且當也自知府而論之其僚佐則有同知通判推官之員其屬則有經歷以下至於州縣正佐首領師儒之員知州知縣莫不各有僚屬又郡邑之中或有志行高潔致仕養病甘於山林而不仕者凡此類皆所謂天下之人才也以僚屬相與則賢否著於官以鄉士居家則善惡孚於鄉見聞之間知之必實使州縣正官各舉所知不拘爵之崇卑不限數之多寡總以聞於知府再加斟酌而明揚

焉至於布政按察二司亦莫不各以所知屬官鄉宦爲薦因其所薦之人亦可知其公私明暗然後吏部加之以訪察之嚴參之以衆人之舉隨才量地授之以官不舉者中蔽賢之罰繆舉者嚴連坐之法則求才極其廣薦舉極其公而選擇極其精矣夫士莫不願伸於知己既受知於君子則凡中人之才猶知自勵而况豪傑之士乎如是而守令之職猶稱之人者臣未之信也夫守令之職既精選矣然使待遇之不隆猶爲未也臣嘗歷官郡縣藩臬三十餘年艱難險

阻備嘗之矣其間弊政知之最眞夫守令之於統藩最重者莫如巡撫巡按其參謁之禮具於憲綱著爲令矣比來則不然守令之相參也不問賢不肖惟以奉承之何如爲其人之臧否拜跪頻仍送迎踰境者雖知爲過禮而內喜喜則忘其惡以禮自處不諂不瀆者雖知其爲正而不悅不悅則頓忘其善或者於相見之間爭一跪伏之末節而搆成大隙又有陰險小人其設心又以爲某知府某知州知縣人皆稱爲好官也我乃區區爭一跪伏之禮而持以告人不足

以厭衆心於是從而媒孽其短假耳目以求其疵瑕樵心腹以伺其陰私甚而大張無稽之謗指廉爲貪以正爲邪而論劾公排考語私醜矣朝廷見其羅織之詞以爲去之猶有餘辜而豈能盡知其中不能無負屈者乎或未必遽去而遷就爲之所使有道之士不得其志而又蒙其污故有高飛深逝之想而不樂就其職亦勢之所必至者耳流俗之見乃謂某官之賢如彼近被挾私一劾遂致如此况吾曹衆人可不屈意依阿承奉乎州縣則依阿府官府官則依阿二

司二司府州縣則同聲依阿撫按而甚則巡撫亦依
阿巡按矣至於公事之是非生民之困苦天災之迭
至眞知其可憂者誰與眞以爲己憂者誰與天下之
俗愈趨愈下以至於此不急改絃而更張之誠可爲
寒心也臣願陛下明勅巡撫巡按等官申明憲綱使
各遵守弗得違越撫按等官固不可蔑視國憲而責
其過爲承奉知府等官尤不可不知自重而非禮逢
迎各官在任果有異政者更望陛下隆以殊恩或崇
之以爵秩或勞之以金帛或錫之朝覲之年特賜召

問則待遇守令之隆又自朝廷始不惟人不敢輕而
守令亦知自重矣如此而守令不知激勸職業未修
者臣未之信也夫守令之待旣隆厚矣然用之不專
猶爲未也夫任之知府則一府之政不問巨細俱宜
使之得專任之知州知縣則一州一縣之政不問巨
細俱宜付之自理今之守令凡事必申請於監司者
亦樂分其事否則疑爲輕己怒及之而謗隨之矣不
但提吏參官而又盡反其政至於瑣細末務撫按等
官一一皆親爲之各另委官規畫不復關白守令旣

有成案然後數刊大榜多者七八十款飾以四六之
文付之施行雖有土俗不宜不得輒有變動前官之
榜鄉民未及遍閱而後官紛更之榜又告至矣有志
者稍有釐正動輒獲戾僚屬畢民見正官無專主之
權益輕忽之蓋知上之人必不聽其自任也守令之
職分散如此復何善政之有臣愚以爲凡府州縣一
切事務皆宜付之守令職掌不得分侵其權或疑如
此使郡縣得人則可如匪人也不遺殃於民乎夫守
令旣經簡擇得人必多又禮之隆而責之專圖報必

切不幸而遇匪人豈無所以處之乎且臣亦非以監
司可廢也蓋卑者分其繁尊者執其要治體當如是
也撫按二司但當公以照之靜而觀之分巡分守或
於歲終季終考其職掌而申達撫按覈按其實因其
優劣而課其殿最不及則敎太過則抑反覆之而不
悛於是覈其罪之所在而去一以警其餘則賢者不
至掣肘難行而不賢者亦不得以肆其惡矣守令之
職專且久而職業未修者臣未之信也然前項弊源
深痼欲痛革之又不可徒恃虛文而已也大抵天下

未嘗無不可救之弊而患無救弊之誠亦未嘗無不可行之法患無行法之人探本核實之論惟在撫按得其人而已矣欲撫按之得其人惟在吏部都察院堂官忠亦肯任怨而已臣願皇上明勅各該衙門堂上官如遇巡撫之推必精擇老成重臣而久任之每歲巡撫之差不論其次而惟論其人必得識達治體有憂國之眞心者而後及焉如巡按四五次而舉措中理輿論攸服者則查舊例不次超拜僉都御史按察使之職否則回京之日考察之例亦必見之行事

不可徒存虛名蓋在外臣工監司守令有撫按以舉劾之巡撫則有科道以糾劾之而近日則雖同處巡按亦間有劾之者矣巡按一方其任極重勸懲之典獨缺可乎夫朝廷取舍必公必明天下撫按自然不患其不得人矣撫按得人則其舉劾必公必明天下方面有司自然不患其不得人矣得其人而無其治萬萬無是理也雖然監司者守令之原朝廷者監司之本故大學首篇極論修齊治平之道而揭其本曰自天子以至於庶人壹是皆以修身爲本伏望皇上正身率德以道修身以身取人則內而輔弼九卿外而監司守令皆得其人矣王道之成何遠之有臣不勝惓惓仰望之至

辭吏部尚書疏　李承勛

吏部咨差官賫捧勅書一道賜臣改吏部尚書天語叮嚀恩超常格欲臣速至則特許乘傳恐妨銓務則戒令勿辭臣感激驚惶隨即上道晝夜兼程於十月十一日行至臨清州地方覲君有日喜躍交幷夫急趨召命不敢暇逸實臣敬畏之誠量能度分不敢冒

昧亦臣守身之分切念臣質本凡庸器非宏遠青年學道白首無成昔感風痰遂成偏痺荷蒙矜憫放回調理病勢稍愈即賜甄收一歲三遷其官濫掌留都邦禁恩已渥矣望已過矣豈期迂濶無用之腐儒復改華要難稱之崇秩受寵逾分自處實難夫吏部職在用人尚書得專銓政進君子而抑小人則泰可保而怨謗必興泥資格而混賢愚則位可安而治道無補況今奔競一事壞盡天下之人心虛文兩字害盡天下之治體乘積弊已深之日正聖主更化之期講

學窮理而聖教日躋舉直化枉而仁智兼盡更望精求馮翼孝德之賢以宣蕩蕩平平之化則中興之治不日可望如臣愚者論才考德已非其人加以病根未除眩暈不常兩膝戰掉不能端立使臣貪冒寵榮處非其據豈惟一身取負乘之譏實慮敗國家之官爲盛治之累伏望皇上擴天地之量垂日月之明容臣辭免新政職事或憐其病弱放回休致以保餘年或念臣器小別授相應職事以圖補報臣不勝感恩待命之至

乞恩休致疏　李承勛

臣近因衰病陳情乞休溫旨慰留未賜俞允調治數日病尚難痊再罄愚衷不勝戰慄竊以因材而授任君之明也否必致棟撓之患量力而致身臣之義也否必蒙覆餗之刑故堪其事則鞠躬盡瘁死生以之不堪則奉身而行以讓賢能君亦不强其所不能而聽其去所以全進退之禮而抑慮夫有妨於政也若不能爲人不肯去貪榮戀祿孔子之所謂鄙夫而可使之立於大臣之列乎臣本小器素乏遠猷初任卑官才與位稱致有過情之名以誤遠近之聽厥後寵加而才不逮體弱而病漸侵退伏林泉幸全衰朽豈料過恩付兹重任行及一年事無小補然而前古治亂之迹不敢謂不涉其流矣當今可憂難處之事亦不敢謂不介之意矣軍民貧困日甚臣深憂之災異重大頻仍臣深憂之桐封日廣戎秩日增而正賦不足以給臣深憂之兵將驕惰呶呶者數報而禦侮每苦之人臣深憂之空抱漆室之懷未獲徙薪之策患將日大蔑無建明當受辱臺之罰久矣且舊患頻發

趨朝足不能前立班嗽不能忍匍閲章牒未及一半輒忘其前凡三四讀未能參詳得失近疾纏綿血氣尤弱委難支持才不稱官卽宜求去何必待罪戾之積病不勝繁卽宜求去何況乎伏枕逾時臣之愚誠所以不敢避煩瀆之愆而決於一去庶天下以爲皇上召用之人雖不稱大臣之位亦不異於患得而患失者此臣仰酬大造萬分之一也夫天下不患有難處之事而患不得難得之才昔漢文帝時諸侯強橫賈誼請益梁封爲二世利又請衆建諸侯寡其力以

制其心至景帝時以梁委吳楚而七國滅武帝時盡用其策而宗社安唐自天寶後養成方鎮之禍至五季而尤烈宋祖用趙普言銷兵於立談間是二者可謂至難處之事矣而二子一言易於反掌今天下之事豈復有如在昔之可憂難處者乎皇上聰明天縱從善如流抑豈二帝之可及乎但臣才識駑下所理者皆細故末務不能如二子爲皇上敷陳大計耳然則天變何由而可消弊俗何由而可變不肖者不退則賢者不進伏望皇上憫臣才綿病弱不能有爲放

臣休致更望皇上勿輕天下以爲無人至誠以求之虛已而任之自有全體大用之眞儒建祈天永命之良策三代之治皆可漸復何二子之足羨臣下情不勝惓惓憂國之血誠謹疏

請除閹宦疏

李沂

閹宦之禍譬猶腹心之疾惟英明之主早見豫防拔去本根故免後日之禍臣不敢遠引即如正統時太監王振正德時太監劉瑾舞弄朝權傾危社稷後雖萬死何足贖罪至今令人切齒寒心此我朝明鑒也

皇上臨御十有六年宮闈清穆朝綱整肅文武諸臣斤斤奉法惟謹獨東廠太監張鯨倚仗恩寵欺天壞法膽大心雄從來未有諸臣所奏八罪一一有據詔付法司嚴究惡黨中外臣民踴躍歡呼咸謂萬代瞻仰在此一舉必將翦除元兇以杜後禍咋法司問明奏請邢尚智等俱奉旨處分張鯨姑念侍奉多年勤勞痛加省改策勵供事中外聞之大失所望惡本不除爲害滋甚臣恐王振劉瑾復見於今日也敢爲皇上極言之昔我太祖高皇帝防制宦官嚴極有罪不

赦洪武十年五月一監官供事內庭言及政事即日斥遣因諭羣臣曰自古賢明之君凡有所謀必謀及公卿大夫而斷之於己未聞近習嬖倖可得與者今此宦官雖事朕日久不可姑息決然去之所以懲將來也羣臣頓首稱善夫監官僅言及政事耳太祖即日斥去不肯姑息使如張鯨犯法太祖當何如處置也今科道交奏法司究問皇上明知鯨罪惡矣即加顯戮以洩天地祖宗神人之憤猶恨其晚奈何令罪大惡極者而處宮幃禁掖之地乎昔年馮保招權納賄皇

上已籍沒之近日宋坤挾詐騙財即斥去之矣張鯨之惡百倍馮保萬倍宋坤擢鯨之髮不足以數其罪食鯨之肉不足以伏其辜故京師爲之語曰寧逢虎狠莫逢鯨張言虎狠有時而不噬張鯨無人而不害也皇上英明同符太祖不難去馮保不難去宋坤何獨難去一張鯨耶臣伏讀明旨以臆斷之邪尚智監候處決謂其黨鯨害事也使鯨不橫恣雖百尚智豈能撥置李登雲張繼德發煙瘴地面永遠充軍謂其受賄縱情欺君賣法也然受賄賣法孰過於鯨尚智

李奇等冐領鈔錠銀兩俱稱張鯨主令是實冐領者既加之罪主令者何獨倖免此臣所未解也以鯨爲侍奉多年其弄權壞法亦多年矣皇上宜深恨之何復念其勤勞耶以爲痛加省改猶可策勵供事臣未聞很如狠虎之人而可責令守門戶者也况在宮闈禁掖之地安知其不包藏禍心乎前數日都市流傳鯨廣進金寶多方乞請皇上猶豫未忍決斷中外臣民初聞不信竊謂皇上富有四海豈少金寶明並日月豈墮奸詐威如雷霆豈徇乞請及接明旨許鯨策勵供事中外臣民遂以此事爲眞謂鯨之奸謀既遂而國家之禍從此始矣伏願皇上大奮乾綱爲法割愛將鯨重治以儆奸邪以釋羣疑庶宗社生靈可幸無恙不然皇上聰明聖智竟爲此閹誑也國家十六年清平盛治竟爲此閹壞也以一閹宦之故而壞聖明之治壞祖宗之法壞朝廷之體天下謂何後世謂何此忠臣烈士日夜撫心泣血必欲殄滅此賊而後已也臣職在諫垣君側有惡不爲掃除皆臣之罪故敢直言無諱伏惟聖明裁答是幸

中理解人寃苦疏節略　吳廷舉

正德十四年四月內據湖廣武昌府蒲圻縣民李志信聶江告稱各人應當江夏縣金口壋河泊所正德九年分業甲徵完課鈔麻鐵八千一百一十九斤一十二兩乾魚八百五十斤完足赴布政司投文於正德十三年八月十六日以江夏縣同所業甲胡淑出名領批議令李志信戶丁李玉奇李珠奇李天孫聶希江戶丁聶允寧聶希濟聶允義六人領解各帶銀兩在身湊同嘉魚縣解戶曾學絨等戶丁九人前往

省城草埠門熟識人蔣士貴僱船裝送去訖經今八個餘月人批俱無下落縣所屢拘家屬比較狀告分豁等因行間又嘉魚縣民魯玠告稱祖充本縣致思湖河泊所業甲徵收魚課有魚油翎鰾折收麻鐵等料共六千三百五十九斤以戶頭魯寧赴司府轉文備辦料價並路費銀兩正德十三年八月十六日係父魯學斌戶丁魯智李清三人領解湊同蒲圻縣解戶聶允寧李玉奇等九人同伴過江赴京經今八個餘月一行九人不見回家府縣監比批收有此苦情

上訴等因臣案候訪察間隨據嘉魚縣廣賢里民周秀四赴臣口報正德十四年三月領解錢糧到京因而詢問魯學斌等人銀俱未到部回日沿途訪問至河南汝寧府眞陽縣唐家舖當地住人說去年八月內被賊殺死數人骨骸現在等語臣就將牌差承差許銓軍人王禮楊八兒押魯玠等前去眞陽縣坐委巡捕官同去唐家舖地方拘集當地住人挨訪魯學斌等九人管解前項料價行至某處不見下落其正德十三年八月內唐家舖有賊殺死九人是否即今身骸埋瘞現在何處如果是實就便公同到彼處地方巡訪緝拿殺人刼財兇犯嚴行鞫問賊狀明白具招申詳去後續據河南汝寧府眞陽縣申又據十四年九月初五日汝寧捕盜通判李章申准本府牒奉臣劄付前事備蒙牌行本職將問過賊犯原發招由查取去後今據申繳前來臣看得張子用與田名等一十七人招稱正德十三年八月二十三日假充兵備道差百戶義勇在馬鄉店捉住過客九人帶到龍江寺將身自帶銀兩盡行搜出各分不等共三百八

十八兩五錢仍押九人到火燒舖殺死丟棄在彼地等情臣以日期計之魯學斌李奇玉聶允寧等九人於八月十七日在湖廣起程渡江登岸從漢陽上路經黃陂縣信陽州行至眞陽縣地方計程正該七日所稱殺死九人俱係嘉魚魯學斌魯仲智李清蒲圻李玉奇李珠奇李天祿聶允寧聶允義聶希濟九命無疑也臣伏睹大明律內一款凡殺一家三人非死罪一人凌遲處死財產斷付死者之家妻子流三千里爲從者斬凡起運官物被盜刼奪事出不測而有

損失者官司保勘覈實顯迹明白免罪不賠欽此臣
參詳照得張子用招出田名等謀殺曾學斌等一家
三人李玉奇一家三人聶允寧一家三人律該坐以
殺一家非死罪一人各犯不肯招出實情通判李章
問擬強盜得財斬罪照例梟首固未甚失但又參看
張子用招稱本年十二月廿四日同徐得志到西平
縣十里舖劉鄙河將麂皮顏料價銀軍裝盤纏銀共
六百二十兩盡行刼去分散本日夜二更時分又將
費世和的兄世春余興明余希梁余貴余興貴錢友

剛錢景馬應受殺死幸世和解繩滾下河內藏避得
命等情臣訪得解戶余興明與貴係同一家之人馬
應受亦係錢友剛錢景同戶相應查明問以淩剮絕
沒家產方纔合律今照通判李章止將張子用問斬
罪揆之律例不合該分守參政王震分巡僉使王鐽
兵備僉使閻欽亦不參駁俱於情法不通殊失守巡
之體況解京錢糧非惟拖欠各部急用軍需抑且貽
累解戶家屬監比人情甚爲不便如蒙復勅都院查
理一行河南巡按御史吊一干人卷到官再行問提

明白將二次殺人刼財兇犯嚴令該道巡兵備上緊
設法挨拿已故者定要將原籍家產變價完日差人
起解各部抵補原解物料此外有餘銀兩解至湖廣
布政司查給死者之家以供營葬以養妻子臣訪得
各賊贓物果係千戶吳熊與史曹玉鐽升應捕兵快
多尅入已審勘是實依法施行一行巡撫湖廣都御
史轉行布政司收原差解人胡淑李志信蕭希江曾
甯余興明馬應受錢友剛費世和等某人解某項料
物若干某部若干某年若干各家自備路費銀若干

備細開報河南巡按御史將現追在贓銀併追出各
賊財產變賣價銀查照原行硃語另給備細公文批
差在官人役管解赴各部交納取獲批單移文湖廣
布政司完卷仍令湖廣布政司將原收胡淑批迴發
回府縣查銷再不許拘擾解人家屬再照湖廣一省
一十四府一十七州一百八縣起解北京錢糧物料
大小解戶多從河南地方分路而行臣恐嗣後賊人
得計如前所爲今年刼殺人銀一起明年刼殺人銀
一番則國家錢糧何由而完足湖廣百姓何從而賠

償所據地方失事掌印巡捕官員亦乞併行河南巡撫御史開提究問照例發落庶警將來一行河南鎮巡捕官員申明賊盜之案嚴謹詐盲之科重賞捕獲之功講求保互之政督令所屬各府州縣節年應解送北京錢糧物料乞勅准題令各部勘合轉下湖廣布政司移文各一十四府一十七州一百八縣俱令解收布政司儲庫聽候差官遞解京城庶使上之國課無虛下之民命有託且法令嚴明奸宄潛服商旅通達而邦國治平矣

正德十四年二月奉旨這臣所奏上憂國體下憫民情有此良臣朕甚嘉之着各部知道仍勅河南巡按御史一一遵依這本內所奏條件舉行將貪贓一起依律拿問失事一起盡行革職其湖廣解京錢糧依奏准解湖廣地方官收儲差官遞解勿踵前轍

請築長隄疏　明　李　燎　補遺

爲懇恩拯溺賦命兩全事楚屬武昌府江夏縣六十三里蒲圻縣三十里咸甯縣十六里嘉魚縣下二里四邑爲犬牙脣齒地俱半屬高腴半屬下隰處下隰之地者九當長江洞庭之衝宋元以來專賴有隄捍一線爲之捍衛昔下隰之民得以安堵輸賦者此也後舊隄崩潰入江迨太祖肅皇帝時工部尚書吳廷舉疏請復築利及百年國賦民命實爲兩賴今浸灌日久崩若斷虹僅存什一何濟水防一交夏四五月之間水漲汪洋四邑沿湖居民與魚鱉爲鄰四野桑麻盡沉波底數椽茅茨悉掃濤中少壯行乞於遠方老稚多僵尸於溝壑居高腴者倉實廪足煦煦相哺處汚下者首疾心痛嗷嗷無愬又復催科嚴促急如

星火無惑乎比年來十室而九竄也自太祖莊皇帝末年以迄皇上龍飛以來試查司徒戶口册中楚屬註逃亡者漢沔而外則武郡之江咸嘉蒲爲最非斯民之必欲逋其賦以輕去其鄉實洪水爲災耕無其土居無其地食無所出雖欲不逃勢不獲已此種苦狀郎楚諸王尚有堤內水鄉田地數千畝亦所深悉若江夏縣經略熊芝岡咸甯縣文選司趙邦柱蒲圻學道魏說諸臣久思羣哀鳴於皇上咸以王事靡盬不遑陳情徵臣蒙聖恩乞假回籍葬母事畢還朝目擊窮

民災迫仰體皇上己饑己溺之懷故不避桑梓之嫌縷陳原委利病爲我皇上痛言之蓋無隄則自臣邑北之馬鞍山江夏縣之金口水淋頭灌腹而入而咸蒲之境爲之匯納四邑俱受其災有隄則江水循隄安流而東隄內四邑之糧田萬頃可保無虞是有隄則民聚民聚則財聚此兩全之道也無隄則民散民散則賦逋此必至之勢也伏乞皇上仁惠徧覆聖德無疆玉食珍衣恆念稼穡之艱難裁成輔相用補造化之罅漏俯賜俞允特著工部施行撫按二院督率

襄成反掌告竣千秋保障萬世永賴愚臣無任懇切哀求不勝翹首仰命之至緣係懇恩拯溺賦命兩全事理臣等未敢擅便謹題請旨

請減膳疏　　李燦　補遺

爲民窮無告天怒日迫敬循職掌請行撤膳惠民之政以仰裨修弭事臣等聞之周禮膳夫王齋日三舉大荒則不舉大禮則不舉天地有災則不舉歲凶年穀不登膳夫撤膳古之制也臣等職在供膳本折額派錢糧有限年來內外供億吉凶典禮用輒浮於額外年月封進折膳銀兩庫藏若掃日俟戶禮兩部劄付亘省解銀一劄到則相顧喜色不到則仰屋長吁其各行戶原係市販小民本無富家各項物價自去八月至今閏三月計九個月共該銀二萬六千五百一十五兩有零絲毫未給其次各監局粟米折銀一萬六千九百七十七兩有零在外不與焉十數行戶昔猶稱貸上納今則無處可借賣產賠累入骨一聞輪月如赴湯火舖墊屢請而不報月錢隨華而隨增數年以來初有中人之家今則一貧如乞者有逋時

春取王朝等孥妻子而逃散四方者孫徵敖翁秀等不幸而困鬱以死者有張文舉喻二等尚有孑遺十餘人依依忍死不去者一以四方俱災逃何所之一則前項未給二萬六千五百餘兩之銀冀其或到尚可了人債負告脫行乞未即死也然二萬六千五百餘兩九月之息又將萬餘兩再加催促之苦不如無生矣臣等每一入寺見各行戶環向痛哭輒爲之撫膺長嘆百方講求華飯錢禁常規催拖欠減舖墊寸心空碎何補萬一然亦庶幾外解之未可少延須臾

也乃各直省欠至九十萬餘兩山西河南山東北直荒旱食人僵尸成邱有如諸臣疏中讀之淚下饑匍不雨亦半年矣河乾舟斷百貨踊貴貧商赤手誰肯踰那中使督促急如星火少加裁抑十百爲羣詬詈相向行戶不死且逃以至於盡其勢不止京城民家原無隔宿之糧兼以疾疫死亡其景象蓋亦岌岌矣今月初二日正陽前門災皇上告罪守官軍不意十二日臣等酒瓶中牆柱無火自燃此又誰爲之傳曰上不儉下不節炎火並作燒君室又曰君子不思導

利茲謂無澤厥火災今天下百姓其浮殍以饑荒而京師人民其痛楚以賠累然則上天降災豈無深意皇上敬天之怒當從撤樂減膳一念始矣自天子以至於編氓貴賤不同而飲食嗜慾父子夫妻相保以長活其情一也人情一日不再食則饑夫妻父子逾日不相見則念皇上誠從飲食居室間一察人情遠邇之苦狀常惻然胸中所謂食不下咽時也青衣角帶何預百姓事而天肯雨哉大小諸臣以回天實政請曰講學曰釋縲臣曰召廢棄曰補大僚曰遣賑恤

皇上不惟不下詔罪己急加舉行乃并日行章奏並不省覽者有之若以爲諸臣所拒也上天亦可傲乎有漢關東之饑而後秦豐赤眉之兵起有唐僖宗無所控愬之民而後王仙芝黃巢之亂成小民離志亂賊生心詩曰民亦勞止汔可小康惠此中國以綏四方今縱不加惠已矣奈何以上供之致爲阱國中乎臣請皇上亟賑四方饑民先從京師之民始欲收京師之心先從京師之行戶始其他署事臣等不敢知臣寺行戶之困苦望皇上之寬恤猶今赤旱之望天

雨也臣所謂節愛云者畏天之威非專爲費也心屬畏天澤及商民其道有二一曰撤膳二曰節賞臣等敢蒙死上聞乾清宮膳遇開膳五個月每月供進膳品折銀七個月每月封進銀臣等不敢議此外有御膳一項每月銀四百九十四兩有零名爲看膳此玉食必用之物也向係折銀年終彙進明是蠹朽藏中太倉一粒耳臣等請本年前項膳折暫行傳免來年仍舊封進用見我皇上罷宴撤膳仰畏天威之忱蓋內帑不啻山積矣其於此區區者又何足愛焉養心

等毀卓兒銀兩自二十三四年後新添一百五十餘卓每月計銀一千七百兩有零請自今以後悉從停止又一應卓兒米及齊賚等米每月不下米六千餘石自糧之來萬苦千辛此輩何名坐令蠹耗敢請從今盡停勿給存留寺倉以防南運不繼憂時之臣方將求發帑金多收米豆以備緩急奈何不欲大官有一日之積乎減此三項使臣用如其額督催外解到日餘米相兼通融支用接濟行戶免其逃竄不致一家累斃復報一家出之火聚而膏之雨澤皇上之仁

也未必非天之意也種種實政次第可舉也彼四方饑民猶托命於撫按曰爲請賑請蠲行戶一民也何不幸生輦轂之下獨任其叫呼蒼天而莫之拯救乎桑林雲漢其事遐矣唐宋中主有曰吾欲自焚而天雨者有罷新法十八事而天雨者庖俎之臣故不敢不以撤膳甦商爲消戾迎和中一大件事也非臣之言也我太祖高皇帝嘗憫旱災躬自祈禱勅宮中皆素食漏未盡數刻徒跣出詣郊壇苫藁露坐晝曝烈日中不移處夜不解衣地臥達旦皇后妃嬪躬執爨

爨雜麻麥菽粟作農家食太子諸王詣齋所進之凡三日雨大沾洽羣臣請復膳上太息曰亢旱爲災實朕不德所致今雖得雨禾苗焦損實多縱食能甘味乎乃下令免民今年田租皇上初年亦嘗步禱雨應故臣等祈皇上法高皇帝之撤膳以待天雨之後諸臣當請復膳如高廟諸臣也若不及幡然臣竊恐天心之仁愛皇上者窮矣兩宮災三殿災初反葺以催稅肆殃後益謂其不驗厭言星妖物怪並置不問天不能得於皇上閣部省臺不能得於皇上臣等小臣

欲何望惟有極諫待死而已漢郭汜之亂帝幸北塢侍臣皆有饑色帝求米及牛骨以賜左右不得唐漁陽之變天子幸蜀道出咸陽距宮闕不四十里日中猶未得食僅有民獻糲飯雜以麥豆諸皇孫輩爭以手掬須臾而盡猶未能飽然則漢桓靈西園金玉之積豈善爲子孫謀者而唐元宗平居置檢校進食使窮水陸珍味一盤中人十家之產乃其後竟何如哉

皇上神明同符

聖主下陋漢唐臣竊以爲引過撤膳省費推恩少甦垂

死之民以為回天之一助正惟此時後雖圖警幽房不可及已臣等職守所關不避瑣瀆伏乞皇上特賜省覽慨然允行毋令他日不幸為咸陽北埠之痛臣愚不勝激切戰慄之至緣係民窮無告天怒日追敬循職守請行撤膳惠民之政以仰裨修弭事理臣等未敢擅便謹題請旨

申飭臺規起百年不振之弊疏　熊開元補遺

臣謬權憲務文既不傳獻無可考但顧名而思義御史一官冠與服皆圖豸形昭觸邪也見邪不觸如狠

與狽邪而觸人如豺與虎甚至以邪觸正蹠犬吠堯滔滔皆是愧此佳名矣所以然者總由考選一途其始不端以氣類進者必黨同而伐異以苞苴進者必奬貪而嫉廉今皇上曠然遠覽選授御史盡塞前竇同異之鳴庶幾不復然教化久衰人無禮讓見可欲而不動見紛華而不悅老成人且戛戛難之若以新進之士當風紀之司其志易以盈其力足以攫去天漸遠而欲不趾高氣揚外厲內荏尤不易得之數也皇上以作君兼作師教之以禮繩之以律臣愚掌憲

但奉行勿失而臺規可一新矣會典曰風憲須持身端肅公勤謹慎飲食供帳只宜從儉所至取假分毫之物即自玷洞禮也今皇上中夜憂勤凜一布素乘輿所過併不用紬絹綵色勞民旨奉而御史猶敢不修職業徒用心於贓罰設處館穀交際豈非天之戮民乎會典曰撫按官巡歷處所官員越境迎送即行舉問保弊屬官若行謁禮與者受者俱坐贓論律也今皇上周恤驛困敕撫按官止於城外恭迎爵人一職與眾共之總以為天下而御史猶不免於習俗以

趨承責所屬以薦舉為私圖豈非國之蠹賊乎臣嘗謂夷盜之橫郡縣實教之逼之誰教郡縣誰逼郡縣則撫與按並不得辭其責而按為尤甚何也按臣之出不攜一左右人為其驄馬單行可問民間疾苦得吏人治狀也今乘傳高纛尊儼若神所察核者數十百郡縣吏之賢否錢穀之逋完所倚任則吏書門厮所憑藉則衙書期會以孑然孤處之身坐牛鬼蛇神之窟了百緒千端之事雖大賢智不無罣漏況其中有大欲存焉其所敢為求其所必得幾何不民命戕

而風教壞臣嘗爲崇明吳江兩縣悉知此差害多稍少過此以往則利不聞什一而害已什九矣臣雖闒茸不逮先臣海瑞而顧佐御起所爲實未敢多讓除實授已差者臣當嚴其回道試授未差者臣當嚴其實授是後決應數年而後一差數年而後一選所謂去小貪百不如去大貪一省小吏百不如省大吏一也此專臣當力行不應條上但人心久懈不一言嫌於不教誠敢具御塵天聽伏惟採擇飭行

乞釋監禁年久疏　吳廷舉　補遺

十三年六月內湖廣等府一帶地方無雨各屬備文申到臣於其時會同右副都御史秦金巡按御史毛伯溫率同都布按三司府衛州縣官一面立壇祈禱又慮大小衙門監禁獄囚多有含冤負屈或以傷和召災一面案仰司府州縣衛一體依文遵照查得其現監囚犯各該掌印問刑官員作急查審無罪者釋放歸農情輕者召保聽理其已問完監追贓物罪米年久果實無家產可賠者照例斷擬施行其死罪重囚除情真罪當別無冤枉與夫聽候會審處決者依

舊監候外其情可矜罪可疑應與辨理其監追入官還官給主贓物僅銀十兩之上人犯監禁年久家貧不能完納無產可以變賣行勘得實者作急將各犯開具原發備細揭帖徑自申送臣參詳審處施行等因隨據湖廣按察司武昌等府江夏等縣將現監追贓年久家貧無納犯人姓名緣由呈申前來臣查得各犯因追侵欺錢糧有監追十年五年之久況其間亦有爲父者侵欺已故而監禁其子亦有爲兄者侵欺已故而監追其弟甚至若子若弟監追身故而有司泛濫追呼連及同戶各爨無干之人者亦有先遭逆瑾吞并錢糧而有司官員畏罪惜身虛文起解後來官吏但見卷有起批案存領狀雖經赦宥不與分豁照舊監追者不少也古稱一婦含冤三年不雨全楚之地含冤而死者豈一婦哉冤抑之氣上干天和流而爲水旱變而爲盜賊其爲災害亦非細矣如蒙聖恩憐憫乞敕法司詳議施行

薦賢代任疏　吳廷舉　補遺

三月二十三日仁壽宮災伏讀四月初二日降詔有

朕方夙夜祗懼省躬思咎之文皇上遇灾修德可謂
應天以實矣又曰爾文武羣臣宜同心儆戒舍舊圖
新竭力圖之務臻實效大哉皇言所以責望臣下深
切著明矣臣聞古有灾變君臣交儆近日兩京府部
諸臣因是引咎求去者多俱蒙留用在於諸臣或年
齒雖老而精神不衰或精神少衰而才望素著臣以
爲辭免固出誠心眷留亦爲至德君臣之際何其盛
也獨臣延舉以州縣之才謬當保釐之任以小人之
器冒濫上卿之銜以六十四歲之身而強負千鈞重

擔非但一舍之遠不能舉行抑且跬步之間遂爾顛
躓則是此日可退者不過臣一人而已臣因是而考
究往牒前後巡撫南畿者無慮三十八彼三十八者
固當代英才也而上下稱述以爲有富民之實效成
裕國之駿功者必以尚書周忱爲首臣載考本官出
處宣德五年始以工部右侍郎年方五十歲也至景
泰二年致仕在地方二十二年矣今人但見其歷任
之久而不知其年方壯盛也方且日晏忘餐雞鳴覘
事惟其來任年壯故事雖煩擾而精神足以把持惟

其在任年多故歲有凶豐而智計足以平準如臣之
來已六十三歲回視周忱來時以長又十三年故自
四五年來因年齡衰邁而地方之利弊莫知因才識
庸愚而官吏之奸貪莫究因綜理疏略而錢糧之侵
欠數多因眼目昏眵而申請之文移積滯因請多官
議禮被科中攻擊因華承差廩給被御史糾彈志願
未行而心已灰勢時可爲而老將至因灾求退正合
古經引年罷官斯平衆怒臣思古人任滿必薦一人
自代如韓愈之薦馬總堪任京兆程珦之薦周惇頤

堪任侍郎是其例也今臣訪得吏部左侍郎汪偉乾
坤正氣廊廟奇才潤身有文發於詞章者可考及物
有政見於行事者可徵年方五十五歲致仕居家者
也都察院右副都御史李承勛負豪傑之才有經濟
之略由縣而郡歷試諸艱陟省而臺屢著名績年方
五十五歲養病於家者也伏望察臣老衰無狀動即
愆尤乞勅吏部放回原鄉致仕就於汪偉李承勛二
人之中疏上各請簡用一人前來交代任之之久當
如周忱信之之專亦如周忱將見十郡民物不久回

匪東南財賦不可勝計臣他日歸老林泉亦可以贖蔽賢之罪免殃民之罰一退而衆美具臣身名何幸地方何幸

乞恩放罷疏　　吳廷舉補遺

近蒙聖恩陞臣南京工部尚書自以老病兼揣非才不敢赴任隨即具本乞以舊官放還田里去後但臣思之南北程途往廻萬里奏請報可便將十旬誠恐朝廷不知臣本是實情求去將謂備禮而辭萬一誤留必至廢事再陳下悃仰瀆高穹臣聞人臣事上主

於不欺儒者得君志在行道臣自登仕版三十九年始由縣令之微積藩司之長其時齒髮尚壯精神日強智慮未昏起居不爽隨所任使不敢辭勞此皆朝廷所知也一自超遷內臺專使湖廣又自南都戶侍超陞右都巡撫南畿委任甚隆也從宜行事權力甚重也奈何官大而福則輕時逼而命則蹇外之非議日灰於心內之病根日傷於體老隨愁至精力已衰愁附病生醫藥不效是故兩年在任連陳十疏乞休豈知螻蟻微忱雖久徹聰明之下乾坤湛露尤時需章木之荄勉留溫墨屢下而未乾南部藝卿一陞而即轉望逾其分實不敢當竊陳悃愊愚衷專冀矜從放免又况臣早處畏途晚遭奇遇官聯八座九卿之列仕在龍蟠虎踞之都政總北方日常供事者不過陵廟衙門之補葺長升公座放牌喚進者比於蘆州班匠之投交細事付之四司大綱盡乎一唯親友勸臣治任每誦居易月俸百千官二品朝廷顧我作閑人之詩寮吏止臣辭官輒舉張詠幸得太平無一事江南閑煞老尚書之句臣幼而卑鄙壯復馳驅老得

尊崇又叨閑逸使其自擇便利亦不外此他圖緣近日巡歷太平池州正值三伏時月洪濤如屋而膽怯心驚大火流金而上吐下瀉幸存殘喘與人同安徧請明醫亟加調治身未就木眼更見天既已飛章上聞理當伏稿聽命比無官守將近先廬沿途訪藥尋醫已至吳頭楚尾東湖路近難忘水木之心西廣雲深益動首邱之念罪深渤海事聞不待報而行身等羈鴻路盡失所歸爲恐嗚呼殘灰久冷焰豈復燃老馬已疲齒無復壯古今一道也而日暮途遠老病之

人又復夜行冥走以餌虎狼之口以甃蔦何之淵生豈人情所願有哉臣言至此肝膽畢陳危苦盡露矣伏望皇上堯天共大舜日同明察臣九轉十二任而一命不辭憐臣八年十數章而惟志是退出於真實不敢矯誣許其舊臣待盡翳翳淹淹之景收回新命改畀皤皤斷斷之賢俾臣削迹艱危老免塡於溝瀆使臣殷身揣畫終不玷於班行深鑑血誠早施剛斷臣曉受陛下更生之賜效九原結草之酬屢犯天顏戰兢無已惟冀赦其罪而恕其瀆焉

謝恩疏補遺　吳廷舉

臣先任都察院右都御史特蒙聖恩陞授先職臣以老病陳乞休致奉旨卿才望素著特茲擢用豈可以衰老遠乞休致宜勉承新命舉都政務所辭不允比因前旨未下臣恐朝廷誤留臣再具本懇乞放罷奉旨南京工部尚書責任不爲不重吳廷舉簡用出於朝廷今具疏辭免輒引古人嘲戲詩句又敢用嗚呼字面詞涉侮慢心懷怨望殊無人臣敬君之禮准致任去欽此臣本老衰又値昏病但憂卒於道路惟欲生還田園於具奏臨文之時實不知引喻失義特蒙御批光臨下土臣始知罪上通於天念臣乾坤棄物嶺海孤根幼而讀書不過硃墨鉛槧之習長而竊祿尚歷郡邑臺省之階出入輕肥三十九載妻孥溫飽三十餘人是皆朝廷浩蕩之仁何啻天地生成之德思感恩而圖報雖刻骨以難忘近蒙陞授尚書臣以謂尚書上古納言之官唐宋執政之任而我太祖廢革丞相事歸六部尚書故大學士邱濬以六部尚書視古冢宰丞相之任是也以國朝文職論之有狀元

及第學行俱優終身不得此官者以臣鄉邦嘉魚論之自漢至今一千餘年並無一人得此官者臣資稟陋劣才德不如人學術不如人一旦承奉此官鄉邦聞報尚且感激況臣一家乎寮吏傳聞猶且稱慶況臣一身乎官至尚書更復何望特以德不稱位恐鬼神害盈老不能官恐譴呵交至且竊有餘不盡之旨少希知止知足之風誤認嘲戲之詩以爲忠誠之語妄引嗚呼字樣以爲嗟嘆之詞然王公而侮慢於君者尚蒙不道之誅遠服之臣驚懼不暇失志而怨望

於時者當正竄流之典六卿之貴敢萌是心乎陛下高居九五之尊明見萬里之外獨持威柄原無情於挂誤之餘黜陟禍機置有罪於衣冠之列善善長而惡惡短儼然帝舜好生之仁老老篤而幼幼著卓爾大學絜矩之道遂令衰朽得賜保全臣有感激懷無階上報惟知每旦焚香叩首祀天祝地願皇上陛下天庥滋至多福多壽而多男聖學緝熙日懋日新而日大起居左右者必皆巷伯呂強張承業之忠臺閣執政者必皆汲黯張九齡李剛之正宜撫邊防者必

皆狄仁傑韓琦范仲淹之賢爪牙營衛者必皆周亞夫郭子儀岳飛之列而經筵講讀者必皆程顥朱熹王十朋真德秀之徒使各同心輔翼隨事論思以固一統山河之盛以垂萬年史册之光臣報涓埃實具於此區區葵藿老矢弗諼

劾大學士耆英疏　　涂文鈞

爲疆臣誤

國不臧未經吏議懇祈

天威獨斷以定

國是而固人心事臣惟夷務之興於今十年咪逆去疆遠闘本非勍敵不過虛聲恫喝反間邀求二語盡之以其船在海隅兵難遙度當時廷臣不能盡得其要領至於易將以召亂浪戰以取敗苟和以招辱威挫帑虛封疆之事敝壞而不可收拾坐惟

宣宗成皇帝神謀獨運灼然於議臣失國而疆事之任非其人也於是

召還耆英畀徐廣縉大臣闗防而代之該督在廣東巡撫任內親見官畏夷夷畏民民畏官之情勢而大臣耆英百計抑民以奉夷使夷日驕民日忿其勢岌岌不可終日故一旦任事毅然盡反耆英之所爲而務從公議順民心俾同讐敵愾之民智效其謀勇輸其力而逆夷外强中乾之形勢畢露虛聲恫喝之伎倆舉無所施凡所邀求事事斥駁無一

應者

國威始振而疆圉始有固志於是徐廣縉葉名琛均

邀爵賞

綸綍渙汗數逆夷之稔惡知天道之好還凡在食土之毛

靡不歡辟雷動幸太平之有日而天下氣象爲之

一新此蓋伏遇

宣宗成皇帝知人善任能振將壞之局而反之正也夫徐

廣縉之代任非能加一兵增一饟也徒以奬成忠

義奉

國威靈遂有以制逆夷之死命由是以言則前任之

倒持太阿挾逆夷而邀朝廷其罪豈可逭哉數年

以來耆英徐廣縉辦理夷務章

奏

批答

諭旨冊檔俱在

幾餘之暇合而觀之則耆英之得失昭然莫揜而

朝議可定矣夫徐廣縉葉名琛之賞已行而耆英之

罰未及非宥之也蓋將俟疆事大定然後徐議其

辜此

先朝未竟之志而有待於我

皇上者也臣聞去年九月逆夷游駛江南洋面投遞

夷書經江督陸建瀛斥逐而去今又聞其寄泊天

津豈非以

皇上新政伊始主撫者依然貴近妨欲再售其邀脅

之故技耶臣愚以爲但

救疆臣不動聲色而折之以

國法如徐廣縉陸建瀛前事可也不然謂撫夷之事

向歸

欽差大臣辦理令其赴訴廣東可也爲疆臣計者扼沿海

險要禁奸民窺伺絕米糧接濟彼曠日持久情見

勢絀不待驅逐而自去非有難辦之形也臣所懼

者是非不明則邪正雜糅而

朝議不定夫以耆英之失計天下所共知今猶襄贊

黃扉與聞政事何以使敵人消覬覦之萌攜其固

成城之志且台輔之任嚮于推挽實繁有徒將爲

之彌縫前愆則必罔顧

國是或有以議撫爲得計振威爲啟衅而謀翻前案者或有持今昔情形不同之說當稍從逆夷所請以苟目前之安者不知犬豕之性詎有厭極一開其端奸謀百出使漸次整理之局又將破壞臣所謂私憂過計而不能不爲萬一之慮者此也伏望

宸衷獨斷明辨是非俾謀

國不臧之臣不能倖逃吏議以昭疆臣之法守定海守之心志折四夷之逆萌天下幸甚臣愚昧之見是否有當伏祈

皇上聖鑒謹

奏

道光三十年四月

記

始修城記

提學副使　張邦奇

嘉魚縣在省城南二百里實爲襟喉之地舊以山水參伍不立城郭民皆因山阻水而居取便耕漁警則乘便趨避習以爲常國家隆平民風敦樸廩囷畜牧悉置諸戶外自成化間江北北多水患流民就食於外始聚而爲盜昏夜掠商船率於江湖無人之所尚未敢公然入縣治也邇歲征役繁重遠近逋移剽致劇賊賀璋輩誘脅窮民攻縣治殺民兵刼庫獄燒廬舍出沒險阻日滋蔓不可制正德甲戌秋宣城陸槐來知縣事患之謂非築城不可遂以龍見典工縣小而民窮財力無所資日夕疲心力總理矻矻久未克就巡撫都御史錫山秦公適臨茲土躬爲陟降以先築南堤數十里逼隘非規制命展而環焉遂命分巡僉事顧公英督傍邑發儲峙協濟工力功乃具舉丙子五月江水大漲囊其南堤五閱月水涸乃伐石甃址幷二管門洩水運土併力修築維時秦公念劇賊猖獗將除之或曰不如姑已舉而弗能制患滋甚公

曰已之患獨不滋甚乎遂廉其蹤跡命分守右布政使周公季鳳分巡副使惲公巍督其屬設法捕斬之而鎮守太監杜某總兵都督同知楊某巡按監察御史張某暨按察使王都督指揮僉事劉協贊謀畫以成其功積數十年之冦一旦就戮餘黨狼狽解散朝廷下璽書褒美錫以金帛行者居者罔不晏然上下遠近動色相慶而城亦適成城環二百雉厚六尺高倍之爲四門曰東望曰南薰曰西成曰北鑰樓櫓之屬罔不備飭用工越十甲子皆倩諸他邑及事竣民

無告勞者予觀嘉魚士民習俗仁厚蔚然有古風焉乃者賊熾而城成去其毒而固其衛以奠宣湖藩之襟喉豈徒其邑之幸哉方賊勢日熾民無保障恣其所如莫敢誰何致今日安堵者其誰之力也繼或吏於茲土者其亦有思乎夫千雉百雉孰非爲民民城之本也民殘而城固未之有也凡蒞斯土者尚思固斯民哉

續修城記

雷士順

古者立國城郭與宗廟宮室並建城者民之衛也民則邦之本也墮其衛以撥其本豈計之得乎故雖時極隆平未有不城而治者乃宇內郡邑治以不城者亦復不少聚廬而居折柳而樊固可幾幸無事質之設險守國之義當不其然我嘉魚雖古治乎以山川參錯城之匪便此有邑以來一大缺典也正德甲戌陸侯諱槐者始築土城都御史秦公發旁邑糧備以佐厥功顧濱江窪池土城易壞萬歷戊寅撫院陳公疏請改立甎城邑大司馬方公規議官任費而民任力庶瘠邑貧民不驚畏而思徙當道用其言計處三

千餘金吳侯諱騤督修告竣不兩年而再圮則匠作無法苟完而工不堅也至辛丑麗侯諱一德議以瀕價爲重修之費院道報可閱歲而後爲完城垂今幾四十年半圮者又復如是崇禎甲戌程侯蒞茲土次日登埤周望愀然曰此何時何地而俾城壞至此且不堪視詎堪恃乎前之人留以俟後者豈其不念民衛亦時絀不敢舉贏耳吾將任之輒解囊金若干付窑戶領費造甎召匠作估計買料給工照民間常僱無虧短絲毫者工皆僱募無役民半日者計城內外

共百餘丈週城腰墻共計一百八十三丈全修梁亍一百六十個半修四百二十個補蓋城樓四座全砌蓋者一座新增守宿窩舖一間新增栅欄二座閉塞偃門二處通算支用銀五百八十七兩有奇無糧儲金錢之助無洲價之乞惟故民鄭朝魁妻張氏有夫存日賣田留金一百五十兩送助修城鄉督王廷元助修贖田菜麥銀二十兩又助工二十兩侯之任費者四百金皆捐已貲非第捐俸捐贖鍰而已也工告成士民樂之議勒功德於石以垂不朽且託名公譔

述以重其事侯謂士順曰牧民者補苴牖戸是本分事有如借譽顯貴是施勞也倘必記以示勸則知我無予若于其據實紀歲月俾後人知城所自始所自頹所自修而止必無文無煩言令吾有不安於心者士順雖不敢當而亦不敢辭承命志其大槩如此

縣學記　　元提舉　王宜振

學校之教尚矣自唐虞三代以來命司徒掌教歷代相承而學宮滿天下庠序學校雖異名辟廱泮宮雖異制其爲教則一也詩頌泮水之能修歌菁莪之樂育其以是夫皇元嘉美人文崇儒重道開設學校作養人材申嚴憲章有司主領敦勸之命奬諭諄切武昌爲楚重鎮嘉魚其屬邑也江漢炳靈人物鍾秀章縫之士遊於聖人之門訓迪有師肄習有業庖廩有資教養並行倫厚俗美廟學舊在城南基址湫隘湆熙戊申縣尹姜偃遷於龍潭山之上宮牆數仞巍然靈光士民欽仰歲月更代風雨震淩前至正甲申主簿狄忠重修殿廡櫺松夾道遺愛尚存延祐甲寅縣尹齊河成文煒增其舊制式拓規模重建大成之殿

巳嘗加意厥後皆因陋就簡未有能殫智畢力以久遠計者元統甲戌冬臨清蘇公野泉來尹茲邑下車之初首謁

先聖廟見而惕然屬以邑事倥傯未暇議越明年政通人和百廢具舉廼造學宮率諸生議及興創眾皆悅從會材委工究心而理之工費浩繁學廩不給首割俸餘以爲之倡學掾文珪亦捐俸以襄斯役士儒義助多寡有差是歲學租所入悉以充費於是崇禮殿及兩廡皆煥然一新從祀牌位悉加修飾櫺星門外結

石爲道工匠傭役並手偕作公理政之暇必一至焉所旌其勤以勵其怠經之營之完矣美矣衆目環視驚相嘆曰邑庠之廢弛久矣豈意目前忽見此修飾耶且邑宰之任本以理民爲務食祿而不怠其事斯亦善矣而公能兼修並舉則其志之高才之優爲何如於是邑學士民相與求文以勒石爲記予爲之說曰大哉夫子之道乎肖形窮壤闔靈而爲人秀而爲士推而爲政以修齊治平用之立教以惇人倫美風化造次顛沛孰能外乎斯道人之所以報本返始著

固不可以捍災禦患勤事定國載在祀典者例視之也廟學之建國家所以崇奉
先聖賢哲生民以來未有盛焉豈可聽其殿古草生城苑鴉噪而置之不問耶今賢大夫舉而力新之撤去弊陋復還偉觀士有絃誦之樂民絕囂陵之弊其爲風化豈曰小補之哉公名靖字沖卿詩禮之家克世其祿故其爲政知所本云

重修縣學記

明提刑按察使司　韓陽

皇明崇重儒道其於學校之政視古加修而益隆益盛所以八十年來海內人才彬彬濟濟先後相望誠非前此所能及焉南嘉武昌上游之邑乃湖湘要衝之區而川廣必由之路官其邑者於往來應酬之不暇尚何有心於學校之事哉以故學宮恒廢而失治學政每闕而不修也稽諸縣志今學自宋淳熙間知縣姜偃始遷於龍潭山之陽禮殿居中兩廡以翼二門碑亭各有成規至元甲申主簿狄忠重修殿廡櫺松夾道延祐甲寅縣尹成文煒又新其舊元統甲戌野泉蘇公來尹茲邑竭力再爲修治時提舉學事眉

山王先生宜振爲之記刻石尚存入我國朝學政維新洪武乙卯知縣吳起文以廟學隔越非宜乃卽廟左山麓建明倫堂復爲正心明義二齋而文廟則未之修迨今七十餘稔殿宇傾頹門廡頹敗未有能振其廢者正統元祀皇上愼擇守令惠綏黎元其於學校尤爲急務歲在庚申以進士吳江莫震來知縣事視篆之初拜謁學宮顧瞻殿宇頹廢不勝歎息遂言曰學宮之廢興長民之責也震敢不以爲己任耶於是稽考志書諮詢衆議經營圖畫亟欲新之奈頻年

水潦相仍丕務填委心雖惓惓未克遑也正統丁卯乃悉心以圖修舉邑之好義者咸樂相助於是召匠揀材揆日庀事朝夕親臨學宮卹其勞役而課其章程崇其垣墉高其臺址禮殿兩廡皆撤而新之加封之舊碑有亭瞻仰之後人有所櫺星戟門內外輝映黝堊髹形舉稽其度始事於丁卯三月畢工於戊辰四月安神有位配侑在列而他所宜者罔不具完矜佩來集絃歌相聞人皆嘖嘖稱羨以偉其成庠之司訓黃真備述其事請記於余竊以湖湘廟學府州之

外縣庠凡一百有奇予皆歷焉其間邑宰能體朝廷崇儒重道之心以爲心者未能多見間有見之吾未嘗不喜談樂道而與其善焉今觀南嘉邑宰莫震氏以蕞爾要衝之區乃能惓惓以修理學宮爲念而又廟爲之一新不惟見其能尊崇斯道抑亦可見其無負聖天子擇任之責也宰名震字霆威正統己未名進士

重修學廟記　方逢時

孔子之道師表萬世爲羣聖之宗歷代尊崇設像祀之學宮禮如王者至隆重也迨我皇明其尊崇之典始亦因先代之舊至世宗肅皇帝謂今之王爵下同人臣非所以爲尊也制徹像去王尊稱之曰至聖

先師改大成之殿曰

先師之廟故自國都以至縣衛莫不有學莫不有廟其在嘉魚前代無論矣洪武之初廟建於龍潭山之陽學則在於城南分兩址也既而遷學於廟之後前尹吳江莫公修之而督學韓公爲之記正德末年督學鳳梧陳公捐俸修廟而明倫之堂則未暇及也嘉靖戊

子學遷於北門之內己亥復遷於三忠祠之基仍兩地也邇來六十餘年學既頹壞廟亦傾圮籩豆之所對越之位鞠爲茂草春秋之祀備故事而已及萬歷丙戌之秋漳平蔣侯來令吾邑恭謁

先聖見棟宇摧頹堊墍剝落乃蹙然於心顧師弟子而言曰吾夫子之道如布帛菽粟然吾人不可一日無者而祀饗之所頹敗若此於心安乎而况朝廷崇儒重道若是其至也吾與若職忝師儒置而不問其如朝廷建學之意何其如

先師之道何抑何以免於法吏之議是在我矣乃欲大有所爲於時不旱薦臻弗克如志乃先有事於廟以妥神靈木石之費鐵堊之需分毫不取於民乃捐私俸市材陶瓦命匠鳩工朽者易之敧者正之卑而窪高而跂者築之平之門牆以甃垣周以土殿宇廟廡秩然維新師弟子欣然相語曰昔者荆棘瓦礫之場今變爲朱甍碧瓦之所非我蔣侯孰能爲此蔣侯之政可謂知所先務作人之化於是而可觀矣是不可以無記相與徵言於予予既爲述其事乃揖諸弟子而

誨之曰侯之斯舉固爲不擾於民而其意蓋示諸生以爲學之方也夫天下之事求諸人者常不足求諸己者常有餘聖人之道雖大而原於人心萬物皆備反而求之在我而已故夫子之教有曰譬如爲山未成一簣止吾止也譬如平地雖覆一簣進吾往也蔣侯蓋有得於此故今舉之以教吾嘉耳不然諸生日馳於言語文字之間而無得於身心性命之實雖廟貌之修棟宇之飾謂有司者自盡其職則可於諸生何有焉是則蔣侯修建之意也諸生勗哉

重修嘉魚縣志卷之九

鼎修聖廟碑記

任宏震

今天下郡邑祀廟之制凡以爲民也先明神祀之謂嘗有功德於民也云報也城隍社稷之神祀之謂能司吾民升饉之祥也云祈也斯其意未嘗不可著教於天下而教天下之事不在焉庠序之教虞夏以來未之有改也

先師之廟固所謂千萬世以祀歷千萬世祀之而不足以報其德澤之萬一也蓋未嘗云祈而祈之意未嘗不在焉醮祭先醮斂祭先斂彼其意未嘗非報而不勝

其祈之之念之隆重也夫臨萬世而教思無窮者

先師之心也奚俟祈子不云夫自行束修以上未嘗無誨乎若然則千萬世之摩頂放踵而求之者固

先師之靈之所嘿攝之者也且其祈焉者非福利其身之謂也固祈

先師之教之明於天下也祈斯教教斯明斯修道之教之謂也勺盤水以求月光無不專得朔以論於容光之照耶今郡邑之學皆依於廟吾邑獨兩地蓋各取地勝此亦未始無祈焉之意矣廟學皆修於萬歷丙戌

丁亥間歲久皆就傾頽比癸酉歲吾友給諫熊公以休沐抵里門瞻拜廟下盡焉心動已則悉索餘俸得金百乃傾以首廟事而邑搢紳人士各厚薄捐資有差方傍功什伍而高明程侯適奉命來令下車之明日謁於廟則慨然曰此何莫非有司事亟捐俸若干益之更復為之考典章審位置酌度數而續乃竣厥竣予方讀書白嶽諸人士則以事狀暨廟圖示予而屬予記予為之說曰諸君子亦知夫先聖王之制之僅存者獨庠序之教乎夫制則僅存耳然先王之時

四術四教移左移右亦何勤以懇也後之日月省試上下應求文辭科名已耳其復有所謂春秋禮樂冬夏詩書否耶其復有所謂離經辨志敬業樂羣博習親師論學取友如古之一年三年五年七年之一二有以示之否耶若然則宜謂之教之也可而世之偉人傑士道德勲業之儒比比從學校以出豈非以

先師之經術如日月之經天而亦

先師在天之靈默默有以提命之而收攝之耶國雖置不得廢禮士雖貧不得廢師則今日之所以崇

先師之廟貌者豈僅僅高華之所能竟耶且與諸君子披斯圖也殿堂之崇廣廡楹之增倍戟門櫺星之嚴飾言言噲噲焜焜將將所以教瞻也王座之縝美題奉之精確所以教慎也宮牆之閎拓所以教器也列級故峻絶也而以紆得坦所以教引而著人力也甃斷岸而彝庚之所以教康而著利往也躋星石而山危之所以教就而著人地也泮池無先故也而特闢之浚之所以教淵而著育也至於隆啓聖之祠則所以推

先師之孝思而教天下之為人子者苟或仁未堯而孝未舜則有志者之蒿目於斯也自不能不瞿瞿皇皇也名宦鄉賢故有祠然尋椽武楹合室而異筵耳于所以明虔而遠嫌也者無處且其於宮牆更若推而遠之推親炙聖人之心以昭事昔之君子豈應如是今則於戟門之左右各有專祠也一則以教後之君子之至於斯也學道愛人慎無以此卞澤之蘋藻謂卯芳且烈焉而吐之也一則以教自今茲以迨無窮之生於斯聚族於斯者或為不待興之豪傑或為不肖

師友之良賢皆願有以自處而殁不俎豆於其間爲非夫以自失也斯舉也於未備而有待者增三之一匯事而華焉者增三之二總之以究於備也舉難舉之端者熊公也備難備之緒者程侯也蓋一舉而十教備焉兩公之澤於是乎不可既矣豈獨謂吾臣子也而爲朝廷儼贔以勵翼文治也乎簫九成鳳來儀鼓六變天神格

先師之靈實式几筵不必驄其騎龍何雲之鄉也則不佞又爲吾子弟擬庠序之歌以諷之歌曰亦亦

文廟唯其閟之秩秩星芒唯其穗之力力熊公式其緻之明明程侯式其序之遹爾吾師曷其暨之則又爲泮池之歌曰昔兮礫兮誰兮甃兮子衿青青唯其愁兮胡斯涓涓滔兮汩兮謂爾於猶胡斯魄兮謂爾於瀕胡斯畫兮格兮格兮翳我心則獲兮於是弁書以爲之記

重修城隍廟記　周融 本縣教諭

府州縣通得奉祀者惟風雲雷雨與社稷而已而城隍則合祭於風雲雷雨焉其功德福民固莫可擬而有祀必禱有求必告其功尤甚焉長郡邑者遇朔望則必拜謁焚香稽首以致敬而後退而視事嘉魚舊廟在縣西燬於兵燹國朝洪武間遷於會真觀舊址即今所也四圍牆垣狼藉廟宇傾圮景泰三年邑侯劉下車之初恭謁神廟顧謂民曰城隍輔我以治民者也陰佑默相允賴其功視彼傾圮實吾人責於是損貲助修命工匠備器用斬板榦甃柱礎陶瓦甓築垣墉恢宏舊制煥然一新設像正位儼然秩然可瞻可仰官寮大小罔不悦懌自是神亦示靈禱之即應

嘗有虎害民劉侯禱之三日一虎自投火中一虎自死樹下又火起風作侯禱之風即轉火即止又鼠食禾不侵縣境是皆神靈之佑助也嗚呼神不可測也而無不可格神可禱也而不可瀆善者福之惡者禍之禍福人所自致神豈能私庇於人哉觀於是吾人亦可以惕然懼蹶然興矣

重修東平王廟記　李滄

唐眞源令勅河南節度副使宋加封東平王南陽張忠臣之祠舊址在嘉魚縣沙陽城本爲表忠而立邑

民歲時伏臘必有祭水旱疾疫必有禱咸有答焉正統五年冬聖天子慎選邑令以任人民社稷之責詔吏部謂安民惟得人宜簡其尤者往蒞之於是吳江莫侯霆威者擢知斯邑敬神惠下除穢革邪周視斯祠乃言曰王之德足化導吾民在禮以死勤事者則祀之况其死節而祀禮自上出乎睢陽有祠而斯邑立行祠者以神之靈澤普徧所及從民欲而立也遂捐己俸暨僚屬之懽趨者葺理惟恪晨拓狹隘恢閎垣宇市材孔良命匠孔臧蓋覆孔光楹棟門軒黝堊

丹漆舉中其法牆飾以粉道砌以石碑覆以亭經始於正統戊辰之夏越三月祠宇維新儀容端儼其所以奮百代歷千祀而化斯民者宜矣竊惟捐軀殉國此臣子職分之當爲崇尚忠良乃賢侯風化之善政遠稽唐至德元載值祿山之亂王時爲眞源令始選精兵千人西至雍邱討破賊將令狐潮李懷僊等四萬餘人及潮復圍國命阻絶乃設天子畫像斬欲降賊之大將士心益勸使郎將雷萬春與賊語面中六矢而不動未幾出戰擒賊將十四人斬首百餘級賊

夜遁後移軍東守寧陵以待賊將李庭堅等始與睢陽太守高陽許公遠相見是日賊將楊朝宗帥馬步二萬襲寧陵亦至晝夜數十合大破之斬首百餘級勅爲河南節度副使其屢破賊如此二載春正月賊降將尹子奇以兵十三萬寇睢陽遠告急乃自寧陵引兵三千與遠兵合僅六千八百擒將六十餘殺士卒三萬餘衆氣自倍子奇復寇因賊解甲休息與南霽雲等十餘將斬賊將五十餘殺士卒五千餘射袋子奇左目幾獲之子奇乃走及子奇復寇城中食盡

士卒耗病諸侯不救乃修守具絶雲梯與鉤車焚木驢與磴石皆應機立辦其屢卻賊如此冬十月保障江淮堅守無救食紙紙盡遂食馬馬盡羅雀掘鼠旣盡殺愛妾以食士至是僅餘四百人終無叛者賊登城士卒饑病而無敵乃西向再拜曰臣力竭矣生無以報陛下死當爲厲鬼以殺賊城遂陷罵賊已併周苟殺身寧讓臧洪以饑疲之寡敵强暴之衆卒復唐室以致中興當時追贈首定元勳刻飽信之形而祭哭圖麗德之狀於陵牆立廟宋州齊許遠之位納官

其守含句踐之心今嘉魚賢侯重新殿宇式是形容典慕姑蘇倪公彬懼事跡久湮願斵堅石假辭紀美惟王智以神其機勇以揚其氣忠以挫其鋒烈以死其事殘乎身者成乎仁見於行者處於義完節付於天大功信於人此賢侯所以明教國當詳記而俾世祀之遠爲臣死忠爲子死孝如文天祥所云則廟記之作豈徒然哉若登祠者不此之思不此之效惟獻楮帛以求福利豈惟神明不答抑亦失賢侯之本意矣

修長堤記　元曹　玨

水之爲民害多矣昔之爲政者謹防水庸之禮嚴尚防之戒若河則東徐有黃樓之賦瀆淵奏功而感宣房瓠子之歌若江則潴宮有息壤之塞堤堰增利而過懷襄昏墊之勢然長民者興利除害務在得人所謂不偏愛人急親賢也予以皇慶癸丑領武昌郡事郡城當江漢之上而所屬邑中惟嘉魚濱大江楊家洲障之馬鞍山潴洪溢其害及於蒲咸江夏率爲沮洳邑令成侯宣以廉能聞而治聲爲最廼能灼見其源築堤自馬鞍山延袤數十里而擇士之賢者得人焉曰李季成家世儒而通敏於事躬任是役民驩趨之期以旬日不愆於素遂使斯水東行由金口入湖堤成而水之患息不惟嘉魚得以耕桑而鄰邑皆受其惠邑人將樹碑以紀其功而請於予予聞而喜曰興利除害果得其人成侯可謂能矣俾民驩而守千里則東都有坐嘯之美而民思金堤示不忘也或曰杭有蘇公堤南嘉之人將名之爲成公堤矣

再修長堤記　方逢時

大江出夔峽歷荆渚南過洞庭之浦控九江經東陵乃東北流澎湃蕩潏之勢千里莫禦而嘉魚當其委汪夏秋之間百川泛溢浩浩如溟渤赤壁而下西南諸山蟻聚螺列縣治若浮漚焉川無可梁澤無可陂殆不可以人力爲也環龍津循百疋逾河泊之磯涉南寧之畈地益下迤山益少東南滙爲西保諸湖浩瀚瀰漫與蒲圻咸寧江夏三縣同壤嘉魚之編戶六里附焉無溪谷以洩之無長山大原以閘之凡居其閭皆緣洲渚而田沮洳瘠薄長江橫被沒畦畛漂廬

舍率數百里無人烟蓋自古而然矣按縣志元皇慶間縣令成公宣始創議自馬鞍沿江而東築長堤爲之捍蔽水道紆遠民得收穫爲利甚厚迨至皇明歲久而圮蕩無遺塊又江流日南徙垠岸決嚙水勢轉盛而四邑之害視昔彌增正德末年邑人尚書東湖吳公賑卹全楚曾議修築而吏事因循勞而無益又五十年爲隆慶己巳邑侯吳公實來首詢民瘼知堤之爲利慨然軫念曰是在我長民者之責也請於臺院省府會三邑之長分疆畫里計徒慮庸循成公故

跡而增築之出府金發倉儲藉富室之羨以助其費躬巡督責不避寒暑再越歲而堤始成高厚堅固亘如長虹夾植榆柳以防頹潰衝激蓋百年之規永逸之舉而總理之周督察之勞又什伯於三邑也畢功之歲秋乃大熟西湖之民穡功三倍咸欣欣然喜相告曰劉侯眞民之父母非侯我民曷克胥匡以生惟我子孫其永賴之不可無紀命言於予乃言曰聖天子奉天休命惠養元元恐一夫不獲其所而懷保拊循爲守令之責爲之令者受百里之地撫數十百千戶之民而爲之長宅沃土理逸民循轄無擾卽稱嘉令衆且戴之豈若劉侯當衝疲之邑撫困瘁之民撙愛煦濡勞心焦思急所先務成此巨績變荻葦蒲稗之場爲稻粱桑麻之域拯囷囷之衆獲生生之利深仁厚澤嶽積河潤使民百世戴之而不忘夫所謂承宣德意庶越循良而功在斯民者非耶昔史起爲鄴令引漳水救鄴民歌其功載在史傳於今爲烈卽侯之功實媲美焉是宜著之文辭刻之金石以追配前休垂示無窮也抑余聞之不泯者德難成者功作事

者時乘時者人劉侯之功德可不朽矣世久則湮時平則玩勢所必至也念民生之孔艱思成功之不易時而葺之毋俾或壞終此大惠永保我民竊有望於後之循良君子矣

又記　　熊廷弼

丙辰年予嘗觀嘉魚老堤自馬鞍山至簰洲艾家墩蜿蜒百里古木蒼蒼雲列霧連蓋居然長江一長城也按志始自宋政和以來唐均陳景成宣諸君接連創置暨我朝正德年間吳清惠公以賑勘之役復疏

請大修之集嘉蒲咸夏人民合力修築引江水由金口入湖以緩其勢而四邑賴焉自正德至今又百餘年矣歲久衝嚙所在潰決水自上流百道直下而又自艾家墩至赤磯山四十餘里故無堤水復橫入與直下者合湊而四邑田土崇朝立盡廬舍人民漂蕩死徙至不可爲嘉魚光祿李公向予顰蹙而言曰吾人其魚矣老堤未修新堤未築吾與子曷圖之奉書當事者爲四邑請命嘉魚葛侯目擊心傷復爲申議前後文書至數十上於是前中丞董公直指史公參

藩陳公郡伯馬公咸欣然允發府庫三千餘金區分四邑長吏募夫併築時嘉咸江夏各次第訖工而會署蒲篆者有派里甲之擾致生齟齬中丞梁公直指錢公方伯劉公憲臬王公張公郡伯黃公特檄江夏徐侯往勘以受水之均而衆議之不容違始往卒業而四十里之新堤於是告成功矣光祿爲予計之曰老堤當首衝而潰者弗塞卑者弗高薄者弗厚雖新堤庸有濟乎復爲言之徐葛二侯轉請於前當事者再發帑三千金專屬葛侯修補葢或協築或專修皆

所以遵向來成例也逮新舊堤全而蜀水自西瀟湘之水自南岳澧辰常之水自西南而來者至魚山皆弭伏順衍不敢一窺湖而四邑一旦汙萊盡闢流移盡復桑麻樹畜布滿中野無復向時昏墊沉溺之虞公私逋負之患其於民食國賦豈曰小補之哉光祿屬予爲記曰諸公之德意邑長之勤勞役民之成例後來之勸觀皆於是乎在子不可以無言予謝不敏屢以讓公頃者公作古人矣傷哉於是畧次以兩言曰凡爲地方舉事者爲民之念要眞而同事之心亦

貴眞則飢溺由己而勞怨嫌疑之不辭此長民者事也一則吳越共濟而彼此異同之弗立此吾四邑之爲士民者事也誠如是則四邑長有此堤四邑之民長受此堤之利雖千百世存可矣董公名漢儒開州人梁公名見孟安肅人史公名記事渭南人錢公名春武進人彭公名宗孟海鹽人陳公名釆清苑人劉公名之龍富順人王公名一楨青陽人馬公名人龍太湖人張公名維樞晋江人黃公名景星莆田人徐侯名日久西安人葛侯名中選河西人咸寗令徐侯

咨可大安化八葛侯在任六年强半居宿堤上祁寒暑雨備諸勞苦不具述云

又記　游士任

丙辰年葛侯竣長堤之役遷南廷尉評以去熊貞指業爲石上言記徐葛兩侯舉事始末侯可千秋矣游子假歸父老復礲石索言於鶴樓者再游子曰予不文曷敢爲片石辱卽有言亦不出貞指意中事耳父老曰吾君一片熱腸向與貞指合姑言所已言亦言所未言可乎游子喟然曰夫堤始唐均次姜溥次成

宣次劉元相而吳清惠亦經疏請載邑志新堤始馮公應京議焉而未竟載縣牒予請勿言獨憶丁戊間予以一孝廉牽三邑父老灑泣而言堤事郡伯張公折節以從而隣邑某侯足不窺江岸一步輟阻予議時熊貞指在邃李光祿在燕安得有出片言相佐亦此機緣未到耳無何堤決四邑之田蘆蕩然旄倪之啼號沸然予恨不能爲眞宰訴也歲庚戌游子成進士葛侯除嘉令遂與李光祿觴使君者三刺刺言四邑堤不除口而尤願以新堤爲侯新政冠不啻關予

涕泣道也侯頷之甫下車他政未遑也遂東西盼而遠近視以爲荒度計蓋大江自岷山來領黔瀘諸水出峽而東走而沅湘辰澧諸水又大會於岳陽下至赤壁乃始就啣勒又下過魚山則嘉蒲咸夏之山三面周圍而西缺其一面以受江水大約山如弓而堤當其缺如弦然堤之形一而堤之屬則四又譬之人身然馬鞍上下若額若頰三角舖若咽喉巡司以西若背膂獲口以北若尻向之堤始馬鞍山夾口至獲口以北不堤卽吳清惠之疏不及焉是額喉背俱全

而無尻也不捍七而缺三創而長焉起獲口至赤磯如馮公應京議而其尻乃全是爲捍九而缺一處其一于金口水至口則若建瓴然不反顧矣其剩流從口入湖而上焉其勢殺比滿而溢則江已就落不復以四十里爲口而朝茹夕滿也葛侯既有成算一一條諸牒以力請焉當事韙其議江咸無間言而蒲稍不如約如丁戊間故事於是熊貞指李光祿慷慨陳說於當事手腕幾脫而予亦向兵備張公郡伯馬公司理唐公孫公披瀝滿紙當事嵩目是以有勘堤之

役擇江夏徐侯以往至則爲之別疆域分川澤核里數酌丈尺以所受害多少爲準而其議始定當事欣然捐三千金以創新屬四邑分築而堤之尻續矣既又捐三千金以增舊堤屬嘉魚專修而堤之額若咽若背亦無弗顧者矣明年江泛没堤之半予遊觀若上或走告予曰堤以外水高丈餘堤以内黍稷油然桑麻蔚然向時蕩析之區地今盡樂土其魚之人今盡擊壤國賦亦能此不逋矣游予手額曰卓哉兩侯明德遠矣歸而疾走堤上徘徊四顧則見江若白龍

堤如青鯇周旋翼蔽與三面山共成四塞四邑世世賴之郎吳起西門豹寗多遜焉是役也問之里江夏六十三患水者三十四蒲圻三十患水者八咸寗十六患水者八嘉魚十二患水者七問之堤江夏之丈以千者二蒲圻咸寗之丈以千者各一嘉魚之丈以千者一有奇費如前問之當事則中丞張公董公棨公直指史公錢公彭公方伯劉公參藩陳公臬憲王公張公郡伯馬公黃公司理唐公孫公視堤則別駕李公謝公若某諱某某地多載能直指記中無容贅也

又記　明　尹民輿

水者地之臣妾也先王疏之以利其情隄之以閑其惡疏近禮教引而弗牽隄類政刑峻而不犯然後水供其職而奠其都居嘉魚古堤圮若干尋乃公虞焉力請於上旬三浹而庸成矣邑之耆老屬余記之余曰斯役也宣於公之心心不可見記其見者耳則爲防實其體體不實而土與水相淫也而卒相害土不勝而逸水篡其居登登者以致其實也實欲均外凝

而中動則動者爲門凝者受寇寇入其中合其動者以攻凝者而無不勝矣均之則外內護也水得風而明土處其孤無以依之依諸樹也樹也者土之藩屏也誰謂水無牙土雖實鑠而受齧不如沉之根祿也蒙以荻不契需矣然後極水之技土能任之謂之强土水柔用剛水剛用柔今自河泊磯袤延四十里水勢剛强婉遂其趾則水爲客而我爲主水輕可奪我柔不可迫此天道也而吾猶臚七則允臧其終則稽閭田而備不虞之案樁表木而閑牛馬之風設廪庾

而輔協濟之衰遴耆民而司朝昏之察嚴薪蒸而助行衆之葺隨畛墉而恤隣國之災貴勤作而賤無事之福

儒學進士題名碑記　　明　劉池蘊本縣教諭

國朝恩榮燕畢禮部請立石題名遵舊制也郡縣多題於壁久而未有不泯者嘉魚舊鮎潰鎮南唐升爲縣廟學在縣南宋淳熙戊申徙廟龍潭山縣學在東偏洪武乙卯徙至今學進士題名碑缺典洪武年間題名壁泯然無存況前此者乎正統戊午予忝學諭郎謀諸知縣黃開得石於里士李拳書上提調學校

湖廣僉事劉公虬請記弗獲有曰本縣碑記何必他求池蘊汝爲之可也而莫公震適來知縣事書請而覆命知其言予謂碑所以志其姓名而進士由學問所至學問猶水木水有源而其流日遠木有本而其枝日繁嘉魚多士昔之登名進士榜者已刊於時其居近侍居清要者有焉居方伯居風憲者有焉各致其職竭其忠黼黻皇猷筆鏞治道何莫非資於學問之懿乎學問所以立其本事功所以達其用水木之有本源支流也題其名於石蓋以昭示方來者抑學校有舉人焉有貢士焉其出身雖與進士異其學問其顯庸則有與進士同者其名亦所當記今畫石四節首篆額次書記序進士之名於記之次列貢舉之名於進士之次事從省也是爲記

法華會館記　　明　尹相

邑之邊遶南畫一阜隆起其上若砥其下若釜市闤遠隔湖光近臨雖非勝形完局亦靜所也始作者以居佛焉是爲法華寺浙東吳侯來縣政餘之暇乘興肆覽嘆曰此殆儒林也豈容僧據爰即西南隅建堂

翼廊闢門除路厥制煥如厥觀偉如請扁於督學初泉劉公公方以學問率諸弟子意甚愜題曰法華會館夫孔子之教不偕於佛豈俟言哉號孔子之徒風趨日卑佛之說橫行於天下此昌黎動盡法之忿也夫法可盡乎哉嘗聞取盜者不妨於行路憂患者必增其壘培存乎志而已耳離脫根塵彼所覺也然而吾敵國也寬博而服侏儒而言敲金戛石以媒其欲其流之下也然而吾弗士也於其覺以辨吾迷焉於其流之下以正吾士習焉夫不亦孔子之教歟侯才

斂智周令行禁止時吏無能之獘剷劂殆盡及見談
經講藝猶有宗旨眞可以脈蓬茅而覩天日固大都
之後也吾知其有爲矣歲庚申適嶺南符君至喜厥
成遂謀諸博士粵之何君蜀之杜君蔣君刻石以記
之符君名大賓何君名鍾秀杜君名容蔣君名永泰

咸嘉社學記

明　趙遷

社之有學夏商周三代庠序學校之遺意即古之所
謂小學者是也古之士八歲入小學十五歲入大學
由小學而入大學學非有大小也蓋小學則學之始

大學則學之成是故三代之士非後世之所可及以
學之有漸也惟我大明御極歷數世聖化之久學宮
遍天下而鄉社亦在在有之人文之盛與三代而匹
休猗歟盛哉湖廣武昌府之屬邑有咸甯嘉魚相接
壤而學之在社尚有缺焉正德之乙卯歲都御史東
湖吳公適奉璽書有事於此惻然念後學之士不可
不教於蒙而得養正之地乃謀諸鄉耆士大夫卜諸
二邑之交山高而水長得涵養本源之趣飭材鳩工
命有司董其役撤其所自爲屋而立爲正廳廳之後

爲書館各三間禮夙儒爲主之東爲號舍凡六間以
棲諸生西爲廚房三間以便炊爨繚以周垣垣之外
雜植松竹鬱然成陰大門左爲賓館以接賓客之遠
至者仍置田一頃七十畝與民佃耕歲除稅外取所
餘穀五十石爲師束修費及弟子之貧而願學者悉
以周之噫公用心仁矣事既落成咸令尹吳君聰嘉
令尹陳君煒合議於咸庠司訓李君玠走書丁甯於
遷謂遷志楚史宜志斯社學之顛末也夫天下之事
莫重於始始之不教政本失矣曷以望其成耶故君

子作事謀始東湖公是舉也吾知二邑之士他日彬
彬禮樂底於大成或足建功名以善達天下或足踐
道德以善道聖賢伊誰之力歟東湖公建學之力也
雖然二邑之士孰不樂是舉孰不有是心之同然者
哉久而玩玩而愒愒而泯焉勢也吳李諸君礱石以
記得是心之同然將不獨一時之士可以興孟子曰
豪傑之士雖無文王猶興百世之下豈無興之者如
東湖而士之猶興豈無此豪傑者乎東湖公功被天
下者不可勝紀此學之一事亦政之首務也是宜記

焉歲在正德辛巳之七月適嘉靖龍飛之始四月也

李氏重修義學記　　吏部左侍郎余祐鄱陽人

學校之建將以淑人心變風俗而美士習也三代盛時養民有制人皆獲遂其生而又自里巷以至國都莫不有學以爲施教之地其所以教者人倫物理綱維世道實爲政基本所自出焉自秦以降治弗古若學校之設雖亦云遍天下然皆干祿求進之人聚處其間而凡閭閻里巷皇皇覓食與衣猶不免於凍餒果何暇於務學而亦何有能教之者哉治之衰道之

否也道之否學之廢也天下國家大小雖殊而士君子欲自盡其輔世之心在家者猶其在國也在國者猶其在天下也勢或不獲行之於遠而近豈不可以致力耶嘉魚李氏司寇立卿最稱邑之名族尊甫講田仕至副御史懋著賢聲兄茂卿世卿皆由科第講求正學不與俗偕立卿同予官南都時每於政理之暇講切相資益詳其實間嘗爲余稱其遠祖諱宗儒者宋慶歷間創建湖西義學合族共助田若干歲斂其入以爲師生肄業之資逮元末墜當時李氏子姓

固在教育之中而自鄉鄰延及旁邑亦多沾其惠澤國朝初年兵火頓廢已逾百二十年宏治庚申大理評事茂卿又偕族人即義學舊址重建堂宇漸圖興復然有學無田事難持久卒莫克振嘉靖乙酉立卿獨念先人美善不忍失墜而義學舊址去今族聚祖廬勢頗疎越子弟肄業往返未便而有學不可無田即教養兼舉之意也又嘗依附祖墓肇創祠堂以祀其先置祭田以供其祀有餘即贍族之貧乏乃就祠堂偏左重建義學爲室五間偏右建義倉五間用儲

祭田之入均給奉祀與學之費屬予記其首末且曰師之所教弟子之所學必有的焉以爲終身祈至之地敢請一言爲訓庶俾後進不迷於所從也予聞之曰學未有得奚能言而立卿義舉與其先世之懿惡可無一言哉人生而蒙長無師友之資則益進於愚而遂不可游於人道所謂去禽獸不遠者是已人豈可不學而學豈可不切於吾人之身哉四德者身之所蘊也五倫者身之所處也百行者身之所由也修四德敦五倫勵百行師之教弟子之學此其最大且

急而辭翰之麗爵祿之榮功名之顯皆非吾身之所固有者得之不加益失之不加損而世競趨焉此豈李氏自昔迄今興建義學之意乎況嘉魚邑治既有儒學師生之講習矣義學師生所從事者果與之同耶即無之可也抑與之異耶則當審彼之失求吾之得懇切用功無或荒怠庶幾眞有助於人道之立而於輔世之功亦甚偉矣哉然則義學雖爲李氏私塾其有關於公家政理如此凡爲弟子來遊是學而克自奮勵窮則爲家之才子達則爲國之良臣立卿偕

予均有望焉

義學記　　刑部尚書　鄭　曉　浙江人

曉童子時讀書東海上聞今天下有嘉魚李公者與仁和胡公崑山魏公鄱陽余公同官留都號君子四友私竊願見顧賤且遠不能以姓名相通越數年以諸生拜公於浙臺一望其顏色又越數年公爲大司馬曉從屬吏後始獲承受教言昔人所謂十餘年間聞其名而不得見者一旦爲知已曉固非其人也而公不鄙夷命爲義學記曉其敢辭夫義學者仁人孝子之心也以之事天以明民也國無棄人焉以之事親以合族也家無不才子焉仁孝之至也可久可大之業也曉何足以知之公之言曰惟我李自一世祖璠由武甯徙嘉魚凡四傳越惟我宗儒府君始爲湖西義學學傍有田若干畝歲收其入以贍來學之人勝國兵燹學遂廢廢且百三十餘年我伯氏東嵩宗儒十世孫也爰復舊址且建爲義學學設而無田我族人盧弗附於學學亦旋廢又三十餘年惟我先中丞悼念先猷弗遑式廓予惟夙夜疚心溯慕是經是

營度利規遠用弗隕於舊德乃惟予五世宗三祖綽有功德於我宗人禮不獲祀於家廟乃卽何婆畚墓偏爲祠祀之亦惟我紀六叔祖有堂構播獲之勞法宜祀伯氏東嵩大崖以聖賢之學昌我宗人盧於斯耕讀於斯和樂如一克類德音惟於茲學有賴焉嗚呼公之心何心也非仁孝之至其孰與於斯夫正學弗明於天下久矣射利媒榮者固弗足言其進於是者則又侮聖言而崇清談厭實事而歆虛譽往而不復其究未可知也公之爲義學也能無有慨於是乎

寄邇松楸無念爾祖以發其孝思省之稼穡惟土物愛以弗遷其志幼而相諧羣而不相忤以廣其樂易子諒之心教之小學五經四書以端其向往四教行而聖功存焉由是而獲用則爲良士不獲用亦不失爲良民李氏之宗益昌且遠矣嗚呼使家有一人焉如公家之人無弗學矣國有一人焉如公國之人無弗學矣天下亦家國之積也天下之人無弗學雖謂之唐虞之世可也今之人視從子弟已弗若己之子弟矣而况於五服之親乎况於服窮者乎况於百年

十世歲時弗相集者乎而公固比渙萃離必欲同歸於善而後已此其心何心哉盍亦思公之意景公之行求無愧於斯學哉苟學於斯而求無愧焉亦仁人孝子之心也

李氏重修世祠堂記　王錫爵

李氏南嘉望族也宋慶歷間李宗儀宗儒兄弟開義學於所居之旁置田以贍來學者邑中子弟及鄰邑之會學者數百人皆餼於李氏其德之積也深矣宋元間登科第者甚衆迨我聖朝發越益盛如中丞公田戶曹公承恩廷評公承芳鄉貢士理學名儒承箕一時道德功業名高天下而最顯者則贈少保謚康惠公承勛也公於先皇嘉靖時籌邊有功晉兵尚提督團營懋著丕績帝心簡注如捧圭太廟助耕籍田持節冊九嬪悉以委公以示優寵又屢親灑御劄宸章以賜公追贈四世勑賜祠堂恩至渥矣皇上龍飛之十六年命諸詞臣纂修大明會典功成各賜金鈔表裏有差而給諫公景曾諱沂者實康惠公曾姪孫前在詞臣列亦與有功獨辭金鈔表裏之錫疏請匾

額於世祠堂以褒顯其先人上御書報本二字賜之則李氏之耿光家宗者有其道而朝廷崇德勸功之典亦昭昭於無窮也公以戇諫歸籍乃萃族人重修世祠堂其弟憭今年成進士以公命自楚之吳問祠記於余時予休致家居已久因昔與景曾於退食之暇得聞李氏世祠堂者詳故特書之以見積累之克驗而仁義之不負於人也是爲記

理學祠記　國子監司業楊起元

古人以學道爲急故不遠千里而從師子游吳人也

而學於魯陳良楚人也而北學於中國若此者難與於後世矣後世以訓詁辭章爲學其於聖人之道莫不自以爲知之也又奚以師友爲哉先生幼抱異質長雄於文一領鄉薦遂絶意仕進從嘉魚走新會以學於白沙先生此果何所見而然耶蓋先生秉剛明之氣故其神識拔出於流俗之表一切功名富貴不足以爲之動地之相去也豈止千有餘里而已至白沙者凡三其始也居七越月其繼也居一歲又其繼也幾二歲矣當其時師弟子相與登高山望遠海追

雲逐月飲酒賦詩以爲樂至於何物而爲道何物而爲學師不言曰吾以待世卿之自得也弟子亦不問曰吾亦待自得之也此其聲應氣投高風遠韻藹世之下豈不令人有餘思哉今之知先生者皆以瑰琦之文及不仕之節而已至於依依於白沙而不忍舍者未知也是棄先生之所重者以重先生也白沙先生嘗序交情爲先生別意義最爲微與大抵言有道而後有交嗟夫交義之不明於世久矣如先生之於白沙乃所謂交也交義立而後友之倫不廢友之倫不廢而後彝倫常叙矣然則吾人與天下後世所當重先生者誠在此先生沒已祀鄉賢歲丁亥嘉魚令蔣公卽先生讀書大崖之山捐俸特立專祀因買祠旁公塘二十畝俾先生子孫世世收入以奉祀事蓋先生之德久而彌彰亦蔣公之志行有曠世相感者先生曾孫憭今年成進士乃致蔣公命屬記於予予廣人也嘗讀白沙書稍知先生始末不敢辭故特著之以示務學者知求師而事師若先生者可也蔣公名時馨福建漳平人同予舉丁丑進士今擢南京大

理寺評事

西湖雲隱記

翰林學士　劉三吾長沙人

太學生王志請曰同邑有隱君子曰李德良氏養恬邑東梧桐山之陽西湖之上顔其游息之所曰西湖雲隱因以自號其子璣介志以求記且言其歷世業儒有貴顯而食邑江右之豐城者焉厥後徙之沔漢居嘉魚者凡七葉領薦登科屢有其人至德良則耕讀西湖之壖自食其力篤於行誼尚樸素而賤浮靡課子讀書閭閻朝夕鄉之人有逸於禮愆於義者從

而規之使敦六行而謹四維蓋一鄉之善士也居閑則攜童叟杖臨水登山俯仰自適弦松風而鏡蘿月盟鷗鷺而侶魚鰕其於世利淡如也賓至則放舟中流匏罇相屬丙穴之魚沼沚之毛足充籩豆抵掌歡歌意愜心怡不知樂之所自故以是名願先生其勿靳焉予重王生之端謹知其辭非溢美乃爲之言曰天下之言西湖者非一皆名浸也莫不有賢士大夫顧留而賞焉若永叔之於潁川子瞻之於惠州西湖之美往往因人以名至今稱之弗泯然非隱也惟錢

塘之西湖則有和靖隱於梅焉今嘉魚之西湖則有德艮隱於雲焉所隱雖異而所以隱殆無異也蓋亦希賢者矣抑吾聞古之人隱居以求其志逃名以自潔也避俗以自高也使得達其道焉則足以化夫人而善夫俗矣茲聞德艮之隱居尚能薰陶一鄉俾底於善其或見用則有裨世道必矣矧德艮之子五人皆其俊邁者也過庭之訓造就者衆將見騰霄以從龍爲雨以澤物者絡繹以起不啻潤夫千里云耳若然則聲實既溢藉名亦著雖欲隱乎雲而雲豈能終隱也乎德艮名公弼璣其次子也

龍津橋記

方逢時

邑之東北濱江有山蜿蜒聯綿有若屏障曰百尺山有水自山南環旋屈曲東北入於江曰紅碌港夏秋潦漲匯爲巨浸冬春竭涸沮洳塗澤不可揭厲行者病焉歲在癸丑臨海吳侯來令吾邑期月政俗咸底於理乃詢民瘼乃度地形曰是流也非引而別出則杠梁不可成行者終無甯歲乃塞紅碌之隘引而注之龍津之中循山而西以達諸江繚以修堤跨堤爲

橋以便行旅厥土堅實厥流迂迴無崩圮決嚙之患邑人咸和行旅大悅歡呼躍舞如登衽席盼睞之間山若增而高水若增而深且風氣回合烟樹鬱盤於邑有庇賴焉以其在龍潭山之陰也名之曰龍津橋邑文學何子杜子蔣子乃言於予曰自王政廢而輿梁徒杠之制不備於天下野廬司險之職牧民者咸鄙焉不屑故公孫僑乘輿之惠君子譏之道茀不可行議者謂陳之將亡也唯是龍津之績吳侯度越昔人多矣予其記之余曰唯唯茲乃侯政之一端云耳

夫吾邑固鄂之下邑也土瘠民貧疲於奔走久矣暨
侯之來也拊循煦濡若保赤子慈和樂易與之休息
凡令之不習政之不宜建置設施之未當者莫不斟
酌損益盈縮而變通之惟其適不爲其飾夫其嘉績
善政惟其時不爲其亟惟民之是利不惟己之是棘
則遂謂斯橋爲吾邑之甘棠也夫奚過哉

新築縣城記　方逢時

嘉魚武昌下邑也介在江徼雖倚天塹而四隅無崇
山複嶺爲阨塞上則洞庭下則彭蠡萑苻之徒操宛

鉅襲犀革往來剽遬如飄風縣無城郭當其鋒猶孤
注也平居偷安如寄有驚則渙然鳥獸竄耳前撫臺
陳公瑞念之與巡臺趙公應元議曰楚民呰窳無積
聚易爲盜幸天子神靈稍靖倘狡焉復逞甯不憂我
父老勇夫重閉況國乎其城之詢於輿人人協厥謀
上於廟堂廟堂以俞乃因石於山因灰於石程土物
待畚挶具餱糧掄有司力取諸羨丁貲取諸餘財民
若不知者會二公以擢去而撫臺王公之垣與巡臺
郭公思極朱公璉繼至曰備豫不虞前人善也是之
不逞而及焉從事命分守鄭君明太守曹君愼丞張
君龔先尹吳君騤終其績焉諸君議以爲凡立城郭
必風氣所聚必道里所均必形勢所扼無是弗善也
躬爲景望正其基址財或不給則損贖鍰以佐縮溢
摶勞均事卒徒趨之如影響然城用告成是役也始
事於萬歷戊寅之秋卒業於己卯之冬算纔官錢若
干緡而城高若干丈方廣若干丈四旁各門焉風氣
聚道里均形勢扼屹屹其峙湯湯其流樓櫓翬飛粉
堞藻煥戈矛森然鈴柝是節昔日萑苻之徒心駭而

氣奪矣於是吳君以成功告而命文於予以爲記余
邑人也安辭余惟明興以來邑肇二百餘祀前後官
者不啻百人率踵故勿圖何謂焉夫城郭溝池王政
所急著於周官爲甚詳先王非耀觀也將以容衆而
保民勿是之圖恃矣此無他長吏菀菀持檢柙欲避
口否者意圖急效慮茲役大不能聿觀厥成耳急效
者失在喜事而避口者失在畏事畏心勝則難任於
其始喜心勝則難任於其終始之難任則或至於道
路若塞野場若棄市牧不分弗顧也而曰吾姑以待

後人也終之難任則甯後夫琳宮梵宇書舘花榭與夫不急之亭障以示有爲而已於所當務者則漫諉之曰眾爲政也之二者爲厲民爲弛業咎均焉蓋天下之若茲者眾矣泝厥本原豈惟吏之咎上不實責下無實應其宜也今天子患其然悉令易轍而爲吏者恪奉詔旨竭其才謂既不弛業又無厲民則知因一城之建立而識聖政之精綜矧夫名都大郡與夫要害之徼乎志有之城以盛民也固塞既樹晝偵宵邏盜賊遠屏民有甯宇矣自今以始覆露生息革前

數百年之因循貽後數百年之殷盛天子德也諸公烈也泯聖明盛德不載掩賢士大夫之烈不述則余邑人責焉敬爲之記當耋艾歌咏耳文云乎哉

鼎建二賢祠記

龐一德南海人

往蔣公蘭居先生以漳平名進士試宰嘉魚蒞以愜愜百廢具舉既進嘉庠之士日勞而月來之矣而公故自負千載之絕學謂能紹明其緒又謂邑中可與其此者獨一李公大崖先生而阻於世遠也因起九泉可作之思於公舊隱大崖山之麓買地鳩工築書堂以祀公邑中諸後學遂駸駸乎興具有統宗矣蔣公擢爲廷評爲選部未幾竟挂冠去而公所與共盟爲肝膽慕罔焉公以巡道之節行嘉魚咨詢蔣公爲令時事慨慕之低回不能去於是邑庠諸彥黃生交炳徐生繼治輩退而以其私議曰吾邑所茹服賢侯之利不無善政者莫若蔣公蔣公之應祠無疑然公所尊信實在大崖祠大崖而不於城郭不載祀典公之心疑若有待者我輩尚亦率先閭閻爲二公圖不朽而以祠典求隸有司乎議既具博士偕來白令一

德謂善因曰豈不聞蔣公旦夕且拜命起家霖雨蒼生乎如之何而與李公之陟降帝載者伍也有說於此惟前爲之堂貌蔣公慰瞻仰後爲之寢妥李公肇禋祀是法之所得行於今茲者而同堂以食則他日事矣諸博士若弟子具唯唯令遂自白署學道西安周公守道漳浦陳公若爲公報並可卜得吉地於宮牆之右大小偕來令一德出餘俸以助之始工於萬歷辛丑之二月越若干月堂寢成會秋祀以次丁日始祭李公於寢室又邑民有不遠三千里走漳平貌

蔣公以歸者時亦至因範木爲像樹前堂几既備矣令曰不有經費時祀何所資其歲以公費河湖草淌若干緡奉春秋祀申明守道晉江楊公報如陳公令曰不有守者灑埽何所藉其以厲壇門子設祠役著爲令他日黄生徐生輩謀以當時名公之記垂不朽責予一言爲先資令曰記以記二公之爲學脈計也者不佞安知不佞所知者奮乎百世之上百世之下聞焉而興起者是謂百世師李公起於俗學支離之日其所嚴者惟一獨坐青山不著書之陳子超然而

瑩然也蔣公生姚學大明之後而所慨慕惟一聲利外立脚之大崖淵然而粹然也是不亦頑懦之伯夷而鄙薄之展季乎百世之下二賢且有餘風師之遂從而祠之豈不誠有司者當務之急而二三子若父老所爲拳拳者哉而或者又以爲李公動而能神之説爲有以近契乎至近至神之旨蔣公祛意誠之教爲有以遠符於去耳目支離之訓而一以爲江門之顔子一以爲江門之孟子是則知言之學自韓退之而下未易以置一喙者不佞潦倒簿書之日久誠因二三子而竊有聞焉敢不拜賜焉公名應京壬辰進士任僉憲周公名傳誦己丑進士任憲副陳公名一琳丁丑進士任藩大參楊公名道會戊辰進士任憲使而令一德爲龐氏南海人

黄公山釣臺記　王　鏊

宏治壬子嘉魚李世卿考室黄公山之陽廣東陳白沙先生題之曰黄公釣臺有詣世卿而問者曰何哉君所釣者果在魚乎世卿曰吾所釣者非罾非竿非綸非纏終日釣焉無所釣也餌且不設而何有於魚

伯氏茂卿方爲大理寺副曰盍歸乎吾將釣乎黄公之山遂解官去天下之士聞而高之頃年白沙德業文章驚動海内天子虚己召焉至則授以侍從中外動色白沙終去不顧世卿徒步萬里往從之遊不肯復舉進士茂卿舉進士官大理甫三歲徑去豈白沙之門必以不仕爲高賢者出處固非世俗所能知哉楊子云鴻飛冥冥弋者何慕賈子云鳳飄飄而高逝兮夫固自引而遠去於戲吾安得從斯人者遊而釣於臺上也

大崖記

姜溥

大崖在嘉魚西南與九隴相峙考舊志山頂多巨石外竅中虛古洞深窅而懸崖峭削如壁比諸崖特大故曰大崖邑人李世卿嘗讀書崖下號大崖居士越三載不出既有得乃南走海濱遊白沙陳先生之門一年始還予初至邑世卿每與道大崖有絕離塵俗意心甚慕之今年春三月予奉省檄發粟賑饑且云大崖近南社倉日賑之餘可至也先期約邑博華亭朱君艮玉甯都溫君叔莊舞陽郭君道用俱往時溫

君以足疾不果是日明發至倉已旁午事畢舍輿從馬南行數里而日暮矣乃大尹杜天錫氏宿焉明日肩輿入山野夫曰達崖有兩徑北崎南夷遊者必南上北下始可予從之世卿亦降迓逕左徐攜手躡足。梯雲度嶺至崖半。見小菴。左右皆挺竹。蒙密而幽邃。冬不甚寒。夏不甚暑。菴前一泉。從東巖下流。迸出石罅。清泠可掬。僧湫之成池。甃石為橋。架亭其上。號鐵橋亭。方不及丈。周帀僅可坐八人。予與朱艮玉輩因少息。俄而清風四襲。羣鳥和鳴。超然物外之樂。不知身名為何物也。既而入菴中。趺坐交談。了無俗事。老僧煨筍汲泉。煑茶以進。數甌而煩渴解。時蒲圻致政亞參龔公聞茲遊自邵陵來會以耆年不能躋險走伻自北逕促下崖數步一石逶迤盤曲。大者綿谷。小者跨溪。仰若虎踞。俯若獸蹲。豎者為門。眠者為梯。巉巖交峙。千態萬狀。而林木陰翳於上下。視窈然泉聲泠泠。循澗不絕。如是者里餘。始接舊跡。與亞公會。予顧謂世卿曰陳希夷在華山。非其山名。人名也。大崖今在嘉魚未名而世卿已有名先正謂地因人勝豈

以是與世卿曰神人無名予曰有是哉茲遊亦奇矣非有記不可鄉子曰邑之有遊觀或者以為非政是大不然予故記大崖

赤壁山記

姜溥

宏治己酉予來尹嘉魚道黃州艤舟江滸時秋暮江寒月明因憶曰此非東坡與客遊處乎欲起而賦之未暇也明年庚戌秋八月望日予謂邑人李大崖曰黃州赤壁予嘗過之嘉魚赤壁安在耶古之人心與跡異而風景物象亦將有異乎翼午具舟與邑博貧

巷朱君魯巷溫君葵軒郭君蜀進上草窗楊君發魚
山驛遡江南上未十里適左參政李公西守北還返
遊魚山明日與諸君笑曰行此豈非數耶茲將復往
諸君能復從耶咸樂行比登舟江月東升天風北來
開篷擊楫俄頃而至相與探遺鑴岩上有赤壁二字
國初楚王南征留題詩刻二絕崖今去江數里春夏
水長可遊時秋雖深水未落石亦未盡露崖南秋波
瑩澄月影搖蕩魚舟不驚近而可呼遠則兩岸蘆花
一白千項較東坡所遊亦不減也因各分韻賦詩節

以酒酒不盡詩亦不盡蓋亦玩物以適志而興起焉
者豈但高視冥漠寄遺響於悲風而已也哉

○石室記重遊　李承箕

大崖周遭皆山山陰可二百餘步有石室焉東西北
闕上嵌如立甕引風氣通日色夏冽而冬溫可布席
百餘非神定志堅者不能居往年予讀書大崖每因
時一遊焉高林低薄無行人跡望山而走過石而憩
俯泉而飲倚杖而歌或寄之於長吟或寓之於遊觀
或徙倚偃仰隨其所適嗒然於山水之外從予遊者
立卿弟也今年予卿弟讀書大崖而立卿成進士請
告而歸顧予未老得脫舉無塵累者時春暮矣又相
與一遊焉向之高者已為人之棟低者已為人之薪
左右前後旁通多歧路惟巉巖老石煖雲氤氳余之
坐痕猶在也

仰高亭記　莫震

亭在龍潭山最高處山後有潭淵深莫測世傳有龍
潛焉山之陽坡麓平坦孔子之廟在焉正統己卯震
重建

大成殿披懇荒莽以陟其巔則洞然開豁四矚之間東
則崇崗複嶺起伏繚繞西則長江襟帶浩無際涯白
面拱於前百疋列於後儼然嘉魚之巨鎮也因建小
亭於其上匾曰仰高制度簡樸無華麗雕琢之飾亭
之前纍石為山植以松檜蔚然可觀經始於丁卯之
十二月閱兩月而落成焉夫亭以仰高名未易言也
凡物之高者皆可仰聖人之道猶天然豈易言哉斯
亭之建非為快登臨資遊覽而已蓋欲學者從事於
顏子之學則所謂卓立之地其殆庶幾乎

大隱樓記　方逢時

大隱樓樗散野人藏書之所遊息之處也古之人有言大隱在朝市小隱在山林野人心慕焉叉野人無山林業先人敝廬介在城市故以名之云爾嗟乎野人未能即隱也野人束髮登仕版七年歲在己酉而樓始克成塗塈未畢即搴裳而出滯吳越遊幽燕巡嶺海剖符授鉞於遼海雲谷之間幾三十年神勞形倦壯心灰冷矣中間率數歲始一歸省不旬月輒辭去而山林雲樹之勝風花魚鳥之適賓朋琴罇之樂

樓瀟天涯徒塵夢想今年始衰尚未知稅駕之所悠悠斯隱知復何時抑嘗聞之君子之隱不同有心隱有身隱東方曼倩避世金馬門非心隱乎子牟身在江湖心懸魏闕非身隱乎野人心隱久矣造物者其將憫予心逸我以老隱身斯樓吟風弄月如古擊壤之民以觀太平之盛乎則大隱之樂且無疆也謹記之以俟

聽琴軒記　徐永聰

吾邑自唐升爲縣宋時從白雲山徙今治所民居相錯先君子得受一廛在縣治之北余幸托居焉居之側作堂曰聽琴軒客有問予者曰聽以善聽也予何爲而徒寄之琴琴以鳴豫也予何爲而惟琴之聽有軒若此不幾過爾優游乎余應之曰不然昔不齊宰單父鳴琴而理言偃宰武城學道而弦歌則琴固善政之所不廢亦善俗之所必有也吾嘉雖小邑士尚禮義民崇廉恥猶有古龐樸風長吾邑者不必焦勞而治可援琴而撫爲吾民者無庸向隅而泣可弦歌而嬉吾生斯世也爲斯民也抑何爲而不樂顧不惟

琴之是聽而以名吾軒哉雖然琴可聽也心不可豫也軒可琴名也居不可使曠也如徒優游治平之世甘酒嗜音日以此軒爲樂地是又自棄於長吏賢侯非善聽夫琴者也客是予言予因記之

息亭記　徐永諒

夫息以言止也士君子當強勵不息吾亭何以息名蓋吾自少業儒術焚膏繼晷爲詩書不息壯馳王路奔走風塵爲功名不息晚登仕籍執掌王事爲簿書不息數十年間形疲神勞思一息肩而未得山林雲

樹之樂投閒置散之思徒作婆娑繾綣幾虛此生矣
歲已未得邀明寵縱我西歸意者天欲息我以老乎
天欲息而我不之息是拂天也吾因搆是亭而以息
名歌於斯飲於斯周旋啓處於斯舉一切世念都息
之亭中惟知有今日之樂又曷計韶光易盡芳華不
再也耶雖吾心之生機未息吾第不牿亡之已爾故
老而不息惟衛武公之進德可師未老而願息若端
木賜之倦學足戒息乎息乎惟子得而有之乎亭乎
亭乎惟子得而息之乎嗟爾小子愼無忒焉是爲記

高明樓記

李占解

大崖山寺上人郎空手神淡遠諳於名義諸名公登
眺者咸詩之多其能釋且明儒行也構一樓寺西兀
坐其間予叔幼泉公署其額曰高明樓乙亥春予讀
書山中乘暇登焉見八窗洞開松篁掩映㚒然埃氛
之表俄而太虛澄朗風日清麗環十有二峰於几榻
之前收一山春色來貯襟袖目曠神怡若飛蓬壺而
俯金臺玉閣也顧謂上人曰偉哉樓矣若知名樓之
意乎天下最高明者惟心佛以空虛爲心以定慧爲
覺斂之爲一介須眉放之入大千毫髮無非是心耳
矣彼禪家者流談苦空競幻妄貪嗔癡愛曰罹苦惱
心罔與焉卽居層樓重閣覽奇快勝而其中闇然卑
且俗矣奚高明哉君帶名山之烟霞嚼禪門之祕訣
與俗固別自茲益澄厥慮凝厥神忘形色相超然塵
俗望層崖翠壁而思高焉坐風櫺月牖而思明焉飄
然灑然不挂纖塵則心上有高明樓矣步斯樓也閒
雲志定飛鳥機忘將不知樓之爲樓我之爲我也非
所謂神仙可接風塵物外者耶上人起謝曰大矣哉

斯樓名也微先生孰與颺之願記以俟高明者覽焉

壺亭記

李沂

忠孝堂西有隙地半畝許構八合亭以象八荒匾曰
壺亭客造而問焉亭以壺名何也清似玉壺冰乎引
壺觴以自酌乎投壺矢聲錚錚然乎慕蓬壺員嶠爲
方外遊乎元洞子曰唯唯否否曾讀列仙傳乎汝南
有翁懸壺藥肆市罷躍入壺中市人莫之見唯費長
房於樓上見之異焉翁乃與費俱入壺中玉堂佳麗
甘脆盈衍飲畢而出授以道術世不知翁爲誰氏第

稱之曰壺公云余市居者也茲亭高不越仞廣不踰丈若懸壺然日坐亭中雖無所謂佳麗甘脆也者香一炷茶一瓢酒一壺閱古圖書周易十餘編黙想天地開闢以來日月幾升沉古今幾更換賢哲幾顯晦頹然兀然忘爾汝齊得喪蓋不知八荒之爲大茲亭之爲隘也處喧而境寂地偏而心遠實類壺公故以名吾亭客啞然笑曰微長房焉知壺公微吾問焉知壺亭微子有仙風道骨又誰爲壺中人邇記

眞靜所記　　李寶棠

吾大父崖翁成化中隱居大崖山中構書堂於梵宇之東偏嗣後吾伯石室復居取先翁所上學憲薛公書中語顏其楣爲眞靜所云吾伯坐一軒曰岑寂時先翁舊房漸廢墜矣嘉靖初山之住持清安偕淨能爰重新之歲甲寅予讀書其中能之徒道泰請予爲記而未暇今請益固予曰非靜無以成學吾儒之所以爲教至於傳佛語心有資於靜又汝之所知也余何言泰曰不然山以仙而名以靜而壽曩吾寺之始創也塊然亦黯黮幽仄之崖耳天下孰知有此山也自翁養靜於此迨今七十餘祀鉅公貴卿奇人墨士有意探幽者聞名必一至焉俾吾精舍爛然其有耀者誰之賜耶故吾輩圖復舊跡壽諸不朽耳願爲我文之予聞其言而深有感焉夫人情重改作匪其甚不得已者孰肯出力以爲之且爲佛之教者其禮佛之宮講法之堂雖琁題金鋪制擬王公亦法令不禁也顧於其急者反後而移其財汲汲吾學之興復如己身事豈所謂墨名而儒行者耶語曰制宅名子足以觀士茲舉也可以風世矣予登山而入其室羹牆

不寐愧弗能踵美也然卻有意求所謂靜者而冥會之藉使學襲見聞內無自得伏几兀坐若閒寂如轀鎖然則茲所也不飜爲厲人之具巳乎非眞靜也泰曰請以是記眞靜所

遊大崖記　　郭都賢號天門

清商鳴馬寒露炎八觸背關開忽作振衣千仞之勢因與石溪師講曰大崖一塊積痞入我膏盲久矣惟王不留行可以立消且了登高一會石師壯之治雨兜子晨發時維九月之七日越隴度阡晴光蕩眼闊

看青林釀翠黃葉戀柯不知秋之爲何氣也抵麓約二十里委蛇南上一望參橫繞路皆石磊似生公聚徒中多靈璧弟子灰頭土面鮮有知者項臂曲折而下經鐵橋亭亭跡消沉泉聲嗚咽欲向遊人作耳語者不暇細聽拱手即大崖寺爲寺爲本邑李大崖先生講學之所先生出白沙門重琊嶺表歸老於茲建鐵橋亭取海南四百三十六佳山吸縮於一亭羅浮蛺蝶聽脩脩然爽清夢也獨惜寺基南向山脈直折失御西來正面不知前輩眼光何在是夜宿寺之中堂

落月挂床占我單上石師起步回廊者數四余伏枕得詩一章霜鐘突吼純狐始奔未及假寐詹雀嘈嘈催起矣寺去山巔里許策杖露晞經樹再歇向孤雲菴小憩徐步登頂撒手懸崖西北之野濛濛沔澨洞庭闢南則山圻疊障不知幾千萬落也白雲在東拔地而起爲嘉邑少祖其環大崖諸培塿悉如神州小島忽斷忽連於杯海中頑頭山獅子山向來雄踞高坐者今可摩頂呼之也大宗熊世兄攜茗具追來解衣磅礴於上移時不欲遽去回菴少頃走牛眼泉石師掬而賞之茗香稱副不覺飽酣月上高山寒光浸袂推月出戶一枕黑甜而霜娥抱泣盈盈且數行下也晨起大聲如豹有破雨而來者稱李熙之學博熙之即大崖之元孫而光祿之冢公也茶話永日約作石室洞遊攢眉陰霽未可期耳兩公别去始了九日及牛眼泉作淩晨石師先起開門叫絕曰石室落吾手矣余急披衣喜出望外雨後青山曦微四映遥望點點青螺半妝眉額露光水氣白練橫拖步步曳湘波六幅裙也傳神寫照眞北苑得意之筆此段受饗

不得不拜兩師胥沐之賜安在重陽風雨不堪寫入粉本哉辰刻大宗偕石師取徑北道余與熙之南走寺前指點山情向背直趨山頂徑造洞前與石師大宗會洞名遠近凡三獨此表裏咸徹南北互通逼眞海珠一星想當日五嶺初開十尺珊瑚與百丈瓊樓齊貢海風飄落爲君山夫人邀而居之至今挂在洞庭之東也淩風坐嘯便是銅柱珠崖爲問鐵橋先生何用起爐作竈耶下山過光祿公佳城足當鬱葱大觀昇至大宗書樓夕陽在山矣私念龍潭老人夜不

帖席次晨言旋始與石師告成事焉斐巷曰大崖爲南嘉祖龍鶴在鷄羣多骨少肉所由理學之士清貞節義之臣生焉乃若洞壑幽奇當爲仙佛窟宅遊其地者欲如眺之青山白之爐峰邈不可得惟效坡公乞靈於五老以爲他日再來作生客茲遊或庶幾云

白雲山記

李世錫

戊申六月李子來嘉魚知邑之南十里許有山曰白雲洞亦名焉三閱月未暇往也八月之杪攜弟及子賓客數人曉出小西門登一葉舟解纜而南倏離塵

地篙師曰北風也宜帆帆挂則前樹至至則過矣行將御長風淩秋水入白雲也行數里見紅葉紛披客曰天未霜紅何早予曰候衰落而變色衆草伍耳若木具利根丹成獨早客曰善是時千山翠滴與遊人漸親側看巨流千里晝鷁危檣折而入東北者江也湖江水接黃碧中分水面螺峰山腰薺樹林間低覆者村也石邊蠕動者樵也自非巨靈手誰能具大幅若斯至岸舍舟而步出入田坂竹木間百折至山趾路最難至高樹見山半多奇石玲瓏蒼碧可愛綴以薜蘿苔草下臨湖水萍藻浮動素鮹游泳予與客低徊不能去奈地皆榛莽無住所遂望長松而前焉蛇盤鳥道豁草深滑老樹根盤時成曲磴雙腳既疲賴有搖風長條時來左右得扳以度凡五憩達洞口予憊甚客亦吁吁矣再少休入洞登而折者三約六七丈地稍平可卧飛鼯野狐實據之穢不可留復下洞口洞氣蒸成白雲耶非耶自洞至巖頂隔里許予勉起僕夫扶予蟻附而登至天柱菴菴半頹垣覆茅作屋予病矣卧於東偏一離諸苦便成極樂山僧具茗

茗鹽豉以進衆客啖而甘之渴塵少滌移時出步山門四望蒼茫恍如置身天半江山繡錯如觀掌果而彈丸嘉魚爲雲巒烟樹所遮不復在眼底惟見白雲遠近舒卷山間耳予乃下至平坂觀棋觀射獵人獲獐漁人獲鯿悉付廚人飛觴共酣徵歌度曲客鼓掌而和正罇罍告空而山後老農送瓦盆至矣復稱快大醉僕夫牛飲促舟入理楫從空明暮靄中欵乃來歸歸來自稱曰白雲吏

重修六溪口丁公廟碑記

龍文鼎

公諱奉號承淵行十三仕吳爲左將軍與徐盛齊名永安患孫綝擅廢立主謀於張布布曰左將軍奉討暑過人能斷大事乃召問討公畫策因臘會陳陛兵誅綝吳社稷以安後没而爲神顯靈江上唐張公巡守睢陽夜使壯士斫子奇營張公在城上望見火光中一將策馬放彈殺賊無算心疑之已而假寐夢前將來揖曰我吳將丁奉也家世江夏之西烏陵之東感君忠義故相助耳張公驚寤具陳其事於朝肅宗追贈張公搜訪表因於行所在封丁公爲龍虎將軍

遣所在有司傳勑致祭新其廟宇卽此是也公神靈正直救人於危或舟行遇颶風號公輒無恙以故歷代王侯將相經過是處者必親禱焉初廟中吳王居中坐公側席於左後謁禱者苦於擠擁乃請公登中坐而以幕隔吳王之前此於主臣禮有未安者是間紳士父老議於後堂別創一殿奉吳王居內基址已定遭闖兵之亂不克建今公廟材又將朽不惟後殿宜創卽茲殿亦當急修矣往時六溪鏡富甲天下貴人大賈所上冠帶袍裳皆珠玉羅綺又盡四時所宜

服茲時雖非昔比然諸君子車馬至止艨艦暫泊入公之廟覩公之容徬徨若有所思顧此榱題傾爾堂輿隘如得無有惄惄於中者乎噫昔當烽烟四起層城塹之時京省爲沼宮闕同墟且自吳及唐自唐及今其間不知經幾治亂經幾興衰而公以一宇臨江干巋然獨存亦公之威之靈實大有以悚乎人心人之敬公畏公咸出至誠樂於捐助則共襄厥事俾湫隘者倏而恢宏傾摧者轉而巍煥以共成此大觀非偶也是不可以無記故勒諸石

靜寶寺牡丹牆苑記　陳基

自昔閩境靈區莫不有以標奇炫彩如闕里之檜孔明祠廟之柏千載而下徘徊其地想像當年莫不憬然思肅然恐卽此可悟鍾英孕瑞其呵護者神也嘉邑之有靜寶寺銀湖瀲灩烟島微茫白水平鋪瀲文千里故多笙鶴翩翩仙佛萃止趙宋僧名寶月建立茲寺歷有奇蹤相傳一僧所坐石版忽生竹筍者三又有馬僧渡活甕狸諸如此類古碑湮没莫考迨元懶狗祖師修行其間師里人也俗姓張名紹忠涸跡

和光借醫道以行其宏願休糧不食者數年出則乘白馬不加鞍勒一黑犬相隨終其生不暫捨於元至正六年入塔端坐而化犬馬亦隨仙去逮明楚昭王以妃產難榜示諸醫忽一僧進藥以救世子自稱懶狗和尚住持南嘉靜寶妃吞丸即娩王德之欲般見問道僧倏不見楚王愈驚異遣使至山延訪始知應化神通特命改修寶塔長丈餘鑄龍鳳梵經與黃鶴樓前威順王之墓式似以云報也以表異也塔間南面尺許可窺祖蛻而凡夫肉眼往來雜遝不潔者多

熹懷之交忽飛砂藏其眞體且以蔓感前邑侯王公幻住爲之閉竇凡此皆師卓卓奇蹤也最要者窣堵前白牡丹一本相傳來自西域點化作胭脂色暢茂至今閱千年矣每勢豪家劈取移種多方培溉不能活既而悔懼復還本處則又再花其或氷雪淩剜奇旱烘蒸拱把桐梓摧損者不知其幾而此花亭亭獨秀以致傳諸遠邇舟車絡繹觀者罔不咤嘆詫尋常開數十朵多寡不等土人以其色卜歲豐歉明乙酉春闖賊蹂躪中原祖師示兆西角獨放一朵凡西地

蹉難者多獲保全此其尤著者也舊無欄檻相衞土人多不愛惜牧童樵子得據而有之自含苞以至盛開摘折無遺使仙犬仙馬有靈不知作幾鳴吠躍蹴攖之者暗損福算無益也予以鄰邑儆居數十年頗仰茲地皈依有日一行作吏此事都廢今者重來見荒頹日甚與家弟蘧猷暨嘉邑文學王君孚中竝闔孔君先者鄧君素公王君關只劉君式如及三韓羅君行修諸同事沈君陞吉石君長年陳君昇如住持法舟商兑籌以周垣鳩衆傭工作永久計而名花可

恃以無恐矣昔世尊說法四十九年天雨曼陀羅花以萬億計然廣長有間歇而花亦斷續不常何若此花降生下土賢愚得以共覩祖師巍巍威德亦可概見矣苑牆亟就差可解於屯蒙是宜有記以志貞珉因括所聞以補邑志之不逮此役也一以護惜名葩免折傷以杜侮慢之愆一以見眞跡顯應不可思議以掃闢佛之妄一以大破慳貪變財施爲法施使茲土與內花王同沾慧日一舉而三善存矣抑猶有說焉成住壞空法塵影事骨佛不朽而土植易衰後之

君子。能及時補葺。使新續燈傳。旦旦如昔。不佞可藉手以報維桑。何快如之。因踴躍稽首而爲記。

創修泮池碑記　張其維

文廟之有泮池由來舊矣獨嘉邑戟門外有一土坎勺水無存茅茨叢生殊非古泮池義也予自壬子夏來蒞茲土矢志修理以補從前之未逮越明春奉委運泰軍糈秋歸而城垣爲霪雨傾圮數百丈方且捐貲鳩工庀材迅爲補葺以爲民衛城甫成而江水泛漲田廬不能無慮長堤三千餘丈加厚增高登築雖藉民力而罅漏不無小補兼之

崇聖祠之疎漏

關帝廟之傾頹風雨飄搖犧牲莫展非所以妥侑神靈也於是勉力次第興修恪供春秋禋祀且制祭器備音樂以光祀典修大堂建六房以資吏治一年之俸錢無幾一邑之待理甚夥是以先其所急五年之間拮据靡遑而泮池雖有志焉而未暇及也今以督運黔省麥種五千之後繼以糧米萬石連歷長江洞庭風波之險廻憶蘭州解鉛十萬崎嶇之艱因思升沉靡定遇合不常決砌斯池以償夙願旋卽購甎石僱匠役擇紳衿之樸實者董其事三閱月而告成其池深而岸濶其地寬而砥平規模較前頗宏廠矣物力雖出於予而經營則邑之士人也從此而泮水盈池芹藻生香文風丕振科甲蟬聯是予之厚望也夫因爲記

新設義學碑記　張其維

從來人才不擇地而生而何以士之子恆爲士農之子恆爲農豈富貴之家多成器而貧賤之族無良材

乎亦視乎教之何如耳富者貴者選名師於其家幼而習焉長而安焉不見異物而遷焉是以其成才也易貧者賤者學之無所自師之無其人是以其成才也難爲宰者義學之設所以萃單寒之子弟而使之不終於淪胥也嘉邑人文淵藪搢紳世家人自爲學家自爲師父兄教先子弟率謹原無需乎義學而義學亦徒空有其名也予思有其名不可無其實以副之蓋學必有其地必有其師必有其養亦猶百工居肆之意也爲之建廣厦以處之擇名儒以主之買良

田以育之凡屬邑人子弟願就學者無不嘉納焉庶乎名實相稱而後可不垂不朽也今余捐建正樓三間廂房各二以作學堂可謂有其地矣置田一石洲地四十畝以資束脩可謂有其養矣聘文行兼優之士司訓其中可謂有其師矣雖規模初立未爲美備然而有其始基後可徐爲理也迨至多士濟濟其基地前後寬廠倘可添造房屋二重並增膏腴以繼之此余之志也後之君子不能無厚望焉是爲記

金口碑記文

陳新謨

金口南跨鄂渚爲武郡首鎮亦水陸之通衢也港長九里中貫諸湖江嘉蒲三邑之鄙際之咸之郭際之水漲則屈曲而南涸則倂建而北其瀦深未可以載涿其湍急不得以成梁一葦之航由來久矣曩者道人何仁存請設義渡吾里中人士翕然捐助甫有成規不十稔幾廢壬辰歲杪蟬憲維揚楊公祖猶知郡事予與里中諸同學詳細具始末以聞蒙允分餉之議未幾而公以陞任謝府事繼守會稽　章公祖到郡屢檄四邑俱不應購募造舟竭蹶殊甚時事之難可爲太息乎自甲午登賢書中閒至上春官往來道長留還京華數載幸己亥秋西成有慶東晨長老雲隱師捐饒新舟且偕同鄉善士募金如千兩補償前事併築郵亭於渡南爲旅人謀即次向之草創者次第修舉矣甲辰春予自都門旋里解橐董理卒相與有成焉渡之南岸有地頃畝界凡十數區或南其畝或東其畝承渡之家可耕而食也一歲之餘完糧修補可仰而給也竭巖張公暨其小阮晴洲公另捐置產五七載閒舟楫之朽敝可理而新也構幾椽茅幾

甍往來人士買米而炊折薪而爨日月雨露可信而宿也夫道曰虛舟佛曰慈航儒曰濟川其途逕迥別斯渡也仁存經其始雲隱要其成諸同志共勷厥事不殊途同歸乎哉歐陽公曰事不難於創始慮其繼起之無人使繼起者亦如始事者之心則民到於今受其賜予於義渡亦云自茲以往有能同心尚義克蕆陳事令千百載後使義渡長存予之志也夫是爲記

贈湖西義學書院記

明　吳寬補遺

宋慶歷間范文正公置義田於吳中以贍宗族其惠止於一家同時嘉魚李宗儀宗儒兄弟即所居湖西特建義學則其惠不止及於一家且延於鄰邑矣李氏自宋至元仕宦不絕入國朝又發於都御史田數年來承芳承箕承恩承顏承勛又並以科第顯爲義之報其遠如此今承芳官大理以義學爲先世盛舉懼其久廢與諸弟有志興復而力未足也過予談其事予甚嘉之因謾書以記他日事成則學者之受惠而後人之食報其有窮耶

又　明　王鏊　補遺

湖西義學宋慶歷間嘉魚李公宗儒建公之十四世孫大理評事承芳爲予言自宋徂元縣中子弟及蒲圻咸甯臨湘來會學率數百人咸李氏廩之今旁近田千畝固猶在也廢且百二十年無能復者予以爲浮屠老子之宮遍滿天下摧而復植毀而愈新而是學一廢乃遂不可復何耶今學校自畿甸若府若州若縣蓋皆有之而所以學則與先王之世異矣其又遠可復耶吾不能無感於是也評事與其二仲聯登科第皆好古有文章聲李氏世澤其不泯乎夫作而不私其家義也行而不墮其先孝也書此以驗公之後人

吳廷舉生祠記　湛若水　補遺

史若水曰太上紀德其次紀功故一事功也則紀之而又有大焉夫爲德無不普其天地之化乎功有所主其水火之用乎故天地之釋物亦若水火之利於民也民必報之故生祠之設急報功也今廣東方伯東湖吳公廷舉前任江西參政時以其仁不忍姚源

何田諸峒之寇虐我赤子而以去諍大官撫順之議及身陷賊中而不悔而以義折賊氣於白刃之下反見役謀以取渠魁幸以身免以其智策新民之必依賊勢之易破歸倡其勇主勦益力卒從其計擒浩八等而姚源何田諸峒平其父老相與言曰我乃尚有甯宇我乃佃我田牧我畜我乃尚有鰥寡孤獨又伊誰之力今公遷而之他矣吾其奈何遂相與攀留之攀留之不已又從而思慕之思慕之不已又從而肖像之肖像之不已又從而祠祀之此生祠之所以

肇也或曰生祠非古也其後世之侈也史若水曰祭祀之禮始於飲食之間今夫人有飲食必思先其父母姚源何田之民視公猶父母也故古之祭祀必尸而祝之象生也則生祠非古也何害昔者成王以秬鬯二卣曰明禋拜手稽首休享蓋以神禮周公也豈亦生祠之意乎今江西父老柴瓚生員趙克輩來請記甚切予以辱知於公不能以不文辭遂書於石

吳廷舉何田平賊記補遺　柴瓚萬年人

何田在餘干之東高山壁立林木茂密爲邑奧區正

德戊辰餘樂無藉囮誘游惰烏合爲盜嘯聚邑之姚源裂帛爲旗蒙以紅首剽掠殺人僵屍被野巡尉吏卒莫之敢攖日漸蕃夥各據險阻以爲巢穴而何田亦其一所也事既上聞爰命擇德望素著才堪靖難者莅斯田而我吳公乃自廣東憲副擢參江右大政先是安仁貴溪以樂平餘干爲盜賊之區民涉其境者輒置之死公至首詢所由旌別淑慝疏釋寃縶民賴全活時盜賊充斥境土荒穢迴迴數百里巢穴所據鱗螓櫛比制府畫地分授藩臬諸司各得專制而何田則屬公公擇據要害駐節安仁之吳山覘伺動伏籌畫進止其未至時大參麻城董公汝滔集義兵立寨堡以爲防禦民以稱便公因之召募驍勇有善武藝者得食於官臨陣制敵各用所能教閱練習以就紀律然後大舉入何田賊聞公兵至奔竄潛伏不能自支渠魁林太十既先自鬻楊鳳六周倫五倫六等又皆以次授首斬刈俘獲巢穴一空釋其被虜者給親完聚然後從而火之何田遂平時正德壬申正月十三日也越四月天兵始至諸巢之賊奔逸四出

而公復躬率諸兵追至德興誓欲勦滅而制府乃行令班師許以自新公乃留兵德興親詣制府備陳賊狀不聽公不得已遂還安仁撫安殘民詞意懇切聞者感泣先在何田及旁近諸民咸謂前此微公久隸鬼籍今得復見天日實公之賜第恐一旦喬遷去矣不得近聲光瞻履舃於來旬來宣之間疴痛呻吟愬將無地相與圖形肖像謀立公祠於何田之近歲時修潔蘋藻瞻拜企仰庶幾公之威光常在目前有緒未就復恐事久失其究用立石以詔將來余以不肖

時獲目擊宜有以記之亦甘棠思召有子名買之意夫欲壽欲安民之常情然有世死於虎而不肯去土數犯於難而猶業捕蛇者誠以仁愛爲好生之門苛酷爲斂怨之府也世之以集事爲能者專務鞭笞而民之饑寒苦痛栖栖累瀕於死而不顧塡委溝壑而不知怨咨之言恨不食其肉欲拔眼中丁者有矣安望其民之思而祀之乎今公之功德在民而民感而思之所謂上以誠愛下下以忠利上說以使民民忘其勞說以犯難民忘其死者至於廟而祀之碑而刻

之若昌黎之於潮忠定之於鄂羊叔子之於襄陽不惟思之於近又欲使子若孫者以世繼世思之於千萬載之遠其得民於此是宜記公名廷舉字獻臣號東湖湖廣嘉魚人其異政偉績著於前任者自有國史茲不贅

重修嘉魚縣志卷之十

書

與姜按臺書　　尹　相

不佞僻處山林久企丰采未遑問候爲罪忽聞漢陽撥縣之意無任驚憂及詢縣吏申文甚欠詳悉不得已以嘉魚事向門下白之縣治外江內湖百姓無恆產名雖一十二里實在人戶不滿四百計糧則六千餘石而田困於徵科矣計差則數十餘樣而丁困於力役矣此則大較也甚者於江路遞送之夫上對巴

陵下對江夏月無虛日民莫能支成化間濟之以崇通之錢而廢正德間濟之以府倉之折而又廢嘉靖來始遺一二役征於興國以示陰騭乃若蒲圻協濟於今二十年祇成畫餅此苦蓋不敢再控者也又甚如軍戶之漕運者十有九破民與伍兩籍皆空如水夫之在遞運所者在三驛者弓兵之在兩巡司者其逃其絕弗問也一切取辦於見役之戶管糧之家苟且支持淪胥以敗而終莫之救自今大勢觀之辭則尫羸之人特奄奄一息耳安能更爲人役哉卽使漢

誠得之亦不濟事且將盡驅吾民而亡實兩損也地方洪水連年百姓賣妻鬻子割骨肉以延旦夕顧其家無所可戀獨纍纍坵墓是其悽悽依依者耳急之則亦不復顧矣苦狀如斯嘉魚亦漢陽也甯不動明公一視之念乎漢可軫嘉九可軫並置於懷而兩全之仁斯溥矣吾民幸甚對楮無任祈懇之至

與劉撫臺書　尹相

嘉魚縣北舊有長堤一座自馬鞍山起直抵金口循江而下委曲約二百餘里堤之內所括江夏咸甯蒲

圻并本縣諸湖周圍亦四五里湖之畔四縣百姓衣食田產亦不下數千百頃此堤若完厚夏間水必由金口逆灌而上其勢迂緩及瀰漫必須半月即早稻皆收此堤若壞江水直從馬鞍山尾注入諸湖由上而下其勢順易不過二三日田禾皆沒一春生理悉作魚餔百姓嗷嗷官府咋咋者六十年於今計此堤遺跡畧存實於四縣皆利若按地計丈每縣各該堤若干各該錢糧若干仍委各縣賢能各率地方頼利之民四分修築則刻日可成功矣地方粒民之計莫切於此伏惟留意

致李太清書　楊起元復所

我丈眞烈烈轟轟偉丈夫哉立螭頭未浹月即封事批鱗甘受荼痛傷哉此一苦也遠邇播聞罔不酸心然而三老九卿百職疏二十餘上諭救閉閤謝職事者累日自古諫臣受譴未有動善類扶翼如此之殷也豈非以關繫國是甚鉅哉幸主上神聖溫留宰職社鼠媢狐旋離君側則我丈抗疏受苦挽回之力也聞受杖幾至齏粉肉泥脫萬死不獲一生雖凡夫百

身其何足贖乃今賴天地祖宗之靈呵護黙庇堂堂忠義七尺軀不致煨沒湯火有生還期竊不可不感激君恩矣敬服高風未獲一面幸爲宗社生靈自愛

同前　袁黃了凡

綱常大義皎如日星靡靡頹風孰爲擔荷自我丈一鳴見斥而直聲震天下矣社稷山河若增而重矣丙戌之榜不爲虛開矣我黨二三兄弟實藉有榮施矣聞既訊復杖備受酸辛人生有身終隕有肉終腐有血終枯我丈以夢幻易盡之軀而建忠義不朽之業

何樂如之雖然我丈今日以往之身擔荷綱常之身也多士多方引領而望之矚目而視之事事合理僉謂固然未足深異稍稍出格便不厭眾心矣囊也修之家而思壞之天子之廷今既修之廷而或弛於家是猶以萬金無瑕之璧而輕於擲也是猶以五色文章之錦而納之汚泥也是猶以栴檀無價之寶香而糞壤相泪也願益虛而心益慎而動無恃此舉之奇而忘前途之遠則善之善矣刑臺劉丈慷慨好義每談及我丈輒津津不置屢約相過竟以事奪咫尺難

會情緒闇然大業方隆願言自愛

與熊芝岡書　李燎

前承翰存草率勒報便開瑣瑣及諸書得毋令允劇中生憎厭乎屢讀大疏何但逖陽再造長安書生高枕矣史遷老推按楚不報想外亦無不下者弟有一言最係里中大利害事敢以奉聞乞借九鼎如何吾郡中江蒲咸嘉四縣爲犬牙地敝縣獨當長江洞庭之衝不必言矣縣治以北自馬鞍山至簰洲以及貴邑之金口計一百八十里皆平壙無山江水徑行之地自馬鞍山至下簰洲爲一百二十里舊有堤而戊申大水潰決僅存十一今當補築者也自簰洲至金口爲六十里宋元有堤百年崩卸入江今當另築者也戊申以前水由簰洲之下地名下沙袱而入先灌貴縣之山門湖玉盆湖魯湖後石湖等處凡湖之四岸皆田也水勢於貴縣爲橫入貴縣諸湖滿而后及咸甯蒲圻嘉魚之境爲逆入其勢猶爲朔發旬至今於此内六十里接築一堤蓋首捍貴邑之南境以庇及咸蒲嘉之東北者也戊申以後水一平江岸徑自嘉

魚之馬鞍山一帶建瓴先灌嘉魚之西梁湖老坑湖以及咸甯斧頭湖而總聚於貴邑之魯湖後石等處以出金口水勢殆爲朝發夕滿是馬鞍山以下舊堤之當補築蓋在嘉魚功在蒲咸江夏之民者也若簰洲以下無堤則水灌腹而上馬鞍山亦下無堤則水淋頭而下兩堤俱完止留金口一線洩水則長江東下豈有逆流而南百餘里者計費或者以爲二千金撫臺二公祖昔逼融設處如往年江岸石其費豈止二千金哉江岸無益而眾見堤有功而人不見此向

來當事者所以不以堤工易江岸也且堤内四邑糧田萬頃所入豈止二千金無堤民貧賦逋又豈止二千金況楚藩有堤内田地數千頃豈宜驅勞民以代之役卽傳語長吏司合出二千金或數百金亦其當自爲策非官府勸化其義助也敝邑先達吳尚書清惠公曾具一疏請修此堤利及百年疏存武昌府郡志可考清惠公卽皇明通紀中所載甯藩移陸吏部書云吳廷舉切不可使之來卽此老豈妄言之人哉貴縣蒲咸俱有賦役錄額派協濟第小修之費非大

築之費也三勞不逸待其人而行有張史二公在事仁兄又得言之倘戎馬劻勷之暇或一念及桑梓利病見如此事如此時賴仁兄留心若不詳悉則不明始末故不覺其言之蕪長也幸亮弟與趙魏諸丈俱面致遣老仁兄書來能一詳譜之無量功德以及里中人他年勒石赤磯上又何減今日遼陽萬口也留心留心

與魏肖生書　　李憭

年來得帖末語卽示葛侯答云無不可有銀便有堤弟深嘉之卽馳復蓋弟意甯疲民受水害無堤不告兩邑父母有異同開形迹也道路宣傳貴邑人具詞當路翁兄有書弟正恐翁兄無書有書則語公平而不致寃人弟不知具詞者何以爲詞也敝邑人亦告狀止告宋元老堤縣估不敷并告飢求以募役爲賑救并不敢及新堤一字亦恃翁兄及張父母必不以嘉蒲異視也前帖中有嘉堤與蒲無干云云不言上鄉二十四里無相干而并下鄉八里亦無干豈昔日舟中所云事不關心餘不悉記亦奪於衆口證龜成

鱉耶蒲土之受下江水者障山畈畠口畢家畈神山卧虹橋馬史湖牛頭山馬頭山西梁嘴周明橋郭家潭以上屏下畈泉口汀泗橋自障山東北抵汀泗橋計道路不下六七十里計税銀當七八里何云無干今下鄉受水之民既有代築渠亦必云無干但前項地面山腰樹石之間水痕宛然其能欺乎弟居大崖出何以堤爲游長輿之居江濱稻藪也咸官之日豈不能買山間數畝田亦何以堤爲蒲八里在水而不言水者何爲若嘉魚止一十二里其上鄉五里内有三

里受陸溪之江流若建瓴然難施隄防止三里山間耳即大崖遮東諸山一帶也下鄉七里以堤爲命無堤是無六七里也天下豈有二里而可作一縣者皮去而毛將安附敝邑之所以合山水士庶無不以堤爲言者以此也且言堤之始末可乎自馬鞍山至獲口計八十里宋元故蹟名曰舊堤今告增修以募工爲賑濟者即其處也自獲口至金口以上之赤磯山計四十餘里宋元有堤先年崩卸入江近議補築名曰新堤此四縣築而未成者此堤之大概也其議築

新堤之始蓋敝邑數百年以來小民具告有司往往以爲條陳興革第一議至蔣蘭居翁父母始申議築未及行而陞任以去及馮慕岡公祖檄行查毅然力任無何以稅璫行二公皆錚錚人傑也豈無的見哉馬學道公祖爲大府問及此事弟以實告則有之後偶晤蓮撫臺談及弟亦力贊之然非二公問及弟亦何嘗言之乎若他處更有一字今不認當死墮截舌地獄馬公祖捐銀四千敝邑止是募工計土一圳發銀一錢合縣不知有堤役也銀者上司之銀也工役者四方就食之工役也以上司之銀驅四外就食之工役爲一方百年之永賴弟縱不藉堤甯不爲四邑水濱貧民慶何心而不贊其成哉其先爲貴邑計者照此例銀幾百兩還他土幾千百圳止消一廉幹官管工一兩個月工夫於是畢矣何至派及里甲而又派及上鄉之里甲乎眞所謂無干之極其蒙冤亦不啻弟與游長與也幸丞廉謹銀未盡領也今不更法而歸怨於人乎且計日之與計圳相去不啻天淵矣里之夫計日運土圖是一日坐臥閑遊亦是一日八

誰不坐臥閑遊而運土乎募工之夫計圳也計圳則早了一圳得一錢之利又圖一圳夫妻朝暮惟恐不了需以旬日無堤可做矣且此堤之關四邑遠則有正統年舊令莫公誌可考近則正德年間吳撫臺題疏見存府誌後來派條銀便派協濟豈無據而然哉貴邑卸則江次之咸又次之將令濱江垂死之民永斷天日之路此亦不必言但將堤始末及弟二人心跡爲翁兄白之事長不覺其言之冗也張父母凋然否翁兄爲弟言之弟自一言也乞示望望

奉武昌孫四府書　李　憭

仁風載道懷想日切許時未及一字奉起居蓋不敢以寒溫之語仰勤裁答亦深山乞骨之人自揣分義宜然非敢自疏絶恃在老公祖臺慈瀕原而宥之耳山中忽聞臺旌有勘堤之行江干之民老幼奔走問訊曰孫使君來吾屬生矣生居大崖山中距堤頗遙然一方大利害千萬人之情不忍不爲一言以備採擇具在别幅仰惟臺慈垂察并恕僭瀆之罪臨緘悚仄謹啟敝邑十二里上鄉如敝居一帶不需堤者二

里長江不可堤者三里邑治之東北江堤設焉七里之民所託命也亦咸甯蒲圻江夏之民所共爲命也其堤有二自縣北馬鞍山至簰洲獲口十里名曰老堤此宋元故物也自獲口至江夏之赤磯山六十餘里名曰新堤國初後崩卸入江即今馬老公祖捐二千金所修築處也蓋無新堤則水平江岸時江水從老堤盡處以六十里爲口而灌入湖内即有老堤不能盡保也二堤並修則水從金口一線而上百餘里勢難逆流矣此二堤之始末與其利害大較也臺旌倘從陸路至山陂驛西指羣峯如入分山斧頭山等處下有巨浸曰後石湖山門湖玉盆湖斧頭湖其湖濱皆江夏糧田也再南則賀勝橋黄石橋官埠橋西河渡馬橋等數十處其橋之下流皆咸甯糧田也江夏咸甯原無爭撓者不必深言矣若蒲圻則在汀泗橋從陸而南蒲圻六十餘里寸土皆膏腴何水患之有第自汀泗橋從舟而西則爲泉口爲屏下爲西江畈爲郭家潭爲烏石湖爲周明橋爲西梁大湖爲馬頭山牛頭山爲神山堇塘湖爲汀家渡大橋湖之南

爲崑口爲畢家橋西爲障山畈皆蒲圻之糧田也計其道路不下六七里不知其糧若干當亦七八里耳以上諸水總會於西梁湖其湖之西北則嘉魚也大抵兩邑夾湖而田蒲在内而嘉居外耳今蒲人言無水而田固在水中水即退而水痕固在何謂蒲無堤分乎賦役册中協濟銀兩豈無據而必派耶宋元迄今數百年不言而今日言之異同之起蓋亦有因噂縣丞不行雇募派及里甲上鄉二十二里無干之里甲蒲士紳安得不諱即今救弊之政惟有免派上鄉

止矣奈遂并下鄉八里而欲令嘉代之甚者遂并堤議而欲抹撥之毋乃過乎不但無堤是無嘉魚也彼下鄉八里獨非百姓乎不過嘉魚與江近蒲去江遠可以信口呶呶使嘉魚受其勞蒲享其利耳但履其地則有水無水確然在目悠悠之口永塞矣且堤之役以嘉代蒲則難如嘉蒲協心則非難也役蒲之民則難發原銀而委官募工則非難也派蒲上鄉之民則難給銀與蒲下鄉水濱之民聽其自築自募則非難也此其事在老公祖片言可決旬月可成不損蒲

一毛而可以造福四邑恐蒲入終欲堅執於大義亦難從矣嘉魚咸富功成已久江夏前雖誤於戴簿然今有賢令焉其了此局不難俱不必贅也此新堤之槩括也至於老堤不知先年何以稍低雖有三邑協濟不過每年三四十金小小補塞未能加高壬子之秋卒致爲大水所乘抹入而東每一缺口衝流數十丈其下遂作深潭矣臺臺一勘了了目中或仍求濟於上司募而成之惟命或以官民補缺口以儆邑原額定里甲各地面量給銀米而令其各補低狹也亦惟命頻年大潦民苦入骨欲堤之願萬口一心特未知耳西梁湖中不憚風濤第舟小路迂倘遇風雨不無勞頓然不惜數日之勤而可造四縣千萬命之福垂一方千百年不朽之事是在老公祖臺裁堤之成否在此一舉調衆情之同異以共成厥美臺裁自有妙用區區之愚聊爲井里代控不自知僭瀆之罪也臨緘惶悚

與林紫濤直指書　尹民輿

嘉魚北絹里役斂銀付機戶機戶自造自解不再干

里役者也前因戶房機戶表裏爲奸崇禎元二三四五年盡行侵沒六七八年又以濫惡駁回罪非獨在機戶也觀其究畢元二三四五六年戶房侵抑已一千七百餘兩七八九年可例推矣今應戶房機房均爲賠造不過以逼邑之原銀完纍年之逋解何本縣再比里役敲箠竟日至肉血飛庭慘號寃呼上徹霄漢牢戶充滿妻孥竄亡而侵盜國用者竟不之罪而轉橫需里役以金錢之多少爲賠補之重輕腹高於胸而氣盈溢可謂白日中昏國法墮地也夫以數月

之內而欲水旱交侵之苦邑重賠四十餘金此卽破骨裂肢萬萬不得之數矣爲老公祖行提戶房機戶及累年里役嚴訊此項銀兩果已完納在公收帖可據則諸胥與機戶皆爲應追之贓而亦有必得之罪不然朝廷之御用明飽此輩之私囊窮戶之精膏獨供胥人之疊爵老公祖洞惻民艱自爲酸鼻而皇皇明旨屢戒侵漁倘一上聞何能不爲震疊也伏惟嚴究一干通邑幸甚朝廷幸甚

奉林玉磏撫臺書　尹民興

嘉魚一十二里編銀六千餘兩今巨浸稽天正項尚求未減不意突派草束三十萬每束費銀一分已輸本年正項之半自嘉魚運至澧州水腳解費每束一錢約計三萬兩是一年之軍需竟費六年之正供矣且武郡所屬大則江夏興國蒲圻中則大冶通城咸甯崇陽最小則嘉魚通山今以蒲圻之大計里三十計米一萬七千餘石止派草束四十八萬嘉魚六千石之米止該派草一十六萬有零何較蒲圻反多一十四萬也若論水次近遠嘉魚至武昌較蒲圻縣僅近五十里而居民多住山中若清洪里石塘里邵林里土連蒲壤其遠近同而左湖一里南抵臨湘較蒲更遠六十里蒲圻至澧州較嘉魚又近二百里論米論水次不知何以該三十萬束也總由軍需一到各行料理料理到者借名減少無料理者多方困之嘉魚最貧而拙自有軍需以來較米較里派倍他邑往案可查也每上臺詰問則以水次近遠爲辭不知水次近者水災亦大嘉魚之水二年矣今不難淺没之災肥瘠之數反以水次論便則所解草束實錢糧也

銀交而草委如泥矣卽崇朝可達豈能以一年之澤國而出正供六倍之金錢乎檄甫下縣有投河先死者有鬻賣妻孥者有遠投遐方捐棄室廬者泣血叫號上徹蒼穹仁人聞之當亦鼻酸而心楚也卽不得已亦當照縣米之多寡爲派數之均衡庶胥掾不得高下其手而嘉民垂焦之肉頓辭恩波之中矣

與梁邑侯書　尹民興

長堤爲縣右臂國賦民命恒於斯此畀清惠李光祿先太常後先經營其間者如請修築錢糧不待再計

矣鄉賢一事他縣或失之濫而敝邑自先太常以後不無遺珠之歎司馬方公諱逢時即馬市一事蔵全中國生靈數萬計此其功烈迴出裂骼斷鐵之上矣先外祖李公諱沂抗書擊璫廷杖歸里義聲直氣遠溢蠻方光祿寺卿李公諱僚行官二十年家枯僅蔽風雨至修長堤一事嘉民賴之三公者以不得與於俎豆之榮逼邑人爲抱戚三人並舉恐涉於濫欲爲簡擇則此數公並路揚鑣抑一不可故持論者孤求是與非不在多少之數也或千里一賢或比肩數賢

苟其不當則一日而祀三公安在其不可也匪僅顯光先魂即後進相勉爲忠直而恥於詭隨豈不由此也夫

與邑長某書　尹民興

邑如黑子僅今農事方作日發千人以障龍津之水灌魚嶽之足民怨如河誠可痛也敝邑諸先紳功勳爛於史冊三懸腰玉楚國所希今之君子又欲跨越先階穿鑿土壤福未至而禍恐隨焉古人云生一事不如省一事又云不愆不忘率由舊章惟斯二則幸留三思

按舊志天啟丁卯邑令王公來儀將查軍家所置民田盡沒入官闔邑大恐公親控撫臺姚公罷之崇禎戊辰積猾某假充勾軍一時擾亂公親控巡臺蔣公罷之邑重監地濫且濕繫者多斃崇禎己巳公捐五十金拓其地構寬居邑倉獄昔僅壞屋一所里役繫者每大雨臥泥中公捐四十金增廣數間己卯辛巳邑中大凶公捐二百餘金施米施粥全活甚眾順治己丑邑令主公應虹報殷丁充馬戶鄉井繹騷公致書王令罷之夫頭卸役里甲日爲兵丁鎖項箠楚里役之費數倍夫頭公致書巡臺李公轉致督臺祖公始令里甲出費夫頭復滅戶焉湖南用兵軍需疊重順治甲午公致書郡尊滅四萬束草兩中派草三十萬束又致書撫臺林公藩司黃公減十四萬束復致書按臺上官公李公撫臺張公陳邑凋敝力請優恤諸書不縷載

與邑侯王詔堂書續編　陳敦詩

法華佛像由來雖久然博訪附近居民皆莫識所自起前明改爲書院至　國初復爲佛寺數百年來遞有更張其非不可移動審矣竊思聖人所謂異端佛老與焉學聖者必不佞佛佞佛者焉知遵聖不惟聖與佛義不兩立即出於聖與術之門者所傳所習亦截然各判其途歷二千餘年而兩不相混者也前既改寺爲書院誠屬美舉獨惜其將遷佛像而卒未果也蓋書院無不供奉聖人神主乃因佛像未遷暫置

旁屋褻聖甚矣即爲龕以儲佛像而供奉聖位於其前聖人而與聖門所闕之異端爲鄰相距不過咫尺且時而中殿時而旁屋搬盤任意褻聖不尤甚耶世俗傳聞附會或謂孔子嘗言西方有聖人出無論此決非聖人之言就使聖人果以佛爲聖則豈肯倆一聖人於座後而已昂然處其前哉必不然矣即以佛論佛一耳天下佛寺奚啻萬千何處不可棲止茲既昭然揭書院額於門是其門聖人門也其地聖人地也佛覗之必過門不入彼龕中特傀儡耳且偏而閉諸一龕之中豈與幽囚等乘以聖人在前彼必將屏營踧踖於其內而不能一刻安佛固不能禍福人也設能禍福人有不因此爲祟者哉大凡供奉香火不論曾否載在祀典皆以妥神也現在儒釋一處將謂妥聖乎則既褻聖甚矣抑以妥佛乎不知佛更有難於此兩失之矣誠欲一舉而兩全莫如遷之一策頃詢諸紳耆僉云東門外獅子庵可以移置且咸謂遷之誠善所以善之而不能行者心有餘而無權以濟之故易與樂成難與慮始是在老父台一斷以義而

不爲浮言惑耳義輔以權則爲所得爲權協於義則爲所當爲將見一遷以後昔所謂培地脈而植人才者必有驗矣異日推功頌德舍賢令尹其誰與歸

序

送李朝宗之金谿序　禮部　王英

今之論治者謂郡得賢守縣得賢令則政善民安民安則治功成矣此固然也而予則以郡縣教官苟得有學行者以教其人俾之習詩書循禮義修身勵行則其才有成公卿大夫皆由是出其功豈下於令守哉而近世之人多不知重此惟欲高位有聲勢雖守令亦以爲次其視教官秩卑不足爲也有爲之者又往往易其職問學不講行誼不修規矩不肅士無所

取法其才何由而成哉聖天子嗣登大寶簡任賢能以圖至治而尤重於學校之官擇貢士之優於文行者以分教天下郡縣學武昌李滄朝宗以湖廣鄉試第一人積學於胄監久矣今年試南宮中右榜授金谿縣學教諭朝宗端謹有學行名望夙著爲教官實屈其才然亦上所選擇而任之者也朝宗其何愧乎余金谿人也叨祿於朝凡三十餘年衰老無分寸之能以効報稱唯重念教官爲學者之師非郡縣庶官可比而又以吾邑昔多賢俊典教者亦皆可稱比年

來攤臯比者外貌甚偉而內行不臧者蓋有其人此何足以爲師範宜乎士之少成也今得朝宗焉吾黨之善士豈不樂而相從以敦乎仁義講乎詩書循乎禮節哉吾知邑之士其才有成出而爲用以顯其聲光者復自朝宗而振之矣吾之嗣子祐備員訓導學識未充惟朝宗與之琢磨他幼穉者居與學宮爲鄰孝親敬兄持身立本之道當朝夕訓之掌教百里凡有不率者當勉勵之惟朝宗信能任此故於其行書之以爲贈且致予之私云

送別李世卿序　陳獻章

君子以道交者也同明相照同類相求雲從龍風從虎聖人作而萬物覩己不遵道而好與人交惡在其能交也孔子曰爲仁由己而由人乎哉蔣詡歸杜門謝客闢舍中三徑二仲靡然從之游彼賢而隱者也挫廉納汚以治車爲業非詡之賢烏能屈致之乎四十年取友於天下所得有道德文章有節氣有勳業其賢而在下位者果無其人乎羅一峯張兼素不可復作乃若所居之旁伍雲鍾淑林暕此其人皆可與

遊而今亡矣賢而存者或隱或顯未易概舉其間一出一入嚮道無誠朝而燕暮而越者吾亦未如之何也已夫交豈易言哉李世卿最後識四五年間兩過白沙每見益親世卿多才兄弟登甲科而官京師輝映前後世卿卜居黃公山與山雲水月爲伍若將終身焉世卿今別江門而歸乎乃脫藤蓑贈之蓋世卿之飲必期於醉醉則賦詩或世卿倡而予和之或予倡而世卿和之積凡百餘篇其言皆本於性情之眞非有意於世俗之贊毀至是世卿以太夫人在堂辭

去留不可爲古詩十三首別之諸友相繼有言世卿歸以所聞於予者質諸伯氏茂卿登大崖山吟弄赤壁之風月予所未言者世卿終當自得之或出或處顯晦用舍則繫於所遇非予所能知也予老且病行將採藥於羅浮四百三十二峰以畢吾願世卿能復索我於飛雲之上否耶序以送之

杏壇行李序　李承芳

杏壇在魚嶽山之首先輩想像孔子之跡居孔子鼓琴其間地殊嶮絕也學宮居其左大江環其右皆在

嶽麓嶽之腹建
大成殿凡衣冠士謁
先聖訖止望杏壇多不能升中界垣門曰遠塵關常閉之不易啟雖顯者至亦無得而闖焉吾師舞陽郭先生滿歸余乃率弟子闢關登杏壇而餞之蓋重之也夫先輩重其地故處以
先聖嚴其禁不輕假之人地以聖益尊人以尊而忌尊則仰忌則憚進道者之機也先輩之意固有在也予於是安敢輕犯其禁也戲吾先生之道傳之聖而敎淑多人門戶同也而況本諸誠達諸用非徒恃言語文字之末聲音笑貌而爲之者所謂可以質之聖者矣贈言聖之遺也諸弟子爲之詩承芳作之序

按舊志大成廟宋湻熙戊申已遷龍潭山之陽此序出自成宏間乃云在魚嶽山麓似屬謬誤不可曉

李太清忠諫稿序　熊開元

邑前輩李先生太清嘗爲諫官斥大璫忤顯皇帝旨得罪還直聲震天下然既往矣不可得見疏亦不傳事踰五十年厥仲子宙奇搜得遺草曁一時論救慰

勞書以示予予讀之竟而嘆當時之長治非偶也高祖制中官不預政不御外臣冠服終洪武之世中外謐如尚矣厥後觀兵奉使聖子神孫漸不無少借亦時遣時撤日月載更人皆仰見惟提督京營東廠曁特赴刑曹審錄三大政不審何故相沿爲令行不改而東廠一差伺間郤以達至尊尤宮府關鍵所托自非賢如呂強馬孝諒其人罕不因緣作奸媒孽之加也匪緊庶工雖心膂股肱左右君側且猶慮不免況夫批鱗蹈尾言出禍隨誰無性命憂其身誠不測也

萬歷間厰閹張鯨怙權播虐既臺省諫下法司而仍許其自效嗚呼難言之矣先生纔入垣義不忍迷國斥鯨虎狼兼采途人言入告請以身執其辜顯皇帝不懌付先生詔獄榜掠既備且有旨扑於廷杖甫下雲愁風黯颺所傳藥紙上負青天宰輔百職爭相顧曰人諾諾耳百其身贖此君諤諤不得耶旦夕封事蓋數十上上意未即解而忠詐之誅列眉矣不旬日先生創未平而鯨已遣戍非一時上下克和心德鯨必不去後之爲鯨者將益繁承平五十年始終不渝可

謂王道易易哉君子謂此一事備三善焉先生之忠也同朝之義也主上之轉圜如不及也希世而一遭者也然非先生精誠不避樵質感通不至此則是刻之成也先生非特至今存雖百世不死矣

任澹公文稿序　金聲

得道應須慧業文人以深心故其心深也其俯仰出入縱橫曲折之處皆若別有徑路杳不與世人相涉世人畢竟莫能入其中也莫入其中故乃獨處其中以自適自塞自晦自明而因以靜觀百物之通塞晦明以自愉也夫物之不齊由來久矣吾獨有心而獨有眼而或佛我而或魔我而或牛馬我吾皆不顧而獨以吾之去向人皆莫知爲吾學問之得力故以行事則多顛倒不可解以爲文章則多漫滅不可讀夫宇宙間自有不可讀之文章患無能爲之者造物既生此一人爲之豈終不復生一人讀之吾不患此著天之下黃壤之上終無能讀吾文者吾患吾文出而天下即有能讀者吾慚實甚吾文出而天下即無能讀而終不克有一能讀者吾憾焉既生瑜又生亮故

國士曰無雙奇人曰不偶孔子游歷天下訪師問友意索奇士見天下竟無其匹而後安心歸也吾此語未敢以告人也吾以告吾澹公澹公文近固有唾駡者有尸祝者有居於唾駡尸祝之間以爲無用如此者有立於唾駡尸祝之外以爲高矣美矣遇合則難者總其大意知者謂深不知謂晦悲哉夫不遇奈何爲澹公憂丈夫以氣奪人畏而奉我與愛而收我者自不必同日語不問知不知正恐自兹以往知澹公者且濫觴也大梅云剛被世人知住處又移茅舍入

深居澹公從此又遠矣深心奉塵刹願其勉旃外間人本不足語此

任僊孟文稿序　　金　聲

僊孟一味好奇吾見僊孟垂髫時時已如墮地虎子氣堪食牛數年來讀書日益多所爲文日益富好奇日益不已嘗謂吾此生志願若俯仰天地中間有一事爲人心力所能到而吾不知則竊赧愧觀其根性殆古所謂狂者也昔人謂揚子雲以艱深之辭文其淺近之意此謂失言歷觀古今文章苟有奇意非奇

字奇句則終莫之見也人有奇心非見奇字奇句亦終莫之發也深入而淺出之使天下後世淺人即以此語之意如是而止而終莫肯精思費解以獲其意之所存亦非仁人君子之用心也夫奇字奇句造物之所吝惜而不輕以入人心孔出人筆舌者其大者如日其次如月其散漫者如列星其恍恍忽忽者亦如電如虹必欲輕雲淺霧以自保目光之不奪豈不過哉夫所謂奇字奇句亦皆人所識認尋常字耳但所用之處人不經見則共怪之見謝東山於草澤揖四皓於朝堂遇蘇子卿於氊雪窮廬之中豈可不深求其意而漫以爲不當强以爲無謂攢簇成文一字一句動煩思索秦之爲經則訓詁連篇命之爲題則敷衍累牘因此思近世之文非無佳者亦何其太煞明白不煩點讀與詮傳也人之智慧有如大海有若浮漚什伯千萬烏足云澹公父子奇奇相繼今僊孟弟才十餘歲又咄咄逼人其來未已即澹公之與僊孟其胸中奇怪尚未有底也國君聖而文人聚其在斯時歟

李雨公文稿序　　金　聲

雨公丙子戊寅魁當事以太奇抑之今春雨公省其尊人於繁昌道經黄山出其卷示余予歎息而不能言也予歎當事者尚未能盡雨公胸中之奇千百分一二而遂以此爲大奇刀益剉益加利弓矢久力愈勁雨公自多故以來所積光怪咄咄應以今生遏追吐發殆盡亦時節因緣非偶然也方來者未易量今姑發其過去所爲文少許使天下見之而公與予生同年其天分其積學其堅筆銳思皆百倍予而予顧

先甬公十餘年幸得科名以去然實余不幸使余奉以戊辰困頓於長安三年得歸而南盡意師友竭才參學有口如刼何得蹉足歧路遲誤我十年歲月雖終身不第豈以彼易此哉惟我甬公具大福慧甬公歸其以此語并告我魚山

誦臺詩序　張士綬

白雲山窗之東有地焉覜西南諸澗寂高曠林壑環其下上有古榴低垂扶疏隱於叢木之間陰籠八九步會新暑襲人余尋涼寓跡半頃延佇花留鳥語竹

送風聲梢橫山色林露湖光水田煙村一切兼而攬之攜卷倚樹依依不忍去者數日山僧鐵僊樂與成之芟夷蕪穢蕩塡垤穴面其形撫其勢不終朝而臺影就焉顏之曰誦余曰名者實之徵也於誦乎何居山僧曰子不坐誦其間則斯地亦野逕荒墟已耳何有此臺以誦紀臺正吾子徵實之意也余笑無以答既成之三日適居端陽友人趙子士權攜客五六輩來訪余遂聚坐於臺臺隘無以容披苫藉草余甚適也而山僧慼然既去復就其旁規其闕落斂石築土撼蘇接葉以爲亭亭廣五尺階五級亭以南地窪坳亦適而闢焉登臺入坳者必自亭而升亭下臺坳下亭皆尺許以余故山僧咸以誦繫之嗟嗟一蓬蒿聚族之區自山僧舉而臺焉而亭焉而坳焉後之攬斯勝者莫不信其地之可臺可亭可坳也由斯觀之人生之可賢可聖可天何以異於是哉於是即所見作八景詩以紀於臺上是乾隆五十四年也

金太史文集序　熊開元補遺

太上有立德淵默尸居而業莫大焉文章莫大焉其

皇帝以往不可考之盛歟德稍懃於聖人而蒙犯譏議子惠元元登之壽極少其德不得少其功則湯武伊周之事也次也惟孔與老德足以符千聖而功不著於當時乃以言顯猶之太上焉孔之有若老之關尹喜之流則德與功不概見而論不詭於聖人耳目前不得有其人決不可無其說此言語之科也又其次也今嗇夫臙人弄尺槧若先收淺目者一日之直輒自喻適志而逐臭之夫利易義則又互相則傚直以其一日爲千秋敝天下人頭目髓腦盡銷於尺幅

而莫之知悔未有如文字一途沒溺人之甚者矣吾友子駿氏德不至聖人而是其器功未侔豪俊而有其心嚮一事必詳其利病原要其始終可以垂萬世無敝而後著爲論述位置一人必明其所已然遡其所未至可以等百王莫違而後見諸褒譏故儒生小子匹夫匹婦讀其書聞其說莫不歌且哭如窮得怙瘖得光上至九五之尊開陳咫尺亦穆然爲改容怛然爲雪涕所最忌嫉不相容惟是食人之食不事人之事不憂人之憂者去之惟恐不遠殺之惟恐不速

蓋至尊與至衆各有其願治之衷急於燎溺故其應如響彼食人之食者厚身謀而忘國恤既不喜一人言國事又甚虞夫言國事者或發其身謀敗塗地也蘭雖芳肯容其當戶耶蓋黃虞而上大淳未散教民耕稼者並是聖人故人食不言之利商周以還人心離喪民禍重而福輕徼智計才勇者畀之小康已滋望雖有聖賢間出恆上下不相遭安所得聖人爲之君復爲之相如禹皋陶夔龍稷契一堂盛事乎然則子駿之言不獨當世不能用盡後世亦莫有能用之者矣夫言至身前後俱不用世俗所謂不祥莫大焉矣奚取於授之梓爲木災幾幸千百年後千萬人中有一人焉對之歌且哭或改容而雪涕則皇天賴以不墜人心賴以不死如孔老諸聖賢言滿天下幾嘗有見諸施行者而戶誦家絃實未嘗少輟譬諸水高原廣野雖不睹其一舟萬斛一瀉千里之能而卉木以此滋生穀菜以此成熟德在不可思功在不可見萬世莫誣也吾子駿之言亦若是則已矣

尹辰諸文稿序　金聲　補遺

揚子雲爲文章漁深獵隱理無遁巧已極薄爲雕蟲小技此英雄欺世語也往者舟過匡廬繫棹潯陽蒞孔殷之舊服者吾友辰諸境內政簡民恬登濂園空有古尹晉陽之遺意其少采之餘集都人士旁及風雅瀟然不屑爲五斗俗狀則益復有陶彭澤之風少頃選邑之士一旦謁吾徒而請曰若邑大夫之美錦也若邑大夫之絃音也敢藉手揚厲以赤於中原不佞拜而受之未下數行絢者熿者陸者怪者窈者窔者爲紫虬者爲蒼狗者爲銀鳧翔者爲玉雞鳴者爲

潮湧者爲山飛者令人驚怖其言若江河之無極作而嘆曰文章一道茁芽性靈其人智者其言辨其人英者其言揚其人溟涬無際者其言汪洋而浩瀚吾友辰諸自此遠矣辰諸天才迅發夙有慧根過目成誦日讀一鍼立試萬言駒不及待人之讀其文者見其踔厲孤凌或擬之曰此楚兵鉅鹿之戰也諸侯之師皆從壁上觀少變而爲趺宕翩翔遲晃瀰盈或又擬之曰晋師清徵奏也一奏之而元鶴二八道西南來再奏之延頸而鳴三奏之舒翼而舞已而轉爲清

角之調一奏而元雲從西北起再奏而大風至大雨降余獨謂不然文章一道實有至性行乎其間辰諸之文之奇之變蓋穴窾於緜微陰湫謳結窮斷之際心斧琢鏤雕劌而出者也僅謂其取辦於才魄學力殊不然矣漢時守令卓異入拜卿相公餘之暇所與二三子相揚搉者何在辰諸異日之銘玉磬而鏤山彝者今日之文章也願與都人士共鼓吹之

嘉魚重修書院序 續編　　周大鈞

事有如賒而實急者書院是也宋時有四大書院而嶽麓白鹿尤較著於嵩陽鵞湖則以講學設教者爲朱晦庵張南軒陸象山諸大儒也相與論中庸之義講義利之章一時環拱敬聽者不下千人皆無不動容出湍進爲名臣退爲鄉老而探其初皆自書院中來也　國朝尊賢養士繼繼承承號爲極盛學校既遍乎天下而大者有省書院小者有府州縣書院殆彬彬多文學矣然而下州小縣時興時廢土瘠而地

僻民貧而士少既不以詩書爲事又無賢師友爲之講明而切究之或連數城無絃誦聲此固風氣使然抑亦守土者將有所不暇也嘉魚爲沙陽舊址南距湖西北距江山有魚嶽赤壁水有陸口石頭諸勝蓋古爭戰處也方當勝國中葉時人材輩出李茂卿伯仲以理學著方行之少保以功業著最後得熊魚山金正希兩公以節義著爲學之道至此亦足矣然而今之視昔若有所不及者何也則以書院未嘗修舉故也學人散而分之於草野則務雜而識陋聚而合

之於書院則力專而業精有善治理者必以整飭書院爲首務無者使有墜者使舉却薦牘而聘名賢與諸生講學習禮其中嚴嚴翼翼論文必本乎六經月有試旬有考必剖晰其黑白差等其賞賚以示規勸若我邵公之宰嘉魚非其然歟邑舊有鳳鳴書院破壞不可居公捐俸與邑人士鳩工庀材易榱桷繕牆垣堂室廊廡粲然既備而師生歌詠於是乎作庶其與乎由是而之焉將必有以理學顯者矣學既成又必有以功業顯者矣功業建而忠孝出且必有以節

義顯者矣中庸之道究以大義利之界嚴以明勿謂古人不可及也古人亦人耳豈彼獨賢而我獨不賢哉是在乎繼我邵公者有以承其先而善其後也

嘉魚新建考棚序　續編　周大鈞

邑侯邵公之蒞任嘉魚也既捐修書院以爲集賢之堂復議建考棚以爲校士之館一時邑中士庶急公樂輸蠲吉興役越三月而堂階邃新號舍環列雖有善政何其速也然吾竊慮之風俗之衰衰於士習氣節之壞壞於士途書院所以造士也而奔走者皆望膏火而來則有爭心考棚所以取士也而懷挾者皆思射覆而至則有倖心爭心生則晰錙銖之數知有利而不知有義倖心生則窮覬覦之智知有榮而不知有辱利未得而義已失則喪其名者多榮未至而辱已加則陷其身者衆即或不喪其名不陷其身而能借一二人有力之口足騰千萬人無心之耳究可謂之聞人而不可謂之達人甚非我公修書院而建考棚以實心行實政之至意也嘉魚雖今不如昔固必不至此繼自今吾竊願與邑中父老子弟遵

朝廷教學之法體賢侯作育之誠思欲挽頹俗而扶正氣亦何敢妄希古人但得髣髴鄉先輩一二端如李茂卿伯仲可附白沙儒林之末幸而爲方少保平憲州而靖瓊島不幸則爲熊給事金太史竭忠效節亦皆可無愧矣不此之務而徒弄筆墨以儌利達則書院存空名已耳問考棚循故事已耳豈惟我嘉魚之羞抑亦良邑宰之憂右二篇業師熊兩濱叅

送大司馬陸立夫序續編　　涂文鈞

大司馬陸公六袠初度鄉人之官京師者授簡於某
俾詞以侑爵某譾拜稽首言曰唐以宰相領度支而
租庸調之入惟江淮爲天下最故常簡名賢重臣以
鎮之然當是時海禁嚴重孫登盧循之徒不與河淮
未通民無昏墊漕之由豫而達渭者緜相屬也賦昉
周漢舊法以丁中爲本而田賦特薄故其民易供鹺
無定額視地分遠近上下其値不一拘文法故能者
藉以展其度外之才又長安上腴畝歲一鍾東南間

有水旱得以和糴之法便民而利國兼斯數者故唐
代江淮雖劇任而論者猶以爲易我
朝總四布政司之地以一大司馬莅之舉前代監國鎮將
及陪京六尚書之任并於一人凡吏治兵機賦法河
防運道鹺政一稟其節度天下歲賚
禁苑私用靡不仰給
朝廷倚仗若身之半體顧不鉅歟而海島蟲沙又時有搪
哭日烏虛聲恫喝以圾纖兒孱子者故二百年來雖
耆艾魁壘之臣不乏於時而事任艱阻鮮或樹功業

於前流聲光於後以某耳目所接惟陶文毅公能出
新意於法外而謗書盈筐已不能盡副其本規鐫金
者難工舉重者易蹶豈不諒哉道光二十九年江南
兵燹之後歲屢大祲吏民掃地赤立洪流數溢巨浸
稽天而鹽綱罷壞至於不可振救大帥以病請朝士
震駭相與私議各占時賢一人能堪其任者咸口噤
舌撟不敢決
制命以公爲兵部尚書總督兩江雖盈廷帖服猶未能堅
信公之起衰救敝若今日之甚也蓋

宣廟之知人出於尋常萬萬而崧生嶽降公之所以應運
會者非偶然矣今者公懸弧之辰某不敏不足以窺
公之大執舉數端爲天下所共知者以侑斯觴應諸
君子之請焉始朝議以經用不足請改南糧折色準
古和糴於豐區採買輸倉既得
旨矣而臣庶咸以爲憂夫耕農之困於銀荒且十餘歲額
賦尚不能供今復令其糴米易銀銀愈騰躍雖盡售
所有不足以應其變殆不可測且倉庾浸虛又驟減
漕運之半則輦轂之食

國家歲以秔稑給百官俸而畿輔近省所出惟有麥粟若遠採南糧則轉輸之費且浮於所折此於度支無秋毫之益而害重邱山時大臣方持其議莫敢反脣雖有陳其不便者持論已疎不中機要公乃抗章不爲激言悚論而精切懇到若數一二而別黑白也朝上夕報竟寢

成命公之受知

先朝而造福於蒼生者此其尤大且遠者也公之巡天津也值暎夷鴟張方議揚帆北沾公綜理嚴密卒不敢

犯及受任江南暎夷復寄碇上海吏人懲艾往事談虎色變公擘畫既定不動聲色而制之如檻猿柙兕卒不得有所逞而去此司馬入相契丹寢兵之效也東南阻饑流民動以萬數公航濟廪振不使一夫向隅此富鄭公青州之政也修防濟運蓄洩有期雖淫潦爲災河流浩瀚而無虞決溢此潘尚書靳文襄之略也鹺綱之弊久矣神奸宿蠹倚爲窟穴中外韋摯不可爬梳往者顧處士主松江李雯之論謂宜就場定額一稅之後不問所之陶文毅實師其意創爲票法行於淮北然於全綱不及十之一無救於大局而大江以西南極衡陽困於僱貴鮮不以鹺法爲厲猶且綱課歲逋積至數千百萬司農之匱半由於此公踵文毅舊法而擴通變化盡改全綱爲票引剗株掘根一除牢不可破之弊奏上萬口嚾咋謂票法必不可行於淮南我

皇上天挺神聰力排羣議而惟公是從不數月閒課歸實貯遂扼議者之吭而奪其氣則宏濟時艱管蕭之亞匹也凡此數端皆天下所共見聞如以十仞之臺懸

眾聞豈某一人之私議哉雖然某更有疑焉先民有言有餘不足非天下之公患今

九重宵旰勤勞整綱飭紀用賢去邪堯舜之用心也雨暘時若歲以有年四夷烽燧不至於邊塞昇平之業何以加茲而天下嘗嗷嗷苦不足者何也夫補苴支架僅了目前而議識不遠濟變無術抝亨屯休否之學此乃三代以後臣僚之公患也他日者公袞舄歸

朝以樞廷領戶部如房　公之相唐室必有奇謀遠畧足以翊扶

景運起天下之積困而盡登之衽席者是則公之夙志而四海所喁望者也

修職郎何百谷序 續編　涂文鈞

世言古今文人少達而多窮夫自唐宋洎今率以文章取士而工焉者顧齒於遇豈上之所求於士與士所以自致者不同其程度邪陸魯望有言淫畋漁者謂之暴天物天物且不可暴又可鐫劖造化露其情狀乎文人之窮正坐是耳其言激詭怨懟不可謂之

莊論然獨怪夫山林者宿風雨篝燈抗精刻髓發爲文章至於人幽而不耀卒亦不悔者何也豈高名之與厚實不能兼得與抑信道篤而自知明終不以彼而易此也鈞生七齡從吾師百谷夫子遊有年矣迹其生平蓋性於文者也居城市中闔門絶迹被服造次必於古作者漚治融釋與之俱化其於古聖人密微之論積結而未達者必剔抉解剝而發其扃鐍故其爲文鑱刻深阻雕琢衆形牢籠萬物而未始出吾宗歐公所謂勤一世以盡心於文字間者吾夫子其人也然而持衡者習輭媚不喜聞生語中其程者大率暖暖姝姝腐爛凡俗之作先生所造益粹彌不能俯逐時趨其脉後生末學摭拾糞壤以眯主師之目而苟一時之獲者蔑如也故人困於闈屋年逾知命始以食餼人次貢於學其食報可謂嗇矣然自爲諸生三十年歲科試靡不高等應鄉舉薦於房者數矣是其文未嘗不見知於世而卒不售豈非數與先生居城之東偏有塘曰東籬築精舍其間樓三楹臨水上生徒自遠而至每春夏之交梅雨新霽水深没樓

三板岸柳扶疏波流騰擲與誦讀相應和家君子里居日數過從嘗顧而嘆曰此仙都福地也與夫影纓日下奉檄風塵者其苦樂豈可同日語哉迄今思之猶信夫榮頹枯菀旦暮之遭耳文章之壽乃與金石比堅此古今賢達所以自信而卒不爽者也然則造物所以位置吾夫子者可知矣晚而有子楹書不患無傳室家雍豫兄弟怡怡取娱目前未爲不幸道之終行與行年五十未名爲老也若其不然則著述具在將以貽厥方來同夫作者夫復何憾君子之於學

自適已事而已非有待於人也又何必戚戚於科名之利鈍哉先生與家君爲文字交每搜討羣籍商推疑難更唱迭和曾不聽熒比諸班叔皮之與尹敏豹以故人子丱角侍講席沐浴教澤綢繆思紀渥且久甚今夫子崇阿終老而豹之去國又則已歲星一終矣竊於郎署不克隨門下士之末撰杖捧履因述吾夫子生平學術具言文人遭遇之艱古今同歎以慰夫子之憤懣且諗同學諸子以爲何如也

賦

玉壺冰賦

李沂

惟玉之精天地所秘瘞影而崑岫含輝韜光而荆璞自媚如虹之氣上貫於天抵鵲之珉烏知其瑞瓊璘瑯而未聲貽瓦礫以何異乃有良匠目晰珉璵顧之色動剖之神殊獻之玉府襲之華襦規踰徑尺價倍三都昇之玉工斵而爲壺內圓而瑯外潔而孤初覩之若羅浮道士之丰骨細翫之若姑射神人之肌膚匪貯醽醁匪酌醍醐玉露天漿不足當其受瓊樓玉

宇乃可奉爲娛時維元冬寒冰清冽挹注玉壺虛室生白其傾瀉也低落九天之銀河其清空也斜照三秋之皓月其澄徹也如臨不波之淵而洞乎心腑其明瑩也如開照膽之鏡而鑑乎眉睫比之天上晃玉鏡之流光置之人間覺珠乘之無色若夫雪樓倚空風軒當夕王母霞飛金樽夜集浮光流瓊淨影沉碧烏履交加光采相射當斯時也王衍之談辨未見其爲清衛玠之姿容難乎其爲潔至若積霞明戶清光滿燈董生下帷揚雲草元沉思邃古寄想雲烟一塵

不挂萬慮凝然當斯時也啟鮫人之室何足方其朗映解洛濱之珮亦難儷其鮮妍嗟乎枚皋之筆止於繪藻鄒衍之舌僅能談天誰寫冰壺之清趣用續鮑照之新篇幸玉堂之多暇鏡芳躅於前賢惟清白之道粹故永世其可傳厥惟叔度恢雅量於千頃亦有伯起砥清節於四知偉文正絕俗之標郤珠玉而不御高清獻出塵之韻以琴鶴而自隨想希文襟抱之灑然慨先憂以明志挹君實器宇之凝定惟對人以不欺數公心跡煒煒熒熒如玉之潔如冰之清虛而

能受滿而不盈掩二曜之景爍颺千古之榮名吾將晞聲光於靈府豈徒耀華藻於蓬瀛

○眞赤壁賦　李占解

秋江月下客有歌蘇子兩賦而過祭風臺下者飄飄然自以爲欲仙漁父聞之曰噫賦則美矣景則非焉蘇子其亦未審中原形勝南北之分乎夫圖中原者在河北不在江南然不控江南無以控河北天下之重險有九赤壁蓋東南西北之衝也據夏口上游俯瞯吳會西爲隴蜀之咽喉南爲滇黔之門戶左睇則豫晉青幽右顧則揚粵甌閩悉在盼望中阿瞞當日據漢鼎而窺神州意在扼荊州下金陵舳艫百萬艘駐師烏林以奪赤壁赤壁奪則上無隴蜀下無吳越而左睇右顧盡在彈指間是赤壁之存亡天下之存亡也諸葛公瑾籌之審矣黃蓋策行纜舟連絡雖以阿瞞之智之黠不覺墮神人之算中東風一炬全師灰燼神哉神哉固天之助漢乎抑亦人謀乎長江天塹界限南北赤壁蓋天下之赤壁也而以黃州之赤嶧當之可乎赤嶧之在江北爲死地孰如赤壁在江南

前有可攻後有可守赤嶧卑小不當一土阜孰如赤壁之岸然江上巉巖嶒嶝砰磕鏗鎗白日無風而自波飛鳶站站而自墮瞿塘灩澦三峽擣而來洞庭彭蠡七澤撼而去使以吳越之習水戰者陣此雖車騎之剽悍何如飛檣犀甲之便利也使以漢武之簡練昆明者練此雖洱海之鬼卒何如與濟俱沒與濟俱出之爲神幻也使以伏波矍鑠據此重險雖九溪百洞不足當樓船之一衝也千載而下英雄過此不勝感慨曰天下大矣如赤壁者曾何足多函谷可以丸

泥封。若何而委去。劍閣可以一夫守。若何而拱授。蘇子之賦。何不及此。獨取江上之清風。山間之明月乎。乃若火戰之奇。更有可賦者。遐想其時。烈焰彌天。冲其不意。迅帆如駛。莫我敢遏。蚩尤揚旍。回祿曜威。照天爍地。走石飛砂。倏兮忽兮。誰爲爲之。孫吳之雞乎。八公之鶴唳也。田單之牛乎。雪夜之鵞聲也。阿瞞膽落黑夜。倉皇不暇。顧帳中之美人。百萬之輜重。單騎獨走。僅以身免。自此不敢南顧。都許偏安。夫非赤壁之一炬。有以灰其心哉。至今石猶赤也。宇如新也。淚

洵不磨。折戟猶存。夫非炎漢之德燼而復燃。爲鼎古者。流連所不能已已乎。客乃爽然自失。曰。吾今始知眞赤壁矣。漁夫胡不賦焉。漁夫曰。吾之所知者魚也。焉知賦。竊嘗聞諸父老。試爲子歌之。曰。烏林歸鴉兮日暮。黃蓬夜雨兮無漫。簰水西流兮。界石相擊。魚獄東峙兮。白雲屹立。軍營連絡兮。野火燒江。干遙望兮皺人畔。今之桑麻兮。昔之戰場矣。往不復兮。誰樂不傷。六溪以陸遜而名兮。古鎭風華。宮門以呂蒙而傳兮。江岸蘆花。君不見古蹟可憑兮。蜀山蜀水。予徵建

兮。西頁之迦。嘉魚舊屬閩嵩兮。統名沙羨。劃三邑以改鎭兮。宋始沙陽。嗟陵谷之變遷兮。東海田桑。大江東去兮。滔滔汨汨。其何常。客曰。是則然矣。雖然地險非險也。長江一也。在諸葛公瑾。則爲鐵壁銅山。厥後鐵鎖練江。不能當司馬之一炬。又何爲者。漁父乃笑曰。千秋興亡之事。喜亦不足喜。悲亦不足悲。吾且烹魚煮酒爲子歌。子且和之。客乃歌漢高大風一曲。但見山石迸裂。江濤怒飛。烽煙之色慘雲。靈排蕩之聲撼天地。恍如當年之征戰焉。藉令吳蜀終始同心。

戮力以奬王室。將金湯如故也。三分云乎哉。噫。

重修黃鶴樓賦　程　珏

繄江漢之將匯兮。界兩峰而並峙。惟黃鵠之嵯峨兮跨鄂城而秀起。仙客乘雲以遨遊兮。舞鶴蹁躚而至止。遙聲起自江干兮。梅花紛落。叶宮徵爰構層樓於茲兮。瞰三湘而吞七澤。呼吸直通霄漢兮。儼星辰之可摘。極目千里兮。淸高百尺。崔詩在上兮。絕唱傾倒夫太白。遡芳洲其宛在兮。留正平之傲骨。大江東去兮。恍蛟龍之出沒。晴川入我襟袖兮。檻外雲烟其未

歇以茲壯麗兮綿歷江山之歲月兒復奇蹤勝概畫
染霜毫如瓜赤棗映石青桃仙翁睡熟辛酒酕醄躍
龍之池未圮渴月之勢何豪爾乃新易簷楹重施丹
雘慘淡經營兮較前規而式廓彩煥松雲兮陋岳陽
而小滕閣倚朱檻兮落日低俯雕甍兮晚潮泊爰有
天涯遷客海內騷人詩分柏梁之體會約蘭亭之賓
彈棋載酒選勝尋眞至於鉅卿碩輔耆舊薦紳簿書
之暇讌會之辰二難齊集四美具存或乘庾公之月
或觴北海之樽筵開玳瑁人擬璵璠金釵十二兮環

翠幕珠履三千兮傲平原閑中識兮古醉裏放乾坤
風月堪爲友形骸安足論若夫繁華公子遊佚少年
騁玉驄於階下落金彈於花前燕歌在側趙舞當筵
由斯樓之堪賞時登眺而爭先更有華陰上士五嶽
遊仙守丹竈以不減鍊金鼎而方堅驂鸞上漢跨鶴
騰天長遊萬里暫憩斯焉是以一拳古蹟別具洞天
有客必賦有賦必嫓加之宇內昇平兮樂風俗之還
醇三楚歡呼兮慶勝地之重新並須鳳藻於層巒兮
允萬禩之長春務膏雨之不遺澤國兮吳山楚水一

望兮黃鶴重來兮羽翛翛其清唳登樓北眺悵戀云
多揮毫染翰其沐
恩波援琴命操作招鶴之歌歌曰鶴南飛兮楚江清巍樓
接天兮陋金莖千門萬戶兮仰
帝京

鳳凰山賦　　程珏

鳳居羽族之長山壯宇內之觀何年集鳳乃名茲山
粵稽鼎分漢祚吳徙鄂州惟黃龍之初載出丹穴而
來遊翔千仞之岡而忽下撒九苞之翼於斯陬詎纘

聖王之瑞抑徵太平之休爰有史臣爲之載筆揚盛
德於簡編紀嘉祥於崒律國乘記鳳凰之名形勝據
江夏之一若夫千巖競秀萬壑爭流上臨黃鶴之佳
景下撼鸚鵡之芳洲仙翁之棗遍植辛氏之酒堪谿
加以比屋連甍民居稠密畫棟雕牆甲第雲霄陶然
烟火萬家允矣崇墉百室至於貝闕珠宮窮幽極麗
迥出重霄直接天際怪石作供奇花盈砌不惜步履
之蹴踘時攄城隈而睥睨載徵下邑又紀尊川比芙
蓉之秀麗埒深宵之荆泉南嘉亦留其蹟淦水之名

並傳由鳳鳥之至不數故屬邑之志同鐫昔聞巢於阿閣兮覽德輝而下之既乃儀於虞廷兮聽簫韶而神怡亦越周文長鳴岐山兮開八百之昌期若彼東吳寶屬偏安胡爲乎作枳棘之棲息竟同決起槍榆之凡翰蓋荆楚名區鄂爲首望襟江帶湖層巒疊障無靈禽兮以表異羌山原奚誇其雄壯屬當割據建業倏爾來遷武昌幸鵷鶵之至止發大地之幽光是以山不在高有鳳則靈地因物顯物藉人稱陶庾皆鎮荆而觴咏蘇黃時入楚而豪吟廼西門之椰已種

南樓之月可乘西山題松風之閣羊腸記九曲之亭何不登斯山而作賦豈遊蹤之未嘗經至若孟萬年之帽落龍山元次山之亭開廣燕北海讀書鍾臺陽冰怡亭作篆皆於斯山而罕題或待後人之記傳自昔青蓮懷古金陵以鳳名臺建章作官長安以鳳名闕況際清晏之時盍顯山靈之赫爰染霜毫用當石碣信千秋萬禩之常存繼咸五登三之大業

重修嘉魚縣志卷之十一

雜體

弔鎛鐘文　　秦觀少游

嘉魚縣南十里太平湖中比歲大旱水皆就涸而夜常有光怪赫然獨天土人識其處而掘之得鎛鐘焉其形有兩欒如合兩瓦面左右九乳總三十六牙鼓鉦舞銿衡旋幹之類考之不與合者無幾縣令施君謀獻之太常未果乃輸之武昌庫中會其守解秩佐攝事見而惡之曰郡得背時器寘之不祥亟命投於

兵器之冶鳴呼物之不祥有如是耶昔九江吏盜忠肅之碑材寘其所遮歐陽詹聞而弔之以詞予悲夫鎛鐘鼓樂之器先王所以被功德而和神人審音之士至有振車鐸於空地而求之者非若九江碑林因人而貴也而辱於泥塗無所自效過其非鑒以觸廢毀好古之士焉得默默而已乎乃作文以弔之辭曰嗚呼眾方之生謬形殊器更首迭尾雌雄相廢朝爲美姬夕爲憔悴或奇偶之相續或九升而一躓清濁和黜刑王貶貴生犢失明得駿折髀固所遇之參差

莽循環於一氣傳曰黃鐘毀棄瓦缶雷鳴余初以爲不然今始信之矣嗚呼鎛鐘何世所爲質不呈剛形不露奇協律中度渾如天質拖抑雖久不見瑕疵爰有兩欒三十六乳厥音琅然大小隨叩曷所擬之環偉而倜沉於幽陋辱泥塗之污漫厥鱗鬣之腥臭嗟筍簴之一辭遠月弦之幾彀幸陽愆而水涸天日悅其復覩謂廷貢之是充獲效鳴於金奏何夜光之暗投卒按劍而莫售夫赤刀大訓天球河圖秦璽漢劍趙璧隋珠犍爲之磬汾陽之鼎曲阜之履大澤之弧

歷世相傳以華國都下至威斗錯刀羯鼓之棬破鏡缺符遺簪墮珥信無益於經綸猶見收於好事是鐘也郊廟所爲樂之綱紀統和元氣舞獸儀鳳令大河而更清使左角而不芒變化風俗返乎羲皇而乃廢於深淵出而遇毀殆藻鑑之不如刎牛釁之敢企此義夫志士所爲疾心而切齒也然予聞之陰精之純爍氣之裔雖從火革其質不變一晦一明昔者既然債而後起可無舉乎嗚呼鐘乎今焉在乎豈復爲徵宮流羽以颺其故乎將憑化而遷改易制以周於用乎豈爲錢爲鎛爲銍爲斧以供耕穫之職乎將爲鼎鼐以效烹飪之功乎豈爲浮屠老子之像巍然瞻仰於緇素乎將爲麟趾褭蹄之形翕然玩弄於邦國乎豈如干越之劍氣如虹霓掃除妖氛於指顧之間乎將如百鍊之鏡湛如止水別妍醜於高堂之上乎新故相代未始云畢紛然殊途必有一出決不泯沒草木未卒嗚呼鎛鐘又將奚卹

李俊林行狀跋

宋　謝學士

余嘗讀宋史考其世運之盛衰彝夏之消長而三百

餘年疆宇幅員之廣雖不及漢唐而禮樂刑政歸然三代之遺風其賢哲之輩出民物之殷富則非唐漢所可跂也自宋盛時輔相侍從三館之臣與夫方伯牧守庶僚胥子之章奏書疏諸載史册者往往多正大忠厚之言不獨可行於一時而皆足以垂法於後逮乎南渡雖播遷艱難之際而志士仁人奮其材猷竭其忠憤危言讜論極陳時弊而無所顧忌者多治國之良劑惜乎聽而不能從悅而不能改於是乎浸就衰削而淪胥以亡使言之者蹀足扼腕以流涕於當

時而後之覽者亦撫膺太息而不能自已不亦悲夫竊嘗慨嘆於是而未有發余之言者及觀宣秘閣嘉魚李公行狀公由進士第兩領郡符三持使節當循祐間轉對一疏首言爲善不可有疑心去惡不可有悔心當今之政進善未能無疑者二去惡未能無悔者三穆陵巽其言首肯再四名卿賢大夫翕然譽之識所謂活國之良劑而卒不能用公雖位不稱其學而鴻聲駿望忠言嘉謀所以光前耀後者固足以不朽而表見於將來矣其曾孫膺乃能寶藏斯文於二

百年之後益求宗儒閒士論著而顯揚之雖公之德厚流光而後人之襲訓濟美亦可見矣膺字德膺敦篤周慎恢其家學有時譽方以頌古訓爲職他日躋清貴蓋有待云

光祿寺卿李公墓誌銘　李騰芳 湘潭人

公諱憭字景穎號幼泉其先世有名璠者居嘉魚其弟璵居江夏珩居臨湘楚由是有三李氏三李各有其裔而嘉魚最著璠爲之始祖數傳至宋慶歷間有宗儀宗儒者創義學於嘉魚之湖西以教鄉里子弟

及買田千畝合江夏臨湘之族貧者食之今五百餘歲矣其田尚在宗儒之後代有聞人本朝以勳位顯者莫如御史大夫山太保司馬承勛以理學顯者莫如東嵩先生承芳大崖先生承箕太保父御史大夫而友于二先生二先生之父曰阜則御史大夫同産也大夫之父曰善舉孝廉爲珙縣教諭以大夫父子故贈如其官而阜亦以東嵩先生贈大理評事東嵩先生舉進士筮仕大理旋棄之大崖先生亦棄其孝廉隱於東嵩大崖兩山間相與講聖人之學而大崖

最後三度入江門師白沙先生江門之學者以大崖爲嫡派大崖公之曾祖也大崖生虔虔生寶蒙爲公父贈承德郎主客司初配程氏繼配吳氏生公贈安人承德舉於鄉早絕意公車靜坐凝慮學江門之學公年十五六時即能味其說而有契焉榜其室曰求放心終日對之儼若思令漳平蔣公向讀大崖之書慨之於是求李公子弟得公奇其文過公門草屋數椽舊書數十卷而已與言舉不愧屋漏四字對令自是引爲嚴友而夷考公生平由始學至白首無日不以

四字自警故在官委蛇平進致位九卿及卒之日士大夫皆知其貧各出衣冠以襚而天子亦命司空予葬宗伯予祭海內之士識公者皆咨嗟涕洟有善人云亡之嘆蓋言信行敬不愧屋漏者之效也然而學道者多退讓公之深心亦有人不及知者始第進士司刑衢州平反郡獄擿伏奸吏莫不服其能而薦公又在吏部人以爲諫官御史可拾而有也然但遷南曹以行其在南銓也與奉新蔡公上饒楊公考度庶政咨求人才莫不器其識其後蔡公爲太宰楊公爲

少宰而公終莫安人憂自里中來但補一客部而已更丞光祿遷少卿轉太僕少卿又遷爲光祿卿首尾在職一十三年宮中蠹耗之事言莫不切府中剔濯之事爲莫不力瘠躬愁心雖北風嚴寒御一布衣早夜與中官廚胥細人戛戛不休而已不覺其病矣當是時朝廷老臣舊人甚稀公之望日峻年資亦益高固宜在要位仔肩一世之務以利乎無垠而太宰鄭公又誠知公然則坐而待陟可也竟勤一職死嗚呼其可惜也已公生有至性居父母喪毀踊踰節二兒

死必自京師走歸哭之與人交至誠洞達遇鄉人童子亦無貌言鄉人有利病若己有之與江夏熊侍御共建長堤一百五十里以捍四邑之江水尤其便者也予與公同舉於武陵陳先生之門公初與予言江門之學余不解後逌過蔣公反覆不厭不愧之旨乃心躍然蔣亦嘗爲湘潭令而以童子畜我者也自是余敬公爲精沉而公亦狎予爲夷爽比年在京師余每提孔子用行舍藏之說諗公公兼以自卜而公舉安定莫安排語以復余既得禍而公亦岌岌矣余勸公

自決公笑曰我昔以莫安排告子今自背以擇利乎其後以書語予曰人心在利害中如波滾沙反以自渾必無所欣畏無所倚靠無所迴避而後此心之精明強越者有以自得白沙先生所謂雖無古聖賢爲之依歸我亦住不得者此也若只揀一完行名色未免改頭換面陪奉世界試看風急天寒夜誰是當門定脚人也其後又書曰大崖先生有屋一區在南嶽今荒久矣余將解組歸葺之與子同起居數年究所謂心之精神強越者悲哉今書在而公不可作矣公

卒於萬歷丙辰得年五十有六某月日奮等將葬公於某山之原而以狀來泣且拜曰請爲父銘無以辭予亦泣曰非予孰銘之銘曰眾啜啜兮子呐呐也眾轟轟兮子孑孑也往不可挈兮而止不可挫也靳不愧夫爾室兮不靳夫弔也水之潔也山之截也日月之光恆且烈也皆子心之精明强越者誰知之而與白兮視吾銘之晰也

讀熊魚山修聖廟序文　徐自新

子與氏云孔子之道不著人將相食士君子匡扶世

宙惟揭聖道於中天朝以致君野以牖民此其修廢舉墜之志可揭以告人而覺世礪俗之功有未可名狀者新潦倒邱壑昏昧無聞適接給諫魚山熊公修

聖廟序讀一過躍然興曰何幸耄年睹此盛舉新爲諸生時每與知己言他淫祠無論即三朝忠耿濯濯有靈僅當聖人之一體而賽禱於市資不斷煙歲爲莊繪廟貌爭葺理焉吾儒誦聖經博巍科膺膴仕家溫食厚荷

先師之寵澤何神何佛可擬其萬一誰供一炷香而動念於

聖廟之圮頹者夫昌明聖道轉移世風全惟鄉先達是賴乃循故事委之有司有司復委之有司坐令雍容俎豆之區鞠爲茂草風雨不蔽神將焉依且捐撲滿之藏麗餙平浮屠老子之宮而一倡百和彈丸下邑周遭五里許不數年而私建庵觀十餘所異端充塞聖道榛蕪人心之蟊賊不啻榱題之蟲蟻也綱常之淪壞不啻棟梁之垂絕也名分之倒置不啻石礎之傾攲也憂時君子目擊愴然隱隱痛異流瀉有不忍以

告人者砥柱中流惟明道以正人心反經以興庶民直於根宗處振刷揚厲日月麗天陰闇消耀夫光明此聖賢家法吃緊工夫將家喻而戶曉耳提而面命先正云個個人心有仲尼一番提醒一番新耳目鼓觀而心志移易凡有血氣者顧瞻宗廟之輝煌孰不瞿然易慮切仰止聖人之思夫崇聖教以息異端視梁公之奏毀淫祠韓公之廬其居作用不同而其挽回世道之功同是七篇後之一人也新持給諫交以語鄉人而首肯者十不獲一嗟彼穢穢子何足當知

言己而思之不且有詩書起家而守錢若命者乎又何怪目不識丁者也因不慙老耄而娶舌以告同志

赤壁辨　尹民昭

嘉魚赤壁之名尚矣有言在漢陽漢川者有言在黃州江夏者其言在漢陽漢川江夏皆無據若黃州本名赤嶂非赤壁或者以蘇子瞻之賦爲信不觀子瞻賦云此非曹孟德之困於周郎者乎乃疑似之言非定論也方操之未下也劉備在樊口周瑜於此會備進兵迎操樊口正對黃州何以言進兵迎耶瑜言於

權曰請得精兵數萬進往夏口爲將軍破之夏口居黃州上流二百里若以赤壁在黃州豈得云進往夏口耶操既敗走華容北歸之路黃州亘逼汝潁最爲徑捷安得復經華容也由是而觀赤壁非黃州明矣蓋赤壁初戰操軍不利敗於烏林今烏林磯在嘉魚北岸赤壁屬嘉魚豈不信哉

江嘉會詳四縣公修陶家馬頭堤塍文

主稿知縣　張其維

會看得嘉民劉學洪等呈控江民楊天德等滅古制等事一案緣自江夏亦磯山起上至嘉魚馬鞍山底長堤一道綿亘百有餘里保障四邑田地自宋迄今歷係江咸嘉蒲四邑分修去歲江邑士民楊天德等以無益有害具控　前院憲以江邑改築新堤夫役繁多將江邑分修陶家馬頭以上至夏田寺止三千一百三十三丈五尺批歸嘉邑修理嘉邑士民劉學

洪等不出遵依上控　撫憲奉批　藩憲查議詳報由　憲轉飭卑職等會議事關堤塍重大卑職等敢不悉心妥議以爲永久之計按堤內受水田地四邑有多寡之不同是以分堤丈尺亦有多寡之不同今以江堤丈數獨多改撥嘉邑易地觀之嘉堤不又多乎卑職等檢閱通志熊游二憲碑文知此堤有則四邑均受其利無則四邑均受其害利害相均勞逸亦宜均也今查江邑改築新堤計長五千一百六十七丈合之三千一百三十三丈五尺共計八千有奇較

舊實多覩三邑加倍平心而論合將此段堤塍分俵
四邑分修庶可永杜爭端其修葺費用不問之士民
即於各縣派定堤費內節省修理江嘉各三十兩咸
蒲各二十兩解貯 憲庫每年九月興工時於四邑
佐雜各官輪流委修如有盈餘留備後用倘或不足
再議加增則官修而民不擾民亦不得有辭以藉口
矣緣奉 批飭查議事理謬陳愚見是否有當伏祈
憲臺核議轉詳批示遵行旋於乾隆三年正月初
八日奉 湖廣武昌府吳爲滅古制卸陳案泣審劈

冤事乾隆二年十二月二十六日奉 布政司安
憲牌本年十二月二十日奉 督部院宗室德 批
本司呈詳查得江邑金口長堤前據江邑士民楊天
德等呈請罷修蒙 前憲批司查議當經吳署司會
同武守道議將陶家馬頭起至夏田寺止一帶堤塍
改歸嘉邑修築緣由詳蒙 前憲批允飭遵在案復
據嘉邑士民劉學洪等赴 撫憲呈控陶家馬頭堤
塍地屬嘉魚修應江夏請仍照舊例承修並據江夏
士民楊天德等呈訴先後奉 撫憲批司議報當經

檄飭武昌府妥議詳轉去後茲據武昌府詳稱江咸
嘉蒲四邑分築長堤自宋元明以來至
國朝康熙四年御史顧如華奏請修築工費以五分爲
率江夏築二咸嘉蒲各築一載在郡誌可考所有陶
家馬頭至夏田寺久係江修一朝改卸嘉民自不能
踴躍從事而江邑建築新堤民勞已甚又不得不稍
爲變通查江邑歷來承作堤工六千六百餘丈今以
赤磯山至陶家馬頭舊堤三千五百一十丈改築新
堤自禹冠山而至陶家馬頭長五千一百六十七丈

計增築一千六百五十七丈仍照往例亦應通融分
任江嘉二縣所議公幫堤費似爲妥協復行咸蒲二
縣公同查議俱各允服無異嗣後陶家馬頭至夏田
寺一帶長堤令江夏嘉魚二縣各出銀三十兩咸甯
蒲圻二縣各出銀二十兩共一百兩統於派定堤費
內節省捐出除本年已屆殘冬立待修築外每年於
九月中解府委員領銀僱夫修築核實報銷其餘堤
工仍照分定界址承修保固等情前來本司覆查長
堤之興廢四邑利害相均除分修外惟陶家馬頭至

夏田寺止歷係江邑承修一旦改卸嘉邑詎昔蹕躍
樂從今據武昌府行據江咸嘉蒲四縣酌中定議請
嗣後每年四邑出貲幫築江嘉二邑各出銀三十兩
咸蒲二邑各出銀二十兩共銀一百兩統於派定堤
費內節省捐出每年於九月中解府委員領銀僱夫
修築等語洵爲平允且衆議僉同應如所請飭令遵
照實力奉行其本年應需銀兩催令各該縣照數解
府委員趕築至所稱陶家馬頭以上三千餘丈非江
水頂衝之處老堤原屬穩固每年派費一百兩儘敷

修築等語亦應如府詳將江嘉二縣所請備有不足
再議加增之處毋庸置議可也理合具文詳請伏乞
本部院俯賜查閱批示飭遵等因奉批仰候　撫
部院批示繳奉此又奉　撫部院張　批如詳飭遵
仍候　督部院批示繳碑摹抄案存奉此合就檄行
備牌行府查照牌內奉　院批事理即便轉飭各該
縣遵照將每年出貲幫築銀兩務即照數依時解赴
該府交收聽候委修仍即遵照此案詳允緣由會同
另立碑摹永爲章程並取具各該縣日後不致推卸

違誤遵依同碑摹一併賫司以憑轉呈　院憲備查
均毋故違干咎速速奉此合將轉行爲此仰縣官吏
即便遵照將每年出貲幫築銀兩務即照數依時解
府交收聽候委修仍即遵照此案詳允緣由會同另
立碑摹永爲章程幷取日後不致推卸違誤遵依同
碑摹各五紙賫府彙轉備查迭將上年冬修工費即
日解府給委趕修均毋故違切速須牌

詳請派費募夫修堤文　張其維

湖廣武昌府嘉魚縣爲循例派費募夫築堤恩從民

便事乾隆三年五月初一日據阜縣六里士民李仕
大劉如川周昆池汪若梁羅三及李再清甘連輝涂
殿聲李彝柱劉近黎章公廉孔繼會潘識顏鄧遂成
魯惟可周憲章劉名可李銜宗程羲傳張美玉等呈
前事呈稱竊惟長堤一道江咸嘉蒲四邑照界分修
歷今八百餘載其承修之法不一咸蒲派費募築江
嘉照糧役夫上年江夏亦倣咸蒲之例派費修築現
蒙　各憲批允遵行夫築堤原以保護田廬百姓安
敢辭勞但舊例九月興工二月報竣嘉邑堤當險要

工程浩大春耕一刻千金應役必防農務況三邑既屬派費嘉魚亦可倣照茲六里民人公籲不設堤長不役民力出費募修其費銀按米均攤查六里堤米止有二千二百八十一石三斗九升酌工定議每年夫役及護堤松樁蘆柴所費不貲每石正米派銀三錢五分共銀七百九十八兩四錢八分六釐五毫另設木櫃隨糧按數自封完納市戥無耗倘有改築月堤之處百姓仍自出力挑築不在歲修之內仕等再四思維每年出力修築實不如出銀募夫之甚便茲

幸臺前視民如傷地方凡有益於民生之事罔不舉行況堤關四邑賦命自必一視同仁伏乞據詞詳請各　憲恩准民便勒石定案永爲章程魚山緣蔭盡皆甘棠六里子孫世代焚頂等情據此該卑職查得嘉邑分修長堤自馬鞍山起至石家墩止共三千一百四十三丈一尺繫下鄉六里士民按照堤內田糧多寡分堤丈尺自行出夫修築已多歷年所矣今據六里士民李仕大等環庭籲請循照江咸蒲三邑之例每石糧米派費三錢五分照依市戥隨糧自封投

櫃俾在官募夫修築均皆稱便等語似應俯順輿情聽其封納官爲經理募夫修築一切夫工護堤物料不役里民一人不取里民一物一歲之內堤垸有益農務無損且一堤四縣畫一辦理亦無甘苦不均之嘆至有補築月堤仍照六里士民自議出夫自行挑築方爲妥便第堤工關繫重大事屬更變成例是否可行卑職未敢擅便理合詳請　憲臺俯賜核奪轉詳批示遵行等因詳奉本府吳　批仰候核轉繳旋於乾隆三年七月初九日奉　湖廣武昌府正堂吳

爲循例派費募夫築堤恩從民便事乾隆三年六月二十八日奉　布政司牌開本年六月二十四日奉督部院宗室德　批本司道等呈詳會查得金口長堤一道歷繫江咸嘉蒲四邑分段承修其修築之法各有不同咸蒲繫派費官修江嘉繫照糧役夫此四邑從前修堤之例也後因江邑照糧役夫民多苦累於無益有害等事案內請照咸蒲二邑之例派費官修詳蒙批允飭遵現在遵行在案止有嘉邑堤垸仍照舊例役夫民修未經更易今據武昌府詳據該

縣詳稱查得嘉邑承修長堤自馬鞍山至石家墩共三千一百四十三丈一尺繫下鄉六里士民按照堤內田糧多寡分堤丈尺自行出夫修築今士民李仕大等環庭籲請循照江咸蒲三邑之例每石糧米派費三錢五分照依市戥隨糧自封投櫃官募修築均皆稱便似應俯順輿情聽其封納官爲經理一切夫工護堤物料不取於民其派費銀七百九十餘兩容俟今冬先試一年一切夫工雜費按日登記工竣造册賫查如有盈餘留爲下年充用至另有應築月堤

之處飭令里民自出工力不在歲修之內等情由府核轉前來本司道等復查江咸嘉蒲四邑承修長堤原屬一轍今江咸蒲三縣均係照糧徵費官修已有成效而嘉邑士民籲請照例循行似應俯如所請一律照糧派費官爲董理所需一切夫工護堤物料概不取之於民其所徵費銀市戥無耗飭令該縣另立一櫃徵收或銀或錢聽民自封投納每年歲修亦應嚴飭承修之員實心辦理務使絲毫悉歸實用不得於中侵扣有干察究仍於興工之時將各處堤身某段單薄低矮應行加修若干需夫若干某段坍塌坐裂應行培築若干需夫若干共需銀兩若干逐一確實造具清册賫查俟工竣之日將實用過夫工銀數有無餘剩若干備造細册申賫核銷其看守防護事宜均照江咸蒲三縣事宜辦理倘有應築月堤令民另出夫工備築可也是否允洽理合會詳呈請伏乞

本部院俯賜查閱批示飭遵等因奉批旣據士民情願循例照糧徵費籲請官修均如詳飭遵仍候署

撫部院批示繳奉此又奉　署撫部院批如詳飭遵

仍候　督部院批示繳奉此合就檄行備牌行府查照牌內院批事理即便轉飭遵照循例照糧派費募夫官修仍嚴飭承修之員務期實心辦理毋得絲毫侵蝕擾累有干查究未便毋違等因奉此合行轉飭爲此仰縣官吏查照牌內司檄　院批事理即便遵照循例照糧派費募夫修築務期實心辦理毋得絲毫侵蝕擾累有干查究未便毋違須牌

長堤詳文　張其雜

查看得嘉魚縣馬鞍山起至江夏縣赤磯山止一百

二十里長堤一道乃江嘉咸蒲四縣之命脈也其所關利害堤志詳矣卑職毋庸多贅姑就所親歷者言之自雍正五年大水而後此堤略存形迹是年十二月內奉
旨揀發卑職同傅百揆等候選十員來楚辦理水利事務雍正六年正月到省奉委督修咸甯蒲圻二縣堤塍六七兩年始得成功此二年江水未經上岸堤內外二麥大收五穀豐登此時尚未見堤之有益也迨至八九十十二三五年江水泛漲堤外二麥顆粒無存

堤內獨得無恙麥秋後一望汪洋外江內湖中存長堤一線秋苗淹沒房屋傾頹居民僑遷其上五載之間相繼如是至雍正十年水與六七兩年同夏秋俱登民受其利本年水大有夏無秋民得免飢是四縣之潮民一年之計止在二麥而二麥之有成實賴此堤於是始嘆此堤之不可少也彼時惟蒲邑百家口水衝過甚卑職建一月堤長一千四十餘丈筋疲力竭心血耗盡今一旦議廢前功盡棄數萬生靈俱爲波臣且蒙
皇恩發帑尤不可私自議去也茲奉
憲飭議詳合將目前情形據實詳請　憲臺電核轉詳并將里民所呈堤志一本并呈　憲鑒

魚嶽山辨　尹貴彪

邑城西里許有山斷岸孑立砥柱江濱夏月水漲時拔起波濤中有魚躍之象故名唐保大年間以其地有是山因以名其邑是茲山乃嘉邑錫名之始鍾靈毓秀茲山爲最洵活潑潑地於躍有合也胡乃訛躍爲嶽殊失其眞夫鳳鳴於岡鯤變在海各於其所魚

處於嶽其有幸乎泰衡華恒稱嶽不稱山稱山不稱嶽安有疊者是於文爲不類於義爲不祥詩曰魚躍於淵又曰於牣魚躍明明洋溢天機吉祥善事奈何易之前輩於續志凡例中已指其訛而弗爲更正蓋以其相沿久故也茲爲之辨以決其疑他如尋鐘秦鐘諸類訛舛枚舉彼無乖於事理固可存而不論云

赤壁攷　張宗軾

按水經述江水源流至今巴陵之下江水左逕止烏林鄽道元注云右逕赤壁唐元和志赤壁在蒲圻縣

西一百二十里北岸烏林與赤壁相對即周瑜焚曹操船處圖經云在嘉魚西七十里蘇公指黃州赤嶼爲赤壁不知周瑜自柴桑至武昌縣樊口而後進軍遇操於赤壁則赤壁在樊口之上明矣今赤嶼與樊口對岸何待進軍而後遇乎又赤壁初戰操軍不利引次江北而後有烏林之敗是烏林當在江之北赤壁當在江之南今赤嶼在江之北其非赤壁已無疑議可知

建言罪狀補遺　熊開元

開元嘗三復大人格君心之說以爲古今上理端必由之而竊有感於三代而下學術衰微眞儒罕出間有一二明道之士往往沉淪困抑不得與於斯位其起在斯位者非王霸道雜則姦婪性成至人主崇禮飭法委曲以格其心之非而終不化未嘗不拊膺歎欲絕也歲壬申待罪掖垣目擊傚陋思有以匡正之因爲平天下有道疏勉效忠規言頗危當事恚乃借催科政拙鐫二級調外用莽則植蘭則鋤從來壬人不可與莊語類如斯耳開元乞假歸山居十餘年嘗與同社侍御史前太史氏金聲談當世之務輒相持泣壬午夏入都見主上考擇言路陟授京卿咸賜對政府諸公及六曹之長則不時坐而論無寒暑輟也竊嘆曰主上求言至矣卒未有以安危至計陳左右者顧安得一時淸讌詢及芻蕘使開元畢其愚慮乎十一月上旬得虜入犯報開元應詔上六條首以提勉人心入告且曰俎豆未能言言及軍旅臣大罪蓋未嘗一日敢忘所學徒以堂廉隔非楮墨可爭未竟也又十一月十九日上御中左門諭云奏事官有當

密奏者具本來開元前奏云臣初六日所奏不過圖虜一端尙有至計未盡披陳欽蒙聖諭當退而具本但微臣繕寫不恭假之書識又恐洩漏願俟諸臣對畢然後奏聞上云准爾所奏開元遂承旨起聖駕如德政殿召輔臣云先生每進來輔臣入開元前奏云尙書曰爾有嘉謀嘉猷則入告於內周易曰君不密則失臣臣不密則失身臣所言願輔臣亦暫退輔臣請退上慰留至再開元復奏云臣所以爲是委曲非有所私將以成君德存國體惜人才今若是不言不

得也因奏皇上求治而日以亂必有其故上云是必有故云何開元因引朱子所言奏天下之治在人主方寸間朝廷一二人今皇上方寸間已無間然惟此一二人喫緊等語上云朱子所言自是正理朕受天地祖宗付託時時返觀方寸靈臺豈能無間全賴大臣輔弼開元奏云皇上聖不自聖求賢自輔固若此使大臣皆以皇上之方寸爲方寸天下太平久矣開元復奏一二人得人難病得醫一二人不得人如庸醫悞人危在旦夕等語上云奏對有體何得言病言

藥開元承旨云微臣死罪開元復奏見賢焉然後用之等語上云見賢焉然後用之見字最重要見如何是賢開元奏云誠如聖諭若庸人在高位相繼爲奸人禍天災迄無衰止上云多事之秋責備人主責備大臣是大題目但爾胸中或有人欲用乎開元奏云臣方奏國人皆曰賢然後察之臣敢以一人爲賢而求皇上用之以一人爲不賢而求皇上舍之耶輔臣旋跽奏引咎上云天下不治皆朕之過於卿等何與開元復奏數語上云空論人才無益要論事功開元

奏云臣正是論事功上云軍興旁午多有小人挾私罔上爾必有私意開元奏云臣如有私乞勅輔臣面奏臣何所私輔臣奏云熊開元向在言路其奏疏多可觀者若未敢以質之公論決不敢面奏上云着他補本來開元二十一日補本二十三日朝畢上宣天語命錦衣衛收行人司副熊開元朝臣皆色變錦衣衛詰直宦脫去開元幭耳併頭上進賢持至午門外有頂大金吾駱養性出又持詔錦衣衛提牢廳遂入獄開元方與寇賊奸宄囚首一室忽青衣帽一人

夜至卧榻見開元方栩栩遲明始去二十四日大金吾至獄卒持開元出時天氣嚴寒手械厚二寸許貫鐵柱中偏加以鎖兩手直前不得屈兩脛繫鐵索既至廳事跪左右號呼並作擲梏楊階下如地欲裂聲賴此中無忝怍色不撓既金吾亦以聖旨次第問開元僅吐其初意在斥首輔延儒是夜開元還獄徘徊四顧屹然若鐵圍山想開元山居時嘗以斯道來明歲爲百日關瑾戶獨究僅留簀二逼飲啄除糞掃眷屬不相關頗類是又深念陽明先生處龍場驛時從

者皆病獨析薪作爨亦猶是究味乎十二月朔金吾早來獄卒持開元出比至廳事讀聖旨百端榜掠求主使者實無有可牽金吾終不信更掠至垂斃始還獄明日又訊如前復命還獄初四日金吾押送刑部獄卒取梛斗一長二尺有奇罝被其中納開元卧焉然後授以繩舁之往弱首卷踏無復人理右人有謷策語謂浮生之易盡也如牽猪入市進前一步近死一步信然哉比到部蒙頭入獄不如道所從罶榻上左右顧家僮數輩向開元流涕開元曰忠而

不孝洒泣而已翌日得醫人診視日授之湯藥乃漸起乞覽待罪諸公各邸報知九卿科道有公疏論救致皇上有是何主見成何政體之詰則開元存沒固在未定之天然活一日得一日賜若初四日不能脫詔獄隸寘籍久矣初七日署司事主事劉沂春偕員外郎吳同春取閱元會訊值病亚劇不能致詞十八日待罪諸公持心經索開元解為之誦一過亦不知升搓頻中何以有如是穢惡也二十一日付左右盡頭家書一函大約云君爾忘身義不遑返顧兩歲嬰

大病皆當死不獨法能死人但孝道有虧不當葬先人墓左已誠從人火而棄之一門老穉不須重致念也纔付畢吏卒哮喊至捲室中衣履殆盡然後以開元行比至鐵門諭人曰殺我乎人曰殺則裸而往爾衣冠爾爾耶前至孔道或餉以巵酒人意謂須臾且死何飲焉開元曰何愧天地而不於此飲乎飲之既左右顧惟刑部員外郎門人吳克孝衛訇送出部他或並長安門相顧望及入長安門至承天門亥端門觀者林立無異初被逮時候有間司理大璫東廠大

璫及大金吾至午門外讀聖諭畢取開元上下縛擲地如制狗然然後杖杖甫下不審何故卽昏斃明日詢之乃知主上以不審不招為欺藐徇責刑部堂司官回話同姜埰各杖一百云杖畢承以布械舁出長安門納梛斗中如前日行數武或灌以童便旣入獄獄中有老手視兩股若浮瓜急索刀解之血仰射如湧泉須臾滿二鑵醫者至謂必得吐與下始生耳明日甦果吐且下左右備述先一日事如右當其時不覺也大哉不覺遂能度如是衆若不然神非馬尻

非輪豈能如醉人墜車而神不受乎奇哉不覺復能
具如是衆若不然周夢爲蝶蝶不夢爲周又豈能如
沒人與濟俱入與汨俱出乎下至再不意杖後鬬血
腫而成火雖服大黃巴豆堅不動已導以猪胆汁乃
通凡十晝夜睫不得交其苦殆未可筆述也開元嘗
與人論世界有豎有橫多不信今彌月飮食唾溺矢
溺莫不據枕則安離枕則危雖使人扶持終不能自
舉一寸許此非以橫世界爲世界乎開元嘗歷齊豫
値歲大凶見道旁棄置小兒若羸蟲蠕動竊哀之今

展轉反側時恃腦時恃脊時恃腹無異乎蛇草上行
鰌泥中伏也若是向來稱有用者盡化爲無用而無
用者乃盡化爲有用抑又異矣癸未正月七日左髑
敗膺脫初八日右亦脫以爲庶幾有瘳不意痛旣緩
緩已復痛如環無端醫者未如何也嘗竊自禱幸邀
浩蕩恩得生入里門拜二人堂下蹣盤躃不中斑斕
舞視萬劫長辭樂無逾矣二月朔已往痛稍瘥創口
漸合倚坐牀上遂不復如向者未處之巔嗟乎開元
得至此蓋萬死而一生凡有人心莫不哀其愚癡以

身贖臺臣孫鳳毛顧從旁下石謂開元面奏科臣廖
國遴楊枝起實使之將以枚卜禮臣丘瑜擁戴閣臣
陳演也疏甫上鳳毛厥疾暴終而臺臣李陳玉科臣
曹良直復拾其餘加功焉此其意不過以皇上任延
儒切將就斃開元以爲贊於延儒而不知於延儒非
便也延儒昔年總百揆廷臣常交章論劾未嘗曰誰
使之也何獨於開元而不然開元當日亦嘗有平天
下疏謬效他山未嘗曰誰使之也何獨於今日而不
然總之事逾十年人心日下姜埰發論匡弼至爭猶

幸元按劍而開元齒路馬遂惟恐其不速殲甯獲罪
天無失寵媢感繹王孫買事不知溺何從矣賴聖明
燭照下旨云孫鳳毛旣遭憲綱互糾何又互牽枚卜
擁戴於是演與瑜咸請斥皆不許而臺臣曹溶抗疏
發李陳玉挑激延儒並白開元無罪亦不加譴責曹
良直手疏請誅開元及大金吾則竟寢而不論可知
天地之大無私覆載疾風怒雷總屬深仁但開元罪
大惡極死不足贖終未敢作生出獄門想也五月二
十四日有聖諭議延儒朦蔽推諉等事情開元聞之

不禁慟淚闌干不止苟非藉高厚苟延旦夕日暄雷動首當於泉下見之矣二十七日廷議入賴皇上敬大臣終不渝雖諭旨溫嚴當之者甚於斧鉞而賂費馳驅有賜感福之移猶不甚懸絕善善長惡惡短庶幾其近之矣六月四日忽奉聖諭謂天氣炎熱文武各犯即日察明羇保速結開元得從諸公後出鐵門旣到寓病不能見客而故人戀戀猶有排闥入者凝眸審視眉目衣履皆如數世以前曾相會晤不但隔一世二世而已居數日家人自楚來備道畔兵作亂

家門播遷流離萬狀又云老父老母聞鷄即禱於天當食則廢箸而泣天乎上不能創平禍亂遺親以安下不能裹糧執策從親于邁徒以死喪戮辱重之憂是尚可以爲子乎又數日得鳳督馬士英揭謂叛兵赴調取道新安爲鄉虜殺無遺地方長官及鄉大夫金聲當坐抵請逮治夫聲亦開元邑人也邑中先後爲吏部給事中者三人一爲尹民興曾祖相忤奸輔嚴嵩一爲民興外祖李沂論大璫張鯨逢顯皇帝怒皆下詔獄廷杖一爲開元無言責久可結舌矣然不免御史亦三人一爲孔一爲游士任一爲聲彼兩人皆下獄猶曰其官則然也聲屏跡學道無求於當世十餘年與開元無異也所遭固若此扃南山可以爲固耶然相與沂皆以論定起奉嘗不仕孔與士任亦脫罪歸里以養終若不官臺省亦嘗忤權貴逮治如兵部尚書李康惠承勛工部尚書吳淸惠廷舉且以德業爛然爲國名臣享天年甚永獨開元聲所犯皇皇不可測其德衰固宜其報爽歟七月初九日處暑還獄至二十四日忽聞上御中左門盛陳刑法召御

史蔣拱宸入且逮吳昌時質對延儒輩亦遣緹騎往收而兵科給事中方士亮郝絅職方郎尹民興又以延儒株累下法司擬問嗟乎一夫播惡誤蒼生無算矣復士大夫是誤如嘉魚一小縣旣有開元復有聲繫之獄已堪咋舌今尹民興又繼之使主上有成康文景之心而不克收刑措之治小人肉足食耶九月朔奉聖諭令情輕已結各犯先行保釋候旨開元遂省發在外亦猶六月中熱保也十六日以不簡奏輒取保責大司寇司寇恐復收開元等入獄夫刀斧餘

生荷聖明宏宥得暫緩須臾死雖長縶囹圄覩故鄉
父老肝腦塗地猶有人鬼之隔復何恨所縈懷者古
今抗言之士抵觸權要如魏元忠楊繼盛輩或於身
後或須數十年事乃自開元所經楚毒皆旦夕不可
支幸不死而奸人孱敗不旋踵身親見之莫不謂大
聖人舉動度越千古開元際遇若茲亦簡冊中佳話
之不可多得者使從以刑書未定罹患陰陽澨先朝
露終不得生還一瞻覲吾父母合憑弔古今者其嗟
闕事恨矣恨矣十月終同社金聲以總兵官唐通入

奏暴其忠上因念虜初犯惟聲請纓其用未竟十一
月部議入遂令以翰撰來京陛見而尹民與同事之
郝炯亦取赴河東立功自贖兩人一逮而未至一至
而未問俱顯肅皇上亦何嘗有成心必欲墜人臣九
淵二十三日吳昌時同封疆督鎮已棄市待罪諸臣
人人震恐時延儒亦被逮至京師夜簷招提畫則詣
國門俟命往返僕僕醜情百倍凡有血氣莫不嗤其
辱國延儒猶欲以此乞憐主上夫承恩而面謾被逮
而不前路人知之矣僞恭於此數日而欲主上憐之

不亦愚乎十二月初七早傳有諭旨下法司勒延儒
自裁愧國伏辜無足惜但三公去天子一階程子曰
刑不上大夫尊主也今若斯不能不爲國體乎致傷
矣向來人情疑怖謂延儒罪未大著開元之出入未
可卜也至是則兒童走卒莫不稱開元有摘發功好
音當在眉睫十四日蒙聖諭勅刑部官民犯暫行保
出頗有欣欣來告者比至午而老母凶聞至矣生貽
之百憂死不能一視郎無罪遄歸已無解於終天之
恨乃司寇請保疏尚不敢顯開元姓名又何敢他覬

望斷白雲奔號無路而來役所傳故國坵墟家人窮
徙狀猶非耳目所經聞見他壯者無足惜父明府公
垂老顛連罹斯百痛開元眞不可以爲人不可以爲子矣
十五日傳有依擬聖旨衷情感發躃踴悲號瞻天下拜而
科抄未至終慮有差池比至暮部檄來取出獄乃敢啟
前所斷門扉向諸公拜而別之也嗚乎士致身爲天
子使至於削籍下詔獄廷杖繫西曹掩歲月而後擬
遣亦云至矣乃得之者如捧毛義之檄而開之者亦
皆彈貢禹之冠何也則以生死方之窮達生死有大

焉者也十七日獄卒錄原招使人押送兵部閱元若而讀之不勝嘆又不勝喜也高皇帝制律極詳且慎嘗戒後人毋得增損一字內一條曰假以建言爲由將曖昧不明事情汚人名節者問發充軍立法之意重在汚人不可易也今略其詞爲假以建言爲由曖昧不明遂擬遣使引用律文而咸若是也雖欲論開元至死患法不備哉然亦幸而略用之耳若全用汚人名節字則延儒之獄無所歸朝廷不任受開元無出獄期矣十九日兵部按欽定刑書附近二千里僉

得杭州衛二月朔策蹇至大明門外叩頭畢乃行延望朝廷多雲深渺向欲作堯舜君民吾身親見之想而今已矣出國門外西山積白未消南圃小青初試如鸚鵡辭鑠醯雞脫甕君恩與世界俱寬不自知何以得此也行數日入濟獻縣以南衰草接天日行數十里未見一寸鳥毛極目蒼黃大似洪荒未闢而饑豺哮虎復時礪其爪牙與念斯人又不禁喟然嗟嘆此意入膏肓經百千鍼灸莫之瘳可笑也二十四日抵邢州乃知尹民與[illegible]春皆杖牘省發夫民輿從觀

師嘗與延儒忤本不應以延儒得罪既得罪矣而聿之速自顧若茲甚矣人之易於受禍後先一轍而終始成之亦後先一轍環海之大求兩嘉魚無有也三月朔抵姑蘇則金聲在焉備發開元所錄述悵君父之深憂哀友生之厚痒竟日夜不能語噫嘻泣而已初三日過吳江吳江爲開元舊遊當日所爲視俗吏不無別以聖賢理道事求之則不如意事十有八九乃父老子弟傾誠來謁莫不喜其至而悲其遇似開元於地方可幸無罪者此自若耶由中人厚道開

元之政夫豈能及此哉初七日抵杭州著伍所司亦甚哀矜無相阨者進而禮陸忠宣之祠拜岳武穆之墓因思二十年前嘗謁楊忠愍廟貌見遺像正笏於上嵩黨臚伏於下大類此又不勝悲且感也由當日所爲固不憚與諸君子相從地下然骨留而貴孰與夫曳尾塗中之爲得耶江南稱下濕川獄所蒸時時作楚思之誠是廢人而西湖樓與船不妨人坐臥略得從枕上几上與雲山識面視向者畜乎樊中不啻幽明絕也第積漸以來人心死解牆惟肘腑呼吸變

生東南一片地未可恃爲久安何以防患於未然廻
瀾於既倒公爾忘私願有位究圖之不至與亂同事
桑榆之收恃此矣是役也開元初下詔獄舉朝背力
爭上前未嘗有異議自劉宗周逐而延諍者沮矣自
徐石麟再逐而萋菲興矣孫鳳毛之死咸云天厭瑣
闈中猶有爲請䘏者使延儒遲數月不敗分茅錫爵
豈在甫林諸人後哉詩曰營營青蠅止於棘疾讒夫
之高張也君子如祉亂庶遄已慶主德之不終衞也
瞻彼中林侯薪侯蒸言天道之邇也後之覽者誠有

感於斯文其亦可以興可以觀可以羣可以怨也夫

涂平甫方伯殉難事略續編　柯茂枝

方伯諱文鈞字平甫湖北嘉魚縣人道光己丑進士
授工部主事累遷浙江道監察御史今上初登極以
劾大學士耆英受特知直聲震一時咸豐二年三月
由甘州知府擢江南鹽巡道八月至江甯時粵逆方
攻長沙先生卽以籌防爲言同官哂其迂十一月賊
竄岳州江督陸公奉
欽差大臣之命自豐北工次返省檄先生挑濬城濠綜理修

防事宜先生悉心經畫夙莫不遑三年正月陸督師
敗於楚境退保金陵賊艘蔽江下舉城惶恐士民紛
紛遷避先生請倣郝昭守陳倉之計會城內外戶出
一丁三十萬衆可得以二十萬更番守城十萬出城
禦賊自洪武門至太平門一里一營每營千人多張
旗幟以待援兵賊見營壘多不知虛實必不敢攻援
至內外夾擊不獨城可保賊亦可破當事壯其言然
羣以向提軍援且近池深城高足恃遂謝勿用二十
五六日賊來愈衆城門俱閉官紳欲獻束手先生又

言城東北乃用武之地防禦尤宜慎密然已知七十
里之城數千人不能固守與同官相誓以死報國恩
會楊撫軍分兵趨鎮江布政祁公宿藻歐血卒陸督
委先生署藩篆總籌防局務招勇萬人登陴而城外
無兵賊恣焚掠二月初十日賊晨用地雷轟陷儀鳳
門遂入城陸督日中率衆巷戰死之方伯時亦率勇
戰於奇望街格殺數十人俄賊大至不能禦死之逆
黨支解其尸越日駐防城亦陷祥將軍厚死之然同
時死難者惟先生最慘酷云嗚呼茂枝以咸豐九年

遊金陵方是時江南八府全盛文物富庶爲東南最聽人談粤西兵事如在域外豈意其不轉踵而罹於塗炭哉夫以會城方七十里總滿漢兵纔四五千人守之而賊眾乘上流之勢挾新勝之氣長驅逕薄攻吾不備此雖習戰之軍有難兼顧况其安宴恇怯者乎向使先生之計得行據鍾山阻龍江更迭出戰恫以虛聲旦晚援兵會金陵當可不失而事機猝值忠智俱窮此亦勢使之然非必謀之不臧也庚申余入都遇江甯張君某述先生事於悒泣下張君客先生家十數年城陷始脱身出其所言當信余既嘉先生之節而重悲丁其時者之同爲不幸也謹記其略於右焉

策

亘省緝捕無分畛域策

涂文鈞

犀盜鼠竊貽害閭閻盖緣州縣失教養於先復避彈劾於後既無發奸擿伏之明且存此疆彼界之迹所由竄伏蔓延游魂假息而莫盡其根株也竊謂除盜之法有二盜之伏而藏也必有奸人之雄爲之囊橐將藉里魁伍百花猾發其窟穴者則利用緝其由而刼也必有桀驁之材爲之牙爪將藉超距引强能力制其死命者則利用捕而其要莫如亘省大吏督率其屬俾一心畢力無分畛域則尤爲緝賊之要法捕盜之良規也夫盜賊發而未獲官其土者令長與營弁皆奪職誰不思職守而奮庸顧令甲而生懼而其鄰則帖然也其遠縣則尤帖然也法所不及則置若罔聞議所不加則互相推諉夫州縣思避罪未嘗不思邀功今使大吏令其屬曰獲一盜則免甄劾不問其爲郡爲縣爲鄉爲亭也且獲一盜則驟加登庸不問其爲梁爲雍爲豫爲荆爲揚也於是盜雖桀黠何所遁於光天化日之下盜雖縱横末由免於法嚴全

具之世若張敞之治京兆黃霸之治潁川桴鼓不鳴
盜賊屏迹豈非驅策所屬一乃心力收臂指之效歟
我
國家久道化成里閭安緝固已道不拾遺人懷自厲即
或發篋扶囊偶有竊發亦不旋踵蔵伏厥辜也緝捕
得人不分畛域而除莠安良之道得也

論

克己復禮論　　欽取第六名補授御史涂文鈞

人受天地之中以生有五常之德而恆性立有五倫
之序而達道行大之爲輔世長民之原細之有動作
威儀之則所謂禮也故論性之初則堯舜與途人同
一稟也孔子與十室均一賦也而論氣質之殊自非
上聖與天合德而絕去固我之私動容中禮亷不假
修持之力者則凡大賢以下皆不免隔於形狃於習
而有待於戰勝之功恢復之力焉古也有志克己復

禮仁也昔者顏淵問仁孔子以是告之蓋仁者天德
之元天化無心惟以生生不已爲心而人性即稟之
以爲仁顧專言仁則但爲渾全之體而所以爲仁之
方要必循之於禮天高地下萬物散殊而禮制行是
其生生不已之中默寓乎天秩天敘之妙其在人之
受是性者一視而同仁篤近而舉遠同有自然之節
焉因慈孝友恭之性而生揖讓坐立之儀又有自然
之文焉而莫能允蹈者豈非以形氣之私牿之於先
而耳目之緣復誘之於後哉大克能也勝也春秋書

鄭伯克段于鄢蓋隱若敵國故稱克焉已之不易克也若是非有與衆絕慮之鑒不可與之造徹非有百戰不殆之勇不可與之任重故其始約之於極深研幾之地若我之所本無而其後履之於欲盡理純之餘實我之所固有記有之仁之爲器重而道遠舉莫能勝行莫能至也故先儒謂至明察幾至健致決而孔子之門微顏氏不得而與聞信矣

武王大孝論　朱命基

孝庸行也固人子所當自盡奉以終身無貴賤老少

一也顧欲自盡而不克盡欲奉以終身而不獲終其身此又人子所無可如何者獨有一子焉身爲儲貳年至耄耋能盡事親之道而終身以之豈非古今蔑以加者哉子曰舜其大孝也與言虞舜德遇並隆克滿乎孝之全量也又曰武王周公其達孝矣乎言武周盡倫盡制爲天下所通稱之孝也自古孝稱虞周尚矣經史所載言之綦詳子特提唱而極歎美之誰復能贊一辭耶然子惟以舜爲大孝而以武王爲達孝豈達孝猶有所不足於大孝與予讀文王世子一篇竊有感焉文王之爲世子也鷄鳴而衣服日朝於寢門三食上必在視寒煖之節後武王帥而行之考二王事親之年文王受命惟中身其爲世子問寢視膳當在五十以前事武王未受命文王崩之歲武王年已七十餘自爲世子至此諒無日不帥行之記云文王九十七乃終武王九十三而終錫齡云云姑勿深辨第此二語綴於文王有疾武王不脫冠帶而養之末其奉以終身可知夫以耆老之聖子養期頤之聖親孺慕之愛勤勤懇懇迄今猶可想見其孝道克

盡終其身弗衰此尤爲人所難得而難能者故論舜之大孝必語以尊富饗保武王亦能尊富饗保謂之纘緒而未以大孝稱之稱其孝者惟求之問視寢膳間則尊富饗保之孝誠大矣問視寢膳之孝亦豈小乎哉孟子曰大孝終身慕父母五十而慕者予於大舜見之矣今以武王之事觀之亦曰大孝終身養父母七十餘而能養者於武王見之矣則謂武王大孝亦可也故特表而出之以爲凡人子之欲自盡克終以孝道奉其親者則焉

與學中諸友人留別書　何遠鑒

吾施於湖北爲極邊郡吾邑又在湖南四川萬山之間凡四方之宦遊於斯者咸擬之爲桃花源云自
國朝雍正間始入版圖風氣初開搢紳通籍者尚不多人生其地者不免有孤陋寡聞之慨焉余少時讀書頗溺於神仙聲律之學年二十從武昌余耐園夫子遊始知聖賢自有學問文章不外六經每當執經聽受未嘗不悚然正容怦焉心動至今猶想見皋比坐擁時也質拙學淺究未盡其蘊奥年三十受姚江朱

久香夫子知與選拔旋濫厠賢書光陰荏苒於茲又二十有三年矣其間公車三上風塵僕僕迄無所成今年春司鐸沙陽自慚固陋於道未聞竊就平日所得於父兄師友者爲諸君正告之嘗謂性情者學問之要歸也學校者人才之根本也人自有生以來得天地之氣以成形而理即賦焉有是理故仁義禮知智信五者具焉是爲義理之性書所謂道心惟微是也有是氣故聲色臭味安逸三者出焉是謂氣質之性書所謂人心惟危是也然古今聖賢言性俱以義理爲宗而氣質弗性焉者見人當以義理爲主不可使氣質用事也孔曰相近孟曰皆善其斯之謂與慨自士風之靡也甚者以聲色貨利戕其性稍知自愛者又以意氣已見汩其性其流弊雖不同其原於氣質用事則同也此即高才能文章掇巍科居要津必至悖乎天理拂乎人情作不順而施不恕究於國家何補耶然此豈其本性哉抑亦入學之初無人爲剴切以講明之耳憶建學明倫伊誰之責與今天下需材亦孔亟矣吾以爲欲建事功必先理性情欲理性

情必先變氣質而正本澄源則端自秀才始沙陽實人才淵藪風節文章史策昭然山川之靈秀如昨當有聞風而起應運而興者夫人之立身不外言行兩端諸君於言動之閒輒自思曰何者爲有害吾仁何者爲有害吾義與禮與知與信時時存養念念省察吾見自勝者强無欲則剛將應事接物純乎義理而氣質無權焉由是本性情發爲文章由文章徵諸事業處則爲膠庠之羽儀出則爲國家之柱石庶不負
朝廷造士之意乎鑒老父年近八旬山川悠遠迎養未

能捧檄之心莫釋倚閭之念行將引疾歸養與諸君聚晤之日淺與諸君期望之心長也果能遵聞行知千里几席不隔雲山也臨別贈言知我者諒之

重修嘉魚縣志卷之十二

五言古詩

○赤壁

明　林鴻

曹瞞窺漢統東西朝諸侯鼎足猶未分屯蒙迷九州
桓桓長沙裔歘起揮干矛兩雄不並立固知定相謀
朔風吹旆旌飛霜肅貔貅飲馬涸天塹投鞭塡山邱
建業既震蕩羽檄如星流衆議徒瑣瑣獨斷誠嘉猷
拔劍斫玉案揚旗走輕舟周郎揮白羽談笑有良籌
馮夷鼓駭浪箕伯縱石尤烈燄蕩萬壘飛灰喪千艘

論功已顯赫返駕誠包羞再光東都業一洗瘡痍瘳
往事旣漫滅山川尚綢繆昔聞龍虎爭今見麋鹿遊
峭壁掛海月洪濤漲江秋訪古弔陳蹟開鐏發冥搜
醉來臥烟霧天地如蜉蝣

仰高亭

行人　羅如墉

緣源渡柳徑尋幽入松扃卻步龍潭山遂登仰高亭
後有新亭建八面開窗櫺前有百尺臺花木多芳馨
宛如蓬萊島絕俗通仙靈是時日向暮山雲陰滿庭
清風颯然至松聲自泠泠主人甚愛客坐倒雙玉瓶

夜深氣肅肅秉燭光熒熒飲罷出江上碧空爛明星
剡後屢回首惟見山青青

○前題　明　莫震

名山號龍潭玉立何崔嵬上有仰高亭文光燭上臺
公餘試登覽佳興眞悠哉況值重陽節滿徑黃花開
偃息坐亭上清風颯然來旋采黃菊英滿酌鸚鵡杯
酒酣發長嘯浩氣充九垓遠樹日將息飛鳥投林回
此樂復何有賦就慚非才

前題　明　韓陽

殿宇既輪奐崇岡架斯亭下瞰大江水瀰漫復洄瀠
衆木供近翠諸峰獻遙青
宣聖道高妙何有聲與形優優塞天地萬古恆不停斯人
重懷仰日日新湯銘始功顏氏子言動與視聽天驥
脫塵鞅一舉凌高冥

○湖西義學　刑部主事　姜麟

先民啟義學原田隔家塾青衿沓朋來戶屨不可數
里閭絃誦聲授受關年數時異勢亦殊興廢幾今古
鐘簴既已移頹然尚遺堵孫子多象賢人物邁全楚
中丞秉清風流風到民部東嵩連大崖人龍更文虎
家學四百年歷歷皆可譜義方匪開先繩祖誰接武
洴潑洞庭西倘許尋墜緒

湧月臺　明　游士任

登臺一長嘯鶴驚雲欲徙極目盡太虛太虛正如洗
光浮石骨寒沫噴金沙起蕭然見短碣錐畫逼籀史
著蘚食斷紋古香從荒圮依稀聞鐵笛梅花落其裏
北下豁古洞可有青泥髓

○嘉魚口　明　謝邦柱

犀山枕江灣烟雨洗姿顏忽然屏扆立我愛嘉魚山
廻谿瀦而泚山上生蘭芷入江化洪濤我愛嘉魚水
愛山思結廬愛水思釣魚懷哉千古人清淚落衣裾
扁舟宿江驛山寒水容碧欲和甘棠篇勸彼溪上石

雨中看鳳凰山　明　任宏震

山趣自翩翩光彩日夕變霎雨雲晴怒斯須積蒼靄
庶幾混沌先無處問苞絢風力不肯靜彌空作瞋眩
披雲離合之首翼倏忽轉雲繚山頹沓連蜷不能睊
倪標未可緣青冥眼莫薦暢哉一雨過淡出當軒面

贈西湖雲隱李德良　以下酬贈　錢習禮

微波浩平湖浮雲翳修渚鳧鷺相翱翔漁歌起前溆中有隱者廬芳菲襲蘭杜茅屋書氛氳依微見疎樹高卧北窗涼荷衣夏無暑攜琴欲遠尋遙疑不知處

節婦吟　任氏　明　李滄

閨裏抱孤兒夜深淚藁砧冰霜至白首鐵石同丹心紫泥旌節婦爲繼柏舟吟萱花一夕瘁慈烏託北林母子無親者何異獸與禽我歌發潛德庶以爲俗箴

又

風俗日以衰朝寡暮謀姻何如李氏婦不愧泉下人紅顏守空幃白髮良艱辛奈遭親戚薄厭此孰養貧大節愈光耀完玉同其貞願將和血淚風裏揚輕塵

○又

碧梧有孤鳳哀鳴引其雛豈不同鳳穴託身奉老姑口訓燈下書手辟閨中纑自持風霜苦何負黃泉夫白璧誠如月團團一輪孤百年明皎後長爲照嘉魚

擬遊白雲洞不果　後編　李元震

邑南有林巒棲跡頗幽邃峭蒨莫能名白雲以從類巖潭可恣遊來者盡登跋我欲假天風向往未能至詎敢忽名區實亦愁短轡饑疲挈壺飧扶傷泚清淚訟庭露槐根書牘供胥吏只此槐杖藜焉能友荷簣子厚仕柳州窮立淒寒地子瞻計公餘疏鑿搜奇異何時異塵土名賢附佳致終從白雲遊山林免貽刺

七言古詩

○赤壁　元　許有壬

孽瞞禍水劇趙女漢火餘光能幾許蜀方傳薪噓未然吳隅束緼成一炬萬艘枯葦沃以膏空江女鞴長

風鼓九淵鼎沸羹魚龍連雲熾炭燔貔虎雄圖南紀成畫餅匹馬華容作窮鼠坡翁乘興賦赤壁熳爛天機湧毫楮偶從雪裏寫芭蕉又似驪黃不毛舉考圖求古此其地事去千年若躬覩江山蕭條歲華晚與廢人間幾今古買魚沽酒弔阿瞞醉和漁歌短蓑舞

○前題　樂府　明　楊維楨

喬家壻真奇才紫旗青蓋潮頭來南風一箭火鴉發鼙鼓震天怒如雷焦兵爛馬連營倒老奸失腳華容道當時兵忌蹶上將弩末何能穿魯縞伏龍料敵非

空談瞞首合貽江東函贊軍一歸何太速左右都督
心二三巴西健兒解追賊徑取彝陵未奇特千金無
命購瞞首走馬窮途安可得三軍飲酒氣如虹南山
作豆江作鍾子布子表兩幗婦周公魯公雙劍雄斫
案龍刀第一功

○前題　李元震

嘉魚縣南石頭口一片蒼崖勢廻紐題名云是古赤
壁摩崖欲崩字不朽當年軍壘已消亡折戟沉沙空
歲久壇宇猶傳丞相風江流未洗曹瞞醜卻笑蘇公

侈勝遊漫向黄州酹尊酒横江化鶴夢何如良夜吹
簫客誰某三國英雄嘆逝波二賦光芒射牛斗何妨
兩地自千秋江山詎必論眞否愧我天涯遊子情欲
將陳蹟誇陵阜往事凄涼究莫尋惟見荒烟蔽川藪
渚月應難蔽舳艫蘆風欲起吹魚笱吟嘯誰知戰血
腥史案興亡一回首

百疋山爲某翁壽 以下酬贈　元　程從龍

熟湖周遭山歷歷諸山神秀讓石壁石壁山上賢人
隱石壁山下蛟龍蟄乾坤巧置山臨湖要使湖光照
山邑月來影浸玻璃寒日出烟凝蒼翠濕雲氣吞吐
天冥冥巖阿花草春深深浮嵐晴助峯勢壯飛泉暝
續崖猨鳴潁川逸翁遊憩處呼吸山谷養神氣芝田
烟煖稻疇豐扃戶不就蒲輪致翁居日與羣仙伍手
植松柏翠環堵節操松柏符堅貞壽齡金石同今古

○寄題東湖書院　明　王鏊

東湖烟水空復空乃在武昌之西嘉魚之東氣吞長
江卷七澤聞有幽人昔年隱居垂釣於其中邇來一
百四十載九疑連綿竟誰在豈知蒼梧萬里雲山中

亦有東湖儼相待潯江灘江左右流落霞孤鶩良悠
悠胡登大雲嶺霜露鬱鬱愁松楸主人自是身許國
到此詎敢忘首邱此亦一東湖彼亦一東湖乾坤萬
里雲飛孤願君慷慨終許國致吾君於堯舜始作范
蠡扁舟圖

○白雲山紫霞觀同給諫姪沂　李寶全

君不見龍門太史文何奇曾探禹穴登會稽又不見
青蓮居士氣何逸朝遊金陵暮采石天生才俊世無
羣飛馳八極晴空雲冑蟠蛟龍吐風雨眼高海嶽如

蚭蟻吾家長公睹奇羡麴輪同昇紫霞觀神草珍花莫辨名遠峯近岑皆覆甑泬寥獨與天爲鄰半日俱爲天上人北斗低徊爲斟酌醉裏襟懷如初春嗟哉醯雞不出甕浮雲過眼知何用誰將洗筆紀名山喚醒乾坤一大夢請君聽我歌沖霄摩漢興如何腰間佩有雙龍劍斬斷華衡光不磨

江亭送遠　後編　劉士臣

望裏長江碧到天送君晚上洞庭船南湖九月秋色好但逢山水卽流連知君原自有奇懷郤催黃花到

嶺開黃花無語低似醉一片清香爲君來隔水石翁呼釣叟常醉清江引眾罍聞道官亭飲如虹趧山欲渡石欲吼行行且自問秋水澧有蘭兮沅有芷料得清嘯有知音巨鱗簇浪湘妃起

五言律詩

石頭口水驛　唐　戴叔倫

旅館誰相問寒燈獨可親一年將盡夜萬里未歸人寥落悲前事支離笑此身愁顏與衰鬢明日又逢春

嘉魚口　宋　張商英

晚泊嘉魚口移舟過近郭黃茅連上岳毛竹入東吳漲水迷犀嶼環村應百需摘山非利柄萬旅逆川途

前題　王懋德

堪羨嘉魚邑江山類幛幃俗醇民訟簡地僻使星稀僧寺臨清瀨人家住翠微市橋通遠近時見一帆歸

前題　明　管時敏

桃花江上驛春水買新魚滿尺銀堪比千鱗錦不如因歌悲楚客每食感王餘江海親朋少誰傳一紙書

簰洲

武昌歸已近今日過簰洲沙泊春回雁江喧晚浴鷗白花梅欲盡青葉柳生柔鶴駕來天上新晴慰遠愁

赤壁

曹公兵敗處今識在嘉魚赤壁三分後烏林百戰餘橋浮春渡闊舟泊夜江虛千古英雄事悲涼太史書

前題　李　鏊

歸艤黃州棹來登赤壁山一拳英雄石三國利名關揖遜窮今古生靈等草菅陶然一杯酒擊楫放歌還

雙洲　元　程從龍

雙洲新歲月五夜故園心地狹茅廬小雪消塗潦深
詩情翻手探酒意向梅斟世事有同異春風無古今

至分可喜晴　明　韓陽

憲節駐南嘉天晴景物華喬松擎翠蓋老桂吐黃花
田父添欣喜途人少嘆嗟公庭民訟簡詩思浩無涯

楚雲臺爲李世卿立　陳獻章

太極分天地東南有一臺水窮滄海闊雲渡楚山來
屢見乘桴去終期采藥回逍遥千丈木斟酌萬年杯

黃公山釣臺　吳廷舉

蓑笠全生計謳歌贊化工餘生甘草莽長揖謝王公
酒國情懷到名場影迹空楚騷朋可續漁父最高風

西湖雲隱　鄭楷

結屋水雲鄉藏修興趣長八窗晨氣爽一榻午風涼
渾似居蓬島還疑泛野航因思林處士梅隱在錢塘

六溪口　本府判　鄧秀

我亦乘時暇聊爲陸口遊荒廬依古岸落日挹孤洲
許國心空壯傷時志未酬英雄已蕪没霸氣未全收

梅澥湖泛舟夜歸　方逢時

別業在東城扁舟來去輕湖秋氣沉徹山晚勢崢嶸
天遠帆如鳥林疎燈似星滄洲吾道在洗耳棹歌聲

楊汊湖

湖上風光好中流獨放船浪花生桂楫雲意弄梅天
蘭芷香風度鳧鷖清影妍雅懷吟不盡長嘯起龍眠

南山擁翠　白石八景

靄靄浮空碧亭亭入望幽龍歸新雨歇鳥過斷雲收
色借瀟湘暝寒生衡霍秋開來勤拄笏那復問蓬邱

東港拖藍

平野微茫外清流屈曲通色深春雨後光溢曉烟中
洴澼衣堪染舟青畫未工飛花如有意數點墮烟紅

黃岡魚鳥

閒來湖上坐觀物興悠悠在藻魚知樂遷喬鳥自求
飛飛雲影淡潑潑浪花柔蒙莊并海叟此意與同不

菱塘隱泉

勝境標靈跡奇峯列畫屏龍宮開紫極蛟室浸青冥
永夜星河炯晴空風雨暝蒼生霖望久莫惜在山扃

赤壁烟霞

嵯峨赤石壁，遥對烏林洲。寂寞雄圖盡，蒼茫勝跡畱。
斷烟横浦口，返照挂峯頭。無限登臨意，寒江萬里流。

金雞牧唱

自是無憂者，行行叩角歌。湖春青草滿，山曉白雲多。
烟際頻呼犢，月中時荷蓑。天倪成獨和，貝次不須過。

銅磬漁歌

烟艇衝寒放，風絲帶雨收。潭空魚可數，歲晚鶴應愁。
得酒時還醉，無人日自謳。乾坤同泛梗，高韻薄王侯。

八豪遺跡

有美幽棲處，無人虚翠岑。湖天來悵望，風物憶登臨。
花發古時色，鳥鳴空谷音。寥寥千載意，搔首一長吟。

大崖山寺　李賓約

瀲石人何處，眠雲室未扃。藤蘿縈洞口，烟月寄山靈。
隙照懸孤白，晴巒漾遠青。芳塵風已渺，聊爾襲餘馨。

前題　魏模如

寂寞空王宇，經過上客車。慈雲生洞壑，佛日照林墟。
僧定鳴鐘後，詩成卓錫餘。不須遊五嶽，此地好藏書。

前題　陳紀

世路風塵客，清宵到梵堂。壯心春夢短，孤枕雨聲長。
幽草吟邊緑，曇花世外香。美人何處覓，此意寄瀟湘。

石室洞　李憬

徙倚孤雲際，悠然有洞天。乾坤一甕在，日月兩燈懸。
滴乳吹晴雪，垂蘿掛暮烟。閒心趺坐處，了了見虚圓。

楊葉洞

石磴危千尺，儼然一勝遊。清泉騰白雉，丹井卧青牛。
楊葉寒流急，梅花古洞幽。遥看烏鳥外，霜老萬山秋。

淨保寺

疋馬投孤寺，春深寫色新。寒鴉高樹息，野水亂雲屯。
客倜無爲法，僧畱不壞身。浮生空大夢，解脱更何人。

雨過崖麓　任喬年

邑里崖猶卓，攀尋勝未開。底因寒衈雨，直滑石梁苔。
閩望聲何遠，登臨事可猜。姤仙嵩極院，七十四回來。

訪祭風臺舊址

更欲龍爭起，呼天爲反風。如何吳蜀壘，空付楚遺弓。
會獵聲猶壯，占烏事靡同。老僧憑一吸，回指大江東。

六溪口　後編　李元震

六溪繁盛處誰使莽榛蕪社樹移焦土樵村失遠湖
堵垣難集雁篝火欲鳴狐何計謀生聚來蘇慰苦荼

望六溪景色口占誌喜　張其維

此地憂凋敝前賢意惘然遺民三戶識比屋萬家烟
絃誦揚墟里魚鹽滿市廛爲官惠撫字生聚在
堯天

望雲亭

四望雲天合登臨興有餘澄江環淨練高鳥過空虛
眼曠皆圖畫官忙總簿書何當清嘯處滿志得躊躇

新鑿泮池落成

自闢鴻濛境愈增芹藻香文瀾新壯闊
聖澤本汪洋躍鯉門非峻潛龍勢易翔翯哉諸士子三級
在宮牆

和前題　王士璥

聖澤源流遠賢侯位置倫依然形半壁不用役三旬小大
從公易鸞旂載道新會當風雨際屹立起潛鱗

大崖山　王之煇

此地稱名勝南嘉第一峰清幽無俗染靜密有雲封

石室藏書古鐵橋流水溶先型今未遠理學啟儒宗

送李生喬齡兼示勉以下酬贈　許少華督學

閱士吾將遍尋師爾獨勤遠求麐史祕早見鳳毛文
草樹涼風進星河曙色分三年下帷意珍重莫求聞

送蕭震岑之任松陽　習孔教

相國簪纓舊儒林藻采聞一經能裕後六世更傳君
泮水連芳樹琴臺起洞雲年來絃誦地應不愧河汾

七言律詩

赤壁　唐　崔塗

漢室山河鼎勢分勤王誰肯顧元勳不知戰伐由天
子惟許英雄共使君江上戰餘陵是谷渡頭春在草
連雲分明勝敗無尋處空聽漁歌到夕曛

前題　元　程元龍

長江天塹繫安危江上帆檣曳夕暉繞樹月明烏未
宿橫江夢覺鶴初飛北兵夜潰三分定西水秋涵一
帶微乘興登臨增感慨山川如故世人非

前題　明　李承箕

一聲歌動白雲秋何處官舟並釣舟老我不曾關世

事離人眞得與天遊頭無白髮三千丈腹有黃精一
兩甌終古興亡誰記省聊將吟弄此悠悠

前題　都御史徐　恪

曾看折戟委空壕割據常懷戰伐勞南國帆懸湘水
闊北江烟漲楚天高隆中籌策終存漢許下衣冠愧
屬曹試問石頭磯伴月幾經烏鵲散林皐

前題　姜　溥

愛此江波愛此秋江波江月更宜舟烟蓑釣客呼魚
買南國高人帶月遊赤壁山前雙短棹水晶宮裏一

浮漚孫曹勝負今何在衰木淒涼夜夜愁

前題　廖道南

五百年來續此遊水光依舊與天浮徘徊此夜東山
月彷彿當年壬戌秋有客得魚臨赤壁無人載酒到
黃州詩成一嘯千山靜孤鶴橫江掠小舟

前題　方逢時

危磯巉巉倚清江人道曹劉舊戰場往事已隨寒浪
滅遺踪惟有暮山長雲霞尚帶當年赤蘆荻空餘落
日黃欲弔英雄千古憾漁歌聲裏又斜陽

龍潭山　元　黃　溍

二月清江照眼明遊風舟楫過洄汀斷雲挾雨時時
黑密葉藏花樹樹青習隱未成陶令賦行歌聊共屈
原醒碧潭光景無消息坐看魚兒點翠萍

前題　明　方逢時

千仞高峯倚翠微天風吹步上丹梯九江波浪兼天
湧七澤烟雲入望迷碧殿松陰風瑟瑟石壇花影日
淒淒人間久已思霖雨潭底神龍尚屈泥

百丈山　元　程從龍

百丈連綿萬古看世情翻掌此山安斷崖水落林烟
淡峭壁猿吟月色寒巨鎮倚天江勢轉遊雲歸岫雨
痕乾登臨舉目山河異長嘯一聲天地寬

前題　明　莫　震

名山登處勢凌空石徑盤盤翠幾重極浦漁舟歸落
照深林樵斧響東風蒼茫城郭登臨外遠近人家巷
畫中對景未窮天際眼捫蘿直上最高峯

望夫山　李　滄

步履雲根上碧峯望夫歸去思千重趾跟石上已留

跡心體人間何所從春鳥啼烟添宿憾林花泣露想
愁容於今素節關風化蹻足端宜繼好蹤

白面晴雲　孔儒

城南巨鎮勢岧嶢日出扶桑見瑞欵非霧非烟時隱
現爲霖爲雨歲豐饒神光射斗龍還臥露色浮空雪
已消幾度倚欄吟眺處無邊清致絕塵囂

梅山

晉陟危巔望泰華山南山北總梅花暗香度竹春風
早踈影懸崖夜月斜可惜浩然尋未得若教和靖見

尤誇有時玩賞家嫌遠欲傍東崖别起家

大崖山寺　姜溥

何處天風不肯休剛來吹我大崖遊烟光簇簇薰人
醉江水茫茫覺地浮事到圓時機自活林當深處鳥
頻謳而今心跡何曾著朝市山林只自幽

前題　馬炳然

看破南華第一篇此心端合大乘禪亂雲引我入山
寺瘦竹扶人下坂泉的的青山聊作供涓涓寒溜不
知年千秋此地如相待靜結浮生半日緣

前題　孔儒

投身林下日悠悠登眺名山又一秋石徑裹苔粘屐
齒林花過雨眨凝眸詩賡舊韻重題壁酒得豐年滿
泛甌醉笑老僧頭已白老僧翻笑相公頭

前題

藤蘿之外是諸天寂靜中間息萬緣千古江山眞有
待十年蹤跡最堪憐狻猊呈瑞來西極鳳鳥忘機別
醴泉會到去來無物我便教糞壞亦芝田

前題　李承勛

一别青山三十年重來風景尚依然蕭蕭木葉全迷
逕滾滾溪聲直到筵松影婆娑教鶴地菊花爛熳欲
霜天同遊更遇同年契綠酒更深困老拳

又

僧逃空谷杳無鄰蠟屐聲傳駭鹿羣寒月影篩窗外
竹清風雁度嶺頭雲石泉舊洗高人耳粉壁猶聞醉
墨芬倦鳥知還還未得汗顏燈下讀移文

前題　吳廷舉

平生愛讀遠遊篇也愛尋眞也問禪小艇一宵衝駭

浪大崖千尺踏飛泉斯文會合堪今日前輩歌吟記
往年準擬掛冠滄海外東遊西泛了殘緣

前題　李整

四山環合水雲中一逕無塵路曲通李愿固知盤谷
好龐公還愛鹿門重仙騎羊去惟存石鐵鑄橋成不
老工多少世人尋不到風塵驅染白頭翁

前題　方亨

十年契闊崖山路瘦馬今春又復來石髮連雲迷曲
徑花陰滿地印蒼苔嶺雲潑墨催詩思庭樹分青入

酒杯風景漸於人世異好教啼鳥莫頻催

前題　李教

殷勤燒竹夜煎茶風味人間莫此佳我輩求閒眞得
所何人到此便思家不曾夜卧三更鼓每見燈開幾
度花糟粕滿前推不去乾坤無奈這交加

前題　莫如忠

春光杳靄遍郊原半嶺雲蘿古殿存遺跡偶尋高士
隱淨緣得共比邱論階前忍草承山屐遊際空花墮
酒罇卻笑獨遊千里客還來此地避煩喧

前題　方逢時

野人家住雲中麓五十來遊愧此身祇樹影深金界
淨曇花香滿石林春尊前人物思千古覺後形骸等
一塵暫假蒲團清客夢莫教門外碾雙輪

前題　李寶蒙

水雲三載滯尋眞燕懶鶯慵笑此身有酒可邀憐碧
草無詩那忍負青春一迴豈識西方聖幾見曾揚東
海塵卧起龍吟風雨後扶桑引領看垂綸

前題　任文定

何人卓錫大崖峯殿閣嵯峨寶氣重石室春深翔玉
蝠鐵橋波靜隱驪龍振衣雲散諸天月敲枕僧鳴下
界鐘興擬廬山應不淺清齋蓮社任從容

前題粵歸來遊　尹奇逢

堪念勞人車未停名山靜對滌塵氛潺湲澗水鳴空
谷縹緲峯巒帶夕曛仙子半簾別是月老僧一榻豈
非雲此中佳處知何限捷徑終南未可云

前題　任喬年

入望名山五十年每因牽率到巖巔夢回曲曲肥丹

藥聽說潺潺漾石泉羣動不驚生樝杖百靈無語坐
縈紆向來陵谷頻搔首即此登臨易惘然

灌磯山　　分守道　雷　賀

雪霽魚山春事幽朅來攜酒共登樓波澄萬頃江如
練雲帶孤峯草似秋漁浦風帆來野況茅蘆水國起
新愁百年登眺今須醉笑折梅花當酒籌

前題　　方逢時

危峯突兀倚江干拄杖穿雲到石壇南國千年鳳不
返中原萬里雁飛難丹楓葉落滄洲暮青桂花疎白

露寒對酒不妨歸去晚天涯歧路正漫漫

城豪山

湖上春風散積陰尋幽遙上碧山岑倚雲試放天邊
眼對景真成物外心千古人豪留勝蹟百年登眺有
知音醉來危坐峯頭石閒看歸禽遶暮林

又

疎狂敢自謂人豪聊向山靈賦解嘲懶性已甘雲作
伴閒身欲借樹為巢連空暮靄橫千嶂漾日春流漲
一篙漁父不來山寂寂東風開遍水邊桃

簰洲　　僉事　韓　陽

年去年來不少休纔過金口又簰洲明蟾東上團團
夕大火西流耿耿秋楚澤汪洋驚歲月稽山迢遞憶
松楸半生跋涉成何事親德君恩兩未酬

西保湖　　李　滄

十里湖光豁眼明漁舟來往鏡中行輕風半捲桃花
煖微雨初收柳葉青浴日淡濃鬬翡翠凝霞瀲灩醉
鵁鶄吾家結屋經年久欲攬餘光入戶庭

黃岡湖　　鄧　秀

山行戒僕披蓬蒿天風吹露沾征袍夜如何其月皎
皎道之云遠心忉忉波寒不戢黿鼉怒夜靜厭聞豺
虎嘷荒村息駕屏燭坐俗吏簿書徒爾勞

大成殿　　程立中

自識書生禮數寬妙香一瓣束珥丹青殿古蒼苔
合科斗書香夜月寒一統山河新社稷千年儀範舊
衣冠巍巍獨立乾坤表萬古龍潭萬古看

前題　　劉灿藴

鑿山填澗勢寬平臺閣凌空一大成繞舍江光秋月

自洗心靈穎夜天清聖賢事業須吾黨燈火弦歌有後生天道不違斯道泰奎星分影兆文明

。仰高亭　武昌郡守秦夔

仰高亭上一躋攀風物都歸歷覽間千古衣冠尊聖敎百年臺榭壯賢關雲邊山色看無際樹裏江流去不還五馬獨來因問俗愧無才術濟時艱

前題　長沙郡守陸相

仰高亭上似登瀛白面諸峯翠入城潭有龍蟠時變化巖如魚躍道分明平湖烟草連天色古殿松風萬

壑聲不是知心能欵念窮途寧有此間行

前題　石淵之

蒼靄濛濛晝始分獨披榛莽躡雲根江無盜艦民初樂山有黌宮勢亦尊紅襯錦茵花滿地翠翻晴浪麥連村撫時一點憂時淚安得龔黄與細論

和前題韻　姜溥

百尺長松夾路分青雲爲闕石爲門草茅一巷誰堪陋富貴千門也自尊落落風光隨老興盈盈月色掛東村憑誰喚起周夫子尋樂齋中與細論

前題　童以明

危亭卜築位高陽幾度登臨逸興長漠漠生烟人境遠煌煌題字墨痕香道同天地一來往妙在心傳無渺茫到此不知身世在悠悠雲影與天光

前題　楊暉

仰高亭上翠嵐浮亭外長江日夜流簾捲龍潭山月曉窗涵魚躍石臺秋光陰有限嗟人老道體無爲貫自修吟遍夕陽天未晩白鷗飛傍釣魚舟

前題　方逢時

仰高亭枕北山阿暇日來登試一過開創漫懷賢令蹟考槃堪咏碩人邁窮碑蘚蝕殘科斗石竇泉聲鎖薜蘿對酒不妨歸去晩壯遊湖海幾蹉跎

博約亭　李爲臣

千仞層峯載小亭登臨萬慮一時平幽階晝永饒春色虛牖風開碎鳥聲目極澄江銀練逈道高遙漢玉蟾明沉潛博約涵濡久今古乾坤仰令名

摘星亭　姜[illegible]

獨上龍潭第一峰飄飄八極與神遊星辰水底光相

狎歲月人間去似流萬古來應長是夜一杯聊此可
宜秋而今攜手騎箕尾笑展乾坤一兩籌

晚泊亭　李滄

閱星亭下枕長流鱗次舟車接勝遊春日鶯調垂柳徑漁家笛響白鷗洲錦鋪魚嶺山花媚練幕龍潭水氣浮對景可憐臺榭廢經營須是待賢侯

竹軒　莫震

半林蒼玉絕塵埃常記當年手自栽勁節不隨霜雪改虛心應待鳳凰來輕風滿座清音度皓月當窗翠

影開莫羨渭川千畝好一竿纔有便悠哉

又

挺挺新梢間舊叢影搖蒼翠淡兼濃籜龍化去雲連海彩鳳飛來月滿空勁直不殊君子節清虛無忝古人風七賢林下成陳蹟獨倚闌干想舊蹤

又

翠挹晴窗絕點塵公餘相對獨相親娟娟秀色餐無厭濯濯丰姿畫不真春色媚時偏冷淡霜威嚴處越精神卻憐輕薄閒桃李強倚風前也效顰

又

種得琅玕傍小軒春來生意浩無邊迸泥頭角爭高下拂漢兒孫列後先嘯詠只容袁粲入栽培獨許子猷憐莫言相對空相愛要學冰霜晚節堅

九日登白雲山　方逢時

江鄉節物驚重九海宇奇觀此二三一棹遠維青草岸四人共醉白雲菴琪花冷豔開蕙𦮗高樹濃陰覆蔚藍登眺未須愁日暮長風吹月上東南

紫微亭

不向金門冒曉寒早從神武掛塵冠一區小作鷦鷯計千仞遙同鳳鳥摶吟罷倚闌雲乍起飲餘扶杖雪初乾春風秋月頻來往俯仰人間一大觀

文廟古松　魚城八景載五首　王彥卿

仰高亭上陣雲開鬱鬱喬松未易材細葉迎風搖碧浪孤標映日覆蒼苔冰霜歲晚無陵競風雨年深任挫摧羨此一園幽冷節祖龍曾未受封來

法華暮鐘

晚烟湖上月初明古寺疏鐘倍覺清遠逐潮音千戶

謦輕隨佛號百靈驚嚴城禁鼓隨終始隔岸寒砧與重輕惱殺暮鴉棲不定飛來飛去不勝情

龍潭秋月

水靜寒潭夜正幽溶溶皓魄一輪秋雲開碧落三更晝人泛空明幾葉舟神女波前珠正弄馮夷宮裏璧誰投蟾光此地偏照朗絕勝當年坐庾樓

平湖春柳

託根常在水雲空窈窈春來兩岸濃繫住潭心千里月掃開湖面萬條風頻催宿鳥斜陽盡半送孤帆細

雨中幾向城南高處望綠衣影裏鏡花容

白雲雪浪

飄飄兩岸綠楊風萬頃湖波勢拍空半撼孤城來滾滾輕浮落日去溶溶更無菰米能沉黑已盡桃花不泛紅惟有一天晴雪影遊人收入畫圖中

咸嘉社學 詹瑩

雲山疊翠抱清流一鑑天光萬頃秋千里湖湘長自在百年文獻又從頭乾坤何處非眞樂廊廟而今屬壯猷白鹿嵩陽應未遠喜鳴吾道繼前修

前題 劉大夏

全楚蒼梧一脈通青山綠水趣攸同臺臣久注東湖念社學今存故國風後樂未忘諸景在高情常付詠吟中獨憐老我曾經地把筆題詩思不窮

淨保寺牡丹 吳廷舉

牡丹燦爛楚王居惜此春光共賞之冷雨淒風來寺路晴天皎日看花時幽深西洛先天數斂捷東吳百詠辭最好酒天人不醉大都妝點太平基

前題 李承勛

不到禪林十八年石藏金像故依然經無貝葉傳空偈砌有名花識妙緣幻跡人皆驚懶狗眞機誰解縶靈猿浮生尚覺迷途遠欲借毫光照大千

白湖寺 李寶全

勝槩都收萬頃湖晴光倒影白雲孤也知清況人間少自覺豪華眼底無參破元關開曉鏡滿斟白水壽皇圖揮毫驚發三千丈誰道溪南日已晡

熟湖寺 李爲臣

兩鬢蕭蕭雪幾莖歸來應得恣遊行漫將月下梅邊

趣遍寫胸中物外情白簡飛霜開舊手蒼松巢鶴定新盟壁間且得留詩句不管山僧話廢興

紫霞觀　李　沂

白雲深處啟元關曾住眞人鍊大還萬里江山聊縱目百年天地幾開顏重重綠蔭烟中樹點點青來雨後山欲向紫霞高結屋清平應許外臣閒

正氣樓

正氣樓開海嶽收字驚華袞耀千秋生逢明盛毫無補身處江湖更有憂請劍不聞天上語飛雲空見日

邊浮何人共遺登臨興高覩雄談隘九州

鳳凰山演武亭　游士任

八門江上陣雲開畫棟高凌舊日臺赤壁鯨波清緩帶彤弓雕影落開杯憑欄不話登壇事投筆應留記室才最喜楚天刁斗靜采蘋一曲鳳凰來

赤壁　任宏震

周郎英發擁旄初漢賊書來會獵餘炎火宵私岡上石連環空說釜中魚南飛烏鵲詩成讖北走關山計莫攄我探遺跡發孤嘯銅臺歌吹復何如

醉鶴　雷士順

放鶴亭前鶴不回江樓猶自傍江開霜鐘夜點寒如笛岸柳新聲瑟似梅雲自不逐仙子去山青何計野人來臨風欲試蹁躚舞先貫辛家酒一盃

白雲山　李占解

青雲高隱楚天宮湘水衡山一望中渺渺孤帆浮遠樹冥冥雙眼送飛鴻氣呑天地名何用景寫江湖句自工不與紫微談北極誰知李白有仙風

贈西湖雲隱李德良 以下酬贈　蕭時中 狀元

見說幽居不在山棲遲偏愛水雲間柴門有徑人稀到世事無心身自閒夜靜窗明漁火集曉來簾濕雨龍還何時得過湘南路飛佩尋君一叩關

前題　左布政 周文褒

西湖湖畔卜幽居湖上閒雲自在飛微影到窗秋淡淡晴光落戶晝霏霏未從賢佐爲霖雨且伴漁翁坐釣磯料得高人甘淡泊此身誰道厭輕肥

前題　張　敬

青衫白髮老西湖與世無心任卷舒槽滴眞珠延客

酒架藏羣玉課兒書朱簾捲雨收歸鶴畫舫迎風龍釣魚幾度放舟江上過無因移棹問幽居

前題　張璧

車馬無煩使節過湖光天影共婆娑高峯南北雲雙展短棹東西水一窩掃石靜彈鳴鳳曲倚床閒和飯牛歌開樽坐飲幾忘俗如此幽情奈爾何

奉答李茂卿世卿兼以爲餞　邰寶二泉

頻濱才思似東坡十載交情此見過議論久知驚郡守姓名今喜壯賢科何年塵海鳴丹鳳到處春風長

綠莎我有古琴常掛壁欲將短曲和君歌

送茂卿大理還嘉魚　趙寬

囊中苦乏買山貲何事飄然去不疑萍世功名兼寵辱野人腸胃耐寒饑簿書脫手紅塵息湖海藏身白日迷覓得漁竿堪送老市朝那見有還期

奉寄李世卿　姜麟

古來南學得精華況復南遊住海涯羅阜山深藏赤豹楚雲亭煖醉春花堯夫心事無名傳遷史文章大作家衡嶽烟霞洞庭月秋風定擬買江艖

與世卿仲子嚴　陳獻章

野鶴將雛到海還楚雲秋夢幾鄉山羮牆見我三湘外歲月進君五柳間杏花不禁春意鬧美人爭捲繡簾看長安莫買乖崖屋泰華常留睡老摶

同選會分得朝字韻　尹相

江山雄勝上皇朝王氣輝騰逼九霄人物風流周棫樸將軍聲望漢嫖姚袞龍懸仰重華見池鳳爭看異彩飄愧我班連諸彥後漫隨登眺醉扶搖

翔鳳樓爲方司馬賦　雷賀都御史

鳳凰山上鳳凰遊鳳去山空草樹幽萬里風烟春色淨一樓雲水暮光浮不辭華紱披蒼蘚雅愛清樽俯碧流羨爾祥鸞棲枳棘喜今揚翮鳳池頭

和前　方逢時

漸老無心賦壯遊興來還此共登樓清江草郭留殘照木落山椒見遠洲身世休教悲枳鳳襟期應喜傍沙鷗紅蘭翠竹看愈好醉裏狂歌任白頭

大隱樓和方司馬韻　李寶約

三朝經濟羨通儒歸隱樓成榜大書地廠江湖明晝

錦籐開沙鳥賦春渠韜藏龍虎閒揮翰客有羊裘喜
到吾況荷主恩深注念江城氣色百年無

前題　李沂

一代勲名仰巨儒歸來尚喜玩琴書樓題大隱雲環
座詩入仙園水到渠破膽舊驚韓相國揮毫新壓李
金吾天王指日承淸問曾見籌邊國老無

餞別李鶴齡之任慶元　吳廷舉

綱常職任新君寵鄉黨衣冠舊世家藝苑有才曾倚
馬文壇無運幾園沙能養仙李千年實可少瀋桃一

縣花獨念我來君又去歲寒誰與共蒹葭

贈李作楫陞楚東安授潼川守　黃坤

東匯青衫餞泰山艤艫又去大川間傳經共喜源流
遠遊宦常憐直道難秋雨廣文甘苜蓿春陽安定集
金蘭長安風雅多才調簪笏還隨鵠立班

讀李後林集　江西解元　黎讓

讜言直諫顯當時丹赤那知宋祚移翰墨已歸雷侍
制廟堂終識鄭清之百年忠鯁人猶羨一代文章我
獨推回首穆陵無限憾爲君惆悵寫新詩

偕江龍門遊魚嶽山値雨　尹奇逢

皇華萬里勸君觴起乘長風正此時怪雨翻盆雲擁
笠長江崩浪水臨歧荻蘆鷗泛漁人渡洲渚烏棲晚
照遲父老牽衣歌有客高燒銀燭丙題詩

五日威鳳亭閱民兵以下後編　李世錫

晴光如拭麗中天載酒横戈威鳳前野渡鼓鉦連五
日江城組甲壯三千雄風自昔傳西楚兵法當時寓
井田湘漢無波平似練歡呼童叟是今年

同郭江雨飾南城觀漲　李宙復

睥睨遥遥作障隄湖滑江岸一天迷怪松幾樹撩雲
立比屋千鱗貼水低孤艇遠浮烟雨外明霞高結海
門西行來峻嶺攀星極謝眺驚人句已攜

又

横江崩浪嚙金隄泛宅浮家路巳迷嫋嫋危橋人影
斷蕭蕭遥隴雁行低射潮無復天山北塡海難回若
木西幸有仁侯勤乳哺嬰雛歲歲得提攜

威鳳亭遠眺　李元震

傑構臨江踞鳳岡蒹葭縹緲絮如霜寒侵豫側民禱

短海晏還虞戍騎忙目送征帆歸鄂渚鶩聞孤雁落衡陽天南冀北縈懷切雲樹蒼蒼引睇長

城隍祠中側葉柏大可數圍碑志唐時所植物也愛其盤曲離奇蒼翠欲滴詩以紀之

何年古柏挺霜姿森爽靈奇風展時根轉百盤玉局語黛凝千尺錦官祠幸無封號羞秦碣宜有巫陽賀楚辭嘉蔭累朝光邑乘豈同社櫟擁支離

灌磯山夜集賦得一天星斗煥文章分章字韻　龍文鼎

豈學鴻詞赴選場更闌猶自倬天章文分蝌蚪堪成卷字探珠璣儼在囊碧落有碑凌五嶽丹書留篆印三湘早朝太史驚相謁奎壁年來見楚疆

赤壁　袁負

孫吳此地走雄師誤落黃州千古疑石出巖關屯虎豹天空草樹失旌旗運留孟德歸猶幸才妬周郎死亦奇蜀日西沉龍去遠荒臺望斷立江湄

前題　方海

烏林隔岸對臺荒上下征帆指戰場應是武侯忠憤室非關孟德困周郎三分鼎裂同灰燼兩字山高共水長弔古不須頻悵望由來成敗各相當

前題　羅元傑

自古臺荒不計秋青山壘壘水悠悠波沉劍戟應難沒巖鎖烽烟似未收興廢幾人談往事乾坤到處憶同遊相看萬古磯頭月擊楫還來一泛舟

前題　胡自炳

石壁嶙峋千古赤烏林一望水悠悠不因孤鶴驚予夢也載寒簫共客遊烟火已經灰羽艦蘆風空自漾

漁舟英雄事業今何在兩字丹文射斗牛

魚嶽山　尹士郭

湖光江色混長天阜湧波迴界碧泉豹虎參差巖勢險鼓鐘鏜鞳水聲濺潭龍躍後疑留鎮天馬行來欲卸韉眼底一岑看不盡幾時還上白雲巔

白雲洞　孫襄

借屐東山覓勝遊烟埋古洞耐人搜斜開風竅輕塵起深鎖雲根積翠流當戶垂簾疎樹掛向空返照夕陽投環溪我欲移家住那得青蚨買一邱

初夏同友人雨中泛湖　程珏

湖光瀲灩接天浮，一棹輕舟古渡頭。笑指暮雲歸遠岫，喜看時雨兄先晴。故人漫索吳江句，有客欣爲楚水遊。麥浪松濤都入畫，可知得似輞川不。

晚步雨山觀麥

野外堪憐綠未齊，平疇秀色望中迷。寒烟萬井都懸釜，積雨千村只斷虀。南阮長饑猶自忍，東方覓飽向誰啼。阿護未解今年苦，漫說青黃漸可攜。

大崖曉望　王士璥

曉烟籠樹樹籠岡，一片霏微入渺茫。寺古尚封殘臘雪，崖高還帶早春霜。重重雲嶺南盤窈，滾滾江流北去忙。欲訪前賢遺跡杳，鐵橋橫翠但蒼蒼。

望雲亭　李懋泗

幽尋處處憶曾經，俯仰乾坤只此亭。平遠不遮千里碧，長空只合四圍青。參差聘眺因山險，突兀岡巒枕地形。便好憑虛招鶴下，九皐清唳會重聽。

又

秋老芙蓉獨自開，一聲長嘯又登臺。人如旅雁匆匆過，憾與江流汩汩來。三峽波濤從古險，九疑面目至今猜。天高地迥情難盡，帕聽城頭畫角催。

淨保寺牡丹　章以榛

花王自昔占仙胎，未許塵埃倚砌栽。魏紫姚黃難比擬，瓊林祇樹可重陪。枝枝東向梵宮指，辦辦西從佛國來。妙悟不將開落問，拈時微笑個中哉。

時雨頌　李正朝

綠滿郊原瑞滿天，窮簷共戴邑侯賢。皇皇子夜憂先切，穰穰農工意欲翩。禾黍崇朝沾化雨，棠陰千載洽

甘泉。採風應入循良傳，下里歌謠續簡編。

五七言排律

石頭口水驛　唐　張九齡

山檻憑高望川頭渺北流遠林天翠合前浦日華浮萬里緣津渚千艘咽渡頭漁商多末事耕稼少良疇自守陳蕃榻常登王粲樓徒然騁目處豈是獲心遊向跡雖愚谷求名亦盜邱息陰芳木所空復越鄉憂

柳山湖　明　方逢時

夜泊柳山湖秋蓬客思孤候蟲吟露嶼宿鳥集霜菰石竇天光炯沙汀漁火疎風香生杜若星彩散蘼蕪

樹影時高下歌聲乍有無壯懷增感慨逸興轉縈紆何日辭簪紱常年伴鶴鳧放歌天地外浪跡水雲區自信天隨子誰知楚大夫扣舷長嘯起河漢倚天隅

文廟古松　王士璥

仰止高山在瞻依喬木存枝盤龍屈曲葉動鳳飛騫翠色虛難寫寒光靜不翻未須觀禮器已覺峻藩垣密蔭儒冠富高標道範尊自甘樗散質瓠落在邱園

城隍廟古柏　李懋泗

古柏何年種千尋鐵骨奇濃陰凝黛色側葉覆霜皮勁直神靈護榮枯運數知參天增氣象市地壯威儀新甫原同幹夔州舊有祠降香閒拂拂孕子見纍纍冰雪無今古青蒼自歲時直因齊廟祀登拜仰依庇

赤壁懷古　李正意

清時尚憶漢江天赤壁雖存事枉然諸葛既能綿漢祚阿瞞何用獵孫權三分鼎峙非人定一炬兵灰已算墜寂寂草荒銅雀杳潺潺水湧祭風旋擕魚有客忙收釣載酒何人不挂錢幸有烏林長作證誤將蘇子賦雙傳

五言絶句

嘉魚口　宋　王十朋

船過嘉魚口買魚人道無青山不堪煮彈鋏笑同符

秦鐘寺　明　方逢時

古寺空山裏林深客到稀欲尋僧定處遥聽暮鐘微

讀李茂卿文 以下酬贈　陳獻章

著論必無同乾坤孰此容人扶周孔教用世且無功

又

不薄論交意因書稍稍知還將天下眼照破老人癡

龍潭吟爲縣尉吳公　李承芳

龍潭大江側風雨噴龍涎吳君飲此水餘爽是貪泉

威鳳亭較射 以下後編　李世錫

水閣魚爭躍山高鳳有威太平宜偃武弧矢月中歸

洞庭波　李元震

九疑青不盡澧浦綠如何共作煙波色相邀帝子過

文廟古松　甘又旦

百尺虬龍榦低枝拂廟堂莫驚鱗甲厚豈爲飽冰霜

龍潭夜月

晚晴星斗見碧落柳烟齊彷彿驪珠動澄鮮一色低

七言絶句

赤壁　唐 李白

二龍爭戰決雌雄赤壁樓船掃地空烈火燒天照雲海周瑜於此破曹公

前題　杜牧之

折戟沉沙鐵未消自將磨洗認前朝東風不與周郎便銅雀春深鎖二喬

前題　王周

帳前斫案決大議赤壁火船燒戰旗若使曹瞞忠漢室周郎焉敢破王師

前題　胡胥

烈火西焚魏帝旗周郎開國虎爭時交兵不假揮長劍已破英雄百萬師

前題　宋 李壁

赤壁危磯幾度過沙羨江上鬱嵯峨今人誤信黃州是猶賴水經能證訛

前題　陳菊南

往事何須問阿瞞到頭呑不去江山自從羽艫隨煙盡惟有漁舟竟日閒

前題　明 龍仁夫

蹄呂摧袁虎視耽阿瞞氣勢展江南磯頭一霎東風轉天下江山自此三

嘉魚口　元 程鉅夫

黃茅爲屋荻爲籬水滿新堤碧四圍路入嘉魚腸已斷更堪山鳥勸人歸

前題　明 方亨

江村聽雨幾宵眠煙水茫茫別是天雙目隔雲飛雁斷好風何日送行船

魚嶽山　莫震

野繞青青狹路斜隔林烟火有人家數聲啼鳥午風靜開遍滿山桃李花

大崖山　姚梧

鐵橋低渡逼幽徑石室閒開倚碧霄月色一溪眞我在松聲萬壑俗緣消

梅墩湖　莫震

嘉魚縣前湖水平湖邊蘆葦由青青居民曠絕人蹤

少時聽櫂歌三兩聲

西保湖　龍　潛

曾合杭州飲酒徒嘉魚誰信有西湖水光雲影相涵處何必人間看畫圖

采芳亭　倪　彬

新構香亭氣鬱葱水光山色古今同采芳亭畔香花草到此應知造化工

竹軒　莫　震

公家種竹似貧家不許人稱縣令衙爲愛年年冰雪

嘉魚縣志　卷十二　詩　四六

裏數竿長伴紫薇花

又

昔泊黃陵古廟西詩成冒雨節間題今年擬向林邊過人道曾同彩鳳棲

鐵橋亭　陳獻章

長鬚遺我一囊山鐵橋流水非人間我今決策山中去踏斷鐵橋無路還

和前題韻　姜　溥

鐵橋深在大崖山誰作橋頭屋半間留住人間成小歇春來秋去不知還

前題　李　璧

大崖山亦是羅浮投老尋盟鷺與鷗采得雲根鐺裏煮鐵橋亭下汲清流

浮保寺　水府判尹　覺

懶雲臥處覺忘年還是維摩病裏禪留有牡丹花不老年年二月放南蹉

萬壽寺　方　亭

山寺來遊正及秋友朋相聚酒盈甌先生形跡渾無

嘉魚縣志　卷十二　詩　四七

定懶向山僧話所由

新塘書屋 西保八景載四首　李承芳

新塘活水探書源聲向晴颸竹裏掀綠野詒謀何所燕長留道脈鎖青軒 李朝宗書室

蓮邱卓筆 李堅百求葬親地禱神得此

蓮花邱裏筆如峯蜿蟺名山盡俯從道是神謀人不解隴頭看取白雲封

蜀岡隱叟 李德良與桯梅軒講學於此

蜀岡洗硯興如何岫裏雲深護薜蘿漫記先生山共

水就中留得好風多

透脫雲煙（岳武穆追楊幺大逃脫處）

縱是驚魚脫釣磯，依然八日紀軍威。溪邊已洗天河甲，惟有煙雲貼水飛。

送李世卿還楚（以下[illegible]） 陳獻章

黃公亭子李家山，水國初歸作夢看。愛殺在家兄弟好，一壺春酒對承顏。

前題 吳廷舉

文章伯仲歐陽子，道德平交李老君。歸去大崖了何事，坐分江月看山雲。

寄懷李世卿 陳紀

君借大崖養高節，大崖借君馳遠名。大崖依舊君何在，孤鶴一聲秋月明。

前題 吳廷舉

楚蜀交情兩載違，封緘但託塞鴻飛。這回真見春風面，剔盡寒燈坐不歸。

送李茂卿得告南還 吳寬

秋風高興說歸與，不為遙思丙穴魚。歸到湖西開義

學好修白鹿洞中書

憶弟大崖 李承芳

搖搖天外劇心旌，鴻雁南飛又北征。五嶺三湘春草綠，東風疑有杜鵑聲。

送李端彝端行昆弟還嘉魚 王鏊

二李高風挽不回，巫山衡嶽勢崔嵬。憑將一掬懷人淚，灑向黃公舊釣臺。

憶黃公釣臺 李承勛

兄住湖西弟澥西，平分風月作詩題。黃公臺下春如舊，人去山空鳥自啼。

追輓嘉魚縣孫大尹倫 吳廷舉

山蜂飛去宰官家，曉枕何來又報衙。二月洞庭湖上水，百年留憾在南嘉。

寄李茂卿

我屋黃公咫尺分，漁歌風送隔波聞。明朝欲謝閒來往，走共先生釣白雲。

大江煙雨憶周郎（句出宋蕬裳先生時遊赤壁因借爲起句賦四章） 李元震

大江煙雨憶周郎結契恩深拜母堂子翼遠來良自苦君臣骨月總難忘

大江煙雨憶周郎名士風流幕府張沙捲浪濤千尺雪武昌夏口鬱相望

大江煙雨憶周郎南國佳人姓字香雀鎖臺空漳水闊鳥飛樹繞楚天長

大江煙雨憶周郎如飲醇醪入醉鄉生亮生瑜何足較英雄意見各相當

赤壁怨 次郭天門韻 龍文鼎

颯颯秋風拂古岩凄凄寒浪洗蒼苔夜來猿鳥啼情事只道蘇公兩賦來

拜風臺 孫襄

先生羽扇獨從容百萬魔消一劍風欲識英雄眞手段杯中白水望溶溶

赤壁 補編 明 楚昭王

赤壁之山上摩空三江之波浩無窮峭壁嶄崎江流東當年鏖戰乘天風百萬北走無曹公鼎立已成煙燄中大書石上莓苔封千年不泯周郎功我今送客放舟去江山如舊還英雄

大崖古洞 孫襄

峥嶸遠接白雲巔曲澗紆迴繞洞邊幽似大行招隱客勝如白鹿遁高賢輕雲暮結千峯霧細雨朝看滿樹煙莫訝桃源無處覓昔人名已借斯傳

魚嶽山 李儒大

四維皆水繞魚山一柱中流萬派環想是蓬萊仙島地三山直立海隅間

去嘉繫懷 汪雲銘

爾俸實民膏與脂官箴凛凛天難欺殷勤培溉無多物新長蘭叢三兩枝 署有盆蘭既萎復苗而余孫適彌月故云

又

家近錢江舊著名 江距余居五十里劉太守投錢得名 以酌廉心跡與同清仰高亭上重回首秋水白雲無限情

新增補遺續編詩

五言古詩

秋入仰山 補遺 明 尹民興

行行易路難高石穿岈蔽滿懷在山谷觸面儼山色

逐逐鼓松楸蟲鳥爲之默周爰東嶺巽折旋西澗迴
薑月澹空潭靜東水痕泐是時落葉聲片片愁霜力
葉濁履璆然杖拄老苔齋再入地且窮鐘磬生我側

憫水災五古續編　周大鈞

誰激洪濤起洶湧疾如駛馮夷真不仁數數肆江涘
可憐澤國人三歲三洸水舊病瘡痍中又投湯火裏
田畝盡汙萊室家痛離徙走者饑難驅乳母棄厥子
居者淚打門覆壓抱墻死大造德曰生胡乃今若此
陽九數適然哀籲向誰是肅肅寒冬時水退謀居止

敝體無完衣殘喘命難恃驚鬨胥吏前催租擾閭里
傷哉生逾危不如死已矣四野哀號聲天高難入耳

擊磬樓續編　蔡孔緒

不聞當年磬猶想當年音不見當年聖猶想當年心

魏家營過魏武故都　前人

鼎足三分時奸雄千載後山川尚依然阿瞞今在否

流民嘆

道上見流民踵接日未已少者挽柴車老者負行李
彼婦持杖來行行時復止小兒置懷中大兒牽衣袂

暮宿荒郊下朝聚濃陰裏早晚赴前塗遠望炊煙起
上以養其親下以飽其子男乞女復來睚眦了不視
再三意蠆蜉餺爾且蹴爾豈不念氣節貧苦竟何恃
豈不恤身家其如遭凍餒枵腹涕滂沱中途各分徙
有妻彼人畱有女隨人使有兒賣錢還計迫乃出此
可憐同根生不得同根死窮者苦饔飧富者厭甘旨
觀彼貧富民因悟窮通理我願富貴人長念貧賤始

過陽貨墓東明縣東北二十里　前人

行過東明鄉廟貌獨聳峙指廟問輿人對我道所

以我聞信復疑下車勞近視廟外碑嵯峨古跡明明
記廟額書牛王陽貨邱居裏啟鑰入廟觀高亭忽大
起崖角望縱橫簷牙看邐迤以彼陰險徒胡爲奉若
此我行正欲獻我友得眞旨大明古漆園傲吏憶莊
子所稱戶牖鄉東明其遺址碑刻甚精詳無容費疑
議別辭再細觀了然悟終始從知訛傳訛古今類於
是

懷宮詹鮑覺生先生續編　涂文鈞

大雅去我遠鴻筆何寥廓千載有覺生風騷振頹墜

持衡三十年城塹堅難斫星軺更四方激揚眾流託
高才信何如輿世終鯁諤俠氣與佛心畢竟無任着
阿蒙方旋食迷鳥懷叢薄不知九列尊抱剌窥鈴閣
迎我還倒屣廣座爲驚愕遂登君子堂翰墨通酬酢
論文竟長夜奇氣紛拏攫莊言雜恢笑出入無垠堮
假以彫朽姿顧慚大匠斲竭來解印綬老病羈京洛
欲往侍燕閒河梁阻略彴千秋萬古名昔賢怨寂寞

七言古詩

謁岳武穆廟續編　蔡孔緒

武穆將軍負氣節左氏春秋孫吳訣金人南侵擾中
華誓忠報國何英烈飄飄旂亂畫裏雲熊熊劍舞空
中雪挺身戰鬬入虎狠義膽直腸經百折朱仙奏捷
立奇勳兩河響應如破筏秦賊矯詔急班師十載成
功一旦滅反殺將軍成和議遂使徽欽受肘掣天地
含愁草木悲鴻鳴雁叫杜鵑血即今走謁將軍廟氣
象巍巍亦雄傑門外長跪鎖復枷一一鑄成精生鐵
千秋俎豆著馨香萬丈石碑競羅列塚樹背北皆向
南正氣懍懍獨奇絕吁嗟乎文不愛錢武矢死二語

廷鉗奸雄舌

同丁紫琳孝廉遊西山迷途繞山行半日許不
能出有樵者黑而傾短髭而豐下呼曰兩君
遊戒台乎第從我行里許遂得路登戒台寺
與百錢不受而去紫琳顧余而笑疑爲鬼物
歌以紀之　涂文鈞

我去沙羨山水窟揮手白雲淩黃鵠一朝賣藥至京
師荏苒十年厭塵轍蕭蕭瘦馬鳴秋風故人邀我來
山中柴車當險不敢進單騎直踏青芙蓉熊羆咆東

壁天宇側猿呼飃嘯助愴惻同行迴遑皆墨色須臾
徑闢風雲開放眼忽覩金銀台五光十色出梵宇但
見青牛白鹿相往來非鬼非人誰氏子爲我先馬胡
爲乎來哉丁公拍手一長嘯攫身絕頂窮清眺山鬼
思君亦太勞乃使赤豹文貍相嚮導君不見潮陽太
守探衡岳石廩祝融感正直又不見玉局仙人落海
濱海樓蜃市誇滄溟嗟我與吾子浮遊鷗鴿愛山乃
其癖豈有異事驚神靈且飲蒲桃酒浩歌時一醒請

君不用記此語免使迂怪增山經

送丁紫琳茂才歸泰州 續編　涂文鈞

大江之外天東垂海水冥茫山陸離中有異人丁令威騎驢款款來京畿九門潭潭薦書稀貿然披褐懷其璣今將去我相拒違執子袪袂申言辭屬者天兵西討夷至今寇盜猶猖披子不爲虎爲熊羆拂衣而去行安歸況廼河決東南疲天子殷憂民容痍盍爲舟楫往濟之執樞極者今其誰肯以吾言問天扉吾力不能空爾爲

五言律詩

贈葉相 補遺　明　李承勛

年年旌孝子不見有貧家恨我言無補憐君髮易華鄉評詩卷在苦節歲寒加莫負重泉下吾兄與白沙

送雪莊師至吳門 補遺　金聲

斯文未墜地夫子獨棲遲論易貞傳在從先與俗移片雲常自遠孤鶴去何之別後時相憶雲山不可知

過殷太師比干墓 碑係宣聖手書在衛輝府城北　蔡孔緒 續編

煙雨迷離際秋高草木深不逢昏主怒終掩聖人心碑墮千年淚書成一字金忠肝兼義膽啼殺幾冤禽

過嘉魚吳涂平甫方伯四首　王家璧 續編

殘破嘉魚縣忠臣此故居我來泊舟日林薄黯秋初受命不畏險斯人眞讀書江南望余闕今昔恨何如

白簡論時相丹墀見
聖人一麾俄出守特達是孤臣獲覩未焚草余叨附肺親移官
恩更重叱馭早忘身

陸抗鮮同調祁奚有憤心不圖和帥乘相與殉朝簪

所信節無屈其如寇益深坐令千載下愁聽秣陵碪

忠骨埋何處堅城久未收有魂依卞壺無命作班彪諸孤奇旁縣嚴君在遠州時危消息斷能得自存不

七言律詩

贈松滋伍時泰中丞 補遺　明　吳廷舉

霜滿西臺一片秋位虛麟閣待通侯吳鈞小試鯨鯢靜京觀平堆俎豆收畿輔無冤時問俗江防有塹擁安流何須劍履瞻龍衮會見鴻恩下鷺洲

過天津 補遺　方逢時

城頭初日亂啼鴉客子行歌上使槎蜃氣高連蓬島近雁行遙度薊門斜河聲過雨添新漲草色和烟翳淺沙聞道邊庭猶苦戰九關西望動悲笳

辭朝 補遺

朝廻閶闔促征鞾攬轡雲山指顧間萬里封疆資燕頷兩堦干羽覲龍顏圖形漫羨麒麟閣賜履遥分虎豹關一著戎衣從此去五雲何日侍仙班

次潞河留别楊魏村 補遺 前人

歸舟繫傍獨河陰惜别勞君載酒尋天近五雲猶在

眼境非三徑暫論心興來未覺登樓倦老去其如戀闕深分袂不堪延佇久夕陽高樹鬱沈沈

登惠陽樓 補遺 前人

合江樓下水汯汯獨上星槎問去津霄漢久應收倦翼乾坤從此得閒身憂民念切空餐葉報主才疎敢愛尊一曲驪駒誰與和鷓鴣啼斷粤天春

至日郎事 補遺 前人

臘鼓頻傳畫角鳴營聞細柳萬燈明寒凝寶劍霜華重光映凋弧月影横入座冠裳虚玉陛三軍刁斗靜

金城喜看陽氣乘時復燕谷何煩衍律聲

送楊憲使入蜀 補遺 前人

雁聲初動塞雲秋有客西徵去莫留憂國頻年雙寶劍還家萬里一貂裘霜清蜀道褰帷度雲滿巴山叱馭遊時向元亭尋往迹百花潭外錦江流

登黃鶴樓 補遺 熊開元

誰知地老天荒後猶得重登黃鶴樓浮世已隨塵刼換空江仍入大荒流楚王宫殿銅駝卧唐代仙眞鐵笛秋極目蒼茫渺何處一瓢高挂亂雲頭

答同志 熊開元

南山豹隱久無文意氣横封萬里雲振鐸剛留吾舌在談經幸得石頭聞相看入市魚成貫幾見摩空鶴一羣近日錢塘江上望銷魂不獨岳家墳

熊魚山老師康熙乙卯駐錫江城距作令時閲五十寒暑矣永年以昔年童子受知門下感賦一律 吴江 沈永年

浮生閲盡幾滄桑獨卧寒雲擁竹床百鍊身猶餘鐵石萬言字尚挾風霜列朝文獻徵遺史一代天龍護

法王士女爭來瞻瑞相使君故是宇河陽
留別天門邵蓮溪明府七律四首 續編
周大鈞
千里郵程一葉來琴堂恰値壽筵開幾番秋雨縈前
夢兩面春風識上台念汪小人猶有母感深知己獨
憐才此行不爲寒暄敘願着斑衣隨老萊
又
南嘉生佛千秋鑄東魯靈光一柱尊坐我春風曾地
主照人冬日又天門誼逾骨肉眞難別分隔雲泥兩

不論欲去仍留情耿耿何當一飯報王孫
又
五十功名愧買臣頭顱如許尚斷斷此心未許青毡
老世路多逢白眼人慣躓公車成底事爲憐舊雨話
前因一杯在手歡同醉逐隊也稱入幕賓
又
小住蓬壺十五天匆匆又上漢江船我無兄弟嗟行
獨人接風騷是夙緣看到梅花忘雪冷留將泥爪認
鴻迷歸帆好向鶴樓望笑指鄉雲在眼前

癸巳冬至黃州府署 續編　前人
十載前曾赤壁遊挂帆今又到黃州花開東閣巡檐
笑屏對西山隔岸浮鶴夢已隨塵劫杳鯨波仍向碧
空流出來此地多賢守二客今能似昔不（與秋舫先生共客幕下）
使君不減舊風流笠屐亭高豁遠眸萬頃烟波空際
捲千家城郭望中收地饒風月堪圖畫人伴漁樵共
唱酬七百年來幾興廢只今蘇叟賦長留
赤壁懷古　陳敦詩
隔江平渡萬牙檣蘆葦深藏戰壘荒顧曲閒筵猶爾

雅賦詩橫槊也豪狂林烏驚起南飛迅穴蟻燒殘北
走忙一炬高光應吐氣東風豈止便周郎
七言絕句
方逢時塞上十歌 補遺　賈應元
玉塞來降
阿孫躍馬過陰山手把降旗入漢關共説南天多雨
露行人莫問大刀鐶
蘭臺勝算
青籌玉帳夜生寒獻展陰符仔細看何用元戎親出

塞筆花陣裏款呼韓

片言却敵

枹鼓千山忽振驚翩翩戎馬逌金城轅門將令傳飛矢咲散强封十萬兵

三策安邊

豹韜三絶細籌邊翠幰青泥上九天莫訝氊裘終入轂錦囊曾向卧龍傳

獲叛獻俘

板升羣虎翼雄標邊徼憑陵玉石消二十年來今始

得論功不數霍嫖姚

釋纍彰信

彤廷消息報金雞椎髻揚鞭跨駃騠歸去不須重墮泒漢恩原自與天齊

稽顙稱臣

刑馬同盟乞獻書紛紛劍履拜宸居春風自醉留犂酒掛却雕弓息戰車

同心納貢

白雉休誇貢越裳波斯名馬鬱金香闕氏亦有薔薇水諸國年年進上方

沙漠長春

玉門關外見鶯花春色平分萬里沙刁斗無聲青海靜穹廬夜夜醉琵琶

元勲世壽

勲名赫亦照金甌方叔中興第一流一曲昇平千歲酒麒麟應冠漢廷侯

過三義桃園　續編　　蔡孔緒

結契當年性最眞英雄千古此三人世間多少同胞

愛骨肉參商越與秦

宿淨堡寺七絶四首　續編　　邵勷

慈雲低覆玉闌干塔裏金身法界寬此老亦知身是幻特留清白與人看

又

想得拈花微笑時殷勤手種牡丹枝而今當作優曇護說與高僧知未知

又

我亦靈山會上人偶因詩酒落凡塵牡丹花下三生

路孰是前身孰後身

又

問道花多爲好官問花容易問心難年來自覺春風少辜負遊人看牡丹

五言律詩補編

遊獅子菴　李儒大

出郭探名勝來雲鎖薜蘿地涼三伏少僧定一身多竹月窺簾入松風與磬和陶然清淨處山鳥隔牆歌

外志第十

二氏之法流傳二千餘年辨之固不勝辨外之云者非徒外之無可紀故存其略耳嘉魚邑少名山既乏卓錐之地人多艱食兼無託鉢之門即一二古刹存者漸圮象教之不光其由來也久矣至於星壇法院尤所稀聞豈人雖佞佛獨不羨白雲鄉乎抑二氏之興替本無關政俗之臧否也倘有心外之必有不能外者矣

寺觀

法華寺在縣南城外宋建隆三年立至正壬辰兵燬洪武元年重建二十三年災二十七年復建成化元年重修嘉靖丁卯災隆慶六年重建萬歷間邑紳李沂改爲法華會館前明先達皆讀書其中乾隆三年知縣張其維又加修葺咸豐十年知縣武鎮西復修改作鳳鳴書院

淨保寺一云靜寶寺在淨居里致思湖左宋紹熙初僧寶月建元僧紹忠重建以後無考至康熙六十年建立山門雍正元年重修八角亭及拜殿

太平寺在西安里創始無考僧性錦重建

白湖寺在白湖南唐建宏治中僧覺性重修

䕺湖寺在縣東宋開寶間建洪武元年僧宗暉重建

大崖寺在大崖山本大崖觀今改寺以下修建俱無考

蜀山寺在蜀山頭

夏田寺在廣賢里

萬壽寺在豐義里

觀音寺在石塘里

秦鐘寺在邵陵里

寶相寺在左湖里

願濟寺在六溪口　百寶寺在穀花洲

沙陽寺在縣之東北今為三忠祠

石嶺寺在縣西宋時立今廢址存

會真觀在城東今廢為城隍廟

五嶽觀在灌磯山上今廢為社稷壇

紫霞觀在大崖山今改寺

真武觀在北門外今毀

觀音堂在大牛山

普安堂在左湖里

獅子菴在縣東門外一里許

大士菴在六溪市鎮萬歷初年僧如文募建崇禎時鄉紳熊開元金聲重修扁曰三魔地

釋老

懶狗祖師名紹忠俗姓張本土人元時出家於淨保寺能守戒律修持數年不食煙火常乘白馬出入無鞍轡一黑犬為之前導或趺坐犬即卧

其側後入塔端坐而逝今肉形尚存寺有紅牡丹一株相傳為師手植向極蕃盛土人每以花之多少卜歲之豐歉道光己酉年大水淹萎

天如和尚不知何許人萬歷壬寅始至嘉魚行止詭異若儒若僧給諫熊公開元未遇時師偶見其文即批紙尾云此掀天揭地男子特於彈丸中寄跡耳邑中老宿多出其門獨與熊公厚善似有夙緣所得佈施即散與乞丐隨手而盡或經旬不食無德色言禍福奇中然亦於事後驗

之來叩者多不答嘗於衆中大言曰世事可知
若輩能從吾遊乎市人皆笑以爲狂明末於六
溪口乞一屠沽之子爲行童飄然而去住鄂城
靜修寺每五更沿街呼曰大難將至盍早爲計
崇禎癸未元旦忽不見六月闔省及於難
覺來和尚早歲習舉子業補邑庠博通內典隨感
悟棄諸生結草廬匾外負米自炊不受人間絲
粟放生戒殺持咒禮經久之心臆洞然了無滯
礙坐化之日感應異常邑中先達皆其門下士

今所建塔表在白湖滸土菴之前
無相禪師名如堂一云號有相南陽人始師有歐
歇之疾住岳陽深山中持蓮華經二十年夜夢
金臂人飲以玉露疾遂瘳掛錫出泥菴三年忽
一日謂主人曰本以十月行因修懺事展留一
月旦日酉時予逝矣及旦禮十方佛入龕趺坐
火之奮聲呼曰去衆請曰師何去曰竟往佛國
俄而火光鏘鏘化作金蓮花而上今其塔尚存
現菴和尚臨濟三十三世大覺國師之孫先住持

蓴川草堂縣治南牛首山之麓里人周士講結
屋其間倣鹿門遺事縣令李世錫偶遊其地歎
曰別一洞天宜梵刹宜羽宮惜乎其獨少此士
請即捨宅爲安禪地令嘉之乃專簡請師至日
與之遊問爲政何先師曰勤儉民隱以報君恩
令善其語隨改拓周居爲牛山南院公餘即造
焉師道律精嚴兼通儒術與人言悉以忠孝爲
綱領
東震寺在簰洲頭社建自明初規模宏敞屹立

江干其神最靈爲往來客舟所必祭今已崩塌
乾隆丙午住僧甯波募化移入社之東北曰彩
鳳地
廣賢院在簰洲二社其先爲烈女祠即志中所
載羅烈女也後改爲廣賢院邑庠何夔深僧爲
文以辨之今重修東行數武有皇經塔咸豐
年建
真武觀在簰洲三社明天啟年間由夏田寺分
建於社之南廟貌宏敞一鎮巨觀近遭兵燹改

作於社之北就來雲庵故趾以廓其基焉